삼국유사 서사담론 연구

김승호

삼국유사는 기본적으로 佛 · 文 · 史란 3가지 지향점 위에서 구축된 담론이므로
어느 한쪽의 시각만을 앞세워서는 그 서사적 본질과 속성을 찾기 어렵다.
문학적 연구대상에 국한 시키지 않고 불교, 역사담론으로서의 성격까지
추수하려한 태도는 이 점에 기인한다고 할 것이다.

도서출판 월인

머리말

이 책은 필자가 80년대부터 최근까지 쓴 삼국유사 관련 논문 13편을 묶어낸 것이다. 집필시점이 다르고 통일된 주제아래 작성한 것들이 아니어서 논문 간 중첩, 혹은 상충부분마저 없지 않으나 삼국유사의 서사적 정체성을 찾아 나섰던 흔적, 그리고 연구적 시선과 관점의 변화를 엿보는 데는 나름의 의미가 있다고 보아 큰 손질 없이 한 자리에 모았다.

책 제목으로 '서사담론'이란 용어를 썼다시피 필자는 삼국유사에 갈무리된 이야기, 그 자체보다는 서술주체로서의 일연에 주목해야 한다는 입장을 그 바탕에 두고 삼국유사가 갖는 예외성과 개별성을 드러내는 쪽의 시각에 비중을 두었다. 삼국유사는 기본적으로 佛·文·史란 3가지 지향점 위에서 구축된 담론이므로 어느 한쪽의 시각만을 앞세워서는 그 서사적 본질과 속성을 찾기 어렵다. 문학적 연구대상에 국한 시키지 않고 불교, 역사담론으로서의 성격까지 추수하려한 태도는 이 점에 기인한다고 할 것이다.

1부는 삼국유사의 탄생과 서사미학에 대한 의문을 바탕에 둔 글이다. 삼국유사의 출현은 역사쓰기에서 획기적 사건이라 부를 수 있음에도 이 역사서술의 탄생 및 기원에 대한 논의는 애써 외면해온 것처럼 보인다. 이 점에서 두 편의 글을 통해 전통적 역사쓰기를 거부한 일연이 역사서사체를 어떻게 구축했는지를 형식, 서사미학적 측면을 중심으로 타진했다. 아울러 삼국유사가 지닌 담론의 다성성을 확인하는 기회로 삼고자 했다.

2부는 삼국유사 소재 설화의 발생과 변이를 통시적 관점에서 조망한 글들로 구성하였다. 삼국유사는 거칠게 보더라도 139개의 각 편으로 지탱되고 있는 구조물이다. 하지만 이들 각 편을 비롯하여 많은 설화들은 아직도 전파와 변이양상에 대한 해명이 미흡한 채로 남아있다. 이미 진행된 설화 연구라 해도 대개는 국내전승만을 문제 삼았을 뿐이다. 여기서는 국내 전승은 물론 中・印까지 전파영역으로 수렴하여 국가 간 유통 경로, 전승집단의 의식, 전승매개자로서 일연의 수용방식과 역할 등을 두루 살펴봄으로써 삼국유사 소재 설화의 층위와 전승적 역동성을 한층 구체적으로 제시하고자 했다.

3부는 삼국유사 서사담론에 나타난 시간・공간, 그리고 상징의 특성을 살피는 글들로 채워졌다. 일반설화의 경우, 시공간과 상징 문제는 부차적인 요소가 될 수도 있으나 삼국유사는 서술자인 일연이 조종한 담론이므로 그 특유의 시공간 관념과 상징제시 방식이 문제될 수밖에 없다. 이런 시각에서 살펴본 결과, 삼국유사에 투영된 시공간 관념은 일상인들의 그것과는 층차가 뚜렷하며 꿈・고승의 생을 두고서도 나름의 해석과 像을 마련하고 있는 바, 불교적 사유란 자장력에 의해 특유의 시간, 공간, 상징성이 표상되고 있음을 포착할 수가 있었다.

삼국유사는 필자에게 풍어를 꿈꾸게 하는 어장과 같다. 읽을거리와 궁리거리를 부족함 없이 제공해주는 삼국유사, 이 담론의 장에서 내가 떠나지 못하는 이유이고 부족하지만 계속 짝사랑하는 이유이다. 원고를 정리하고 다듬는 과정에서 여러모로 도와준 민희주 조교, 그리고 좋지 않은 출판환경에도 불구하고 간행을 응낙해준 박성복 월인 사장님께 감사드린다.

2013년 2월

창밖으로 '悠然見南山' 하며

김승호

차례

제1부

三國遺事의 찬술 설계와 梁高僧傳

1. 문제제기

『三國遺事』는 한국 고대사를 증언하는 역사담론이면서도 문학 영역에서도 숱한 논의가 이루어진 대상이다. 그러나 그 서사적 본질이나 성격이 온전히 해명되었다고 보기는 어렵다. 담지된 이야기가 상징, 비유, 은유적 성격이 높은 데 비해 정작 찬술의 동기, 목적, 방법 등에 대한 작가의 직접적 안내 혹은 주변인의 증언을 찾을 수 없다는 점, 작품의 출현에 직접적 동기를 부여한 전거가 모호하다는 점은 서술적 성격을 밝히는데 장애가 아닐 수 없었다.

그동안 『三國遺事』의 담론적 성격에 대해서는 여러 각도에서 논의가 진행되어왔으며 다양한 시각만큼이나 큰 견해 차이를 보였다. 한 예로 문학 연구자들은 역사서로 바라보기보다는 서사문학으로 이해하고자 하는 입장을 보였다. 황패강은 『삼국유사』를 서사담론의 하나로 보면서 설화문학서

내지 설화 집성을 목적에 둔 찬술물이라 했으며[1] 김열규는 이를 신화 서사물로 파악하는 한편 불교적 신비주의, 신비체험이 집대성된 담론으로 『三國遺事』를 규정했던[2] 것이다. 『삼국유사』라는 제명에도 불구하고 역사물임을 외면한 채 서사문학 영역에 귀속시키고자 한 까닭은 무엇 때문일까. 무엇보다 『삼국유사』가 과거의 역사물과는 여러 점에서 상충되는 요소를 지니고 있다는 점에서 그 원인을 찾을 수 있다.

전통적으로 춘추필법의 정신을 바탕에 두고 신뢰할 수 있는 인물, 사건, 상황을 선별해 당대를 재현해나는 것이야말로 역사물의 본령으로 이해해 온 터인데 『삼국유사』는 이같은 서사 관습에서 상당히 벗어나 있었다. 새로운 역사쓰기의 산물이라는 평가[3]보다 전통적 역사쓰기와는 동떨어진 것이라는 인식은 여기서부터 생겼다. 전통적 역사쓰기의 방식을 외면한 채 신빙하기 어려운 고금의 逸事에 매달리고 있다는 평가가 앞서 나온 것은 결코 이상한 일이 아니었다.[4]

그렇다면 새로운 역사 서사체인 『三國遺事』를 일연 개인의 창발적 소산물로 보아도 좋을까. 역사기술을 포함하여 어떤 담론이든 앞서 관행을 승계하는 바탕에서 찬술에 임했음을 감안한다면 『삼국유사』 담론이 개인의 발상에서 출발했다고 보기는 어렵다. 중국 삼조고승전에서 『삼국유사』의 연원을 찾는 시각은 그런 점에서 충분히 주목할 만하다. 가령 閔泳珪는 중국 三朝高僧傳에서 그 체재를 따온 것으로 단정하는 한편 三國史보다는 불교사에 비상한 관심을 집중시키고 있다고 했으며 高翊晉은 義解, 感通은 『三國遺事』의 義解와 『續高僧傳』의 感通, 神呪는 『梁高僧傳』의 神異, 避隱은 『梁高僧傳』의 亡身, 孝善은 興福과 대응되는 것으로 보았다. 高翊晉의 경우, 興法篇을 『海東高僧傳』의 流通과 대응시킨 것을 제외한다면

---

1) 황패강, 「삼국유사와 불교설화」, 『三國遺事의 연구』, 중앙출판, 1982, 171면.
2) 김열규, 「삼국유사와 신화」, 『삼국유사연구논선집』, 백산자료원, 1986, 404면.
3) 박성수, 『역사학개론』, 삼영사, 1977, 17면.
4) 최남선, 「삼국유사해제」, 『(증보)삼국유사』, 민중서관, 1958, 9면.

『三國遺事』가 찬술되기까지 무엇보다 결정적인 영향을 끼친 자료는 중국의 삼조고승전이라는데 두 사람의 견해가 일치하고 있는 셈이다.

『삼국유사』의 담론적 본질이나 속성을 파악하기 위해서는 그 전사적 자취를 밝히는 것이 선행되어야 한다고 필자는 오래전부터 생각해온 터이다. 『삼국유사』가 일반적인 역사서와 다른 역사문학 담론으로서의 특징을 구비할 수 있게끔 동기를 부여한 선행 담론을 확인할 수 있다면 담론적 성격에 대한 공허하고도 소모적인 논쟁이 상당부분 사라질 것으로 본다.

그런 점에서 이 글은 『삼국유사』가 『梁高僧傳』[5]를 근거로 해서 출현한 담론이었음을 밝히는 동시에 승전인 『양고승전』 테두리를 넘어 역사담론으로서 자생성을 여하히 갖추게 되었는지를 확인해보는 데 목적을 둔다. 그동안 『삼국유사』의 출현 전거로 중국 삼조 고승전을 지목한 연구자들은 여럿 있었다.[6] 하지만 연역적 진단을 내리는데 그쳤을 뿐 구체적인 논의까지는 나아가지 못했으며 도리어 『삼국유사』가 일연의 창발성에 의거한 산물이라는 주장[7]이 오히려 폭넓게 받아들여지고 있다고 하겠다.

---

5) 『高僧傳』으로도 불리는 『梁高僧傳』는 梁나라 會稽 上虞縣 출신 慧皎가 편찬한 승전으로 譯經, 義解, 神異, 習禪, 明律, 亡身, 誦經, 興福, 經師, 唱導 등 10科로 체계화한 뒤 후한 명제 永平 10년(67)부터 양나라 天監 18년(519)에 이르기까지 453년간 傳敎, 求法, 弘法 등에 헌신한 고승 257인과 附見人 2백여 인의 생을 정리하고 있다. 고래로 이 작품은 동아시아 승전문학의 백미로 꼽혔을 뿐만 아니라 불교사의 중요한 전거로 평가받아왔다.

6) 최근 『삼국유사』의 담론적 특성을 동아시아 승전 전통과 관련지어 논의하고자 하는 연구들은 역사 혹은 설화중심의 논의가 남긴 한계를 보완, 극복할 수 있다는 점에서 주목된다. 정천구, 「삼국유사와 中日불교전기문학의 비교연구」, 서울대 박사학위논문, 2000; 박윤진, 「삼국유사 피은편의 의미와 영여사 포천산오비구」, 『신라문화연구』 31, 2010; 변귀남, 「韓中승전의 신이적 서사방식비교」, 『동북아문화연구』 24, 2010.

7) 체재와 내용에 걸쳐 『三國遺事』가 일연의 독창성에 의거하여 출현한 산물이라는 견해를 피력한 대표적 학자로는 김상현을 꼽을 수 있다. 그는 「고려후기의 역사인식」, 『한국사학사의 연구』, 을유문화사, 1985, 95면에서 "따라서 이 책이 순수한 불교사서가 아닐 뿐만 아니라 고승전의 편찬을 목적으로 하지 않았기에 처음부터 중국의 三朝高僧傳 체재를 모방할 필요가 없었던 것이다."라고 진단하였다.
물론 삼국유사가 승전 지향의 담론이 아니라는 점에서 중국 불교전기물과 대응시키는 것은 적절하지 않다는 시각을 앞세울 수 있다. 하지만 『三國遺事』는 쉽게 외면하기

『삼국유사』를 佛文史를 바탕에 둔 서사복합체이자 일연 개인의 독창적 산물로 인식할 수도 있으나 형식 및 내용적 요소를 상세히 살필 때 기존 담론의 영향 위에서 구축된 서사로 보는 것이 마땅하며 따라서 고승전과 『삼국유사』간의 동이성을 밝힐 필요가 있다고 보는 것이 본고의 입장이다. 『三國遺事』의 출현에 영향을 끼친 담론이 한 둘로 한정되지는 않을 것이나 『삼국유사』에 핵심적으로 드러나는 담론 특성, 곧 체재, 신이사관, 구술역사, 시문혼합체 등은 慧皎의 『梁高僧傳』에서 앞서 확인되는 요소인 만큼, 두 작품 간의 담론적 친연성 및 차이점을 분명히 할 필요가 있다. 본고는 그 점에서 『양고승전』의 담론적 특성과 함께 그것이 『삼국유사』에 어떤 영향을 미쳤는지에 초점을 맞추고자 한다.

2. 『梁高僧傳』에 대한 외면적 의존양상

『三國遺事』 紀異篇의 序는 서술방식과 찬술의식을 가늠해보는 유효한 잣대이다. 그렇다 해도 佛文史를 아우르는 서사적 특성을 구체적으로 밝혀 놓지 않아 담론의 기원과 전거를 어디서부터 마련했는지 등 여러 의문점은 그대로 남아있다. 『三國遺事』가 중국 僧傳을 모방한 역사기술물이라는 점은 일찍부터 여러 사람이 제기한 바 있다. 앞서 주목한 崔南善은 인용 서목을 검토한 뒤 사료로 三朝高僧傳을 비롯한 '僧傳'이 유난히 인용빈도가 높다는 점을 밝히며 이 작품을 僧史에서 일반사로 이행한 담론으로 파악했

어려운 정도로 旣 승전적 잔영을 드리우고 있다고 해야겠다. 특히 여기서 주목할 대상이 『梁高僧傳』이다. 이 승전은 중국의 佛教傳記 뿐만 아니라 우리나라 승전의 출현에 상당한 영향력을 끼친 것으로 보이는데 우선 『三國遺事』보다 70년 앞서 등장한 『海東高僧傳』은 그 서두에서 삼조고승전과의 관련성을 밝히고 있는 것이다. 『三國遺事』는 찬술의 전범으로 삼조고승전을 적시하지는 않았으나 이미 편목구성에서 『梁高僧傳』을 참고 내지 응용했음이 드러나고 있다. 김상현의 견해와 같이 『三國遺事』가 승전을 지향한 것은 아니지만 그렇다고 해서 중국 승전을 서사적 전거로 활용하지 않았다고 단언하는 일은 이런 측면에서 성급하지 않나 싶다.

다.[8] 하지만 그 이상의 구체적 논증은 내놓지 않았다. 高翊晉은 이후 중국의 高僧傳이 『삼국유사』의 찬술에 결정적 전거가 되었음을 구체적으로 적시했다. 그는 紀異, 興法, 塔像, 義解, 神呪, 感通, 避隱, 孝善 등의 科目은 중국 梁, 唐, 宋시대에 등장한 三朝高僧傳의 체재를 모방한 것으로 전제하는 한편 興法은 『海東高僧傳』의 流通, 神呪는 『高僧傳』의 神異, 避隱은 亡身, 孝善은 興福, 義解·感通은 각각 『梁高僧傳』의 義解와 感通을 그대로 수렴한 것으로 추정했다. 전 편목 중에 『양고승전』 체재와 관련이 없는 것은 王曆과 紀異 두 부분 뿐인데 紀異를 序文으로 본다면 『三國遺事』의 편목이 『梁高僧傳』에 근거한 것이라는 주장은 무리가 없다. 그러나 왕력과 기이 편에서 보여주듯 『삼국유사』는 승사를 넘어 일반사를 지향한 것으로 나타나는데 王曆, 紀異 부분은 특히 僧史의 테두리를 넘어 불교문화사로 확장시키고자 한 의도를 명백히 보여준다.

그렇다면 『삼국유사』에서는 『양고승전』을 어느 정도 수용내지 참고하고 있는가. 『삼국유사』의 찬술을 통해 우리 민족의 기원과 정신사적 원형을 추구하고자 했던 일연은 이전의 역사문체와 사료채택의 방식으로는 온전히 뜻을 달성할 수 없다고 보았음에 틀림없다. 흔히 正史에서 채택되던 紀傳體를 외면하고 개인의 전기방식으로 역사를 집필하고자 한 점은 특히 눈길을 끈다. 『삼국유사』의 체재는 삼조고승전을 모방한 것이라는 주장은 벌써 나왔던 터이나 여러 승전 중에서도 『梁高僧傳』과의 동이점을 살피는 게 선행되어야 한다고 생각한다. 찬술의 참고자료로 『속고승전』이 거듭 나타나며 『송고승전』 역시 충분히 참고할 수 있었다고 보지만 『송고승전』은

8) 제명이 통일되어 있지는 않으나 중국 三朝高僧傳을 인용 서목으로 명시한 사례를 보면 아래와 같다.
『高僧傳』(慧皎撰:卷3 阿道基羅, 卷3 魚山佛影, 卷5 信忠掛冠) 『求法高僧傳』(義淨撰):卷4 歸竺諸師, 僧傳:卷3 順道肇麗, 難陁闢濟 原宗興法 厭髑滅身, 寶藏奉老 普德移庵, 高麗靈塔寺, 卷5 明朗神印, 念佛婢郁面西昇, 緣會逃名) 『海東僧傳』:卷4 圓光西學, 寶壤梨木, 『唐僧傳』(道宣撰):卷8 惠現求靜, 卷3 臺山五萬眞身, 『唐續高僧傳』(道宣撰):卷4 圓光西學, 『唐傳』(道宣撰):卷4 圓光西學, 『梁唐二僧傳』:卷3 阿道基羅.

인용 서목에 올라있지 않으며 『속고승전』은 『양고승전』을 고스란히 승계한 작품이라고 볼 때 『삼국유사』의 출현에 직접적인 영향을 미친 것은 『양고승전』으로 여겨지기 때문이다.[9)]

『三國遺事』에는 혜교의 『양고승전』이 4군데 정도 거론되고 있다. 『고승전』이 3군데(권3 阿道基羅, 권3 魚山佛影, 권5 信忠掛冠), 그리고 『양고승전』이 1군데 (권3 阿道基羅) 인용하고 있는 것이다. 이 가운데 권5 信忠掛冠 조에 보이는 '고승전'은 혜교의 『양고승전』이 아닌 覺訓의 『해동고승전』으로 밝혀진다.[10)] 반면에 阿道基羅 條에서 曇始傳의 출처로 밝힌 '元魏曇始傳'은 다름 아닌 『양고승전』의 이칭으로 국내 사료를 통해서 확인이 불가능한 담시의 행적을 제공해주고 있음을 보게 된다.[11)] 다음으로 魚山佛影은 만어산이 고래로 얼마나 불연이 강한 곳인지를 밝히는데 목적을 둔 설화이다. 신라가 다름 아닌 불국토라는 발상은 갖가지 설화를 통해서 강조되거니와 그것은 단순히 민간에서 채록한 설화로만 증거되는 것이 아니다. 魚山佛影 條에서 일연은 채록 설화는 간단히 제시하고 오히려 중요 불서들을 동원하여 전래하는 불영담에 신빙성을 부여한다. 옛 가야 권역에 속해있는 만어산의 불연적 기원은 석가모니의 在世時까지 거슬러 올라갈 만큼 아득하게 설정되어 있다. 위기에 처한 首露를 석가가 도와주었다는 상황 설정이 가져올 불신감을 해소시키기 위해 魚山佛影 條에서는 불경과 승전을 증거자료로 채택하고 있다. 棟梁인 普林이 왕에게 올린 奏를 통해 北天竺 가라국의 靈山과 萬魚山의 유사성을 밝히는 것이다. 여기에 『觀佛

9) 『三國遺事』가 혜교의 『梁高僧傳』을 모방한 것임을 분명히 하고 있는 대표적 연구자는 이재호이다(『삼국유사』 해제, 솔, 1997, 6~10면 참조).

10) 信忠掛冠 條의 "경덕왕 때에 직장 이준-고승전에는 이순이라고 썼다-이 소원을 빈 적이 있는데 … (景德王直長李俊-高僧傳作李純-早曾發願 …)"라고 한 부분에서 '고승전'은 『해동고승전』을 가리키는 것이 틀림없다. 『양고승전』에서는 신라승에 대한 언급이 전혀 없기 때문이다.

11) 『三國遺事』 卷3, 阿道基羅. "又按元魏釋曇始(一云惠始)傳云. 始關中人. 自出家已後. 多有異跡. 晉孝武大元九年末. 經律數十部. 往遼東宣化. 現授三乘. 立以歸戒. 盖高麗聞道之始也."

三昧經』, 『梁高僧傳』, 『高僧法顯傳』 소재 불영담이 차례로 열거된다. 그런데 근원설화의 이해를 돕기 위해 『觀佛三昧經』과 『高僧法顯傳』의 내용을 소개하는 것은 당연하지만 『양고승전』까지 인용하고 있는 대목은 쉽게 이해가 되지 않는다.

일연은 佛影이란 현응현상이 인도를 넘어 중국에서도 펼쳐진 것을 증언하는 자료라는 점에 주목하여 고승전을 인용했을 것이다. 『양고승전』의 기록을 보면서 일연은 이 땅에도 중국 못지않은 불영의 역사가 있었음을 밝힐 필요가 있다고 본 것 같다. 그는 체험에 근거하여 중국보다 훨씬 앞서 이 땅에 불영 현상이 있었으며 숱한 시간이 흐른 지금까지도 만어산에서 그 기이상이 목도된다고 증언하고 있다. 결과적으로 『觀佛三昧經』, 『高僧法顯傳』보다 『양고승전』을 가치있게 참조했다 하겠는데 『양고승전』 소재 불영담은 중국과 대등한 혹은 그것을 넘어서는 영이현상을 비교우위의 방식으로 변증[12]하는 데 없어서는 안 될 자료로 채택되고 있음을 알 수가 있다. 『양고승전』은 초기 중국 불교사의 핵심적 사료일 뿐 아니라 백제, 신라에 앞서 불교를 수용했음에도 신앙의 역사가 유실되어 버린 고구려의 불교사를 확인시켜주는 소중한 근거가 되기도 한다.

『삼국유사』의 모방 담론으로 『양고승전』을 거론하는 것은 당위적인 일이다. 설사 『三國遺事』가 王曆, 紀異, 孝善 등 『양고승전』에 없는 편목이 들어가 있다 해도 전체적으로 『양고승전』을 주목하지 않고서는 설정할 수 없는 편목이기 때문이다. 형식적 측면을 떠나 내용적으로도 『양고승전』은 이 땅의 승사, 불교사 찬술에 우선시해야 할 참고자료가 할 터인데 고구려를 중심으로 한 초기 불교사를 증언해주는 가장 앞선 자료임을 환기시켜준다. 편목 설정의 유사성 혹은 초기 불교사의 내용 이기를 통해 『양고승전』에 대한 『삼국유사』의 의존성이 보다 구체화된다고 하겠는데 이 역시 『양고승전』 모방설을 뒷받침해주는 것이다. 삼국의 불교사를 정리하고자 하

12) 김승호, 「한중간 불경 설화의 수용방식과 변이양상-觀佛三昧經의 불영담을 중심으로」, 『국제어문』 48집, 2010, 37면.

는 일연의 입장에서 고승전은 어떤 사료보다 중요하게 여겨졌을 것임에 틀림없다.

3. 神異의 방편적 수용과 의미부여

『梁高僧傳』과 『三國遺事』의 상관성, 『양고승전』의 영향 등을 구체화하기위해서는 담론의 내면적 요소인 찬술의식 및 서술방식 등에 걸친 특성을 살필 필요가 있다. 두 작품에서 신이사관적 찬술 태도는 쉽게 드러나며 한결같이 기이적 글쓰기에 대한 辯을 제시하고 있다. 『삼국유사』에서 紀異란 용어는 하나의 篇目名에 그치지 않는, 일연의 서술적 지향성을 집약시키고 있는 핵심어로 등장한다.[13]

『삼국유사』보다 훨씬 앞서 기이 서사를 선보인 혜교는 『梁高僧傳』의 序錄에서 왜 실증적 안목을 넘어선 奇事에 눈을 돌리는지에 대해서 다음과 같이 밝혔다. "부처의 가르침은 삼천 대천 세계에 가득하고 그 형상은 六道에 두루 미치니 이는 모두가 그윽하게 어두운 곳의 중생을 이끌어내어 큰 이익을 되게 한 까닭이 있다."[14] 이는 혜교가 "經法을 전도하기도 하였고 혹 禪道를 교수하기도 하였으며 혹 기적을 나타냄으로써 사람들을 敎化하기도 하고 혹 신통력으로 중생들을 구한"[15] 승려들에 왜 주목하였는지를 해명해준다고 하겠다.

『삼국유사』 역시 부처의 應化, 신이한 고승들의 자취를 열성적으로 수습하고 있는데 다음 대목을 보면 그 까닭을 헤아릴 수가 있다. "나는 괴이

13) 일반 사서에서 금기시했을지 모르나 불교사나 僧史物에서는 기이적 서술 단위가 빈번히 편입되므로 『삼국유사』만이 초월적이며 영험한 세계를 부각시키고 있는 것처럼 말할 수는 없다. 하지만 일반 역사담론을 지향하면서도 신이적 관점으로 史實을 복원해나가는 방식은 유례가 없는 일이었다.

14) 慧皎, 『梁高僧傳』 序錄.

15) 慧皎, 상게서, 序錄.

한 것을 좋아하는 사람이 아니지만 부처의 威神 자취를 나타내어 만물을 이롭게 하는 것이 이처럼 바른 것을 보고 어찌 불자 된 사람으로서 잠자코 말하지 않을 수 있으랴."[16] 이는 앞서 본 혜교의 서술지향점과 그대로 일치하는 것이다. 설사 그것이 일연의 제자 白雲子가 남긴 말일지라도 『삼국유사』가 신이적 서사 쪽으로 흘러간 까닭을 대변해주는 대목으로 받아들여도 무방할 것이다.

『삼국유사』에서 서사적 대상으로 택한 것들은 유교적 관점에서 볼 때 怪力亂神의 테두리에서 벗어날 길이 없으나 慧皎나 一然의 생각은 달랐다. 오히려 두 사람은 가시적 세계에 갇혀 있는 것이야말로 "지극한 이치의 妙함"을 깨닫지 못하게 하고 "百靈을 꿰뚫는데 방해"가 된다는 생각 속에서 불교인물들의 영이한 체험 사례를 적극 동원하였다고 할 만하다. 혜교가 구안해낸 10과목 중에서도 특히 神異편을 중심으로 신비체험적 증언이 집중되고 있다. 고승들은 降龍, 降雨, 降鬼, 治病, 感天 등 다양한 이적을 현시하여 대중들에게 그들과 전혀 다른 지점에 서 있음을 뚜렷하게 부각시킨다. 가령 佛圖澄(卷9), 鳩摩羅什(卷2), 曇無讖(卷2), 法顯(卷3), 釋曇翼(卷5), 竺法曠(卷5), 慧遠(卷6) 등은 呪術, 念佛, 呪文을 통해 타인이나 자신의 위기에서 수월하게 벗어나고 있다. 『삼국유사』에도 위와 같은 呪術僧 혹은 신승적 행적이 적지 않은데 향가가 영이함을 불러일으키는 데 핵심적 매개가 되고 있어 흥미롭다.[17] 향가를 불러 幷日 현상이나 심대성을 범하는 彗星의 소멸 효험이 고일한 덕성의 소유자가 唱者로 나설 때만 가능한 일이라는 전제를 놓치지 말아야 할 것이다.

불가해한 행적들이란 성인들의 응보에 다를 것이 없다는 인식을 바탕에 두고 있는 이야기는 神異편이 아니더라도 『梁高僧傳』의 모든 편목에 공통

16) 상게서, 卷4, 塔像, 五臺山文殊寺石塔記. "余非好怪者 然見其佛之威神 其急於現迹利物如此 爲佛子者 詎可默而無言耶."

17) 상게서, 卷5, 月明師 兜率歌. "신라 사람들이 향가를 숭상한 지 오래 되었는데 대개 詩頌과 같은 것이었다. 그러므로 자주 천지와 귀신을 감동시킨 것이 한 두 가지가 아니었다(羅人常鄕歌者尙矣 蓋詩頌之類歟故 往往能感動天地鬼神者非一)."

적으로 수용된다. 竺法義가 꿈에서 이인이 배를 가르고 창자를 꺼내 씻어 둔 결과 병이 나았다거나(卷4, 竺法義傳), 佛駄跋陀羅가 천상의 兜率天을 오르내리며 미륵보살에게 예경을 드렸다든가(卷2, 佛駄跋陀羅傳), 道安이 하늘을 튕기자 도솔천의 과보가 남김없이 드러난 일(卷5, 道安傳) 등등이 그 같은 사례이다.[18] 『삼국유사』에서도 이와 같은 예는 적지 않다. 惠通의 경우, 미천한 출신의 출가승이었으나 우물 속에 들어가 몇 달씩 지내고도 아무렇지 않았으며 밖으로 나올 때면 青衣동자가 나타나 그를 수행하곤 했다. 물에서 나왔지만 옷에 물이 젖는 법도 없었다. 막역하게 지내던 원효와 천렵해서 물고기를 먹고는 다시 물고기를 살려내 방생한 일도 있었다. 구감공이 산길에서 혜공이 죽어 시체가 썩어가는 것을 보고 성안으로 들어왔는데 그곳에서 다시 사람은 술에 취해 춤을 추고 있는 혜공과 마주친 奇事도 소개되고 있다.[19]

승사지향의 담론으로서 『양고승전』과 『三國遺事』의 기이적 서사경향은 모티브 수용을 통해서도 확인해볼 수 있다고 본다. 다음은 두 작품에서 공통적으로 발견되는 대표적인 신이적 모티브들이다.

신이모티브	梁高僧傳	三國遺事
死魚蘇生	卷10 保誌傳, 卷10 杯度傳	卷4 二惠同塵
彗星融化	卷11 竺曇猷傳	卷5 融天師彗星眞平王代
樹木感應	卷9 佛圖澄傳	卷5 信忠卦官
鬼神制御	卷2 曇無讖傳, 卷5 竺法曠傳, 卷9 佛圖澄傳, 卷12 道琳傳, 卷12 慧果傳, 권12 弘明傳, 卷13 惠敬傳	卷1 桃花女鼻荊郎

18) "혜교는 천 여 년 전에 태어난 사람인데다 불교도였던 때문에 그가 지은 『高僧傳』은 불교신앙을 선양하는 것을 피할 수 없어 승려들의 자취를 과장하고 미신이나 고사를 많이 실을 수밖에 없었다."(湯一介, 『高僧傳』 緖論, 중화서국, 1992, 3면) 『양고승전』에서 신이행적의 수습에 무엇보다 적극성을 보인데 대해 단순히 전기적 차원에서만 볼 것은 아니라고 생각된다. 오히려 불교전파란 목적의식이 더 크게 작용했던 것으로 보는 게 적절한 진단일 것이다.

19) 상게서, 卷5, 義解, 二惠同塵.

天人保護	卷7 僧詮傳, 卷8 僧柔傳 卷12 法莊傳	卷3 前後所將舍利
修行僧 誘惑	卷11 慧嵬傳	卷3 南白月二聖 努肹不得 怛怛朴朴
遇賊敎化	卷11 僧審傳	卷5 永才遇賊
分身遁甲	卷9 耆域傳, 卷10杯度傳 卷10 法匱傳	卷4 元曉不羈
降龍	卷9 佛圖澄傳, 卷10 涉公傳, 卷11 曇超傳	卷5 惠通降龍
死後蘇生	卷10惠通傳, 卷11 慧崇傳	卷4 二惠同塵

어떤 고승이든 신이적 일화를 빠짐없이 동원하고 있다고 할 정도로 『양고승전』에는 실증적 차원을 넘어서는 신비체험적 증언들이 폭넓게 발견된다. 이같이 기사수용에 적극적인 것은 "神通感應한 힘을 끌어들여 악을 징계하고 선을 드높이며 사나운 이를 누르고 어진 이를 편안케 하며 正法을 널리 일으켜 교화가 융성되도록 하는 데"[20] 효과적이라는 인식과 무관하지 않다. 양 작품에서 동일한 모티브의 신이담이 적지 않게 발견된다는 것은 혜교의 취지에 일연이 공감했으며 삼국의 신이담을 채록케 한 동인으로 작용했음을 충분히 추론할 수 있게 해준다.

『속고승전』이나 『송고승전』도 신이담을 널리 삽입시키고 있다는 점에서 보면 『三國遺事』와 『양고승전』의 관련성만을 점검하는 것은 편협한 시각이다. 道宣(596~667)이 찬술한 『續高僧傳』(645撰)도 얼마든지 『三國遺事』의 참고자료로 삼을 만 한 것이었다. 하지만 도선은 "오묘한 道란 언어로 감당하기 어렵지만 언어를 통하지 않고는 가르침을 전할 수 없다."[21]며 혜교의 언어관에 동조하면서도 편목구성에서 신비적 예화가 집중되는 神異편을 탈락시킴으로써 설화적 기술에 대한 회의적 시각을 드러내고 있는 것을 알 수가 있다. 실제 서술에서도 『속고승전』은 설화적 요소를 가능한 배제하는 경향을 보이기도 한다. 그 점에서 『속고승전』과 『삼국유사』와는

20) 賴永海 釋譯, 『梁高僧傳』 題解, 불광산종무위원회(臺北), 1998, 5면.
21) 道宣, 『續高僧傳』, 續高僧傳序.

서사적 친연성이 높다하기 어렵다. 『삼국유사』가 『속고승전』을 거듭 거론하는 까닭은 圓光, 波若, 智晃, 慈藏, 慧顯 등 삼국의 초기 불교사를 증거해 주는 고승이 많기 때문으로 보인다.

贊寧이 지은 『송고승전』은 『삼국유사』에 참고 서목으로 올라있지는 않으나 閔泳珪의 지적[22]대로 일연의 유사찬술시 이를 참고했을 가능성이 높다. 일연은 『삼국유사』의 찬술시 圓測, 順璟, 義湘, 元曉, 眞表, 玄光, 無相, 地藏, 道育, 元表 등 어느 승전보다 풍성하게 갈무리된 고승들의 행적을 『송고승전』을 통해 벌충해나갈 수 있었다고 짐작하는 것은 무리가 아니다. 서술방식에 있어서도 『宋高僧傳』은 『梁高僧傳』와 마찬가지로 설화위주로 생애를 엮어나가는 수법을 보여주고 있어 『삼국유사』와 마찬가지로 『양고승전』의 담론을 계승한 것으로 밝혀진다. 『삼국유사』에서 『宋高僧傳』의 영향권에 든 단적인 예를 든다면 卷3 塔像, 前後所將舍利條 소재 義湘설화[23]를 꼽을 수 있다. 神衆들이 늘 의상을 보호했다는 줄거리를 담고 있는 이 설화는 『宋高僧傳』 窺基傳의 이야기를 그대로 승계한 것으로 窺基나 道宣의 天兵 護衛談을 끌어들여 천상과 소통하는 의상의 감응력을 현시하는 설화로 기능이 바뀐다.[24]

그러나 『續高僧傳』이나 『宋高僧傳』 조차도 『양고승전』을 찬술의 전범으로 여겼음을 감안할 때 『삼국유사』에서 취한 서사적 전거는 바로 『양고승전』으로 파악하는 것이 합당하다. 무엇보다 『삼국유사』는 상상을 초월하는 신이담을 서사단위로 전폭 수용하고 있는 바, 그 방향성을 제시한 것이 『양고승전』임을 다시 환기할 필요가 있다. 『양고승전』에 나타나는 신비체험 위주의 傳奇的 구성, 현실계를 벗어난 이계의 적극적 형상화는 『三國遺事』 서술에 직간접적인 빌미를 제공한 것으로 예단해도 무리가

22) 閔泳珪, 「三國遺事」, 『한국의 고전백선』, 동아일보사, 1969, 88면.

23) 상게서, 卷3, 塔像, 前後所將舍利.

24) 김승호, 「의상설화의 형성과 변이양상-삼국유사의 전후소장사리조를 중심으로」, 『불교학보』 53집, 2009, 53면.

없는 것이다.

4. 사료의 확장과 선별 안목

『삼국사기』가 사대주의에 기초하여 부실하게 전해지는 삼국사를 복원하는데 있었다면 『삼국유사』는 紀異편에서 강조하고 있듯, 합리주의적 사관에 가려 드러나지 않았던 이면의 역사를 발굴하고 그것이 갖는 의미를 천명해나가는 데 지향점을 두었다. 일연이 새로운 역사서를 찬술하게 된 동인은 무엇보다 이전의 사서들에 대한 불만에서 찾아야 할 것 같다. 역사서의 찬술에 임해 그는 이전의 역사서와 선명하게 구별되는 서술체계, 그리고 서술대상에 대한 전면적인 변화를 모색하기로 한다. 그의 지향점은 아직까지 이 땅에서 출현한 적이 없는 새로운 담론의 설계에 있었다 해야 할 것이다.

神異史觀을 표방하였다고 해도 일연이 추구한 것은 적확한 기록으로 과거를 복원해주는 역사서였을 것이다. 기존 사서에 대한 그의 불만은 기득권 중심의 역사해석에다 삼국시대 사람들의 정신세계를 지배한 불교의 역사를 철저히 외면하고 있다는 데 있었다. 대표적 정사로 여겨지는 『三國史記』 조차도 민중불교 내지 하층민의 삶을 외면하고 있을 뿐이었는데 삼국역사에서 불교신앙의 문화사적 의미를 배척하고 있는 것은 승려인 일연으로서 무엇보다 참기 어려운 일이었을 것이다.

일연은 문자로 기록된 자료일수록 왕, 위정자 중심의 역사에 속한다고 보고 일부러 이들 과는 거리를 둔 것으로 나타난다. 김부식이 怪力亂神的 요소를 피해 주로 상층지식인들이 마련한 사료에만 의미를 부여한데 비해 일연은 하층민들의 구비전승까지 역사증거의 대상으로 포괄하였다. 이같은 태도는 慧皎의 찬술방식과 상당히 흡사했다. 신이적 태도를 고수한 혜교에 대해서는 대체로 다음과 같은 평이 이어졌다.

> "혜교는 후세의 많은 역사가들이 怪力亂神을 말하지 않는다는 (공자의) 가르침을 따라 신이를 외면하거나 빼버렸는데…이의 기능을 알지 못한 채 일부러 말하지 않은 것이다. 그런데 혜교만은 『양고승전』에서 이점을 기피하지 않고 神異의 작용을 분명히 밝혀놓았다."[25]

『양고승전』이 신이담론으로서 강한 색채를 띠게 된 까닭은 고래의 기록과 문헌은 물론 사중 민중을 취재원으로 삼아 다양한 구술적 자료를 취합한 데서 찾아야 할 것이다. 혜교는 스스로 "秦 · 宋 · 濟 · 梁의 春秋書史와 秦 · 趙 · 燕 · 梁의 荒朝僞歷, 地理雜篇, 古文片記를 보았으며 古老들에게 물어보고 先達들을 찾아 유무를 바로잡고 동이를 취했다."[26]며 자료수습의 범위, 취재원, 그리고 자료의 선택방법을 밝혔다. 사료수습에 대한 이같은 언급은 승사찬술에 대한 慧皎의 서술 지향성을 짐작할 수 있게 한다. 무엇보다 역사적 관점을 추구하는 입장에 서되 서사적 흥미에 끌린 단순 전달자가 아니라 불교적 감응력과 도덕적 교훈까지 염두에 둔 전언자[27]로서의 의무감이 문면에 배어있다고 할 것이다. 정통적인 사료, 그리고 구비전승을 정착시킨 기록들을 폭넓게 활용했던 혜교의 찬술작업은 구술물에 대해 남다른 관심을 지니고 있던 일연에게 특별한 의미로 다가오지 않았을까 싶다. 혜교의 序錄은 문헌자료에만 얽매여 있는 기존 찬술관행을 버리고 용감하게 문자성 밖으로 나가 구술물마저도 폭넓게 수용할 수 있게끔 한 지침이 될 수 있음을 강조하고 있다.[28]

혜교나 일연이 답사와 취재에 적극성을 보이며 구비물일지라도 사료대상으로 수용하고 있었음이 드러나지만 이들이 여과없이 자료 포집에만 열

---

25) 鄭郁卿, 『高僧傳硏究』, 文津출판사(臺北), 1987, 132면.

26) 慧皎, 상게서, 序錄. "及晉宋齊梁春秋書史 秦趙燕涼荒朝僞曆 地理雜篇 孤文片記 幷博咨古老 廣訪先達 校其有無 取其同異"

27) 차하순 외, 『역사와 문학』, 서강대출판부, 1981, 11면.

28) 口述文學的 전통이 『삼국유사』의 찬술에 미친 영향은 쉽게 확인되는 것으로 문면에 빈번히 나타나는 鄕傳, 古傳, 諺傳, 俗談 등 이야기의 送信處는 구술의 사료화를 상징적으로 대변해주는 記標로 삼아도 좋을 것이다.

중한 것으로 보아서는 곤란하다. 혜교는 序錄에서 "혹 사람을 찬양하는 글 아래에는 지나치게 서로 추겨 올린 것이 있기도 하고 혹은 사건을 말하는 데 공연히 많은 말을 허비하여 열기도 하기도 하여 여기에서 진실한 이론을 구하려 하면 정확하게 일컬어질 만한 이론이 없다."[29)]면서 史家야말로 기록물이든 구전물이든 균형 잡힌 시각으로 사료의 본질을 꿰뚫어야 함을 밝히고 있다. 이상적인 역사물이란 무엇인가를 돌아보게 하는 이 말은 『文心雕龍』의 다음 대목과 상통하는 바가 크다. "舊史에는 없는 것이 나의 글이 넓다하여 그 일을 위대하게 하려 한다면 이는 와전되고 범람하게 되는 본원이요, 먼 일을 기술하는 데도 큰 좀이 되나니 그대가 바로 그런 사람이 아닌가. 말이란 아무리 많아도 무슨 소용이 되겠는가."[30)]

한편 慧皎는 단편적 기사, 혹은 구비전승물까지 포괄하되 대상을 자의적으로 변형하거나 가공하는 일에 단호한 입장을 보이기도 한다. "무릇 10科에 서술한 내용은 모두 많은 기록에 산재한 내용이며 지금 여기서는 다만 잘라내어 한 곳에 모은 것뿐이다. 그런 까닭에 옛 기록을 담았을 뿐 더 이상 보태서 짓지는 않은 것이며 무릇 한 책 안에서 펼쳐 열람하여 그 요점을 알 수 있도록 한 것이다."[31)] 述而不作과 더불어 사료에 대한 감별능력은 사관이 갖추어야 할 제일의 덕목이라는 말인데 이는 혜교를 거쳐 일연에게 고스란히 승계되는 것처럼 보인다. 사실 설화담론 위주로 역사를 이끌어가는 일연이 인용된 사료와 전자의 의견을 엄격히 구별하여 서술하는 것[32)]은 의외의 모습이다. 그는 편찬자의 자의성을 앞세워 자료를 修正加筆하는 법은 없었으나 사료 변증에 관해서는 자기 입장을 분명히 밝

29) 慧皎, 상게서, 序錄. "然或褒贊之下 過相揄揚 或敍事之中 空列辭費 求之實理無的可稱"

30) 劉勰, 최신호 역, 『문심조룡』, 현암사, 1975, 65면.

31) 慧皎, 상게서, 序錄. "凡十科所敍 皆散在衆記 今止刪聚一處 故述而無作 俾夫披覽于一本之內可兼諸要"

32) 이기백, 「三國遺事의 사학사적 의의」, 『한국의 역사인식』 상, 창작과 비평사, 1976, 11면.

혔다.[33]

다만 혜교와 일연이 기록물을 포함 구전물까지 사료로 포괄한다는 점은 일치하지만 그들이 도달하고자 하는 담론적 귀착점은 달랐다. 다시 말해 두 사람이 여항을 전전하며 구술 채록에 열성에 바친 것은 동일하지만 혜교가 승려들의 전기를 보다 완벽하게 마련하는데 골몰했다면 일연은 구술 자료를 통해 民衆僧들의 면모는 물론 사서에서 모습을 드러내지 않는 하층민들의 삶까지 포착하고자 했다는 것이다.

민중간의 구술담이 적극 수용되면서 『삼국유사』는 저절로 민중사관을 구현하는 서술물의 성격을 갖추게 되었다고 해도 과언이 아니다. 주로 불교사적 시각 안에서 진행된 이야기이지만 『삼국유사』는 설화담론의 주입으로 말미암아 민중도 역사추동의 한 축이 될 수 있음을 드러낼 수 있었다. 이것은 고승의 일대기만 골몰한 『양고승전』과 다른 점이다. 일연에게 민중들의 전언은 단순한 흥미담이 아니라 유자 사관들이 애써 외면했던 역사를 복원시키는 소중한 근거로 부각되었음을 주목할 필요가 있다. 『삼국유사』가 어느 사서보다 피지배층의 삶이 생동감 있게 형상화될 수 있었던 까닭은 문헌에 의한 관례적 移記란 전통적 역사기술방식을 따르지 않고 찬자가 직접 구술 현장에 나서 기층의 전승담을 채록했기 때문이다.

『삼국유사』의 구술지향적이고 민중중심적인 역사채기의 태도는 『양고승전』에서 가담항설이나 설화에 의미를 부여했던 것과 그대로 상통한다고 해야 할 것이다. 차이점이 있다면 구술역사에 대한 관심과 폭이 『삼국유사』에 한층 증폭된다는 것이다. 혜교가 앞서 구술채기물 혹은 구비전승담도

---

33) 상게서, 卷4, 寶壤梨木. "뒷 사람들이 新羅異傳을 고쳐 지으면서 작갑사의 탑과 梨木의 일을 원광의 전기 속에 함부로 기록해 넣었다. 또 大城의 사실을 毘盧師의 전기 속에 넣은 것도 이미 잘못된 것인데 더구나 海東僧傳을 지은 자도 여기에 따라서 글을 윤색하고 寶壤의 전기가 전해지지 못하게 하여 뒷 사람들이 의심내고 잘못 알게 했으니 얼마나 무망한 짓이겠는가(後人改作新羅異傳 濫記鵲塔膶目之事于圓光傳中系犬成事於毘盧傳 旣謬矣 又作海東僧傳者 從而潤文 使寶壤無傳 而疑誤後人誣妄幾何)."

불교적 덕성을 드러내고 대중을 교화하는 방편이 될 수 있음을 앞서 현시했다면 일연은 이에 공감하면서 僧史의 자료로 취택되던 구비전승류를 일반사적 사료로 그 효용 범위를 확장시켜나갔다고 할 수 있다.

5. 散文과 韻文의 결합구성

한 고승에 초점을 맞추는 僧傳과 역사 추동의 인물에 초점을 맞추는 사서는 담론적 지향점이 다를 지라도 산문으로 씌어진 서사물이라는 점에서는 공통적이다. 그렇지만 이같은 상식이 적어도 『양고승전』과 『삼국유사』에서는 적용되지 않는 것을 보게 된다. 중국의 경우 인도의 불교가 유입되면서 散韻交錯 방식의 글쓰기가 시작된 것으로 파악하고 있다. 당나라 이전에는 퍽 단순한 형식의 글쓰기가 지속되었으니 전기든 역사든 산문 문장으로만 엮어졌으며 산문에 운문이 끼어드는 방식의 글쓰기는 관습으로 자리를 잡지 못하고 있었다. 이에 비해 인도의 종교 담론에 속하는 불경은 經文에 偈頌이 들어가는 것이 보다 오히려 자연스럽게 받아들여졌다.[34] 불경 등 인도 담론이 유입됨에 따라 중국에서도 산문과 운문의 교직적 서술이 점차 자리를 잡은 것으로 진단하거니와 승전의 선봉에 서 있는 『양고승전』은 어느 서사물보다 앞서 散韻交合의 채택에 적극성을 보인 것으로 나타난다. 『양고승전』에서 확인되는 讚詩, 偈頌, 民謠, 漢詩, 銘의 삽입부분은 다음과 같다.

34) 尹雪曼, 『중국문학개론』, 삼민서국(臺北), 1975, 43면.

운문류	삽입부분
偈頌	鳩摩羅什傳, 求那跋摩傳, 慧遠傳, 單道開傳, 杯度傳, 明律論
讚詩	康僧會傳, 竺曇摩羅刹傳, 康法朗傳, 于法蘭傳, 于法威傳, 帛道猷傳, 曇鑒傳, 玄暢傳, 保誌傳, 僧瑜傳, 譯經論, 義解論, 神異論, 習禪論, 明律論, 亡身論, 誦經論, 興福論
漢詩	道寶傳, 竺僧度傳, 帛道猷傳, 史宗傳
銘	慧遠傳
民謠	慧遠傳, 法獻傳

韻文類의 삽입빈도에 있어 『삼국유사』도 『양고승전』에 못지않은 것으로 나타나는데 그것이 온전히 일연의 창발력에서 나왔다고 보기는 무리이다. 특히 각 고승의 말미에 부연된 讚이나 傳중에 끼어있는 漢詩, 偈頌 등은 앞서 등장한 산문과 조화를 이루는 운문 단위들로 散韻交織의 서술은 『양고승전』에서 훨씬 앞서 선을 보인 탓에 『삼국유사』가 『梁高僧傳』의 수법을 추종했으리라는 추정 또한 어색하지가 않다.

이외에 書信, 碑文, 法文 등을 직접 인용하여 산문 안에 안치하는 글쓰기도 『양고승전』의 영향과 무관치 않다고 여겨진다. 입전 인물의 生을 산문으로 처리한 뒤 마지막에서 운문인 贊을 통해 생을 평하거나 보완하는 방식도 『梁高僧傳』에 자주 보이는 방식인데 산문, 운문의 交合的 글쓰기가 지닌 장점에 주목한 결과일 것이다.

『梁高僧傳』에서 선보인 산문과 운문의 혼합적 서술체를 수용하면서 『삼국유사』는 鄕歌는 물론 속담, 수수께끼 등 민속 문학까지 포괄하는 독특한 담론 형식을 갖추게 된다. 거기다 다양한 한문 양식까지 제시하거나 혹은 인용대상으로 삼게 되면서 사서이면서도 삼국시기 시가를 증거하는 저수조로서의 역할마저 수행할 수가 있게 되었다.

『삼국유사』에 수록된 작품들을 漢文文體에 따라 분류해보면 論辯類 9, 雜記類 22, 奏疏類 2, 書牘類 4, 序跋類 3, 書狀類 12, 碑誌類 1, 雜記類 22, 箴銘類 1, 論贊類 47, 詩歌類 12편 등 모두 114편의 한문 작품이 수록되어 있다.[35] 이중에서 무엇보다 주목할 점은 鄕歌를 포함, 箴銘, 頌讚類,

詩歌類 등을 비롯한 운문의 비중이 퍽 높다는 것이다. 애초부터 의도한 것은 아니었겠으나 시가류를 수습해 놓음으로써 문예사로서의 몫까지 감당할 수 있었다. 게다가 일연 스스로 지은 讚詩마저 수용해 놓고 있어 그의 문학적 역량을 간취해 볼 수 있는 것도 『삼국유사』가 지닌 매력이다.

讚詩가 인물, 사건, 상황을 상세히 전하고 난후에 첨언하는 간단한 운문에 그치지만 그것은 評決의 기능을 감당하며 한편으로는 찬자의 견해와 주장을 간파하는 통로역할을 수행할 수 있었다. 아울러 서사로는 감당하기 어려운 내면세계를 표출시키는데도 위력을 발휘할 수 있었다.

일연이 객관성을 확보하고 변증을 가능하게 하는 설명적 서술에 의지하는 것이 역사서라는 점을 부정한 것은 아니었으나 그것만이 인물, 역사를 올곧게 드러내는 데 유효한 수단이 된다고 보지는 않았다. 특히 전통적 서사로부터 탈피하겠다고 천명한 터이므로 『삼국유사』는 敍情이 가져다주는 담론적 참신성을 마음껏 누릴 수 있었던 것으로 보인다. 산문과 운문의 배합은 독자중심적 시각에서도 나름의 이유를 찾을 만하다. 즉 이야기와 시가를 엇섞어 놓는 일은 독자에게 역사적 사실의 인지와 함께 문학적 흥취를 동시에 맛볼 수 있게 하는 배려의 차원에서 이해가 가능한 것이다. 『양고승전』이 산문에 운문을 배합하는 서술적 선례를 남겼다면 『삼국유사』는 그것을 한층 확장하여 산문과 운문 조화의 담론적 지평을 새롭게 마련한 것으로 평가해야 마땅할 것이다.

6. 맺음말

『삼국유사』의 담론적 기능과 성격을 두고 다양한 주장이 제기된 원인은 관습적인 글쓰기의 틀을 벗어나 있다는 것과 무관치 않았는데 그 탄생적 바탕이 되어준 선행 담론의 확인이야말로 『삼국유사』의 본질을 이해하는

35) 박진태 외, 『三國遺事의 종합적 연구』, 보고사, 2002, 170~179면 참조.

첫 과제로 삼지 않으면 안 될 것이다.

본고는『삼국유사』가 僧史에서 출발하여 일반사로 이행한 작품이며『양고승전』을 그 모방담론으로 여겼다고 보았다.『삼국유사』가『양고승전』을 담론적 전거로 삼았다는 점은 체재 구성의 모방에서 벌써 드러난다. 그러나 이것보다 더 본질적인 문제는 역사의식, 서술방식, 사료수용 방식이라 할 수 있는데 이에 대해서는 그동안 진지한 검토가 없었던 것이다.

특히 후자의 문제에 주의를 집중한 결과, 본고는 불가시적 세계마저 역사서술 대상으로 편입시키고자 하는 신이사관적 태도가 양자를 관통하는 가장 큰 유사점임을 알 수 있었다. 두 작품에 나타나는 신이적 경향성은 역사를 補正하고 敎化에 남다른 효용성을 발휘한다는 점을 중시한데서 나왔다. 또한 이 두 작품은 정통사료라 여겨지던 기록위주의 자료를 넘어서 그 취재원을 확장했으며 구비자료까지 사료에 포괄시키기를 주저하지 않았던 것으로 밝혀진다. 그러면서도 사료의 선별과 변증에는 의외로 엄격함을 고수하고 있는데 이점 역시 상관관계를 예증해주는 요소일 것이다. 이외도 양자는 산문과 운문을 교합하는 식의 서술방식을 공유하고 있는 바『양고승전』에서 확인되는 讚, 偈頌 등 韻文類의 빈번한 삽입은『삼국유사』에서도 거의 일관되게 적용되는 서술방식이라 하겠다.

훨씬 이른 시기에 출현한『양고승전』, 그리고 후대에 등장한『삼국유사』가 다양한 측면에서 유사성을 공유하고 있다는 점은 곧『삼국유사』가『양고승전』을 서술적 전거로 삼았음을 말해주는 근거로 삼아 부족함이 없다. 그러나『삼국유사』만의 변별적 요소가 있다는 점도 분명히 할 필요가 있다.『삼국유사』가 승전 담론인『양고승전』을 찬술적 전거로 삼은 것은 사실이지만 담론의 최종 목적을 민족, 민중의식을 고취하는[36] 한편 이 땅의 불연성을 증거하는 일반사를 구축하는 데 두고 있었다는 점만은 놓치지 말아야 한다는 것이다.

---

36) 김태영,「삼국유사에 보이는 일연의 역사인식에 대하여」,『삼국유사의 연구』, 동아세아연구회편, 1982, 16면.

참고문헌

道宣, 『續高僧傳』(大正新修大藏經, 第50卷)
義淨, 『大唐西域求法高僧傳』(大正新修大藏經, 第50卷)
一然, 『三國遺事』(李東歡 교감, 민족문화추진회, 1982)
贊寧, 『宋高僧傳』(大正新修大藏經, 第50卷)

강명혜, 「삼국유사의 언술방식」, 『온지논총』 28집, 2011.
고운기, 「삼국유사에 나타난 일연의 민요」, 『연세어문학』 25집, 1993.
記贇, 『慧皎 高僧傳硏究』, 상해고적출판사, 2009.
김상현, 「고려후기의 역사인식」, 『한국사학사의 연구』, 을유문화사, 1985, 95면.
김승호, 「의상설화의 형성과 변이양상-삼국유사의 전후소장사리조를 중심으로」, 『불교학보』 53집, 2009, 53면.
김승호, 「한중간 불경 설화의 수용방식과 변이양상-觀佛三昧經의 불영담을 중심으로」, 『국제어문』 48집, 2010, 37면.
김열규, 「삼국유사와 신화」, 『삼국유사 연구논선집』, 1986, 404면.
김영수, 『삼국유사와 문화코드』, 일지사, 2009.
김태영, 「삼국유사에 보이는 일연의 역사인식에 대하여」, 『삼국유사의 연구』, 동아세아연구회편, 1982, 16면.
賴永海 釋譯, 『梁高僧傳』 題解, 불광산종무위원회(臺北), 1998, 5면.
閔泳珪, 「三國遺事」, 『한국의 고전백선』, 동아일보사, 1969, 88면.
박성수, 『역사학개론』, 삼영사, 1977, 17면.
박윤진, 「삼국유사 피은편의 의미와 영여사 포천산오비구」, 『신라문화연구』 31, 동국대 신라문화연구소, 2010.
박진태 외, 『三國遺事의 종합적 연구』, 보고사, 2002, 176~178면.
변귀남, 「韓中승전의 신이적 서사방식비교」, 『동북아문화연구』 24, 2010.
신은경, 「동아시아 문학에서의 산문/운문 혼합서술에 대한 연구」, 『국제어문』 40집, 2007.
월터 옹, 이기우, 임명진 옮김, 『구술문화와 문자문화』, 문예출판사, 1995.
劉勰, 최신호 역, 『문심조룡』, 현암사, 1975, 65면.
尹雪曼, 『中國文學槪論』, 삼민서국(臺北), 1975, 43면.
이기백, 「三國遺事의 사학사적 의의」, 『한국의 역사인식』 상, 창작과 비평사, 1976, 11면.
이재호, 『삼국유사』 해제, 솔, 1997, 6~10면.

鄭郁卿, 『高僧傳硏究』, 文津출판사(臺北), 1987, 132면.
정천구, 「삼국유사와 中日불교전기문학의 비교연구」, 서울대 박사학위논문, 2000.
차하순 외, 『역사와 문학』, 서강대출판부, 1981, 11면.
최남선, 「삼국유사해제」, 『(증보)삼국유사』, 민중서관, 1958, 9면.
湯一介, 『高僧傳』 緖論, 중화서국, 1992, 3면.
한예원, 「삼국유사 소재 한시를 통해 본 일연의 문학에 관한 연구」, 『고시가연구』 13집, 2004.
황패강, 「삼국유사와 불교설화」, 『三國遺事의 연구』, 중앙출판, 1982, 171면.

출처 졸고, 「三國遺事의 찬술설계와 梁高僧傳」, 『한국어문학연구』 59집, 한국어문학연구학회, 2012, 303~328면.

三國遺事 담론의 口述 歷史性과 서사미학

1. 머리말

그동안 『삼국유사』 담론[1]의 성격에 대해서는 헤아릴 수 없이 많은 논의와 다양한 이론들이 제기되었다. 이는 『삼국유사』에서 다루고 있는 내용적 범위가 역사, 문예, 민속, 정치, 사회, 자연, 천체, 예술 등 광범위하게 걸쳐 있으며 전공에 따라 자기 영역을 강조하면서 나타난 현상이라고 할 수 있겠는데 광범위한 내용적 편폭, 그리고 연구자간의 상이한 시각과 자기중심적 입장으로 말미암아 『삼국유사』의 담론규명은 지체될 수밖에 없었다.

『삼국유사』의 담론적 성격에 대한 기왕의 논의 중 아무래도 우리의 이

1) 현대서사이론들은 담론을 두고 ①사건의 연속성을 지닌 이야기, ②서술자에 의해 생산된 이야기, ③독자에 의해 조직되고 의미가 부여된 이야기 등 3가지의 관념에서 접근한다(윌리스 마틴, 김문현 옮김, 『소설이론의 역사』, 현대소설, 1991, 117면). 본고에서는 이중에서 ①사건의 연속성을 지닌 이야기 ②서술자에 의해 생산된 이야기라는 개념을 복합적으로 수용하는 쪽을 택하기로 한다.

목을 집중시킨 것은 역사서,[2] 불교문화사,[3] 설화집[4] 등으로 본 견해들인데 이런 주장이 담론적 성격에 대한 해명이 아니라 또 다른 이론을 부추기는 역할을 했다고 보는 게 옳을 것이다. 『삼국유사』가 역사를 표방한 서사물이라는 것과 상관없이 이후에도 다양한 논의와 견해가 끊임없이 제기될 것이다. 다른 역사서와 달리 『삼국유사』에 대해 왜 그토록 담론적 논의가 이어지는 것일까. 『삼국유사』가 지닌 담론으로서의 의의는 물론 그 이전에 이후에도 출현한 적이 없는 독특한 성격의 역사서라는 데서 찾을 수 있겠는데 특히 서사미학적 관점으로 볼 때 그것이 내면에 감추고 있는 서사적 설계도는 온전히 해독되지 않은 채 오늘도 연구자들의 호기심을 자극하고 있는 것이다. 이글에서 필자는 논의의 초점을 『삼국유사』의 서사적 본질, 혹은 그 본질 찾기의 단초를 어떻게 마련해야 할지를 궁리하는데 두고자 한다.

『삼국유사』를 삼국의 역사를 저장하고 있는 거대한 수조로만 본다면 이야기문학으로서의 또 다른 의미를 부정하는 것이 되어 버리고 만다. 일연이 애초 역사서를 의도했을지라도 이야기의 구성체로서 『삼국유사』는 담론내적 체계와 설계를 이면에 간직하고 있음을 간과해서는 안 된다. 이의 담론적 특성에 대한 설왕설래를 잠재우고 아전인수식의 진단을 피하기 위해서는 서사맥락이나 서사의 전략을 일단 꼼꼼하게 살펴보는 일에서부터 출발해야 한다고 본다.

일연이 사관으로서의 사명감을 가지고 역사쓰기의 새 지평을 열 수 있었던 것은 서술 대상과 이야기방식에 있어 진지한 숙고를 거듭했기에 가능한 일이었다. 사실 이야기는 어느 것이든 전하는 사람, 내용, 듣는 사람간의

2) 김철준, 「고려중기의 문화의식과 사학의 성격」, 『한국사연구』 9, 1973.
김태영, 「일연의 역사의식」, 『경희사학』 5, 1974.

3) 김영태, 「삼국유사의 체재와 그 성격」, 『동국대학교논문집』 13, 1974.
김상현, 「삼국유사에 나타난 일연의 불교사학」, 『한국사연구』, 1978.
고익진, 「삼국유사찬술고」, 『한국불교사연구』 38, 1982.

4) 『삼국유사』를 역사가 아닌 문예적 대상으로 보고자 하는 시도는 일찍부터 일어났으며 이를 집적한 대표적인 연구서로는 김열규, 신동욱 편, 『삼국유사의 문예적 연구』, 새문사, 1981을 들 수 있다.

소통적 조건을 전제로 하는 행위이다. 그러나 그것이 이야기를 좌우하는 전부는 아니며 소통이 이루어지고 있는 그 시점도 퍽 중요한 변수로 떠오르게 된다. 따라서 『삼국유사』 담론의 본질에 접근하기 위해서는 소통적 조건에 해당하는 제 요소의 점검, 그리고 『삼국유사』를 찬술 당시의 상황까지 아울러 면밀히 파악하는 것이 필요하다.

2. 기존 역사서에 대한 회의와 비판

현재 전하지 않으나 삼국 이래 적지 않은 역사서들이 편찬되었던 것으로 알려진다. 삼국시대 이미 각국에서 사서찬술이 이루어졌으며 통일신라 시대에 들어와서는 『花郎世紀』, 『漢山記』, 『高僧傳』 등이 金大問에 의해 찬술되는 등[5] 왕 중심의 正史는 물론 역사인물, 지리, 특정 계층을 초점화한 개별적인 역사쓰기도 더불어 진행되었다. 또한 삼국 이래 고려시기까지 열렬히 신봉된 호불적 분위기에서 고승들을 입전하는 전통이 자리잡고 있었으니 역사추동의 힘을 다양한 계층에서 찾고자 하는 시도라고도 볼 수 있다.

삼국사기 출현이전에 삼국역사서로 가장 널리 알려진 것이 고려 초 찬술된 『舊三國史』였다. 그러나 민족에게 닥친 역경과 극복을 강조하고 있음에도 역사서로서 큰 권위를 인정받지는 못했다. 이 사서에 불만이 컸던 金富軾은 그를 극복할 사서를 갈망한 끝에 『三國史記』의 찬집에 나서게 된다. 안정된 고려 초의 상황에서 나온 『삼국사기』는 거란 격퇴이후 충만하기 시작한 민족의식을 반영하기 시작했다는 점에서 이후 출현하는 사서들에 적지 않은 영향을 끼쳤다. 고려 중후기로 내려오면서 역사 찬술에 대한 관심과 열기는 더욱 커져 李奎報, 閔漬, 金寬毅 등 유자들은 다양한 형식

5) 한국사연구회 편, 『한국사학사의 연구』, 1988, 33~34면.

으로 사서찬술에 참여한다. 그들은 내우외환 속에서 역사를 통해 민족의식을 고취하고자 했으며 그 같은 찬술의 목적성은 고려 후기 지성인들에 승계된다. 고려후기에는 실록뿐만 아니라 『東明王篇』, 『歷代歌』, 『古今錄』, 『帝王韻記』, 『千秋金鏡錄』, 『世代編年節要』 등의 사서가 간행되었으며 다른 한편에서는 불교지성들이 『海東高僧傳』, 『三國遺事』, 『釋迦如來行蹟頌』을 찬술함으로서 유자에 못지않게 사관적 책무를 선양하였다. 이들은 유자들의 역사찬술에 대한 회의와 함께 불교계의 역량을 간접적으로 증거 해주는 사례로 꼽아 부족함이 없었다.

조선이전까지의 역사서를 일별할 때 그간 『삼국유사』에 대해 과도하게 의미를 부여한 것이 아닐까 하는 의문이 드는 것도 사실이다. 그러나 많은 사서들이 출현했음에도 『삼국유사』가 도달한 찬술의 창발성과 예외성에 대해 이의를 제기하기는 어렵다고 본다. 『삼국유사』야말로 역사서술의 전통을 일거에 전복시킨 사서에 다름 아니라고 보기 때문이다. 일연이 새로운 역사서를 찬술하게 된 동인은 무엇보다 이전의 사서들에 대한 불만에서 찾아야 할 것 같다. 새로운 역사서의 찬술에 임해 그는 이전의 역사서와 선명하게 구별되는 서술체계, 그리고 서술대상에 대한 전면적인 변화를 모색하기로 한다. 그의 지향점은 아직 출현한 적이 없는 온전히 새로운 역사서의 찬술에 놓여있었던 것이다.

역사서의 본분, 곧 적확한 기록으로 과거를 재현하는데 이바지해야 한다는 기본적 명제에 대해 일연이라 해서 거부할 리는 없었다.

하지만 기존 역사쓰기에 대한 회의감만은 거두기 어려웠다. 유교적 합리주의사관은 그렇다 해도 위정자 중심의 사료에 의존하여 작성하고 된 기록태도에 대해서는 동조해주기가 어려웠다. 결국 일연으로서 『삼국사기』는 추종할 전범이 되지 못했다. 문자중심의 사료만이 중시되고 구술 자료는 배척되었으며 민중적 자취는 권위적 인물들에 가려져 도무지 그 존재조차 드러나지 않고 있는 것이 『삼국사기』의 가장 큰 문제점이었다. 불교신앙과 관련한 문화사적 의미가 배제된 것 또한 용납하기 어려운 부분으로 생각되었다고 본다. 물론 『삼국사기』의 정보를 유용하게 활용하기도 했으나 『삼국사기』는 일연에게 모방의 대상이기 보다는 극복의 대상으로 여겨졌다. 『삼국사기』가 사대주의에 기초하여 부실하게 전해지는 삼국사를 복원하는 데 초점을 맞추었다면 『삼국유사』는 紀異편에서 강조하고 있듯, 우리역사가 중국역사와 대등하다는 자부심을 천명함으로써 이전의 역사와는 현격하게 다름을 먼저 강조했다.

한편 일연은 佛家 내 사서에 대해서도 날카롭게 비판을 가했다. 『삼국유사』보다 70년 앞서 출현한 『海東高僧傳』을 두고서는 진위에 대한 변증과 사료선별의 안목을 들어 거리낌 없이 공박하고 나선 것이 그런 예이다. 타 사서에 대한 거침없는 비판은 역사가로서 당당함을 보여주는 것이기도 한데 60세부터 80세에 이르는 그 긴 시간을 『삼국유사』의 찬술에 몰입했다는 전기적 사실은 이런 점에서 더욱 더 의미심장하게 느껴진다.

3. 역사찬술의 창안과 그 내적 서사전략

『삼국유사』가 삼국시대를 재현해주는 최고의 자료라 해도 고려후기의 시대적 산물에 해당하는 담론의 하나임이 분명하다. 『삼국유사』의 담론적 정체성에 대해 이론이 무성하지만 우리는 이 사서가 당대 상황, 현실에 대응하여 나온 생산물임을 먼저 상기해야 한다. 다시 말해 『삼국유사』의 담론적 본질에 접근하기 위해서는 이것이 배태된 고려후기 사회 현실과 이데올로기 그리고 구성요소에 해당하는 수용대상, 서술내용 등까지 아울러 살피지 않으면 안 된다는 것이다.

3.1. 口述歷史와 民衆史觀 간의 상관성

고려 중후기 많은 역사서의 출현을 두고 당대 빈번히 발생했던 내우외환을 지목하는 경우가 흔하다. 遼金 등 여러 이민족의 압력이 계속 되어오고 舊貴族은 타도되었으나 초기 문신들의 횡포한 정치가 암흑기를 이루게 하고 국내외의 혼미 속에서 지식인들은 자기 거점을 민족에서 발견하고 민족으로의 귀의를 어느 때보다 고창하게 되었으며[6] 고종 18년(1231)이래 계속된 몽고의 야만적인 침략과 지배는 민족적 분노와 좌절을 체험케 했는데 이런 분위기가 일연에게 민족적 긍지와 정체성을 확인해야겠다는 사명감을 부여한 것[7]이란 진단은 경청할 만하다. 어떻게 보든 당대의 역사 사회적 현실에 비추어 볼 때 민족의 자주의식과 정체성을 밝히는 작업이 시급했는데 삼국시대의 역사규명은 그 같은 시대적 요구에 부응하는 과제로 새삼스럽게 부각되었을 것이다.

그러나 민족적 주체성을 고취하기 위한 시도가 이전에 전혀 없었던 것은 아니었다. 김부식은 당대 지식인들이 중국역사에 대해서는 해박하면서도 삼국역사에 대해서는 무지한 현실을 개탄하고 있으며 고작 중국역사의 방계적 역사로만 남을 수 없다며 國史의 부실함을 지적하였다.[8] 하지만 그 같은 지적에도 불구하고 『三國史記』 역시 참조 사료는 풍족하지 못했으며 수용된 사료마저 중국 쪽의 것이 큰 비중을 차지하는 한계를 드러냈다.[9] 따라서 그는 다음과 같은 비판에서 자유로울 수 없었다.

> "김부식의 『三國史記』는 유교문화를 교조주의적으로 신봉하던 봉건왕조의 도식적 제도의 산물이자 전통적 규범에 의거한 공식적 문헌으로 사대와 존화의 도덕정치에 충실하고 있다. 따라서 이 사서는 유학자들의 독무대가 될 뿐이었다."[10]

---

6) 이우성, 강만길 편, 『한국의 역사인식』 상, 창작과 비평사, 1976, 169면.
7) 김태영, 「삼국유사에 보이는 일연의 역사인식에 대하여」, 『삼국유사의 연구』, 동아세아연구회편, 1982, 16면.
8) 김부식, 『三國史記』, 進三國史表.
9) 고병익, 「삼국사기에 있어서의 역사서술」, 『한국의 역사인식』 상, 창작과 비평사, 1988, 53면.

일연은 문자로 기록된 자료일수록 왕, 위정자 중심의 역사에 속한다고 보고 일부러 이들과는 거리를 둔 것처럼 보일 정도이다. 하지만 김부식이 怪力亂神的 요소를 피해 주로 검증된 역사 이야기만을 골라 사료적 대상으로 활용한데 비해 일연은 자신의 사관적 입장을 대변해줄 이야기의 발굴을 위해 여항을 전전하는 쪽을 기꺼이 택한 것으로 나타난다.

구술역사에 대한 일연의 관심과 채집은 기실 역사적 주체로서 민중을 부각시키는 방법의 하나가 된다는 생각과 맞물려 있었다고 보아야 한다. 민중의 삶과 자취를 역사에 편입시키고자하는 일연에게 민중간의 설화는 단순히 흥미있는 자료 이상의 가치를 지닌 것으로 다가왔던 것이다. 『삼국유사』에서 우리는 어느 역사서보다 생동감이나 역동적 삶을 발견할 수 있는데 이 역시 구술역사의 사료화가 가져온 부차적인 소득이라 해도 좋을 것이다.

『삼국유사』의 紀異篇은 『삼국유사』 찬술의 방향과 그 사료적 범주를 밝히는 전제와 다를 바 없다. 여기서 그는 신화로 채색된 중국의 상고사를 무비판적으로 수용하면서도 우리의 상고신화는 불신하는 당대인들의 이중성을 고발함으로써 자연스럽게 구술의 사료화라는 논리를 확보하고 있다. 문면 속에 빈번히 나타나는 鄕傳, 古傳, 諺傳, 俗談 등 이야기의 송신처는 구술의 사료화를 상징적으로 대변해주는 記標로 삼아도 좋을 것이다.

그런데 口述談이란 기억에 의존하는 만큼 지성인일수록 그를 정보적 대상으로 수용하기를 꺼리는 경향이 컸다. 고구려의 건국신화를 장편서사시로 탈바꿈시킨 李奎報도 한때는 건국신화에 아주 비판적 시각을 보였던 것이다.[11] 일연도 구술에 대해 무조건적으로 선호하거나 신뢰감을 보인

---

10) 이상호, 「삼국유사해제」, 『삼국유사』, 까치, 1999, 14면.

11) 東明王篇에 보이는 李奎報의 다음 언급은 고려 중후기 지식인들의 설화의식을 가늠해보기에 좋은 사례이다. "선사 승니께서는 과력난신을 말하지 않았는데 동명왕의 사적은 실로 황당하고 기괴한 일이어서 우리들이 말할 바가 아니다.(先師仲尼不語怪力亂神 此實荒唐奇詭之事 非吾曺所說)"라 한 것에서 보듯 지식인들은 민중간의 설화와 거리를 두거나 불신하는 입장에 서 있었다.

것은 아니었다. 그는 빈번하게 협주를 안치하여 진실여부를 변증을 하거나 불가해한 사안을 두고서는 명민한 후인들이 등장해 올바르게 변증해 달라고 부탁하기를 잊지 않았다. 기본적으로 그는 문자든 구술이든 선입견을 갖지 않고 진실되게 역사를 전할 수만 있다면 사료로서 의미를 지닌다고 보았다.

사료적 대상으로 무엇을 취택하는 가는 곧 사관과 직결한다. 민중간의 구술담을 적극적으로 사료화하면서 『삼국유사』는 자연스럽게 민중사관을 구현하는 서술물의 성격을 갖추게 되었다고 해도 과언이 아니다. 『삼국유사』에서도 역사적으로 비중이 높은 인물들이 등장하는 것이 사실이지만 正秀師, 郁面, 寶開, 漸開, 孫順 등 수많은 기층민들의 삶을 초점화하고 있으며 기성역사에서 입지를 굳힌 인물의 자취를 반복해 등재시키는 일은 되도록 삼갔다. 일연이 기이편을 전제하며 나름의 역사관을 피력했음에도 이런 글쓰기는 이전 역사에 익숙한 독자들을 당황스럽게 만드는 일이 아닐 수 없었다.[12]

전통적으로 역사 서술법으로 흔히 권장되는 것이 春秋筆法[13]인데 사실 문헌사료라고 해서 그런 목표치가 쉽게 달성되지는 않는다. 반대로 구술물일지라도 온통 불확실한 정보일 뿐이라며 선입견을 가지고 대할 일도 아니다. 일연은 오히려 후자를 옹호하고 있던 것으로 보이거니와 황탄 무괴한 서사로 치부되던 구승담을 채집하기 위해 경상도권역을 속속들이 답사한 끝에 이를 史料化함으로써 색다른 역사이야기를 창안하기에 이르렀다. 『삼국유사』의 담론적 성격을 두고 다양한 설이 분분한 것은 일연이 그만큼 독

---

12) 대표적으로 김유신에 대한 일연의 기록을 주목해 볼 수 있다. 일연은 『三國史記』 속의 김유신전을 반복하는 대신 구술담에서 발원한 전생과 후생담을 통해 지상적 삶의 단순함을 넘어 입체적 삶으로 부조시키고 있다. 지상의 삶과 달리 그는 불세출의 인간상 대신 업의 굴레를 벗어나지 못하는 유한한 존재로 형상화하는 데 초점을 맞추고 있다.

13) 유협, 최신호 역, 『문심조룡』, 현암사, 1975, 69면, "세속에서는 기이한 것을 좋아한 나머지 사실을 돌아보는 일도 없이 간접적으로 들은 일들을 훌륭하게 생각하여 쓰거나 먼 시대의 일을 기록하는데 그 흔적을 상세히 기록하려 든다."

특한 사료 선별안을 지닌 데에 있다고 보아야 한다.

『삼국유사』를 거대한 불교설화의 모음집로 보더라도 무리는 없으나 왜 그런 결과가 나타나게 되었는지 이면의 까닭을 우선 헤아리는 것이 중요하다. 『삼국유사』를 설화집으로 섣불리 규정하기 전에 왜 결과가 나타나게 되었는지 이면의 동인을 찾아보는 것이야말로 『삼국유사』의 담론적 본질을 캐는 첫걸음이 될 터이다.

3.2. 서사미학을 바탕에 둔 역사이야기

『삼국유사』가 역사를 앞세운 글쓰기이면서도 서사 연구자들의 호기심을 증폭시키는 까닭은 그것이 전통적 역사이야기 방식과 전혀 다른 특성을 내재한다는 점에 기인한다. 앞에서 구술담을 과감하게 역사로 편입시키는 일연의 면모를 훑어보았으나 이제부터는 서사미학적 시각을 바탕으로 『삼국유사』의 담론적 특성에 주목하기로 한다.

역사와 서사가 이야기로 지탱되는 담론이라는 점에서 본다면 어떤 역사물도 서사문학 안에 포괄될 수 있다. 그러나 『삼국유사』의 경우는 그 이전, 이후에도 쉽사리 보기 어려운 담론이라 하겠는데 무엇보다 서술 대상과 사료를 새롭게 설정하고 이를 능숙하게 풀어나간 일연의 능력이 있었기에 가능했다.

과거시기로 거슬러 올라갈수록 인물, 사건, 상황에 걸쳐 있는 그대로 감가없이 기술하는 것을 역사의 본령으로 새겼다. 이런 시각 안에서는 지리멸렬한 이야기라 하더라도 비판이나 불평이 일어날 리가 없다. 무미건조한 이야기라 할지라도 사실에 즉한 것이라면 배척될 까닭이 없었다. 도리어 이야기로서의 흡입력을 위해 과장과 수식을 가하거나 없는 것을 꾸며내는 일이 벌어질까봐 전전긍긍했다. 객관적 기록을 맹신하는 사람들에게 찬자의 자의적 기술은 역사라는 대업을 수포로 만들어버리는 위험천만한 행위로 여겨졌다.

그렇다면 역사와 문학은 아주 동떨어진 것일까. 적어도 원래 한 가지에서 출발한 내력이 있듯이 역사와 문학 사이에는 이질적 요소보다는 동질적 요소를 더 많이 간직한 담론들이다.[14] 다시 설화를 결정적 사료를 채택한 일연의 태도를 살펴보자. 『삼국유사』가 서사성이 강하다고 하지만 그것은 구술역사에 비중을 높이다 보니 원래 일연의 의도와 상관없이 서사 미학성을 두루 갖추게 된 것으로 볼 수도 있을 것이다. 하지만 이야기의 매개자로서 일연의 입김을 부정할 수가 없다. 사찰 연기설화 가운데서도 淨土寺創建談 같은 것이 대표적인 예이다. 외견상 이 이야기가 추구하고 있는 종착점은 정토사의 창건 내력이지만 창건 연대, 공사 기간, 공장이, 창건이후 調信의 신변 등 궁금증이 일만한 사안에 대해서는 아무 정보도 제공하지 않고 있다. 대신 이 이야기는 소설과 구별하기 어려울 정도로 높은 서사성을 갖출 수 있도록 배려한 흔적이 역력하다.

역사가 사실에 대한 기록을 강조한다면, 소설은 사실과 허구 사이의 변별을 두고 어떤 관심도 두지 않는 양식이다. 소설은 오히려 선택한 소재, 제재를 통해 인간의 본질을 추구해 나간다는 데 온힘을 다할 뿐이다. 虎願寺緣起說話는 역사적 사실에 대해서 함구하고 있는 대신 무상함과 덧없음에서 헤어나지 못하는 사바의 한 중생을 내세워 불교사상의 정수를 환기시키고 있다. 하지만 역사 기술로만 본다면 그것은 직무유기에 다를 바가 없다고 해도 과언이 아닐 터인데 유사한 사례들로는 南白月二聖 努肹不得 怛怛朴朴이나 郁面婢念佛西昇, 金現感虎 이야기를 더 보탤 수 있을 것이다.

중세적 시각 안에서 역사는 인간을 감개시킨다는 점 때문에 무엇보다 높은 의의를 인정받았다. 일연도 역시 역사 담론이 사실의 재현이라는 명제 이외에 삶의 본질을 현시하는 담론적 기능에도 주의를 기울여야 한다고 여겼던 듯싶다. 그리하여 유자들과 달리 불승으로서 그는 불교 사상을 용매

---

14) 차하순, 「역사의 문학성」, 『역사와 문학』, 서강대인문과학연구소, 1981, 6면.

로 인간의 삶을 진지하게 성찰해 나가는 데 주력하였다. 金現感虎 이야기는 그런 사례의 하나로 이야기의 종결 부위에 가서야 본래 서사 목적이 호원사의 창건 내력에 있었다는 점을 뒤늦게 깨우친다. 설사 사찰의 역사로서는 미비한 점이 많으나 독자들은 능숙한 이야기꾼 일연의 입담을 따라 흥미진진함을 잃지 않으면서 불교사상의 한 편린을 어렵잖게 잡아낼 수 있게 된다. 이처럼 독서물로서 『삼국유사』는 역사와 문학의 거리감을 불식시키는 효험을 보여준다.

일연이 역사와 서사의 거리를 몰랐다고 보지는 않는다. 도리어 그는 역사와 서사가 갖는 각각의 성격에 주목하고 서사와 역사의 조화됨을 궁리하는 데 골몰했던 인물로 보아야 될 것이다. 그는 서사를 앞세워 역사에 부족한 역동성을 부여했으며 경우에 따라서는 발단, 전개, 절정, 종결 등 구성원리를 준용하는 등 역사가 아닌 화자로서의 자의성마저 내세우는 것을 어렵잖게 목격한다. 이외 일연은 설화 가운데 일부를 골라 불교사상의 주제화란 또 다른 의도를 살리는데 남다른 솜씨를 보여주고 있다. 하지만 일연이 역사를 문학 화하는데 열성을 바쳤다 해도 역사적 사실을 훼손하는 선을 넘어서지는 않았다. 앞서 말했듯이 우리는 그를 문학과 역사, 그 둘의 조화로운 상생을 추구한 역사가로 보는 것이 오히려 합당하다고 생각한다.

『삼국유사』가 설화를 史料的 대상으로 삼고 있는 담론이므로 그것이 갖는 특성을 설화의 성격에서 찾고자 하는 일은 엉뚱한 것이 아닐 것이다. 구비 서사물의 모음집이라는 선입견에 사로잡혀 『삼국유사』를 설화적 성격 안에 고정시키는 일은 삼가야 한다. 흥미위주의 서사물인 설화가 지닌 한계를 넘어서 史家로서 사실적 정보를 최대한 벌충해야하다는 일종의 전통적 역사의식을 온전히 부정한 것은 아니라고 보는데 이는 王曆篇을 맨 앞에 설정한 것이나 곧바로 기이하고 황탄한 이야기를 대입시키지 못하고 머리말격인 기이편을 굳이 설정한 것 등이 잘 말해준다. 다시 말해 이는 구술담을 문자로 정착시키는 자의 머뭇거림이면서 동시에 전통적으로 관념해 오던 사관의 사명감을 외면해 버리지 못하고 있음을 상징적으로 보여주는 대목이다.

그렇다면 설화를 넘어서 그가 남긴 서사물은 미학적으로 어떤 특성을 지니고 있는가. 여기서는 『삼국유사』 서사적 특성으로서 인물설정, 시공적 배경, 장면화, 극적 전개의 가능성을 선별하고 이의 분석을 통해 그 의미를 캐내고자 한다.

3.2.1. 경쟁담의 차용과 변개

『삼국유사』는 다양한 인물을 등장시키되 고승은 물론 민중마저도 도를 이루기 위해 몸부림치는 불교적 인간을 형상화하는데 주력하는 바, 특히 成道談은 삼국유사에서 빈번히 등장하는 독특한 유형담으로 꼽아도 좋을 것이다. 成道가 단순히 발원만으로 이를 수 있는 일이 아님을 잘 아는 인간들은 속세에서의 태깔을 버리는 것은 물론 온갖 방편을 지어가며 성도를 이루고자 혼신의 힘을 다하게 된다. 하지만 의지가 충만해 있는데 비해 구체적으로 어떻게 처신해야 그 원을 이룰 수 있는지는 알지 못한다. 그런데 일연이 몇몇 道伴을 등장시키는 것은 그런 성도의 비법을 나름으로 전하기 위함이라고 생각해도 될 것 같다. 일연은 몇 道伴을 소개한 후 두 사람 중 한 사람을 선별하여 그에게 비교 우위를 부여하는 방법을 취한다.

努肹不得/ 怛怛朴朴,[15] 廣德/ 嚴莊/[16] 觀機/ 道成,[17] 義湘/ 元曉[18] 등은 일연이 대표적 사례로 택한 본보기들이다. 이들은 각각 의기가 투합하여 수도에 들었으나 결과적으로는 동시에 그 願을 성취할 수가 없게 된다.

---

15) 『삼국유사』, 권제3, 南白月二聖努肹不得怛怛朴朴.

16) 상게서, 권제5, 廣德嚴莊.

17) 상게서, 권제5, 包山二聖.

18) 상게서, 권제4, 洛山二大聖 觀音正趣調信.
원효와 의상간의 도반적 성격과 그것의 설화문학적 이식에 대해서는 김승호, 「원효전승에서 도반의 서사적 의미」(金月雲 편, 『대장경의 세계』, 동국역경원, 1999, 307~326면)를 참조로 할 수가 있다.

마침내 최종의 목표에 도달한다 해도 어쩔 수 없이 선후의 차이가 발생할 수밖에 없다. 당연히 일연은 도를 앞서 성취한 자를 수도, 수행의 표본으로 내세우게 된다. 성도담이 主動/反動, 善/惡, 美/醜 등의 대립상을 전제로 한 치열한 다툼과 경쟁을 담고 있는 이야기는 아니지만 달달박박, 엄장, 원효에게서 우리는 成道에서 기선을 놓치고 만 패배자라는 생각을 잠시나마 갖게 된다. 불교적 가르침을 현시할 요량을 안에 숨기고 있다는 데 이의를 달수는 없으나 형식만 주목한다면 설화의 겨루기 모티브를 수용한 경쟁담과 방불한 면이 나타나는 것이다.

그러나 설화에서 상투적으로 등장하는 경쟁담의 하나로 규정하는 것은 성급하다. 무엇보다 등장인물들이 한결같이 성도를 지향하고 있기에 선/악의 어느 한편으로 구별하는 것은 부질없는 짓이다. 거기다 인물들이 세속적인 목적의식을 드러내지 않으며 승부에 관심을 표명하지 않는다는 점에서 설화 속 경쟁담과는 큰 차이가 있다. 일연의 서사적 지향점으로 말한다면 肯定/否定 善/惡의 구분에 초점을 둔 것이 아니라 불교적 진리란 무엇이며 그것이 갖는 진정성이란 과연 무엇인가 그 분별안을 체득시키기 위한 데 서사적 지향점을 두고 있는 것으로 파악하는 것이 옳다. 노힐부득, 광덕은 달달박박이나 엄장보다 앞서 서방정토에 이르렀으니 대결에서 승리를 거두었다고 볼 수도 있다. 그러나 그 같은 이분법적 시선을 넘어서는 것이 『삼국유사』의 특징이다. 시간적으로 뒤졌을 뿐이지 怛怛朴朴과 嚴莊도 그들이 발원한대로 오래잖아 서방정토에 무사히 안착하게 된다. 엄밀하게 말해 『삼국유사』에는 저주받는 인물은 없다. 악행의 전형으로 곧잘 등장하는 독룡조차도 과오를 참회하는 순간 죄는 탈색되고 신실한 불자로 재출발한 것으로 그릴 정도이다. 경쟁담처럼 보이는 이야기라 할지라도 기실 불교적 진리를 제시하고 皆有佛性이란 불교의 종지를 내면화하는 데 초점을 두고 있는 것이 『삼국유사』의 서사적 특징이다.

『삼국유사』의 각편 가운데 이기고 지기, 혹은 겨루기 등의 설화 모티브를 차용한 것이 적지 않게 보이지만 설화의 서사문법에 온전히 의지하고 있다고만 말하긴 어렵다. 일연이 설화의 경쟁담을 끌어들인 것은 독자적 흡입력을 촉발시키는 데 효용성을 발휘할 것이라는 인식이 있었기 때문이라고 할 터인데 대립적인 존재들 간의 적나라한 경쟁제시나 어느 한 쪽의 편들기는 그가 의도한 바가 아니다. 우회적인 방법으로나마 불교적 진리를 적시해주기 위해 경쟁담의 모티브를 차용했다는 말이 실상에 맞을 것이다.

3.2.2. 서사시간의 확장

『삼국유사』는 타역사서에서 볼 수 없는 독특한 시간관을 반영하고 있다. 이른바 서사시간[19]에 대한 기존의 관념을 무너뜨리고 있다는 것이다. 흔히 사실담이든 허구담이든 생이란 지상의 궤적이라 할 탄생-성장-활약-죽음에서 벗어나지 않으며 이 가운데 특정 부위가 선택, 강조되는 것이 어느 서사에서나 통하는 법칙이라고 해도 과언이 아니다.

하지만 『삼국유사』는 그런 서사적 관행을 한순간에 무너뜨리고 있다. 가령 金庾信, 郁面, 金大城 등의 전기를 주목해 보자. 고구려의 첩자로서 김유신을 해코지하고자 남파되었던 白石이 체포된 후 취조과정에서 토로한 바에 따르면 金庾信의 生은 아래와 같다.

> "나는 본래 고구려 사람이요. 우리나라 여러 신하들이 말하기를 신라의 유신은 우리나라 점장이 楸南이었는데 국경지방에 逆流水가 있어서 그에게 점을 치게 하였고. 이에 추남이 말하길 '대왕의 부인이 陰陽의 道를 역행한 때문에 이러한 표징으로 나타난 것입니다.' 했소. 이에 대왕은 놀라고 괴상하게 여기고 왕비는 몹시 화를 냈습니다. '이는 요망한 여우의 말이라.' 하여 왕에게 알려 다른 일을 가지고 시험해서 물어보아 맞지 않으면 중형에 처하라 했소. 이리하여 쥐 한 마리를 함속에 감추어 두고 이것

---

19) 여기서 말하는 서사시간은 discourse time, 곧 이야기되는 것의 재현에 요하는 시간을 말하는 것이 아니라 story time, 곧 이야기 내용의 시간을 일컫는 것으로 테두리를 지어 쓰고자 한다(제럴드 프린스, 이기우, 김용재 역, 『서사학사전』, 민지사, 1992, 258면).

이 무슨 물건이야 물었더니 그 사람은 '이것은 반드시 쥐일 것인데 그 수가 여덟입니다.' 했소. 이에 그의 말이 맞지 않는다하여 죽이려 들자 그는 맹세하기를 '내가 죽은 뒤에는 꼭 대장이 되어 반드시 고구려를 멸망시킬 것이다.' 했소. 곧 그를 죽이고 쥐의 배를 갈라보니 새끼 7마리가 있었소. 그제야 그의 말이 맞는 것을 알았지요. 그날 밤 대왕의 꿈에 추남이 신라 서현공이 天人의 품속으로 들어가는 것을 보고 여러 신하에게 물었더니 모두 楸南이 맹세하고 죽더니 과연 맞습니다. 했소. 그런 때문에 고구려에서는 나를 보내서 그대를 유인하게 한 것이요."[20]

장황하게 白石의 전언을 기록한 것에서 다시금 설화의 사료화를 시도하는 일연의 지향점이 확인된다. 그렇지만 한편으로는 의아함을 누그러뜨리기 힘들다. 서사시간이 金庾信의 現生이 아니라 前生에 초점을 맞추고 있다는 사실 때문이다. 역사적 인물로서 김유신은 지상에서 그 누구보다 숱한 활약상을 보여주었으며 그만큼 어떤 역사인물보다도 문헌, 구비설화의 주인공으로 깊게 각인되어왔다. 일연 이전에 그는 벌써 불세출의 영웅이었던 것이다. 하지만 일연은 그런 인물전승을 일방적으로 추종하려 들지 않았다. 오히려 白石의 입을 통해 김유신의 전생을 상세하게 제시함으로써 위대한 존재로 부각된 김유신의 생 전반을 숙고하도록 유도하고 있는 것을 보게 된다. 現生을 도외시하고 前生을 부각시키는 것은 생의 표피만을 중시하고 삼생유전의 진리를 외면하는 세간의 시각에 대한 반발이라고까지 말할 수 있겠는데 유전하는 삶에 비추어 전생, 후생까지도 의미 있는 단위가 된다는 점을 강조하고자 한 것이다.

---

20) 상게서, 권제1, 金庾信.
"我本高麗人 我國群臣曰 新羅庾信 是我國卜筮之士楸南也 國界流逆流之水 使其卜之 奏曰 大王夫人逆行陰陽之道 其瑞如此 大王驚怪 而王妃大怒 謂是妖狐之語告於王 更以他事驗問之 失言則加重刑 乃以一鼠藏於合中 問是何物 其人奏曰 是必鼠 其命有八 乃以謂失言 將加斬罪 其人誓曰 吾死之後 願爲大將 必滅高麗矣 卽斬之 剖鼠腹視之 其命有七 於是知前言有中 其日夜大王夢楸南入于新羅舒玄公夫人之懷 以告於群臣 皆曰 楸南誓心而死 是其果然 故遣我至此謀之爾"

삶을 거시안적 안목으로 바라보고자 하는 일연의 시각은 역사인물이 아닌 민중 불자인 郁面을 통해서도 발현된다. 승전의 기록에 따르면 원래 욱면은 八珍의 무리 가운데 계를 받지 못하고 축생도에 떨어진 자였다. 그러나 다음 생에는 浮石寺의 일소로 환생하게 된다. 미물이지만 불사공덕에 전념한 것이 헛되지 않았던지 또 다른 환생을 거쳐 貴珍의 계집종으로 태어난다. 그런데 그는 극악한 노동 속에서도 주인의 뒤를 좇아 미타사에 올라 염불과 수행에 진력하는데 어느 날 염불 중에 대들보를 뚫고 비등하여 서방정토에 이르게 된다. 그의 生은 '八珍의 무리-浮石寺의 일소-貴珍의 계집종-서방정토로의 왕생'의 단계를 보여줌으로써 이 이적을 견문한 사람들에게 불교에서 말하는 업과 윤회적 원리를 명징하게 터득시키는데 이바지 한다.[21] 4대에 걸친 윤회적 궤적을 찾아가는 것 자체가 흥미를 끌어당기지만 서사의 이면에 불교적 시간관에 대입해 생을 해석해내려는 일연의 서사전략이 숨어있음을 놓치지 말아야 한다.

『삼국유사』에서 빈번하게 시도되는 서사부위, 서사시간의 확장을 기발한 상상력이나 환상으로만 연계시키는 것은 일연의 서사적 본의의 일면만을 짚어내는 한계를 낳기도 한다. 역사를 기술하는 사관으로서 전통적 서사문법을 충실히 따르기보다 불교사상의 주입을 위해 기존 서사문법마저 여지없이 전복시키려 들었던 것이 일연의 또 다른 면모였음을 직시해야 한다. 그는 지상적 삶으로 고정된 한정된 서사시간에 매이지 않고 전생은 물론 후생, 그리고 경우에 따라서는 거듭 이어지는 윤회까지 거리낌 없이 서사시간대로 편입시켰다. 설화에서 그런 수법이 관행으로 자리 잡고 있었다 하여 일연의 글쓰기가 갖는 의의를 폄하시킬 수는 없다. 일연의 경우 三生의 서사시간 내에 불교사상의 핵심을 용해시키고 있을 뿐더러 통일적인 구조를 통해 이른바 주제를 최대한 표출해낸다는 점을 상기할 필요가 있는 것이다.

---

21) 일연, 상게서, 권제7, 郁面婢念佛西昇.

3.2.3. 서사와 서정의 결합

역사물로서는 어울리지 않게 『삼국유사』는 시를 포함해 다양한 한문양식을 적극 수용하고 있어 주목을 끈다. 한시 文體 명에 따라 분류해보면 論辯類 9, 雜記類 22, 奏疏類 2, 書牘類 4, 序跋類 3, 書狀類 12, 碑誌類 1 雜記類 22, 箴銘類 1, 論贊類 47, 詩歌類 12편 등 모두 114편의 한문작품이 수록되어 있다.[22] 이중에서 우리의 이목을 집중시키는 것은 鄕歌, 讚詩, 箴銘 등의 詩歌類가 퍽 높은 비중을 차지한다는 사실이다. 산문중심의 기술에서도 불가피하게 시가류를 삽입시켜야 할 일이 예상되지만 찬자인 일연 자신의 창작 시가류까지 빈번하게 삽입시키고 있는 것으로 보건대 애초부터 詩文結合의 찬술을 기도하고 있었던 것은 아닌가 생각된다.

讚詩의 기능은 傳, 銘, 偈頌 등에서 보듯 앞에서 상세히 서술된 인물, 사건, 상황에 대해 찬자의 개인적 의견, 주장을 개진하기 위한 데 우선적인 목적을 두었다할 수 있다. 詠史, 感興, 詠歎 등 서사로는 감당하기 어려운 내면세계를 표출시키는데 효과적이다. 객관성과 공정함을 유지해야만 하는 사관으로서의 압박감을 어느 정도 벗어날 수 있다는 장점 때문에 이에 주목했을 것이라는 풀이가 가능하다. 다른 한편으로 시문의 결합을 독자중심적 글쓰기의 일환에서 파악할 수 있을 터이다. 전기문학에서 보듯 이야기와 시를 엇섞어 놓는 일은 독자에게 역사 사실의 주입과 함께 문학적 흥취를 동시에 맛보게 하는 데 더없이 효과적인 방식임을 일연이 충분히 감지하고 있었다고 보는 것이다.

4. 맺음말

『삼국유사』는 보기 드물게 역사, 문학, 불교적 속성을 균형있게 간직한

22) 박진태 외, 『삼국유사의 종합적 연구』, 박이정, 2002, 178면.

담론이자 찬자의 천명과 상관없이 설화, 소설로까지 연구가 확장되어나간 담론이다. 이같은 특성은 역사물이되 전통적 사기찬술의 방식과 전혀 다른 방식과 시각을 동원해 이야기를 전했다는 점과 깊은 관련을 맺는다. 『삼국유사』에서 神異史觀의 구현은 이전의 역사서를 반복하는 것이 아니라 이제까지 외면했거나 방기했던 민중의 체험적 증언을 폭넓게 수습하면서 비로소 가능하게 되었다할 만하다. 일연은 민중 증언적 담론에 사료적 의의를 부여하고 적극 수용했는데 문헌사료에 집착한 그 성향이 기존 역사서와 다른 독특한 史觀을 낳게 했다. 집권층, 기득권층, 유자층의 시각으로는 결코 포착되지 않는 민중의 삶, 불교의 신앙세계가 일연이 건져 올린 설화를 통해 속속 그 면모를 드러냈으며 이는 그의 손질을 거친 후 역사적 담론으로 유사에 갈무리되었다. 이런 점에서 일연을 중세 역사서술의 지평을 열어놓은 인물로 매김하는 것에 어떤 이의도 제기할 수 없는 것이다.

역사와 서사문학 간의 거리를 살핀 다음 본고는 『삼국유사』의 서사미학적 특성을 살피고자 했다. 즉 이야기가 역사와 문학사이의 경계에 교묘히 얽혀 진행시키고 있는 『삼국유사』의 서사설계를 가능하면 미세한 데까지 밝혀보고자 했다. 그 결과 『삼국유사』가 서사미학을 상당히 감안한 역사담론이라는 점이 드러났다. 이를 세분화하면 아래와 같다.

첫째, 경쟁담을 변통하여 불교적 사유를 반영한 유형담으로 변환시킨다는 점이다. 『삼국유사』는 역사의 증언, 그것의 재구에 온통 집중하는 이야기와는 판이하게 달랐는데 설화의 채집에 각별한 공을 들였던 만큼 이야기마다 구비서사와 방불한 서사문법이 발견되었다. 특히 인물형상에 있어 대비적 조응이나 이원적 시각을 동원해 주인공과 여타 인물을 구별 짓고자 하는 시각은 바로 그에 해당된다. 그러나 일연은 설화의 서사방식을 그대로 수용하기보다는 이를 변용하는데 더욱 더 솜씨를 발휘한 작가였다. 무엇보다 설화의 수용을 넘어선 변개의 기법을 주목해야 한다. 일연은 민담의 경쟁모티브를 차용할지라도 善과 惡, 美와 醜 가운데 어느 한편에 귀속시키는 식의 구별을 답습하지 않았다. 도반으로 등장하는 두 인물 가운데 어느 한 사람이 앞서 성도라는 최종의 목표를 달성하지만 남은 사람이 패배자나 실패자로 폄하되는 일은 결코 찾아 볼 수 없다. 차순만 다를 뿐 나머지 한 사람도 조만간 득도, 성도의 목적을 달성하는 것으로 처리한다. 설화의 경쟁담처럼 서두를 열지만 후반부에 이르러서는 나머지 한사람도 성도하는 것으로 형상화시킴으로써 불교의 중핵적 화두에서 벗어나지 않도록 배려한 것을 알 수 있다.

둘째, 서사시간의 확장을 들 수 있다. 곧 서사시간을 지상의 삶으로 한정짓지 않는다는 점이다. 역사를 이루는 개별 인간의 삶을 그리는데 있어 유교적 시각을 적용시킨다면 당연히 지상의 삶만이 의미 있는 부위로 지목된다. 적어도 과거 史家들은 그것을 당연시 했다. 그러나 『삼국유사』는 서사대상이 되는 인물의 전생, 현생, 후생까지 서사시간에 편입시키는 것은 물론 과거와 미래의 유영마저 대수롭지 않게 수용한다. 서사시간의 확장은 현생중심의 사고에 충격을 가하면서 인물과 역사에 대한 불교사상적 해석의 가능성을 열어놓는 계기를 만들게 된다.

셋째, 서사와 서정의 결합의지가 유별나게 높다는 점이다. 역사는 이야기를 전제로 한 과거재현의 글쓰기이므로 시적 담론은 기피의 대상이 될 수밖에 없었는데 시란 기껏 객관적이고 공정한 시각을 저해하며 자칫 오독이나 불투명성을 가중시킬 뿐이란 생각이 지배적으로 자리잡고 있었다. 이 때문에 사관들은 한결같이 서정을 멀리하는 태도를 취했다. 하지만 서정이 과거기록에 해악만을 끼친다는 입장에 일연은 동의하지 않았던 것 같다. 그가 銘, 偈頌 등에 보이는 시문병렬 방식을 과감하게 글쓰기에 적용시킨 것이 이를 입증한다. 『삼국유사』에 향가 14수도 서사와 서정의 결합에 남다른 관심을 보였던 일연의 지향점이 있었기에 수록이 가능했던 것은 아닐까 싶다. 일연이 시를 서사에 적극적으로 수용한 까닭은 서정은 앞서 제시된 서사내용을 요약, 강조하거나 혹 채 기록하지 못한 것을 적기하는 담론으로서 몫을 수행하는데 상당한 힘을 발휘할 수 있다는 믿음에 근거한 것으로 보인다.

이상 文史복합물로서 『삼국유사』가 내재한 특성과 함께 그에 나타나는 변별적인 서사미학을 추출해 보았다. 전제한 것에 비해 논의가 영성할 뿐더러 예증이 충실히 뒷받침되지 못했음을 흠결로 실토하지 않을 수 없다. 졸고나마 『삼국유사』의 역사문학적 논의를 지피는 계기로 작용한다면 다행이겠다.

참고문헌

유협, 최신호 역, 『문심조룡』, 현암사, 1975, 69면.
이규보, 『동명왕편』
이상호, 「삼국유사해제」, 『삼국유사』, 까치, 1999, 14면.
일연, 이동환 교감, 『삼국유사』, 민족문화추진회, 1982.

고병익, 「삼국사기에 있어서의 역사서술」, 『한국의 역사인식』 상, 창작과 비평사, 1988, 53면.
고익진, 「삼국유사찬술고」, 『한국불교사연구』 38, 1982.
김부식, 『삼국사기』(영인본), 경인문화사, 1971.
김상현, 「고려후기의 역사인식」, 『한국사학사의 연구』, 한국사연구회편, 1985, 85면.
김상현, 「삼국유사에 나타난 일연의 불교사학」, 『한국사연구』, 1978.
김승호, 「원효전승에서 도반의 서사적 의미」, 『대장경의 세계』, 동국역경원, 1999, 307~326면.
김승호, 『한국승전문학의 연구』, 민족사, 1992.
김열규, 신동욱 편, 『삼국유사의 문예적 연구』, 새문사, 1981.
김영태, 「삼국유사의 체재와 그 성격」, 『동국대학교논문집』 13, 1974.
김철준, 「고려중기의 문화의식과 사학의 성격」, 『한국사연구』 9, 1973.
김태영, 「일연의 역사의식」, 『경희사학』 5, 1974.
로저 파울러, 김정신 역, 『언어학과 소설』, 문학과 지성사, 1985.
블라디미르 프로프, 박전열 역, 『구비문학과 현실』, 교문사, 1990.
월터 옹, 이기우, 임명진 옮김, 『구술문화와 문자문화』, 문예출판사, 1995.
서철원, 『한국고전문학의 방법론적 탐색과 소묘』, 역락, 2009.

윌리스 마틴, 김문현 옮김, 『소설이론의 역사』, 현대소설, 1991, 117면.
이우성, 강만길 편, 『한국의 역사인식』 상, 창작과 비평사, 1976, 169면.
제럴드 프린스, 이기우 외 역, 『서사학사전』, 민지사, 1992.
차하순, 『역사의 문학성』, 역사와 문학, 서강대 인문과학연구소, 1981, 6면.

출처 졸고, 「三國遺事 담론의 口述歷史性과 서사미학」, 『불교어문론』 12집, 한국불교어문학회, 2008, 7~29면.

제2부

二僧競合談의 변이양상과 그 의미

1. 머리말

불교가 전래한 이후 이 땅에는 수많은 佛教人物談이 끊임없이 생산되었다. 그 가운데서도 명성이 높은 高僧들이 주인공으로 나서는 二僧競合談은 불교의 가르침과 宗旨를 드러내는데 수월하다는 점 때문에 어떤 전승형식보다도 폭넓게 수용되었던 것으로 여겨진다.

현전 자료를 바탕으로 보건대 二僧의 得道, 成佛겨루기 이야기는 시대를 넘어 유지되어왔으며 현재도 이 유형의 전승담을 채록하는 일이 어렵지만은 않다. 그만큼 불교인물 설화 가운데도 二僧競合談은 강한 전승력을 유지해온 사례라 할 것이다. 다만 시대에 따라 불교적 주제에서 非佛教的 주제로 이행하는 경우가 흔하다. 寺衆을 벗어나 민중 간에 채록되는 전승에서는 불교 중심적 주제가 아닌, 전승집단의 현실관이나 의식을 반영하는 것으로 주제적 변이가 나타나고 있어 전승에서 담당층이 얼마나 결정적 역할을 하는지가 드러난다. 이글은 불교인물 전승 가운데 二僧 등장의 경합담들을 수습한 뒤 전승담당층, 시대에 따라 주제와 경합양상이 어떻게 변이되어 나갔는지를 살펴보는 것을 목표로 삼는다. 二僧競合談이 불교인물담을 포괄한다고 보지는 않으나 불교인물 전승의 전모를 밝히는 데 있어 전제적 작업으로서는 나름의 의미가 있을 것으로 본다.

2. 二僧競合談의 유형과 범위

본고에서 말하는 二僧경합담은 일정한 목표를 두고 二僧이 우열을 다투는 이야기라고 말할 수 있다. 그러나 각편 중심으로 살피다보면 이 定義域이 매우 허술하다는 생각을 갖지 않을 수 없다. 전승매체, 경쟁의 목표, 담당층, 인물설정, 주제, 소재 등에 걸쳐 각 편은 다양한 층위를 드러내기 때문이다. 논의의 출발점에서 제기되는 문제는 이들을 어떤 잣대에 의해 분류할 수 있느냐 하는 점일 것이다. 여러 방향으로 궁리가 가능하지만 우선은 전승매체를 기준삼아 '문헌/구비'로 이분화시켜 二僧경합담의 속성을 살피는 것이 어떨까 싶다.

二僧이 서로 경합을 통해 優劣을 가리는 서사구조는 굳이 특정시대에 그치지 않고 전국적 단위의 설화로 전파되었으니 근래 채록된 『구비문학대계』 소재 인물전승 중에도 이같은 유형담이 적지 않다. 이는 二僧競合談의 전승력이 상당히 강하게 유지되었음을 의미한다. 시대가 지나면서 기본형이라 할 불승과 불승간의 인물배합에서 벗어나 佛僧과 선비, 佛僧과 異人 등으로 인물배합에 변화가 나타나기도 하고 경합의 목표가 불교와 무관하게 정해지는 경향을 보이기도 한다. 본고에서는 이승간의 겨루기 양상을 보이는 기본형 위주로 논의를 진행할 생각이거니와 변이형에 속하는 경우는 차후의 과제로 남겨놓고자 한다.

〈二僧競合談 일람표〉

전승 매개	목표 및 과제	경합상대 및 결과	경합 양상	유형	출처
문헌	①得道解脫	努肹夫得〉怛怛朴朴	대조적	기본형	『三國遺事』 권3, 南白月二聖努肹夫得怛怛朴朴
	②得道解脫	廣德〉嚴莊	대조적	기본형	『三國遺事』 권5, 廣德嚴莊
	③得道解脫	觀機〉道成	유사적	변이형	『三國遺事』 권5, 包山二聖
	④得道解脫	元曉〉義湘	대조적	변이형	『宋高僧傳』, 唐新羅國黃龍寺元曉傳
	⑤得道解脫	元曉〉義湘	대조적	변이형	『林間錄』 권상
	⑥得道解脫	元曉〉義湘	대조적	변이형	『指月錄』
	⑦觀音親見	元曉〈義湘	유사적	변이형	『西河集』 권5
	⑧觀音親見	元曉〈義湘	유사적	변이형	『三國遺事』 권4 洛山二大聖 觀音正趣調信
	⑨死魚蘇生	元曉=惠空	유사적	변이형	『三國遺事』 권4, 二惠同塵
	⑩得道解脫	元曉〈蛇福	유사적	변이형	『三國遺事』 권4, 蛇福不語
구비	⑪神通發揮	西山〉四溟	대조적	기본형	『한국구비문학대계』 1-7, 849, 964
	⑫神通發揮	西山=四溟	대조적	변이형	『한국구비문학대계』 2-7, 175
	⑬神通發揮	西山〉四溟	대조적	기본형	『한국구비문학대계』 6-4, 844
	⑭神通發揮	西山〉四溟	대조적	기본형	『한국구비문학대계』 7-2, 225
	⑮神通發揮	西山〉四溟	대조적	기본형	『한국구비문학대계』 7-14, 301
	⑯神通發揮	西山〉四溟	대조적	기본형	『한국구비문학대계』 7-18, 308
	⑰死魚蘇生	西山〉四溟	대조적	기본형	『한국구비문학대계』 8-8, 638
	⑱神通發揮	西山〉四溟	대조적	기본형	임석재, 『한국구전설화』 6권, 47
	⑲神通發揮	西山〉四溟	대조적	기본형	한상수, 『한국민간전설집』, 417
	⑳神通發揮	元曉〉四溟	대조적	기본형	『한국구비문학대계』 5-1, 321
	㉑神通發揮	道詵〉一行	유사적	변이형	『한국구비문학대계』 2-8, 527
	㉒神通發揮	元曉〉四溟	대조적	기본형	『한국구비문학대계』 5-1, 321
	㉓神通發揮	산신령〉無學	유사적	변이형	『한국구비문학대계』 5-4, 232
	㉔神通發揮	산신령〉道詵	유사적	변이형	『한국구비문학대계』 5-5, 408
	㉕得道修行	義湘〉미녀	우회적	변이형	『한국구비문학대계』 2-9, 714
	㉖神通發揮	석가〉미륵	대조적	변이형	『한국구비문학대계』 7-11, 547
	㉗神通發揮	석가〉박문수	대조적	변이형	『한국구비문학대계』 7-15, 458
	㉘漢詩짓기	四溟=이산해	유사적	변이형	『한국구비문학대계』 8-7, 498
	㉙궁터잡기	無學〈정도전	대조적	변이형	『한국구비문학대계』 8-14, 565

3. 文獻전승의 양상

3.1. 경합목표와 불교세계

이른 시기 二僧競合談 전승양상을 증거해주는 자료로는 『三國遺事』이상의 문헌을 찾기 어렵다. 이를 통해 우리는 二僧競合談이 삼국시대 이미 널리 퍼져 있었으며 뒷시대에도 적지 않은 영향을 끼친 것을 가늠해볼 수가 있게 된다. 二僧경합의 대표적 사례라 할 元曉와 義湘 등장 이야기는 국내를 벗어나 『宋高僧傳』, 『指月錄』, 『林間錄』 등 중국의 불서에서도 확인할 수 있듯 동아시아적 불교전승의 전형담의 하나로 지목할 만하다.[1)]

불교의 전래이후 고승들의 행위가 관심의 대상으로 부각되고 깨달음의 길이란 어떤 것인지를 알리기 위한 목적에서 일부 寺衆들에 의해 名僧중심의 경합담이 파급된 것으로 추측된다. 예컨대 努肹夫得-怛怛朴朴, 廣德-嚴莊, 觀機-道成, 元曉-義湘 같이 불승이 짝을 이루어 그들의 수행과 성불과정을 전하는 것은 이 유형담이 의도적으로 지어지고 전파된 것과 무관치 않은 일이다. 대개 이 유형담은 의기가 투합한 불승 혹은 출가자가 짝을 이루어 치열하게 수행한 끝에 간격을 두고 서방정토에 이른다는 好終을 빠뜨리지 않는다. 주인공들은 세속에 묻혀 살면서도 보통사람들과 달리 부귀와 영화에는 관심이 없을 뿐더러 가능한 한 빨리 세상을 벗어나 解脫하기를 염원하다가 입산 수행 끝에 그 원을 성취한다. 그러나 깨달음에 있어 두 인물 간 차이가 있음을 이야기는 분명히 적시한다. 『三國遺事』 소재 경합담만 하더라도 두 수행자가 모두 西方淨土에 이르기는 하지만 동시에 목적을 달성하는 것으로는 그려지지 않는다. 경합담의 목적이 해탈이란 유종의 미를 드러내는 것이라기보다는 둘 사이에 성불에서 차이가 왜 발생하는지를 밝히는데 보다 큰 비중을 두고 있다 하겠다.

---

1) 김승호, 「해외문헌을 통해 본 삼국시대 승려의 인물전승 양상」, 『한국문학연구』 32집, 한국문학연구소, 2007, 357면.

두 인물이 비슷한 방법으로 목표에 매진하는 사례도 있겠으나 그런 유비적 인물형상은 경합담과 어울리지 않는다. 경합에 나선 이들은 대비되는 외모, 행동, 사고를 지니고 있어 상호 각양의 방식으로 상대를 보다 두드러지게 한다.[2] 그러나 보다 본질적인 차이는 내면세계에 있다. 성불을 겨루기의 초점으로 삼는다면 그들이 어떤 마음과 행동으로 목표치에 다가 가는가를 찬찬히 보여줄 필요가 있으며 이는 외면적 차이보다 훨씬 핵심적 사항으로 주목을 받는다.

예를 들어 努肹夫得-怛怛朴朴, 廣德-嚴莊 條를 보면 각 인물은 비슷한 배경에서 태어났음에도 성품, 성향, 성격 등이 대조적으로 부각된다. 전해오는 이야기를 모아놓은 鄕傳의 기록에 따르면 노힐은 生動이 騰騰하고 달달은 苦節하다고 되어있다. 아울러 努肹夫得은 이미 그 발음에서 시사해주는 것처럼 性品이 관용적이며 부드럽고 怛怛朴朴은 꼬장꼬장한 데다 규칙을 지나치게 중시하는 성향의 인물임이 우회적으로 밝혀진다.[3] 이와 같은 성향을 가진 두 사람 앞에 난처한 문제가 제시된다. 어느 야밤에 각각의 수행처로 낯선 여인이 찾아들어 하루 밤 묵어가기를 간청한 것이다. 여인이 앞서 찾은 박박은 수행중임을 강조하면서 단호하게 거절한 데 반해 노힐은 여인의 처지를 딱하게 생각한 나머지 흔쾌히 방에 들어오도록 했고 산파를 보조해주는 등 지성껏 여인의 수발을 들게 된다.[4]

두 사람에게 나타난 여인은 뒤에 밝혀지지만 수행자에게 있어 성불이나 해탈의 길이 진정 무엇이며 어떤 길을 택해야 하는지를 깨우쳐 주기 위한 의도에서 접근한 觀音菩薩이었다. 이른바 大菩提로 인도하기 위한 조력자

2) 두 인물이 특정 목표를 두고 겨루는 이야기는 민담이 지니는 전형적 서사형식에 해당되는 것으로 M. Moe의 서사법칙에 따르면 일반적으로 두 명의 등장인물만이 동시에 행동하며 그들은 대립쌍을 이루게 된다(카트린 뢰게 알더, 이문기 옮김, 『민담 그 이론과 해석』, 유로, 2009, 306~307면 참조).

3) 努肹夫得과 怛怛朴朴은 음차 표기에 속한다. 전자가 성격이 '부드럽고' 유한 사람을 가리킨다면 후자는 '달달 볶아대며' 주변사람을 불편하게 만드는 사람을 일컫는 것이라고 할 것이니 대유적 인명표기라고 해야 할 듯하다.

4) 『三國遺事』 권3, 南白月二聖 努肹夫得 怛怛朴朴.

의 역할을 그녀에서 발견할 수 있는 것이다. 하지만 그 여인의 정체를 꿰뚫어 볼 수 없었던 두 수행자는 본래의 진면목을 그대로 표출하게 된다. 努肹夫得은 持戒보다는 오갈 데가 없는 여인을 보살펴 주어야 한다는 생각을 앞세우는 반면 怛怛朴朴은 수행자로서 아녀자를 가까이 해서는 안 된다는 고식적 사고에 갇혀 여인의 하소연을 매정하게 뿌리치고 만다. 동일한 목표를 두고 수행에 임하고 있었지만 상대를 대하는 태도에 있어서는 극적인 차이를 노정시키고 만 셈이었다.

전래하던 兩聖成道談에 대해 일연은 議論을 별도로 마련할 만큼 각별한 관심을 보이며 그 주제를 적시해주고 있어 눈길을 모은다. 산중의 수행자들에게 돌연히 나타나 일박을 청한 일은 두 고승에게 던져진 난제로 여길 수 있다. 그녀는 두 고승을 대상으로 수행의 성숙됨을 저울질하기위해 나타났는데 누가 옳고 그른지를 분별하자는 의도를 갖고 다가온 것은 아니었다. 일연이 그 여인을 화엄경에 등장하는 마야부인과 같다고 한 말에 유의할 필요가 있다. 摩耶부인은 11地에 살면서 부처를 낳고 해탈문을 幻像한 여인이므로 그녀도 세속의 여인일 수가 없는 것이다. 하지만 兩聖은 여인의 정체에 대해 아는 바가 없었다. 반면에 여인은 이미 兩聖의 根機를 꿰뚫고 있다하겠는데 노힐과 달달에게 청원의 태도를 각각 달리 한다는 점이 주목된다. 먼저 달달을 찾아갔던 여인은 "오늘은 암자에서 자려하니 자비스러운 스님은 노하지 마소."[5]라고 말했다. 하지만 수행자임을 뻔히 아는 상황에서 그 같은 말은 무례한 것이 아닐 수 없었다. 이는 노힐에게 한 말과 비교해보면 더욱 그렇다. 여인은 노힐에게는 "길 잃어 갈 곳 찾는 게 아니오 / 존사를 인도하여 하려 함일세 / 원컨대 내청을 들어만 주시고 / 길손이 누구인지 묻지 마시오"[6]라며 전후 사정을 소상히 밝히며 완곡하게 부탁을 하고 나섰다. 달달에 대해서는 수행의 生熟여부를 가리고자하는 의

---

5) 상게서, 권3, 南白月二聖 努肹夫得 怛怛朴朴. "今日欲投庵下宿/ 慈悲和尙莫生嗔"

6) 상게서, 권3, 南白月二聖 努肹夫得 怛怛朴朴. "乞宿非迷路/ 尊師欲指津/ 願惟從我請/ 且莫問何人"

도를 직접 드러냈다면 부득에게는 성도의 길을 인도하는 조력자임을 스스로 밝히고 있는 것이다. 결과적으로 달달은 아직 성불의 기량에 이르지 못했으며 노힐은 상대적으로 기연이 성숙한 인물로 밝혀진다. 이는 여인을 대하는 노힐의 행동거지에서 쉽게 드러난다. 여인이 나타났을 때 노힐은 "이곳은 여자와 함께 있을 곳이 아니지만 중생을 따르는 것도 보살행의 하나일 일 것"[7]이라며 계율에 연연하기보다는 곤경에 처한 상대의 입장에서 판단을 내린다. 여인에게 얼마나 정성과 배려를 지극하게 베푸는지는 "골짜기에 해 저문데 어디로 가리/남창에 자리 있으니 머물다가오/ 밤 깊어 108염주 세고 있으니/ 이 소리 시끄러워 길손의 잠 깰까 두려워라."[8]라는 말, 곧 일연이 노힐의 편에서 전하는 말에 절절하게 녹아있다. 노힐에게 처음부터 친연성을 보인 것이야말로 해탈의 길로 인도하기 위한 의도에서 나온 것이라 할 수 있겠는데 일연은 이를 "10리길 숲 그림자에 한 길을 헤매다가/ 밤 招提로 중을 찾아와 시험한 사건"[9]으로 정리하고 있다.

廣德-嚴莊의 사례도 이와 유사하다. 두 사람은 처자를 거느리고 산중으로 들어가 수행에 임했으나 광덕이 먼저 서방세계로 떠난다. 하지만 엄장은 홀로 남은 광덕의 처에게 접근하여 같이 살기를 권하면서 수행자체를 포기할 정도로 애욕에 빠져들고 만다. 이때 광덕의 처는 일언지하에 엄장의 청을 거절했을 뿐 아니라 초심으로 돌아가 수행에 전념할 것을 권면함으로써 엄장 또한 정토에 이를 수 있도록 해준다.[10]

努肹夫得-怛怛朴朴, 廣德-嚴莊 組는 성불, 해탈을 목표로 삼고 있다는 점에서는 동일하지만 인물과 행동 면에서는 대조적이었다. 이 두 組에 비길 때 觀機와 道成의 경우는 매우 유사한 모습을 보여주고 있다. 그들은

7) 상게서, 권3, 南白月二聖 努肹夫得 怛怛朴朴. "此地非婦女相汚/ 然隨順衆生/ 亦菩薩行之一也"

8) 상게서, 권3, 南白月二聖 努肹夫得 怛怛朴朴. "谷暗何歸已暝煙/ 南窗有簟且流連/ 夜闌百八深深轉/ 只恐成喧惱客眠"

9) 상게서, 권3, 南白月二聖 努肹夫得 怛怛朴朴. "十里松陰一徑迷/ 訪僧來試夜招提"

10) 상게서, 권5, 廣德嚴莊.

수행의 방법이나 성격의 차이를 드러내지 않는다. 다 같이 성불을 다짐하며 처자식과 함께 산중에 들어가 도를 닦은 후에 거의 동시에 서방정토에 도달할 수 있었다. 물론 저절로 그리 된 것이 아니다. 산중의 수목조차 가지를 구부리며 이들에 대해 敬畏感과 感應을 드러낸 것을 보면 수행공덕이 얼마나 깊었는지 짐작하기 어렵지 않은데 앞의 사례와 달리 두 수행자의 덕성이나 성품의 차이가 없다는 점에서 오히려 낯선 구도로 보인다.[11] 전승력의 측면에서 본다면 아무래도 서로 성격이 다른 인물을 배치하여 성불의 비교우위를 극명하게 표출하는 경우가 더 오랫동안 이어져 갈 공간이 크다.

二僧의 조합은 '원효-의상'과 같이 역사적 배경을 감안해서 이루어지는 것이 보통이다. 『三國遺事』 洛山二大聖 條를 보면 元曉와 義湘에 대해서는 당대에 두 불승의 경합담이 자리잡고 있었음을 추론케 한다. 잠깐 그 대목을 살펴보자. 元曉와 義湘은 그들에게는 전부터 發願이 있었는데 洛山寺 聖窟을 찾아 觀音菩薩을 대면하는 것이었다. 그 일을 앞서 시도한 사람은 義湘으로 14일을 발원하여 관음보살을 친견하는데 성공하고야 만다.[12] 이 소식을 접한 元曉도 기어코 원을 달성하리라 다짐하고 낙산사 聖窟을 찾게 된다. 하지만 풍랑이 거칠게 일어나는 바람에 관음보살을 보지 못한 채 발길을 돌리고 만다. 그전에 이미 元曉에게는 몇 번의 기회가 있었다. 낙산사에 오기 전 소복차림의 여인이 그 앞에 나타난 적도 있었으나 그는 그 여인이 관음보살임을 알아채지 못한 채 허둥지둥 딴 길을 가고 있었다. 결국 元曉는 관음보살을 대면하는 기회를 잃고 마는데 다른 이야기

11) 상게서, 권5, 包山二聖.

12) 『三國遺事』의 기록은 義湘이 갖은 노력 끝에 관음보살을 친견한 것으로 되어있으나 이 기록보다 앞선 林椿이나 益莊의 기문을 보면 一然이 元曉와 義湘의 경합담으로 개조하지 않았나하는 의구심을 떨쳐 버릴 수가 없다. 익장은 義湘이 관음보살을 친견할 수는 없었고 다만 얼굴을 드러내지 않은 채 전하는 대성의 말에 따라 대나무 맹아처에 낙산사를 지었다고 했으며 임춘은 元曉나 義湘 모두 관음보살을 친견한 것으로 설화를 요약해주고 있음을 보게 된다(김승호, 「元曉전승에서 도반의 서사적 의미」, 『대장경의 세계』, 월운스님 고희기념논총, 1999, 323면).

와 달리 『三國遺事』에서는 왜 義湘이 元曉를 앞서게 되었는지 그 까닭을 구체적으로 밝혀 놓지는 않았다.

元曉와 義湘의 경합담은 삼국시대부터 가장 폭넓게 전해 내려오는 이야기로 국내를 넘어 중국 쪽으로도 광범위하게 퍼지기도 했다. 이 점은 중국 쪽의 문헌을 통해 알 수 있다. 元曉, 義湘이 唐나라로 구법여행을 떠났다가 元曉만 중간에서 깨달음을 체험하고 되돌아온다는 내용은 우리 문헌에는 없고 중국문헌들에서만 확인이 되고 있다.13) 元曉가 중도에서 유학을 포기한 일화는 깨달음의 우열을 논리적으로 드러내 義湘보다 元曉가 한수 위였음을 드러낸 셈이다. 전승 경로로 보면 중국에서 먼저 퍼진 설화가 한국으로 유입되었다고 보겠는데 위에 제시한 중국문헌 소재 二僧競合談은 공통적으로 불교적 깨달음 내지 불교적 인간으로의 전범이 무엇인지를 밝히는 데 목적을 두고 있다.

두 인물이 등장하여 경합을 벌이는 이야기가 불교 인물담에만 나타나는 것은 물론 아니다. 그같은 설화형식은 불교도입 이전에 벌써 이 땅에 폭넓게 퍼져 있었다고 보는 것이 여러모로 무리가 없을 것이다. 가령 河伯과 解慕漱가 변신의 기량을 놓고 겨루는 것이나14) 瓠公과 脫解가 지혜를 겨루는 삽화15)만 보더라도 이 설화형식이 얼마나 폭넓게 자리잡고 있었는지 헤아릴 수 있다. 다만 불교설화로서 이승경합담은 지혜나 변신의 능력을 예증하기 위한 對決과는 다른 목표, 지향점을 내재하고 있었다 할 것이니 성불이나 해탈을 최종의 목적으로 삼고 있는 것이 일반적이다. 깨달음 혹은 해탈을 최종의 목적으로 정한 뒤 대조적인 인물을 등장시키고 그들 중

13) 중국 문헌의 오른 전승은 한결같이 元曉와 義湘이 동행하여 당나라로 구법유학 길에 올랐다가 비를 피해 무덤에서 유숙하던 중 무의식중에 해골물을 마셨다가 다음날 여래와 해골이 둘이 아님을 깨달은 元曉가 유학을 포기하고 되돌아갔다고 전한다. 하지만 신라, 고려 문헌에는 이런 전승기록을 발견할 수 없다. 이로 보아 이 전승의 진원지는 중국으로 여겨진다.

14) 李奎報, 『東明王篇』.

15) 상게서, 권1, 第4代 脫解王.

어느 한 사람이 앞서간다는 점을 부각시킨다. 이 구조는 듣는 사람에게 흥미와 함께 불교신앙에 대한 관심을 불러일으키는 데 효과적이며 충격적 사건 상황의 개입으로 말미암아 독자들의 흥미를 고조시킬 수 있다는 장점이 있다. 경우에 따라서는 이와 같은 구조를 외면하고서도 주제를 직설적으로 주입할 수 있다. 하지만 두 승려를 등장시키고 그들 간의 경합을 통해 이야기를 전개시킴으로써 청자를 유인하는 것은 물론 보다 뚜렷하게 인물과 사건 그리고 주제의식까지 각인시킬 수 있었던 것이다.

3.2. 寺衆중심의 전승

二僧競合談은 불교적 주제를 비교적 선명하게 드러내고 있는 탓에 전승의 주체는 아무래도 승려, 호불자, 신자가 아니었을까 여겨지며 전승의 발화처도 사찰내지 寺下村 이상을 벗어나지 않았을 것이란 유추를 가능케 한다. 누구든 전승의 주체로 나설 수 있겠으나 내용상 불교사상에 대한 이해가 상대적으로 높은 집단이라야 감당할 수 있는 이야기가 있을 터인데 『삼국유사』 등에 오른 이승경합담은 특정계층 내에서 한정적으로 전해지던 이야기로 보는 것이 무리가 없다. 범박하게 寺衆이라 불러도 좋을 이들 담당층은 불교의 종지나 사상을 우회적으로 밝힐 수 있는 적절한 형식으로서 二僧競合談이 지닌 효용성에 주목했다고 본다. 물론 전승이 오로지 사중들에 의해 진행된 것으로 단정지을 일은 아니다. 주제현시의 정도에 따라 이야기의 운반층이 달라진다고 보는 것이 마땅할 것이다.

경합담의 구조나 내용상 寺衆과 民衆이 두루 가세하여 전승을 유지시켜 나갔다하겠는데 努肹夫得-怛怛朴朴의 성도담은 이 경우에도 적절한 사례에 속한다. 일연은 전승의 채록본으로 「白月山兩聖成道記」, 『鄕傳』, 『古記』 등을 들고 있으며 이들 자료가 갖는 특성을 잘 이해하고 있었다. 成道記는 寺衆의 기록임이 분명하고 古記는 역사적 관점을 앞세운 사관이 개입한 것으로 여겨진다. 一然은 이들 뿐 아니라 민중 간의 구비물이라 할 鄕傳,

그리고 또 다른 재화물로서 南白月二聖談을 소개하고 있다.

南白月二聖談에 삽입된 村老들의 전언은 사하촌에 퍼진 일종의 인물전설에 속하는 것으로 서사적 속성이 『鄕傳』과 동일했다고 생각된다.[16] 『향전』에 갈무리된 인물전설을 접한 一然이 다시 나름으로 손질하여 정착시킨 것이 努肹夫得-怛怛朴朴 이야기인 것이다. 그럼에도 불구하고 자료적으로 일연이 더 신뢰성을 부여하고 적극적으로 소개한 것은 白月山兩聖成道記였다. 이 자료를 중심으로 이야기를 엮어 나가되 미심쩍은 부분이 있으면 『鄕傳』을 참조하여 보완하는 방법을 취하고 있다. 민담적 요소가 강한 聖徒談에서 벗어나 온 힘을 다하여 수행을 하고 있는 두 성인의 자취를 흥미롭게 보여주고 있는 것이 바로 成道記였다.[17]

일연은 成道記의 내용을 중심에다 놓고 다른 통로의 이야기를 보완하는 방법을 택한 것이니 여타 설화채록에서도 드러나지만 전승의 매개자로서 일연은 자신의 입장을 적극 개입시킨다. 다시 말해 경쟁하고 있는 두 인물의 차이점을 날카롭게 포착하고 흥미롭게 부각시킴으로써 듣는 사람들에게 兩者 間 존재하는 차이점을 인식토록 하였다. 努肹夫得이 彌勒佛을 依支佛로 삼고 있으며 怛怛朴朴이 彌陀佛을 의지불로 삼고 있다는 것만큼 뚜렷한 대비점은 없다. 미륵신앙에 기울어진 努肹夫得이 앞서 서방세계에 이르는 결말을 제시한 것으로 볼 때 민중들 사이에서 미륵신앙의 열기가 고조되었던 시대상을 반영한 것으로 보이며 미륵이 우위에 섰다는 인식에 동조하는 설화주체의 뜻이 분명하게 드러난다.

二僧競合談은 민담에서 보는 경쟁담과 같이 이기고 지는 편을 확연하게 구별짓지 않으며 이긴 쪽이라 해서 크게 의미를 부여하는 것도 아니다. 善/惡, 美/醜, 是/非와 같이 경계를 뚜렷하게 드러내 한편을 영웅시하고 다른

---

16) 김승호, 「鄕傳을 통해 본 신라 민중설화의 양상」, 『고소설연구』 5집, 1998, 299면.

17) 『三國遺事』에는 "나는 모든 잡념이 없으니 현랑을 가지고 시험하지 마시오"라는 등 적지 않은 주석적 夾註가 삽입되어있다. 이는 전승에 대한 찬술자의 적극성을 보여주는 징표이자 이야기 매개자로서 불교적 식견이 어느 정도였는지를 살펴볼 수 있게 하는 단서가 된다.

한편을 패배자로 몰아가는 식의 이야기와는 다르다. 특히 민중 사이에서 퍼졌다가 나중에 문헌에 기록된 일람표의 ①~⑩을 보면 勝/負나 主/客으로 편 가르는 것이 부질없어 보일 정도이다. 이는 불교사상이 지니고 있는 包容정신과 汎愛的 사고가 반영된 결과가 아닌가 싶은데 앞선 자와 뒤진 자를 굳이 구별 짓지 않고 그저 비교우위만을 드러내는 것으로 만족한다고 해야 할 것이다.

二僧競合談에서 가장 흔히 제시하는 물음은 어떻게 깨달음을 얻느냐 하는 것이다. 그러나 이 문제는 단도직입적인 問答의 형식으로 나타나기보다는 흥미로운 상황이나 대조적인 두 불승이 출현하는 서사를 통해 진행되는 경우가 일반적이다. 菩薩戒를 어떻게 실현하는가 하는 점을 묻게 되지만 그것조차도 엉뚱한 일화를 앞세워 웃음 속에서 불승의 비범함과 불교사상의 이치를 터득하도록 이끌어간다.

元曉와 惠空은 民衆僧이자 상호 권위와 격식에 구애받지 않았던 不羈的 성향의 도반이었다. 막역한 사이의 이들은 어느 날 시냇가에 갔다가 물고기와 새우 등속을 먹게 된다. 비판받아 마땅한 행동이었으나 사람들의 인식을 뒤엎는 일이 벌어진다. 元曉가 放便을 하게 되는데 물에 변이 떨어지자마자 물고기로 변하더니 유유히 사라진 것이었다. 이에 곁에서 지켜보던 惠空이 '그건 바로 내 물고기'라며 元曉를 향해 웃음을 터뜨렸다. 두 고승이 함부로 물고기를 먹는 설정은 불교적 계율에 반하지만 먹은 물고기를 살려내 放生함으로써 긴장의 국면에서 익살스럽게 웃음이 터지는 현장으로 돌변해 버린다. 골계담에 넣어도 무방한 이 이야기가 지닌 특징은 고승의 도력과 함께 불성을 강조하는 불교적 계율을 자연스럽게 상기시킬 뿐더러 우열의 판가름을 굳이 드러내려 하지 않는다는 데 있다. 元曉, 惠空 모두 비범한 신통력의 소유자였음을 말해줄 뿐 이승간 우열가름이 이야기의 지향점은 아니었다. 『三國遺事』에서 처음 확인되는 死魚蘇生 모티브는 고승의 신통력과 살생을 금하는 불교적 가르침뿐 아니라 해학성까지 갖추고 있어 전승집단과 전승범위가 달라진 후대에 이르러서도 여전히 선호되는

모티브로 자리잡을 수 있었다.[18]

3.3. 양식적 성격과 전설

文獻전승은 앞서 본 것처럼 승려나 지식계층에 의해서 창작되고 전파된 이야기로서 서사의 목적성과 효용성이 비교적 뚜렷하게 반영된다. 여기서 서사적 효용성이란 단순히 흥미와 웃음의 유발 단계를 넘어 교훈이나 역사성까지 드러내는 데 목적을 두고 있는 전승물을 가리키는 것이다. 二僧競合談은 승려의 생애 전체를 비추어줄 수 있는 이야기는 아니다. 다만 出家동기, 修行의 정도, 成佛의 계기, 유학체험, 사찰 창건 등 다양한 생의 파편들 중에서 적절하다고 판단되는 마디를 선별해 경쟁의 소재로 활용한다고 보면 될 것이다. 전체적인 생의 조명과 무관한 짤막한 逸話에 그치고 말지만 이 유형에서도 우리는 승려집단의 삶과 인식태도, 세계관, 신앙적 경향을 어느 정도까지는 엿볼 수가 있다.

인물과 세계와의 관련성을 외면해버리고 두 사람의 초상만 강조하는 것 같은 내용의 이승담은 전설보다는 민담쪽에 가까운 담화양식으로 규정된다.[19] 하지만 문헌으로 전승된 경합담을 무조건적으로 민담에 귀속시키는 것은 문제가 있다. 二僧競合談이 두 승려의 특성을 드러내는데 목적을 두고 있다 해도 그들을 에워싼 주변의 정황과 역사적 사실도 밝히고 있다는 점에서 민담이 아닌 전설의 테두리에 넣는 것이 오히려 타당한 것으로 여겨지기 때문이다. 앞서 본 노힐과 달달이야기만 하더라도 그들의 면모만 오롯하게 비추어지는 것이 아니다. 서사 중심이 노힐과 달달에게 놓여 있

---

18) 『三國遺事』 소재 元曉-惠空이야기에서 시작되는 死魚蘇生 모티브는 일람표 중 ⑨, ⑰, ⑲에서도 찾아볼 수 있는데 그만큼 후대에까지 널리 채택된 모티브였음을 말해준다.

19) 민담은 전설과 달리 구체적인 세계를 변형하고 그 세계를 구성하는 요소들을 마법을 써 변화시켜 구성요소들에 다른 형식을 주고 등장인물의 성격, 주변환경 등을 구체적으로 제시하지 않는다(막스 뤼티, 김홍기 옮김, 『유럽의 민담』, 보림, 2005, 49면).

다 해도 두 사람과 그 바깥의 관계성을 일러주는 시공간과 주변의 정보가 함께 나열된 점을 주목해야 한다.

노힐과 달달이 살던 곳은 백월산에서 동남쪽으로 3천보쯤 떨어진 백천촌이었다. 노힐의 父는 月藏, 어머니는 味勝이었으며 달달의 父는 修梵, 母는 梵摩라 했다. 노힐과 달달은 풍채와 골격이 범상치 않았으며 방외의 세계를 꿈꾸는 친구들로 20세에 이르자 마을 동북 쪽 고개밖에 있는 法積房에 가서 삭발하고 중이 되었다.[20] 『三國遺事』가 문헌설화라는 점을 감안할 때 노힐과 달달에게 부여된 이전의 정보들이 구전 속에서 유입된 것인지는 알 수 없으나 傳記的 서사를 어느 정도는 염두에 두었음이 틀림없다. 두 인물과 세계간의 관계적 정보를 다 제거해 버리더라도 이야기는 성립이 되겠으나 현실적이고 사실적인 측면을 외면할 수는 없다고 본 것 같으며 그런 점은 역사, 사실적 정보에 주의를 기울이는 것에서 읽을 수 있다. 특히 二聖의 행적과 관련한 의문을 풀기 위해 여러 군데에 걸쳐 협주를 안치하고 있거니와[21] 이는 전승과정에서 빚어진 혼착적 내용을 점검하고 정보간 시비, 진위를 가리는 데 유효하다.

기본적으로 일연이 전하는 양성담은 사실적 이야기로서의 틀을 구비하고 있는데 노힐과 달달이 서방정토로 비등한 후 이 신이담은 閭巷은 물론 闕內까지 전파된다. 그 결과 天寶 14년 乙未(755)년에 景德王이 使者를 보내 飛騰의 현장에 큰 절을 짓고 白月山南寺란 이름을 내린다. 兩聖談은

20) 상게서, 권3, 南白月二聖 努肹夫得 怛怛朴朴. “山之東南三千步許 有仙川村 村有二人 其一曰努肹夫得(一作等) 父名月藏 母味勝 其一曰怛怛朴朴 父名修梵 母名梵摩 (鄕傳云雉山村 誤矣 二士之名方言 二家各以二士心行騰騰苦節二義名之爾) 皆風骨不凡 有域外遐想 而相與友善 年皆弱冠 往依村之東北嶺外法積房 剃髮爲僧”

21) 상게서, 권3, 南白月二聖 努肹夫得 怛怛朴朴. (今懷眞洞有古寺基 是也)…(今梨山上有寺基是也)…(鄕傳云雉山村 誤矣 二士之名方言 二家各以二士心行騰騰苦節二義名之爾)…(鄕傳云 夫得處山北瑠璃洞 今板房 朴朴居山南法精洞磊房 與此相反 以今驗之 鄕傳誤矣)…(記云 我百念灰冷無以血囊見試)…(古記云天鑑二十四年乙未法興卽位 何先後倒錯之甚如此)…(古記云大曆元年 亦誤)

사실담임을 부정하는 민담과 달리 역사, 사실을 변증하는 증거물과 그에 부합되는 시공간을 투입함으로써 초현실적 요소가 있긴 하지만 당대 현실을 전하는 전설적 성격을 간직하게 되었다.[22)]

이를 통해 우리는 8세기 신라 민중들 사이에 미륵 및 彌陀신앙에 대한 열기, 下層民들의 수행과 출가의 동향을 파악할 수가 있는 것이다. 노힐과 달달은 단순히 경합을 통해 호기심을 자극하는 상반된 대결자들이 아니다. 그들은 신라당대 민중불교를 대표성 있게 보여주는 인물들로서 공히 世事에 덧없음을 느끼다가 수행정진한 끝에 解脫의 세계에 들어간 승려들이었다. 이 같은 내용을 포괄하고 있는 兩聖談을 단순히 경쟁민담으로만 치부할 수는 없다. 문헌설화의 범주에 들어가는 廣德-嚴莊, 觀機-道成의 성불 이야기도 노힐-달달의 경우와 같이 등장인물의 정보와 함께 사회 현실을 증언하는 내용을 갖추고 있는 만큼 전설의 범주에 귀속시키는 데 어려움이 없다.

4. 口碑전승의 양상

4.1. 경합목표와 현실세계

상기 일람표에서 ⑪~㉙는 모두 구전으로 전해진 경합담에 속한다. 이들이 문자를 통해 기록할 수 없었던 민중의 산물이라는 것은 의심의 여지가 없으며 그만큼 민중들의 세계관, 종교관, 현실관을 엿보게 하는 내용적 요소들을 적지않게 내포하고 있다고 할 것이다.

사실 민중들에게 깊은 불교적 이해를 구하기는 힘들다. 그들이 이승경합

22) 노힐-달달 成道談은 어떤 일정한 지역에서 옛날에 일어난 일을 말해주며 서사공간의 특징, 명칭의 유래 등을 상세히 밝히고 있다는 점에서 地域的 傳說 local legend로 불러 무방할 것이다(장덕순 외, 『구비문학개설』, 일조각, 1971, 41면 참조).

담의 전승주체라 해도 이야기를 보면 불교와 관계가 없는 주제, 소재가 대부분을 차지하며 깨달음이나 해탈의 내용을 찾아볼 수 없다. 대신 궁핍함 속에서도 헛된 욕망없이 분수껏 살아가는 사람들의 모습만은 고스란히 채집된다. 등장인물이 명승으로 설정됨에도 衣食住와 같이 삶과 유리되지 않는 제재와 내용이 적지 않다는 것이다. 그런데 민중중심의 내용으로 흘러갈 수밖에 없었던 것은 불교의 사상과 정신을 이야기로 용해시키기에는 버거운 그들 나름의 사정이 있었다고 해야 할 것인데 二僧을 주인공으로 내세우되 자신들의 관심과 사고를 드러낼 수 있는 경합담 형식이 등장한 것은 당위적인 현상이 아닐까 싶다.

두 불승의 우열가리기에서 민중들은 슬기, 직관, 통찰력, 예지력 등을 기준으로 삼고 있거니와 이는 불교사상 중심으로 접근하는 寺衆들의 시각과는 뚜렷하게 대비된다. 二僧을 짝짓는 방식은 얼마든지 다양할 수 있으나 그 배합은 상투적일 정도로 특정 불승 안에서만 이루어진다. 『三國遺事』 소재 二僧의 競合談에서 다양한 경우의 수로 도반을 조합하던 것과는 판이한 차이라 하겠는데 중세 이전 인물로는 元曉-義湘, 中世이후의 불승들로는 西山-四溟의 결합에 매달릴 정도로 특정 불승만을 선호하는 경향이 뚜렷하다.

인물간의 경쟁에 있어 중요하게 여겨지는 것이 기지, 슬기, 예시력같은 항목들임을 감안한다면 이를 경합의 잣대로 삼아 우열을 가리는 일은 쉽게 이해된다. 西山-四溟이 짝을 이루는 각편 ⑫~⑰은 특히 예시력에서 누가 앞서는지에 초점이 맞춰져 있다. 몇 가지 문답을 통해 경합상황을 살펴보기로 한다.

각편⑫: 四溟의 問(내가 손안에 든 새를 날린 것인가 죽일 것인가.)－西山의 答(그대는 중이므로 살생할 수 없을 것이니 살릴 것이다.)

각편⑫: 西山의 問(내가 문지방을 넘을 것인가 안 넘을 것인가.)－四溟의 答(한국은 동방예의지국으로 손님이 오면 문지방을 넘어 마중하는 것이 예의이므로 틀림없이 넘어올 것이다.

각편⑬: 西山의 問(붉은 소, 검은 소중에 어느 것이 먼저 일어날 것인가.)－四溟의 答(괘가 불화자로 나왔으니 붉은 소가 먼저 일어날 것이다.)－西山의 答(검은 소가 먼저 일어난다. 왜냐하면 점화할 때면 검은 연기부터 일기 때문이다.)

각편⑭: 西山의 問(할미가 음식을 차려 나오는데 어떤 음식이 나올까.)－四溟의 答(괘가 뱀사 자로 나왔으니 국수를 먹을 것이다.)－西山의 대답(뱀은 저물면 또아리를 트니 국수가 아닌 밀떡이 나올 것이다.)

각편⑮: 西山의 問(아주머니 보퉁이에 무엇이 들어있나.)－四溟의 答(밤이 들어있을 것이다.)－西山의 問(몇 개나 들어있나.)－四溟의 答(64개이다.)－西山의 問(어떻게 알았나.)－四溟의 答(西山에 까치가 나무목자로 날아가면서 八八 소리를 내더라.)

문답은 한 사람이 먼저 질문을 던지면 상대가 답하는 주고받기 식으로 진행된다. 각편 ⑬에서는 四溟이 질문을 받고는 괘를 풀어 '火'자가 나왔으니 붉은 소가 먼저 일어난다고 진단했으나 西山은 정답이 아니라 한다. '火'字 괘를 풀이한 것은 적절하지만 불이 일어날 때는 검은 연기가 먼저 피어오른다는 사실을 간과하고 말았다는 것인데 확인결과, 정말 검은 소가 먼저 일어나는 것을 목격하게 된다. 둘 다 예시력이 출중한 것은 인정되나 상황분석에 있어 西山이 한층 위에 서 있음이 입증된다. 각편 ⑭도 동일한 형식의 경합담이다.

늦은 녘에 西山과 四溟이 민가에 들러 숙식을 청하게 되는데 퍽 가난한 살림이었다. 아낙은 조금 남은 밀가루로 무언가를 만들어 허기를 해결해줄 요량이었다. 이때 西山이 四溟에게 '우리가 무슨 음식을 먹게 되겠느냐?'고 묻자 四溟이 망설임 없이 '국수를 먹게 될 거'라 답한다. 이유인즉, 괘가 '蛇' 字 나온 것으로 보아 기다란 국수가 틀림없다는 것이었다. 하지만 西山은 그렇지 않을 것이라면서 '蛇' 字로 괘가 맞기는 하나 뱀이란 밤이 되면 또아리를 트는 동물이니 지짐이를 먹게 될 거라 말한다. 西山이 말한

대로 곧이어 아낙이 이들에게 내놓은 것은 지짐이였다. 각편 ⑮에서는 西山이 먼저 길가는 여인의 보퉁이 속에 무엇이 담겼느냐고 동행하던 四溟에게 묻는다. 四溟은 밤(西+木=栗)이 들었을 거라고 답한다. 하늘을 보니 까치가 西쪽으로 나무목(木) 모양을 지으며 날아가니 밤(栗)이 틀림없다는 풀이가 이어진다. 주변 정황을 눈여겨본 끝에 끌어낸 일종의 破字 풀이라 할 수 있다. 제자의 기지에 놀란 西山이 '그러면 밤이 몇 개가 들었느냐.'고 다시 묻는데 이에 대해 四溟은 '64개'라고 밝힌다. 이유인즉 '새가 날아가면서 팔팔(八八) 소리를 내고 있으므로 64개가 된다.'는 것이었다. 여인의 보퉁이를 열어보니 예언한대로 64개의 밤이 들어 있었다.

난감한 문제에 봉착했을 때 해결하는 방식에는 여러 가지가 있겠지만 주변 상황과 여건을 충분히 감안한다면 합당한 답이 도출될 수 있음을 말해준다. 여기서 중요한 것은 임기응변적 순발력이다. 경쟁결과에서 보면 ⑬, ⑭처럼 西山이 四溟보다는 한수 위로 밝혀지는 이야기가 대부분을 차지하는 바, 長幼有序 혹은 君師父 일체 같은 유교적 질서의식이 반영된 결과라 해야 할 것 같다.

구비전승된 二僧競合談의 등장인물들을 동시대 활약한 명승들로 짝하는 것이 일반적이기는 하나 시대를 달리하거나 역사적 사실과 무관하게 인물배합이 이루어지는 경우도 없지 않다. 이는 경합담에서 인물보다는 이야기에서 흥미적 요소가 한층 중시되었음을 말해주는 대목이다. 즉 四溟이나 西山이 아닌 어떤 사람을 짝으로 배치하더라도 경쟁의 원리를 제공하는데 있어서는 별 차이가 없다는 것이다.

二僧競合談이 이른 시기에는 불교적 주제를 강하게 내세우고 있었으나 시대가 내려오면서 점차 불교적 주제에서 이탈하는 사례들이 늘어간다. 그런 중에도 특정 모티브만은 망실되지 않고 시대를 넘어 수용층의 흥미를 자극하는 핵심적 요소로 남아있게 된다. 대표적인 모티브로 死魚蘇生을 들 수 있다. 예화⑪은 元曉와 惠空이 천변에서 물고기를 취식했다가 이를 다시 살려내 방생하는 異蹟을 익살스럽게 보여준다. 신통한 두 불승의 도력을 드러내면서 인간적 한계를 넘어서는 신승의 세계가 엄연히 존재한다는 사실을 희극적으로 표출했다. 이 이야기는 후대에도 계속 전승되어 ⑪, ⑰, ⑲와 같은 구비전승담에서도 핵심 모티브로 수용되는 것을 발견하게 된다.

문헌소재 경합담에서 강하게 발현되던 불교적 주제가 구비 전승으로 전환되면서 민중적 사고를 반영하는 이야기, 곧 일상적 관심과 흥미를 촉발하는 유형중심으로 재편되는 것을 알 수가 있다. 먼저 눈에 띄는 차이는 소재, 제재조차도 민중의 의식세계를 드러낼 수 있는 주제적 범위 내에서 선택한다는 점이다. 努肹夫得, 怛怛朴朴 등 삼국시대 불승들이 깨달음과 성불을 상징하는 기능을 고정적으로 수행하는데 반해 조선시대 전승에 오면 설사 西山, 四溟같은 고승이 등장하더라도 成佛이니 解脫 같은 불교적 종지를 기대하기 어려운 서사 환경으로 바뀐다. 오히려 처세에 중요한 요소라 할 순발력, 예지력, 지인지감 등을 누가 더 많이 갖추었는지를 구별해 내는 데 한층 관심이 쏠리게 된다.

4.2. 民衆중심의 전승

전승물은 내용과 형식 단위로 나누어 살필 때 시대적 맥락이 한층 잘 드러난다. 동시대의 전승담이라 할지라도 형식을 중시하는 경우가 있는가 하면 내용 승계를 보다 중시하는 경우도 나타난다. 구비전승물로서 二僧競合談은 형식은 대체로 이전의 것을 따르면서도 주제나 상황, 사건적 요소에 있어서는 나름의 변화를 모색하는 예가 많다. 누가 전승의 운반자가 되느냐는 변이에서 가장 중요한 요소가 아닐 수 없으니 운반층은 단순한 전승의 매개 기능에 머물지 않고 당대 환경, 이념은 물론 그들의 욕망 등을 이야기에 투입시키는 것이다.[23]

---

23) 구비전승으로서 二僧競合談 유형은 역사적, 지역적 그리고 서사적 변화 속에서 생겨났다고 할 수 있을 것이다. 이 유형은 민중들의 생생하고 활기 넘치는 이야기 상황

抑佛崇儒 시대로의 진입은 二僧경합담의 주도권이 민중으로 이행되어 가는 조건으로 작용하였다고 볼 수 있다. 寺衆들이 불교신앙의 의미와 본질을 가르치는데 초점을 맞추어 이야기를 짓고 전파시켜 나갔다면 민중들은 이들과 달리 흥미 있는 시합을 매개할 수 있는 인물을 설정하고 경합을 벌여 누가 낫고 처지는 지를 가려내는데 관심을 집중한다. 두 불승 가운데 누가 더 영험함이 앞서는지를 판별하는 데는 추상적 차원의 잣대가 아닌, 당장 확인이 가능한 현시적인 것들이 판단의 근거로 동원되곤 한다. 한 마디로 경합의 계기와 그 결과가 비불교적 성격으로 바뀌는 것이다. 등장인물만 불승으로 설정되었을 뿐 경합의 목적이나 결과가 불교와는 무관하게 처리된다. 두 佛僧을 등장시키면서 경합의 잣대를 불교적 테두리에서 구하지 않은 까닭은 불교에 대한 이해부족, 혹은 관념적이고 추상적인 세계를 낯설어 하며 일상적 삶을 더 중시하는 민중들의 태도에서 찾아야 할 것이다. 이 때문에 설사 고승들이라도 민중들과 다를 바 없는 행동과 사고의 소유자로 등장하는 것이다.

각편 ⑪~㉙에 나타나는 장면을 보면 西山이나 四溟등 한 組를 이룬 인물들이 길을 가다가 누런 소와 검은 소를 보고는 장난 끼가 발동해 어떤 소가 먼저 일어날 지를 문제로 던진다. 소재로 소를 택했다는 것 자체가 이야기 전승층의 신분과 처지를 암시한다. 소가 아니라도 말이나 까치, 물고기, 뱀도 얼마든지 경합이야기의 소재로 취택될 수 있거니와 관념적이고 추상적인 관심에서 벗어나 주변의 사물, 혹은 의식주 등 현실적 삶을 드러내는 것에서 소재, 제재를 채택하는 것을 흔히 목도한다.

음식과 관련된 겨루기의 예를 들어보자. 西山과 四溟이 길을 가다가 날이 저물어 민가에 하룻밤 유숙하기를 청하게 된다. 가난한 그 집의 아낙은 조금 남은 밀가루로 이 고승들을 대접하기로 한다. 이 상황에서 西山이 四溟에게 아낙이 내놓을 음식이 무엇인가 맞춰보라 제안한다. 四溟은 괘가

속에서 자신들의 경험, 자신들의 관심사, 자신들의 형상화 의지를 이 유형 속에 끌어들였다 할 수 있다(카트린 푀게, 이문기 옮김, 상게서, 103면 참조).

뱀 蛇字로 나왔다고 하면서 기다란 모양의 음식인 국수를 내놓을 것이라고 예상한다. 하지만 西山은 하나만 알고 둘은 모르는 넘겨짚기라고 타박한다. 그러면서 四溟이 뱀 蛇字를 풀이하여 국수가 나올 것이라고 예견한 것까지는 옳지만 뱀이란 밤이 되면 또아리를 트는 동물이니 국수가 아니라 수제비가 나올 것이라고 짐작한다. 정말 곧이어 그들 앞에 나온 음식은 국수가 아닌 수제비였다. 상황판단을 어떻게 내릴 것이며 그 과정에서 어떤 점을 유의해야 할 지 깨우쳐 주는 데 의미를 두고 있는 이야기임은 분명하지만 궁핍한 삶과 함께 길손을 따뜻하게 대하는 민중들의 심성도 고스란히 돌출되고 있음을 외면할 수 없다.[24)] 이처럼 구비 경합담은 민중적 삶과 처지를 살필 수 있는 조건을 갖추고 있는 이야기에 속한다. 민중들은 경쟁담의 수용자로서 불교사상을 전파하는 대신 불승들을 등장시켜 자신들의 시각에서 문제를 만들고 해답과 그 풀이를 궁리해나갔다. 寺衆으로부터 民衆으로 담당층이 이행하면서 二僧競合談은 현세적인 사고와 세계관을 농후하게 드러내는 쪽으로 내용적 변이가 이루어지고 있음을 확인하게 되는 것이다.

4.3. 양식적 성격과 민담

이른 시기의 문헌에 오른 二僧競合談은 불교적 성향이 농후하게 나타난다고 진단한 바가 있다. 그러나 같은 유형의 이야기임에도 구비로 전승된 것들은 민담의 영역에 들어갈 정도로 민중들의 사고가 강하게 반영되고 있다하겠는데 장르종으로 말한다면 傳說에서 民談으로의 전환이라 할 수 있다. 민담은 超時代的 속성을 띠고 있어 등장인물, 배경에 걸쳐 당대의 실

---

24) 민담화된 二僧競合談을 통해 전승 담당층의 의식과 관습, 풍속을 속속들이 파악한다는 것은 그리 쉬운 일이 아니다. 경우에 따라서는 문화인류학적 연구가 필요할 수도 있다(막스 뤼티, 김홍기 옮김, 상게서, 118면). 하지만 추상화된 이야기임에도 당대적 환경과 의식세계를 비추어주는 지표는 얼마든지 포착이 가능하다.

정과 상황을 구체적으로 설명해주는 법이 없다. '옛날 옛적'이란 애매한 수식어를 상투적으로 앞세울 뿐이며 등장인물의 나이, 가문, 출생지 등 구체적 지표를 확인시켜 주지 않는데 그것을 듣고 전하는 전승 운반층도 굳이 상세한 내용을 요구하려 들지 않는다. 그저 현재 이야기속의 상황, 사건이 얼마나 흥미롭고 재미있게 펼쳐지는지에만 관심을 둔다.

구전되는 二僧競合談들이 元曉-義湘, 道詵-無學, 西山-四溟 등 역사인물을 선호하는 것은 사실이지만 역사적 존재로서 그들에 대한 구체적 자취를 전하거나 전기를 염두에 둔 이야기와는 전혀 다르다. 西山과 四溟은 누가 보든 특별한 행적을 남긴 고승들임에도 임란을 맞아 滅私奉公의 정신으로 왜적과 싸웠다든가 조선후기 불교중흥에 큰 위업을 남겼다는 역사적 행적은 거론되지 않는다. 경합담은 기본적으로 '지금' 펼쳐지는 '여기'에서의 시합에만 관심이 있을 뿐 역사, 현실적 측면에는 당초 관심이 없는 듯 보인다.

대외적 명성에 따라 경합의 대상자들을 설정하다보니 釋迦-彌勒, 釋迦-朴文秀, 義湘-美女 등 의외의 짝이 구성되기도 한다. 짝의 조합에서 핵심은 남녀노소 누구나 호기심을 가질 만한 인물을 대응시키고 양자 간의 우열을 가리는데 있다. 전개방식은 이처럼 규격화되었다 할 만하다. 두 불승 중 한 사람이 문제를 제시하며 다른 쪽에서 답을 내놓고 그것이 사리에 합당한 판단인지를 점검하게 된다. 이때 내놓은 답이 얼마나 기지와 슬기를 발휘하는 지 판단하는 단계가 따른다. 그렇지만 경합에서 졌다고 해서 그 편에 혹독한 대가를 지불하거나 손실을 입히는 일은 발생하지 않는다.

二僧경합의 지향점은 두 불승간의 승패를 분별하는데 있는 것이 아니라 우열정도만을 변별하는 선에 그친다고 보는 것이 옳을 듯이다. 지는 편이라 해도 결정적 타격을 받는 일이 없으며 자신의 약점을 웃으면서 흔쾌히 인정할 수 있는 구도를 취하게 된다. 이렇게 시비선악 승부를 극명하게 노출시키지 않는 것은 민중들이 가지고 있었던 낙관적 세계관과 무관치 않은 현상이다. 구비 이승경합담이 천진한 상상으로 인물을 대비시켜보는 발상이나 기존의 관념을 뒤집어 이면의 의미를 새롭게 표출시키고 있다는 점에서 민담[25]과 다를 바 없음을 확인하게 된다.

역사 인물로서 고승들의 존재적 의미를 동화적인 발상으로 단순화시킨다할지라도 이승경합담이 주제정신을 상실하는 정도의 유희담으로 이행해 가지는 않았다. 기본형에서 파생되어 나온 佛僧-異人의 이야기를 잠시 살피자. 예화 ㉓, ㉔에 등장하는 無學과 道詵은 시대와 상관없이 민중들에게 神僧, 道僧으로 뚜렷하게 각인된 승려들이었다. 하지만 ㉓에서 無學은 농부로 변신해 논을 갈고 있던 산신령으로부터 학의 터인 한양에 무턱대고 대궐을 짓는 바람에 번번이 무너지는 일이 벌어졌다는 꾸지람을 듣는다. 이에 無學이 대궐 붕괴를 방지하는 묘책을 묻자 먼저 성을 쌓아 학의 날개를 누르는 게 급선무라는 묘책을 전한다. 또한 ㉔에서는 명당자리를 제대로 찾지 못하고 쩔쩔매는 道詵에게 村老로 변신한 산신령이 나타나 수월하게 明堂을 점지해주었다는 내용을 담고 있다. 누구라 할 것 없이 존경하는 인물이라 하더라도 갑자기 나타난 산신령 등 이인에게 핀잔을 당하거나 무시당한다는 내용전개는 사중이 아니라 민중의 시선을 앞세운 이야기임을 말해준다. 기존의 관념과 인식조차 일거에 전복시키고 명승들의 면모를 헤집어 내는 내용전개는 이승경합담이 민담의 테두리에 들어와 있음을 선명하게 보여주는 징표로 삼을 만하다.

5. 二僧競合談의 전승사적 의미

전승의 역사를 살펴보기 위해서는 이에 부합되는 채록물이 풍성하게 남아있어야 한다. 하지만 실상은 그에 부응하지 않는다. 시대적 흐름에 따라 구비 文獻的 자료가 골고루 분포되어 있으면 좋겠으나 시대를 거슬러 올

25) 막스 뤼티, 김정연 옮김, 『옛날 옛적에』, 천둥거인, 2008, 62면.

라갈수록 전승의 자료가 희귀해지는 탓에 통시사적 연구가 힘겨워질 수밖에 없는 것이다. 그러나 불교인물 전승은 상대적으로 이런 어려움이 덜하다고 하겠는데 시대순으로 고르게 이승경합담을 확인해볼 수 있기 때문이다. 『三國遺事』 같은 국내자료는 물론 『宋高僧傳』, 『指月錄』, 『林間錄』 등의 중국 측 자료에도 삼국시기 고승들의 경합이야기가 올라있으며 조선시대 이후에는 야담과 함께 구비채록물에 다양한 이승경합담들이 올라있는 것을 확인할 수 있는 것이다.

전승은 대체로 문제적 개인이나 偉人들에게 집중되는 경향을 보이며 기억의 수월성을 위해 대비, 병립적 구도 안에서 인물을 설정하는 경향을 보인다. 경합양상을 보이는 불승이야기도 이런 전승적 특성에서 크게 벗어나지 않음을 알 수 있다. 이승경합담은 서로 다른 경향의 두 불승이 등장하여 각각의 사고, 성격, 품성 등을 대조적으로 보여주거니와 受容層의 기억을 용이하게 해주면서 누가 더 나은지를 가늠해내기 위한 경합장면을 반드시 개입시킨다. 그러나 사례에 따라서는 層差의 폭이 매우 심각하게 드러나는 경우도 있는 바, 이승경합담에서는 중세이전의 것과 그 이후의 것 사이에 같은 유형임을 의심할 정도의 거리감이 존재하는 것이다.

삼국, 고려시대에는 불교신앙의 열기에 걸맞게 해탈의 경지에 오른 사례를 흥미롭게 전하는 이승경합담에 경사되었으며 僧俗의 구별 없이 이 유형담을 입에 올린 것으로 추론된다. 하지만 佛敎勢가 약화되는 시대에 들어서고 억불숭유책이 民衆層에까지 미치면서 불승이야기지만 불교적 주제에서 이탈하는 쪽으로 변화가 일어난다. 名僧들이 짝을 이루어 등장하는 이야기이긴 하지만 주인공들이 대중을 구원해주거나 성불을 위해 몸 바쳐 수행하는 기능적 몫을 더 이상 보여주지 못하는 이야기로 탈바꿈하는 것이다. 대중적 名聲을 누리는 두 불승이 등장한다고는 하나 철저히 민중의 호기심에 영합하는 시합이 펼쳐지며 주제 역시 불교적 성격과는 거리가 멀다. 佛僧 사이에 누가 통찰력, 예지력, 순발력 등을 더 갖추었느냐 하는 점은 승부를 가리는 가장 유력한 기준이 되며 같은 맥락에서 현실관을 앞세우는 민중의 성향에 따라 일상적 배경, 소재, 제재가 마련된다.

중세시기 이승경합담은 의도적으로 유통되었다는 혐의를 떨쳐 버리기 어려우나 상당 기간 동안 전승력을 유지하면서 불교적 주제를 전파하는 데 적지 않은 역할을 감당했을 것이다. 하지만 조선시대에 들면서 이승경합담의 발생, 전승 환경은 크게 변한다. 억불숭유책과 더불어 자칫 이 유형담이 사라질 위기에 봉착하기도 하는데 이때 경합담을 주목한 집단이 바로 민중이다. 그들은 미약하게나마 이어지는 불교인물의 전승담에 호기심을 보이는 한편 '狀況提示-質問-對答-優劣결과의 해명'의 단계를 포함하는 새로운 경합담을 지어내 퍼뜨리게 된다. 민중이 창출한 이야기는 그들의 삶과 의식세계를 드러내는 경합담일 수밖에 없었는데 이전의 것과는 내용과 주제에서 큰 편차가 나는 것은 당연한 일이었다.[26] 이승경합담이 불교인물의 전설에서 민중의 의식세계를 투영하는 민담으로 이행하는 전승사적 흐름을 훑어보았거니와 이승경합담도 이데올로기, 성, 종교, 역사, 사회현실 등 전승적 조건 속에서 다양한 변이를 보이지 않을 수 없었음을 새삼 깨닫게 된다.

6. 맺음말

불교인물 이야기 가운데 二僧競合談이 차지하는 비중이 적지 않다는 점은 불교설화의 분포 면에서 뚜렷하게 드러난다. 불성을 싹틔우면 누구나 부처가 된다고 하지만 중생에게는 지난한 일이기에 명성높은 두 고승을 등

26) 전승에서의 변이는 새로운 해석과 재평가의 과정에서 나타난다. 프로프는 모티브들이 '내부로부터의 진화를 근거로 해서' 변화하는 것이 아니라 '어느 한 모티브가 새로운 역사적 상황에 이른다는 사실을 근거로 해서' 변화하는 것이라고 기술하였다. 새로운 이야기와 낡은 이야기의 충돌이 민담과 전승의 발전으로 이어지는 것을 일컬어 프로프는 '혼합'이라고 명명했다(블라디미르 프로프, 어건주 옮김, 『민담형태론』, 지만지, 2009, 28면 참조).

장시켜 해탈과 성불의 길에 이를 수 있는 길을 찾아보자는 뜻에서 이승경합담이 창출되었다고 본다. 불교 흥성기에 활약한 원효-의상, 노힐-달달 등은 이승경합담의 대표적인 불승들이라 하겠는데 『三國遺事』에 갈무리된 이같은 경합담은 후대 전승의 발생과 전파에 큰 영향을 끼쳤을 것이다. 하지만 조선시대 이래 이승경합담은 이전의 것과 상당한 차이를 보이게 된다. 그것은 문헌에서 구비로의 전환을 넘어 갖가지 차이를 노정했다. 담당층이 寺衆에서 民衆으로 바뀌고 주제 또한 비불교적인 것으로 바뀌면서 민중의 사고와 세계관을 반영하는 일종의 민담으로 탈바꿈하는 현상이 완연하게 나타난 것이다. 여전히 고승이 불교인물담의 주체로 나타나기는 하나 그들은 이상적인 僧像이나 각성, 성불자로서의 전형을 보여주지 못하며 민중들의 현실중심적 사고와 태도를 반영하는 인물기능적 차원에 머물게 된다. 문헌과 구비전승으로 이승경합담을 대별해 살핀 결과, 본고에서는 각각의 전승담이 단순히 매개적 차이에 그치지 않고 주제, 담당층, 양식적 측면에 걸쳐 큰 편차를 드러내고 있음을 확인할 수 있었다.

참고문헌

『三國遺事』
『宋高僧傳』
『林間錄』
『指月錄』
『韓國口碑文學大系』

강진옥, 「삼국유사 남백월이성의 서술방식을 통해 본 깨달음의 형상」, 『한국민속학』 43집, 2006.

김승호, 「鄕傳을 통해 본 신라 민중설화의 양상」, 『고소설연구』 5집, 1998, 299면.

김승호, 「元曉전승에서 도반의 서사적의미」, 『대장경의 세계』, 월운스님 고희기념논총 위원회, 1999, 323면.

김열규, 「언어경합담의 구조」, 『民譚學槪論』, 일조각, 1982, 213~216면.
다이안 맥도넬, 임상훈 옮김, 『담론이란 무엇인가』, 한울, 1992, 124면.
막스 뤼티, 김홍기 옮김, 『유럽의 민담』, 보림, 2005, 49면.
막스 뤼티, 김경연 옮김, 『옛날 옛적에』, 천둥거울, 2008, 62면.
블라디미르 프로프, 어건주 옮김, 『민담형태론』, 지만지, 2009, 28면.
신동흔, 「사명당 설화에 담긴 역사인식 연구」, 『고전문학연구』 38집, 2010.
장덕순 외, 『구비문학개설』, 일조각, 1971, 41면.
카트린 푀게 알더, 이문기 옮김, 『민담, 그 이론과 해석』, 유로, 2009, 306면.
한국문학번역연구소, 『도이치 문학용어 사전』, 서울대출판부, 2001, 644~645면.

출처 졸고, 「二僧競合談의 변이양상과 그 의미」, 『한국어문학연구』 56집, 한국어문학연구학회, 2011, 5~30면.

元曉전승에서 道伴의 서사적 의미

1. 문제제기

지금까지 元曉의 생애에 대해서는 어느 고승보다 많이 다루어지고 논의되었다. 하지만 본고는 元曉의 생에 관한 문제점을 중심으로 한 검증 혹은 보완의 작업과는 일정한 거리를 갖고 있음을 먼저 밝혀두고 싶다. 전기에 나타난 記事의 歷史性과 敍事性 간의 미묘한 거리의 확인이라고 할까. 그런 윤곽을 추출한다고 보면 될 것 같다.

불교적 인간의 정연한 기록인 僧傳은 최종 목표로 성불 및 열반하기까지의 고난에 찬 역정을 발췌하여 서술하는 양식이기 때문에 傳記목적에 부합하지 못하는 지엽적인 자취는 소거당하는 경우조차 흔하다. 전기대상의 자취가 釋迦的 생에서 보는 八相 등의 행적으로 재편되는 것은 좋은 예이다. 물론 出家, 請益, 修行, 異蹟체험 따위도 빼놓을 수 없는 話素들임을 부정하기는 어려우나 개인적 생의 퇴색은 애초의 서술적 지향을 흔들어놓을 여지가 없지 않은 것이다. 그리고 좀 엉뚱하지만, 附見的 기술을 선호한다는 점도 한 개인에게 몰입하는 일반의 傳記類型과는 괴리를 빚게 하는 요인으로 지적된다. 다시 말해 불교는 慈愛와 利他行을 무엇보다 강조하므로 개인의 수행보다 대중과 더불어 수행해간다는 점을 강조할 필요가 있고 複數化로서의 立傳은 그 경우 굳이 마다할 것이 없다는 것이다.

그렇다면 본고에서 논의대상으로 삼는 元曉의 傳承談 가운데 道伴은 어떤 서사적 의미와 인물기능적 특성을 갖추고 있을까. 원효 도반전승은 역사 증언적 측면도 중요하지만 고승담이 지닌 서사성을 확인하는데 유효하다. 다시 말해 고승으로서의 대표성을 지닌다 할 그의 도반 이야기는 불교 인물 전승이 내재한 형식, 내용적 전형성과 조건을 간파하는데 많은 시사점을 제공해 줄 수 있다는 것이다.

2. 成道談과 道伴

釋迦의 생을 보면 고독한 영웅으로서의 변모로 지목할 수 있는 부분이 적지 않다. 그는 왕자로 태어나 호사를 극한 궁정에서 재물이나 여색에 얼마든지 탐닉할 수 있었음에도 왕궁생활에 행복함을 느끼지 못한 끝에 번민을 풀어내고자 성 밖으로 뛰쳐나가게 된다. 그러나 안타깝게도 모든 번민과 그로부터의 해결은 오로지 그 자신 홀로 감당하지 않으면 안 된다는 것을 직감한다. 탄생과 동시에 "天上天下 唯我獨存"을 외쳤다지만 세상에 나온 이후 모든 일을 혼자의 힘으로 뚫고 나가야 한다는 것은 길이 없는 데다 길을 뚫는 것과 같은 엄청난 고초와 불안을 안겨 주었다. 釋迦도 그러했을진대, 만약 凡夫에게 그런 명제가 주어졌을 때는 얼마나 곤혹스러울지는 쉽게 유추된다. 따라서 기약할 수 없는 성불을 앞에 두고 많은 수행자들이 같은 목적을 지닌 동반자를 찾아 출가를 동시에 단행함으로써 세속으로부터의 이탈과 성불에 대한 부담을 덜려고 한다. 승전에서 드물지 않게 등장하는 입전의 複數化는 이런 현실적 측면과 무관하지 않다고 생각해온 터이다. 가령 『三國遺事』만 하더라도 觀機와 道成, 努肹不得 怛怛朴朴, 廣德과 嚴莊 같은 複數化된 立傳을 어렵지 않게 목도하게 되는 것이다. 복수입전이 지닌 특징을 파악한다는 의미에서 『三國遺事』 소재 道伴들의 자취를 우선 더듬어 본다.

觀機와 道成은 어떤 곳에 살았으며 어떤 신분의 사람들이었는지 세속간의 사정은 자세히 기록해 놓지 않았다.[1] 기초적인 정보라 할 家系 및 출생지조차 빼놓은 것을 보건대 한미한 출신에서 벗어나지 못한 것으로 보인다. 하지만 출가에 대한 의지는 대단했던 것으로 보인다. 사회적으로 호불의 분위기가 휩쓸고 있을 때임을 감안하더라도 처자식까지 거느리고 산중에 드는 일은 쉽지 않았을 터였는데 일면 삶을 영위하고 일면 틈나는 대로 수행에 전념하기로 굳게 다지고 있었던 것이다. 무리가 찾은 산은 包山으로 처음에 觀機는 남쪽 고개에, 道成은 북쪽 굴에 자리를 잡았는데 두 사람은 일부러 10여 리의 거리를 두었다. 한가하게 弄月이나 하면서 살아가기 위한 입산이 아니라 수행을 위한 데 목적이 있었기 때문이다.

한시도 허비하지 않고 입산이후 그 둘은 치열하게 삶과 수행을 밀고나갔는데 자칫 성불 경쟁의 대상으로 비춰질 정도였다. 하지만 가끔은 구름을 헤치고 달을 노래하며 서로 왕래했었다고 하니 서로를 위무하고 성불의 그날을 기약하며 상대를 권면했을 것이다. 이미 세속을 등진 두 사람에게 있어서는 그 목적한 바가 세상의 명리나 부귀영화가 아니었던 만큼 그를 에워싸고 있는 자연과 이물들도 이들의 장한 행동에 경외감을 보냈으니 道成이 觀機를 부를라 치면 수목이 모두 남쪽을 향해 굽혀 서로 영접하는 듯하여 이것을 본 觀機가 道成을 맞이했고 반대로 觀機가 道成을 찾아 나설 때면 나무들이 북쪽으로 구부러져 觀機 역시 道成이 자신에게 오는 것을 눈치 챌 수 있었다. 두 사람의 수행생활은 그 자체로 흐뭇하거니와 이렇듯 수년을 고행한 끝에 먼저 道成이 뒷산 바위에서 좌선 중에 서방정토로 날

1) 『三國遺事』 권제5, 包山二聖. "羅時有觀機道成二聖師 不知何許人"

아간다. 곧이어 觀機도 똑같은 이적을 현시한다. 一然은 道成과 觀機 두 聖師의 이름으로 그 터의 이름을 삼았다는 내력과 함께 道伴의 터가 완연히 확인된다고 증언하고 있다.[2)]

그 후 근처에 절이 들어서고 成梵이란 스님이 주석하며 萬日彌陀道場을 열어 50여 년 간을 힘썼는데 여러 번 기이한 상서가 따랐고 이것조차 道成과 觀機의 영험으로 받아들일 정도였다. 이뿐 아니라 包山에는 九聖들의 자취가 남아있는데 이중에서도 搬師 楪師간의 道伴 이야기도 덧붙여놓고 있다. 출가전후의 사정은 자세히 언급이 없고 다만 오랫동안 산골에 숨어들어 세상과 등진 채 숨어 살았다 한다. 수행의지만 굳세었을 뿐 생활은 말이 아니어서 나뭇잎으로 만든 옷을 입고 추위와 더위를 넘겼고 습기를 막거나 간신히 아랫도리를 가리는 정도로 극히 궁색한 생활을 영위해야만 했다. 그들이 각각 피나무와 떡갈나무로 비유된 것은 이때의 생활상을 반영한다. 그런 환경에 처했으면서도 聖師들은 風樂이 있었다거나 지난 은자 중에는 이런 자취가 드물지 않게 있었다는 찬자의 평이 같이 붙어있다. 어쨌든 이들은 불교적 믿음에 의지하여 오로지 성불의 일념으로 고초와 심적 번민을 넘어 피안의 세계에 이르고자하는 일념으로 스스로를 다그친 道伴이었다.

觀機나 道成 및 搬師와 楪師는 一然시대에 이르도록 사중들 사이에 여전히 거론되는 수행승들이었다. 複數의 불승이 주인공으로 등장하는 수행담이 거듭 등장한다고 해서 이를 일연이 자의적으로 구성한 이야기로 볼 일은 아니다. 사실 전기적 대상의 複數化는 대상을 하나로 한정할 때에 비해 인물에 대한 초점이 흐려지기 쉽고 각각의 인물을 개성적으로 형상화해 나가야 하기 때문에 찬자로서는 부담감이 따를 수밖에 없다. 그런데 『三國遺事』에서는 複數列傳에서 얻을 수 있는 장점에 오히려 주목하고 있는 것처럼 보인다. 그 점을 예증해주는 것이 『三國遺事』 소재 努肹不得과 怛怛

---

2) 상게서, 권제5, 包山二聖. "今以二師名命基墟 皆有遺趾"

朴朴 조가 아닌가 한다.

『三國遺事』 권제3 南白月二聖 努肹不得 怛怛朴朴조는 白月山兩聖成道記와 鄕傳 및 口傳들을 바탕으로 해서 두 성인의 행적을 남겨놓고 있다. 努肹不得과 怛怛朴朴은 가문을 밝히기 어려운 평민들이지만 일찍부터 출가하기로 다짐해온 터였다. 협주에서 努肹은 생동이 중중하고 怛怛은 고절하다고 지적해주고 있기도 하나 努肹은 아마도 그 音이 시사하는 것처럼 성품이 관용적이고 부드러우며 怛怛은 꼬장꼬장한데다 비판적 성품의 소유자임을 말해주는 것 같다. 道伴으로서 출가를 같이할 만큼 공통의 성향을 지니고 있다고 하나 성품만은 퍽 대조적이었던 셈이다.

그런데 이들의 대조적인 성향은 이야기가 진행되면서 한결 구체화된다. 一然의 기록에서는 이 두 사람은 살아온 배경과 그 생김새마저 다 같이 범상치 않았다고 했다. 세속의 생활을 일거에 버리기 어려웠던 두 사람은 살던 곳에서 그리 멀지 않은 마을 동북쪽 고개밖에 있는 법적방을 수행 장소로 정한다. 주목되는 바는 홀몸이 아니라 이미 처자식을 거느린 몸으로 출가를 단행했다는 것이다. 하지만 곧 蓮花藏의 세계에 들어가기 위해서는 적당한 수행 그 이상의 치열함이 필요하다는 점을 깨닫게 된다. 그들이 제2의 출가를 결심하자 이들에게 다음과 같은 出家夢이 현응한다.

> "어느 날 밤 꿈에 백호의 빛이 서쪽에서 오더니 빛 속에서 금빛 팔이 내려와 두 사람의 이마를 쓰다듬어 준 것 같았는데 努肹과 怛怛이 각각의 말을 맞춰보니 신통하게도 일치하였다."[3]

이로부터 朴朴師는 북쪽 고개의 獅子巖에다 팔적방을 만들려 했으며 不得師는 동쪽고개 무더기 돌 아래 물이 흐르는 곳에 터를 잡고 수행을 시작한다. 증언에 따라 수행처가 차이가 있기는 하지만 그들은 서로 반대쪽에

3) 상게서, 권제5, 南白月二聖 努肹不得 怛怛朴朴. "夜夢白毫光自西而至 光中垂金色臂 摩二人頂 及覺說夢 與之符同"

터를 잡고 첫 출가 때 그 이상으로 정진에 몰입하게 된다. 주목되는 바는 그들의 依支佛이 不得은 彌勒佛, 朴朴은 彌陀佛로 각각 나누어져 있었다는 점이다. 두 사람이 택한 의지불을 통해 신라 당대 민중들의 불교 신앙적 경향이 드러난다고 하겠는데 한편으로는 인물적 대비를 위해 각자의 의지불을 달리 대응시켰다는 생각도 해보게 된다. 그렇게 본다면 전승을 거치는 사이에 두 사람의 인물적 특성이 더욱 변별되는 방향으로 이야기가 구조화되었다고 보아도 좋을 것이다. 두 수행승 사이에서는 다음과 같이 대조적인 차이가 보인다.

	努肹不得	怛怛朴朴
作名의 근거(성품)	행동이 騰騰함	행동이 苦節함
첫 수행처	회진암	유리광사
두 번째 수행처	백월산 동쪽 돌밑(유사) 산북쪽 유리동(향전)	白月山 북쪽고개 獅子巖 산남쪽 法積洞 磊房
依支佛	彌勒佛	彌陀佛

목표가 같을 지라도 사람에 따라 선택하는 길과 방향은 얼마든지 달라질 수 있고 그것은 갖가지 모습으로 응현하는 부처를 대하는 태도로도 엿볼 수 있다. 위에 제시한 성품의 차이에서도 나타나는 일이기는 하지만 이 道伴의 차이는 이들에게 어느 날 한 여인이 나타나는 사건을 통해 극명하게 표출된다. 한 여인이 저물녘에 찾아든 곳은 朴朴이 머무는 암자였다. 수행자가 머무는 것을 뻔히 아는 처지였기에 기숙을 부탁하는 게 무리였으나 너무 급박한 나머지 일야 기숙을 청한 것이었는데 朴朴은 "절은 깨끗해야 하는 것이니 그대가 가까이 올 곳이 아니오. 어서 다른 데로 가고 여기서 지체하지 마시오."[4]라며 냉정하게 거절한 채 문안으로 들어가 버렸다. 난처해진 여인은 근처의 不得한테로 발길을 돌린다. 努肹不得에게 하는 말

4) 상게서, 권제5, 南白月二大聖 努肹不得怛怛朴朴. "蘭若護靜爲務 非爾所取近 行矣無滯此處"

은 하룻밤 묵게 해달라는 청이 아니었다. 여인은 "담연하기가 태허와 같은데 어찌 오고가는 것이 있겠습니까. 다만 어린 선비의 바라는 뜻이 깊고 덕행이 높고 굳다는 말을 듣고 장차 도와서 보리를 이루고자 해서일 뿐입니다."[5]라고 했다.

무엇을 부탁하려고 온 것이 아니라 도리어 수행자의 궁극적 원에 대한 해결책을 제시하러 왔다고 했고 이에 대한 不得의 반응 역시 怛怛의 경우와는 전혀 달랐다. "이곳은 여자와 함께 있을 곳이 아니나 중생을 따르는 것도 역시 보살행의 하나일 것이요. 더구나 깊은 산골짜기에 날이 어두웠으니 어찌 소홀히 대접할 수 있겠소."[6]라며 흔쾌히 방에 들게 한다. 不得은 그녀를 맞아들인 후 마음을 맑게 하고 지조를 닦아 밤새워 염불했는데 새벽녘이 되자 여인이 갑자기 産痛을 호소했다. 그는 수행자의 본분보다 상대의 고통을 어떻게 덜어주어야 할지를 걱정하며 그녀가 원하는 대로 지성껏 수발을 들어준다. 심지어 해산 후 여인을 목욕시켜주는 일까지 마다함이 없었다. 수행자인 不得이 감당하기 벅찬 갖가지 요구를 서슴없이 내비치던 여인은 나중에는 목욕한 물에 不得도 함께 목욕하기를 채근하기도 한다. 不得은 이 대목에서도 그녀의 말을 따른다. 그가 몸에 물을 적시자마자 몸이 금빛으로 변한다. 그때서야 그녀는 "나는 관음보살인데 대사를 도와서 대보리를 이루도록하기 위함이었다."[7]고 자초지종을 밝힌다.

한편 朴朴은 여인 때문에 不得이 파계의 지경에 처했을지도 모른다는 생각으로 왔다가 이미 彌勒尊像으로 변해있는 부득을 발견하고는 옛날의 교분을 상기시키며 동행해주길 간절히 청하고 나선다. 이에 不得이 통속의 금액에 몸을 적시도록 하니 朴朴 역시 황금빛의 無量壽殿佛로

---

5) 상게서, 권제3, "湛然與太虛同體 何有往來 但聞賢士志願深重 德行高堅 將欲助成菩提"

6) 상게서, 권제5, 南白月二大聖 努肹不得 怛怛朴朴. "此地非婦肥女相汚 然隨順衆生亦菩薩行之一也 況窮谷夜暗 其可忽視歟"

7) 상게서, 권제5, 南白月二大聖 努肹不得 怛怛朴朴. "我是觀音菩薩 來助大師 成大菩提矣"

변하게 된다.

1차 출가전후에서도 不得과 朴朴은 나름의 기질과 성격이 드러나지만 여인의 출현을 계기로 두 사람의 언행이 얼마나 차이나는 지가 밝혀진다. 하지만 그런 대조되는 형상은 성불한다는 것은 무엇인가. 인간이 만든 戒律을 지고한 경계의 전부로 여기고 오로지 戒를 위해 매진한다는 것은 과연 의미 있는 일인가. 도리어 戒란 최소한의 경계에 불과한 것일 뿐 그 자체가 수행자의 전부가 되어서는 곤란하지 않는가 등등의 물음을 은연중에 제기되며 끝내는 보다 이상적인 자취라고 생각되는 바대로 상대주의적 시점을 늦추지 않은 채 여러 시각으로 성불의 진정한 의미와 바른 길을 안내한다. 그것은 단순히 不得이나 朴朴간의 先後시비를 넘는 방식임은 물론 개개의 성불과정으로 비쳐질 때보다 훨씬 선명한 인물적 형상으로 바뀔 수 있음을 염두에 둔 기술이다.

『三國遺事』 권5 廣德嚴莊 조는 위에 소개한 努肹不得 怛怛朴朴 조와 여러모로 유사하다. 세속에서 친구사이였던 이들은 "먼저 安養으로 돌아가는 이는 모름지기 서로 알리도록 하자."[8]고 출가와 동시에 단단히 다짐하고 나선다. 처자를 거느린 광덕은 芬皇의 西里에서 신을 삼아 영위했고 嚴莊은 남쪽 산에 암자를 짓고 머물렀는데 화전을 일구어 생활했다. 똑같이 수행을 시작했으나 먼저 성불에 이른 사람은 광덕이었다. 수행에 지성을 다한 보람이 있어 광덕이 "나는 서쪽으로 가니 그대는 잘 있다가 속히 나를 따라 오라."[9]는 말과 함께 음악과 밝은 빛이 쏟아지는 하늘로 비상해 간 것이다.

아무리 각별한 道伴이라해도 열반에 드는 일만은 동시에 실현되기 어려운데 깨달음에 있어 사람마다 근기가 다르기 때문이다. 廣德의 열반을 보고도 嚴莊은 홀로 남은 광덕의 미망인과 동거하는데 오히려 관심이 쏠려있었다. 미망인은 살아생전 廣德의 공덕과 수행의 정도를 들려주며 그의 경

8) 상게서, 권제5, 廣德嚴莊. "先歸安養者須告之"

9) 상게서, 권제5, 廣德嚴莊. "某已西往矣 惟君好住 速從我來"

거망동을 엄하게 책하고 나선다. 그제야 嚴莊은 스스로를 자책하면서 元曉의 가르침대로 錨觀法에 따라 독죄와 함께 수행에 진력하게 된다. 그 결과 그도 광덕의 뒤를 이어 서방정토에 이르는 대원을 이룰 수 있었다.

『三國遺事』는 역사이면서 동시에 설화 담론이므로 어느 한편의 시각에서 담론적 특성을 추출하려 해서는 곤란하다. 위의 兩聖 成道談도 역사인물의 행적과 함께 서사 미학적 요소가 강하게 이면에 깔려 있음을 놓쳐서는 안 된다고 생각한다. 이같은 특징은 『三國遺事』 중에서 兩聖談만 발췌, 훑어보면 더욱 실감할 수 있다. 모든 것을 자신의 문제로 귀속시키는 불교적 특성으로 보아 대상을 한 인물로 초점화하는 것이 더 어울릴 것 같으나 道伴을 통한 兩極的 조명도 그 나름의 의미를 지닌다. 인물 간 대비를 뚜렷하게 하면 할수록 각 존재는 두드러져 보일 것이며 이는 읽는 이에게 강한 인상을 남길 수 있다는 점에서 일연은 이성을 대조적으로 형상화했다고 보는 것이다.

觀機와 道成에 비하여 努肹不得과 怛怛朴朴, 廣德과 嚴莊의 雙은 '이기고 지기' 型을 연상시킬 만큼 道伴간의 치열한 수행과 그후의 성도여부가 핵심적 서사로 부각된다. 한 사람이 먼저 성도를 이루고 그럴수 밖에 없게 되는 특이한 사건상황이 앞서 예시되는데 물론 이상적인 불교적 인간의 모습을 가능한 한 여러 면에서 비추는데 그 목적이 있다. 이 과정은 교리의 올바른 실행과 성불에 대한 본질이 무엇인가를 우회적으로 주지시키는데 무게를 두고 있다.

또한 努肹不得과 怛怛朴朴 조는 두 인물간의 '겨루기' 방식처럼 한 사람이 다른 사람보다 뛰어나거나 혹은 뒤떨어진다는 우열검증에 머물지 않고 마무리 부분에서는 성불을 한데 이루는 것으로 형상화함으로써 이상적인 대단원으로 마무리하고 있다. 道伴간 대결로 볼 여지가 아주 없는 것은 아닐지라도 성불에의 동행은 불교적 이상의 서사적 구현에 속한다. 물론 이런 인물 설정과 수행과정들의 사례는 얼마든지 찾을 수 있고 각 편의 역사적, 서사문학적 검토 역시 다양하게 나타나고 있음도 다시금 확인하게 된다. 이런 검토는 결국 이후 논의할 元曉傳承에서의 도반의 서사적 의미를 캐는데 유용한 전제가 될 것이다.

3. 元曉傳承의 道伴과 서사적 형상

앞서 제시한 것처럼 一然은『三國遺事』에서 고승전의 전형에 파격을 가하면서 두 사람을 동시에 깨달음에 이르는 兩聖의 成道에 큰 관심을 기울였음이 드러난다. 그럼 원효와 의상의 경우는 어떠한가.『三國遺事』에서는 2군데에서 元曉와 義湘간의 入唐時 逸話를 거론하고는 있다. 그러나 이는 다른 문헌에서 이기한 것으로 권4 義湘傳敎조에서 인용하고 있는 것은 최치원이 찬한 義湘本傳 및 그 撰者가 확인되지 않고 있는 元曉行狀이다. 이 두 자료를 보면 元曉와 義湘이 의기투합해서 唐나라로 유학을 떠났음이 분명히 드러난다.

첫 번째 入唐時 두 사람은 요동까지 들어갔으나 그만 고구려 순라군에게 잡히고 간첩으로까지 몰려 수십일을 억류당하는 처지에 빠지고 만다. 이때 전후 사정을 좀 더 치밀하게 부언해주고 있는 것이『三國遺事』前後所將舍利조의 기록으로 "義湘은 永徽 初年(650)에 唐나라에 들어가 智儼和尙을 뵈었다."[10]고 적기하고 있다. 하지만 義湘의 입당 시기를 650년이라고 한 점은 다른 사료와 비교해보면 분명 착오임이 밝혀진다. 특히 같이 인용하고 있는 浮石尊師碑의 기록과는 큰 차이가 드러나는데 비문에서는 "龍朔 원년 辛酉(661)에 당에 들어가 지엄법사에게 배웠으며 咸亨2년(671)에 義湘도 신라에 돌아왔다."[11]고 되어있는 것이다.

義湘傳이나 本碑와는 무려 11년의 차이가 있다. 앞서 제시한 義湘本傳

10) 상게서, 권제3, 前後所將舍利. "按此錄義湘傳云 永徽初 入唐謁智儼"

11) 상게서, 권제3, 前後所將舍利. "至龍朔元年辛酉入唐 就學於智儼 總章元年 儼遷化 咸亨二年 湘來還新羅…"

(義湘傳教條)이나 義湘傳(前後所將舍利條)을 崔致遠이 찬술한 같은 傳으로 볼 경우 傳記的 신빙성은 義湘傳보다는 그 간행연대가 앞서는 浮石寺本碑이 더 높다고 해야 할 것이다. 『三國遺事』에서 元曉의 생애를 가장 포괄적으로 다루고 있는 곳은 물론 元曉不羈條라 할 만하다. 그러나 冒頭에서 唐傳과 元曉行狀의 것을 제외한 특이한 행적 한 둘을 鄕傳에서 취해 기록한다고 언명하고 있어 사료화할 경우, 선별의 안목이 필요해진다. 그런데 향전의 기록 중에서 좀 의외라 생각되는 것은 道伴인 의상과 입당한 일에 대해서 전혀 언급하지 않고 있다는 점이다. 역사사실에 대한 진위보다 독자의 호기심 충족에 유의하고 있는 鄕傳的 성격으로 미루어, 사실 이역에서의 힘겨운 체험인 유학의 일화를 탈락시키는 것은 이해하기 어렵다. 물론 이것이 아니더라도 『三國遺事』에는 元曉관련 기사가 10여 군데나 산견되고 있고 義湘傳教나 前後所將舍利 등에도 元曉, 義湘의 입당건이 거론된다. 하지만 그것은 결과담 위주로 처리되어있을 뿐 중국이나 일본 등의 해외전승에서 보는 구체적인 이야기가 아니다. 실제 元曉 義湘간의 관계가 이야기에서와 같이 각별한 道伴으로 인정될 정도가 아니었기 때문에 一然은 소략하게 처리했는지는 알 수 없으나 어찌 되었든 元曉 入唐에 대한 언급이 없이 義湘傳教나 前後所將舍利에서만 이 사건이 거론되고 있어 궁금증을 불러일으킨다. 대체적으로 설화를 통한 역사해석에 몰두한 것처럼 비치는 것도 사실이나 元曉와 義湘간의 전기적 접근에 관한 一然은 이야기적 요소가 풍부한 전후 삽화가 지닌 문제점을 직시하고 있다는 생각을 해보게 된다.

3.1. 중국내 傳承

元曉不羈에는 아예 義湘과의 교유나 입당시의 일화를 거론하지 않고 있으나 중국승전에서는 오히려 元曉와 義湘의 관계에 적지 않은 관심을 보이는 것으로 나타난다. 우선 唐新羅國黃龍寺沙門元曉傳에서는 입당에 대해서 이렇게 기록했다.

> "일찍이 그는 義湘법사와 함께 당나라에 들어가 삼장삼법 慈恩의 문에서 공부하고자 했다. 그 인연이 맞지 않아 결국 가지는 못하고 말았다."12)

한편 중국 쪽에서는 元曉나 義湘의 우애, 그리고 당 유학에 대한 두 고승의 의지를 아래와 같이 전하고 있다.

> "스님 義湘은 나이 약관에 당나라에 교종이 바야흐로 홍성함을 듣고 元曉법사와 뜻을 같이해서 서쪽으로 유학하고자 하였다. 본국의 해문 당주계로 가서 큰 배를 타고 바다를 건너서 갈 계획이었다."13)

西海路를 이용해 唐나라에 들어가기로 정한 다음 元曉와 義湘은 百濟의 국경을 넘어 唐州까지 나아가 큰 배를 빌려 탈 참이었으나 일은 뜻대로 되지 않았다. 도중에 元曉가 해골의 물을 마시는, 그 유명한 사건이 발생한 것이다. 그러나 이후로도 의상은 의기소침하지 않고 홀로 초지를 관철하기로 한다.

> "그때 중도에서 궂은비를 만나게 되었는데 마침 길가의 땅굴로 들어가게 되어서 비바람을 피할 수가 있었다. 이튿날 아침에 잠에서 일어나 살펴보니 그곳은 오래된 무덤 속으로 옆에는 해골이 있었다. 하늘은 여전히 개지 않고 비가 계속 내려 땅도 질척해서 걸음을 옮기기가 어려웠다. 그래서 그들은 거기에 그대로 머무르다가 하룻밤을 더 지내게 되었다. 밤이 깊어갈 때에 갑자기 귀신이 나타나 기이하였다. 元曉는 말하기를 '어제 여기서

12) 『宋高僧傳』, 唐新羅國黃龍寺沙門元曉傳. "嘗與湘法師入唐 慕奘三藏慈恩之門 厥緣既差息心遊往"

13) 상게서, 唐新羅國義湘傳. "…年臨弱冠聞唐土教宗鼎盛 與元法師同志西遊 行至本國海門唐州界 計求巨艦 將越滄波"

> 잤을 적에는 땅굴이라도 또한 편했는데 오늘밤은 귀신의 집에서 잠을 잤기 때문에 탈이 심해진 것이구나. 곧 마음이 일어나므로 갖가지 법이 일어나고 마음이 멸해지므로 무덤이 둘이 아님을 알겠도다. 삼계는 오직 마음이요, 만법은 오직 앎이다. 마음 밖에 아무것도 없는데 어찌 무엇을 따로 구하겠는가. 나는 당나라에 가지 않겠다.' 하고는 짐을 챙겨 되돌아왔으며 義湘이 홀로 당나라를 향해 갔다."[14]

여기서는 義湘만 혼자서 唐에 들어간 때를 總章 2년(669)으로 보고 있으나 『三國遺事』에서 유력한 사료로 채택하고 있는 浮石本碑는 그 때를 龍朔 元年 辛酉 곧 661년으로 기록하고 있다. 그렇다면 『宋高僧傳』의 이런 착오는 어디서 연유하는지를 궁리해볼 필요가 있겠다. 무엇보다 『宋高僧傳』은 역사적 사실로서 이 도반의 구구한 검증보다 義湘과 元曉의 사이에 빚어진 관계나 흥미적 일화에 더 기울어지고 있다는 인상을 지울 수 없다. 『宋高僧傳』에서 가장 핵심적 마디로 삼고 있는 부분은 1차, 2차에 걸쳐 이루어지는 입당의 사연임은 말할 것도 없다. 사실 그들이 처음 의기가 투합하여 입당유학을 결행한 것은 永徽 元年 庚戌(650)로 이때 元曉는 義湘과 함께 고구려 요동지역까지 진출했으나 순라군에게 체포되어 구금까지 당하게 된다. 이렇게 해서 다시 본국으로 돌아온 이들은 661년 제2차 시도를 한 것으로 보이고 결국 義湘만이 당으로 들어가게 되는 것이다. 두 번의 입당 길에 원효와 의상이 동행했다는 사실은 이들의 사이가 얼마만큼 각별했던가를 익히 보여준다. 특히 단순한 인정기술에 머물지 않고 『宋高僧傳』에서는 원효의 입당포기를 촉발시키는 古墳속 사건에 대해 제3자의 시각을 통해, 위에서 보는 것처럼 꼼꼼히 묘사하고 있는 것이다. 그에 비할

14) 상게서, 唐新羅國黃龍寺沙門元曉傳. "條於中塗遭其苦雨 遂依道旁土龕間隱身 雘霂避飄濕焉 迨乎明旦相視 乃古墳骸骨旁也 天猶所以地且泥塗 尺寸難前逗留不進 又寄埏甓之中 夜之未央俄有鬼物爲怪 曉公歎曰 前之寓宿謂土龕而且安 此夜留宵託鬼鄕而多祟 則知心生故種種法生 心滅故龕墳不二 又三界唯心萬法唯識 心外無法胡用別求 我不入唐 却携囊返國 湘乃隻影孤征 誓死無退"

때 『三國遺事』는 상대적으로 두 사람의 기술에 인색한 것으로 나타나고 있다. 또 하나 의아스러운 점은 元曉傳에 올라있어야 할 사안이 義湘傳에서 도리어 선명하게 기록되고 있다는 사실로 입당포기를 유별나게 강조한 듯하며 이야기의 주체도 마치 원효에게 향해 있는 듯이 그리고 있어 더욱 주목된다.

그렇더라도 요동 벌에서 일어난 이틀밤 동안의 기이한 체험은 元曉, 義湘 중 그 주체가 누구냐 하는 문제와는 별도로 불교적 견성이란 무엇인지를 일깨우는데 썩 유효하다. 불교가 지향하는 이상적 가르침이란 특별한 무엇으로 단정 지을 수 없을 뿐더러 더군다나 가르쳐 줄 수 있는 성질의 것이 아님을 역설적으로 일러주는 것이기도 하다.

그런데 체험의 주체가 원효였다는 점은 주목할 만하다. 원효에게 불학에 대한 生知的 바탕이 있었다고는 하나 여전히 教宗에 목말라 하던 터에 떠난 유학길이었기에 대중 간에 전승력을 잃지 않는 이야기로 남을 수 있었다고 본다. 우리는 원효가 도달한 頓悟의 순간을 대체로 유추만 할 뿐이지 그 찰나적 돈오는 헤아리기 어렵고 다만 "삼계는 오직 마음이요, 만법은 오직 앎이다. 마음밖에 아무것도 없는데 어찌 무엇을 따로 구하겠는가." 라는 자탄을 통해서 겨우 유추할 뿐이다. 그런데 도반의 깨우침을 곁에서 지켜보고도 동요없이 초지대로 장안을 향해 길을 재촉하는 義湘의 모습은 묘한 대조적 형상으로 남는다.

土龕체험은 원효 개인의 앞길을 가름지어주는 데서 나아가 元曉와 義湘의 인물적 형상을 단적으로 대비시키는 데 없이 적절한 대목으로 지목되거니와 『宋高僧傳』 이래 중국 전승담에서 반복되는 것이다. 예로서 『林間錄』에서의 수용양상을 보자.

> "당대의 元曉스님은 해동 사람이다. 처음 바다를 건너 중국에 나와서 명산의 도인을 찾아 황량한 산길을 홀로 걷다가 밤이 깊어 무덤 사이에서 자게 되었다. 이때 몹시 목이 말라 굴속에서 손으로 물을 떠 마셨는데 매

우 달고 시원하였다. 그러나 새벽녘에 일어나 보니 그것은 다름 아닌 해골 속에 고인 물이었다. 몹시 매스꺼워 토해 버리려고 하다가 문득 크게 깨닫고 탄식하여 말하였다.

'마음이 나면 온갖 법이 생기고 마음이 사라지면 해골이 여래와 둘이 아니다. 부처님께서 삼계가 오직 마음이라 하셨는데 어찌 나를 속이는 말이겠는가.'

그리하여 스님은 바로 해동으로 돌아가 화엄경소를 써서 원돈교를 크게 밝혔다. 내가 전기중 이 부분을 읽다가 옛날 樂廣의 술잔에 뱀그림자가 비쳤던 이야기를 더듬어 생각하고 게를 지었다."[15]

『林間錄』은 北宋 慧洪覺範(1071~1128) 스님이 찬술한 것으로 宗旨와 修行에 관한 逸話를 모아놓고 있다. 본격적인 승전이라고는 하기 어려우나 상징적이고 극적인 삽화를 집중적으로 채록해놓고 있어 경우에 따라서는 傳記의 몫까지 겸할 수 있다. 이에 수록된 元曉의 일화는 988년 贊寧이 엮은 『宋高僧傳』의 기사를 바탕으로 했음이 분명해 보인다. 한데 『宋高僧傳』 부분과 『林間錄』의 기사를 비교해 보면 정확한 移記는 아니고 어느 정도의 서사적 가미가 눈에 띈다. 『宋高僧傳』은 입당길에 오른 元曉가 중국 땅 어디선가에서 악천우를 만나 허겁지겁 굴속으로 피신했는데 알고 보니 그곳이 고분 속이었다는 것이다. 특기할 일은 元曉 홀로 겪은 일로 되어있다는 것이다. 이를 놓고 본다면 『林間錄』의 기사는 義湘傳에 실려 있는 附見人으로 元曉를 따로 떼어내 이를 불법 종지구현의 적절한 예로 삼으려 했음을 알 수 있다.

이같은 전개는 『林間錄』의 기사를 보다 축약해놓고 있는 『指月錄』에서

15) 『林間錄』 卷上. "唐僧元曉者 海東人 初航海而至 將訪道名山 獨行荒陂 夜宿塚間 渴甚引手掬水 宇穴中得泉甘凉 黎明視之髑髏也 大惡之盡欲嘔去 忽猛省嘆曰 心生則種種法生 心滅則髑髏不二 如來大師曰 三界唯心 豈欺我哉 遂不復求師 即日還海東 疏華嚴經 大弘圓頓之敎 予讀其傳至此追念 晉樂廣酒盃蛇影之事 作偈曰 夜塚髑髏元是水 客盃弓影竟非蛇 箇中無地容生滅 笑把遺編篆縷斜"

도 마찬가지이다. 『宋高僧傳』, 『林間錄』, 『指月錄』 등이 다 같이 중국에서 찬술된 것들이라는 점에서 우리는 현실과의 괴리감이 적지 않다는 사실을 아울러 감안하지 않을 수 없다. 義湘傳敎 조나 『宋高僧傳』 唐新羅國義湘傳 중에 附見人인 원효의 행적이 자세히 언급되고 있음도 흥미롭다 하겠는데 元曉의 불기함을 설파하기 위해 아예 入唐行을 元曉 개인의 결단이라 말하는 자료까지 나타나고 있음을 유의해 볼 일이다. 승전은 비교적 자연적 시간에 의거하여 일생의 마디를 고르게 분포시키는 것이 일반적이다. 하지만 개인의 역사가 아닌 서사로 초점이 맞춰지면서 서사적 시간, 다시 말해 삶의 대표성을 드러낼 수 있는 시간대를 선호하는 쪽으로 선회해 가는 것을 피하기가 어렵게 되었다. 그 점에서 『宋高僧傳』이나 『指月錄』의 入唐 포기 話素는 후자의 측면을 잘 보여주는 자료라는 생각이 든다.

아무튼 사소한 변개를 제외하고 두 사람의 입당포기에 애초부터 큰 관심을 보였던 중국의 기록들은 한 사건만을 초점화하는 경향이 나타난다. 그러나 왜소한 인간이 마침내 불교적 인간으로서 장한 변화를 이루어내는 모습을 전기를 통해 구현한다는 측면을 감안할 필요도 있다. 그점에서 元曉의 입당 포기설화는 외면해 버리기 아까운 화소로 떠오를 수밖에 없는 것이다. 우리는 입당포기의 그 극적 사건 끝에 달아놓은 원효의 평, 곧 "居于彼土 以解行云高明 居民無不禮 重深洞佛乘 廣撰文疏"[16]라는 말을 통해 어느 전기에서도 드러내지 못한 원효의 남다른 근기와 불성을 재확인하는 것이다.

3.2. 국내 傳承

義湘의 중국체류 기간이 10여 년이나 되는 만큼 이국에서의 체험을 근간으로 하여 善妙說話와 같이 흥미진진한 일화의 출현마저 가능할 수가

16) 『釋氏蒙求』 卷上.

있게 되었다. 대신 입당을 포기하고 돌아선 元曉는 義湘이 유학생활에 전념하는 동안 갖가지 기행과 파격으로 늘 설화의 한복판에 서있는 인물로 남게되었다. 그런데 그에 따라붙는 설화 가운데는 의상이외 또 다른 道伴으로 부를 수 있는 여러 사람이 적잖이 목도되고 있다. 본래 元曉은 태어날 때부터 스스로 홀로 깨달음을 지닌 인물이기도 했으나 특별히 형식을 내세우거나 스승을 정해 문하에 들어가는 것을 선호한 것 같지는 않다.[17] 하지만 『宋高僧傳』에는 "어린 시절에 혜연하게 출가하여 스승을 따라 배움을 받고 일정한 곳에 오래 머무르지 않았다."[18] 하여 한 스승에게 온전히 자신을 맡기지는 않았어도 그가 스승 없이 홀로 수행한 것으로는 보지 않고 있다.

『三國遺事』에서 그의 스승으로 볼만한 인물로는 朗智, 惠空 등이 있으며 고구려 승 普德도 포함될 수 있겠는데 다만 보덕은 역사적 사실에 미루어 직접 그 문하에 들어가 공부했다고는 하기 힘들다.[19] 사실 스승의 측면도 있으나 惠宿, 蛇福, 惠空 등은 元曉에게 있어서 義湘과 같이 도반의 성격도 강하다. 특히 惠空은 원효가 磻高寺에 있을 때 찾아간 인물로 그는 元曉에게 初章觀文과 安身事心論을 지으라고 권한 적도 있다.[20] 아무래도 원효에게 가장 스승다운 이는 朗智일 터인데 一然은 智通과 元曉 같은 대덕이 朗智를 섬긴 것을 들어 원효의 뚜렷한 스승으로 기술하고 있다. 하지만 元曉가 스스로 沙彌로 낮추고 朗智를 上德으로 칭했다하더라도 元曉가 일생을 좌우할 정도로 깊은 감화를 받은 것으로 여길 수는 없다. 元曉 관련 설화도 대부분은 소위 '이기고 지기'식의 대결을 전제로 하여 한 사람의 능력을 크게 띄우고 상대되는 사람은 왜소하게 처리하는 식의 전개는

17) 「誓幢和上碑」, 『朝鮮金石總覽』 上, 41면. "大師德惟宿植道實 生知因心自悟 學□從師"

18) 『宋高僧傳』, 唐新羅國黃龍寺元曉傳. "丱髮之年惠然入法 隨師稟業遊處無恒"

19) 김영태, 「전기와 설화를 통한 원효연구」, 『불교학보』 17집, 47~48면.

20) 상게서, 권제5, 朗智乘雲 普賢樹.

발견되지 않고 있다.

그에 비해 원효에게는 그와 비슷한 유형의 인물이 자주 등장하여 겉으로는 우스개에 불과하나 깊이 새기면 심오한 사고를 유추하게 하는 이야기가 적지 않다. 우선 혜공과의 관련담은 적절한 보기가 될 만이다. 혜공은 남의 종살이를 하던 憂助라는 사미였는데 주인의 종기를 낳게 해주는 등 일찍부터 대단한 신통력을 지니고 있었다. 그런 그가 출가하여 혜공으로 이름을 바꾸고 삼태기를 끼고 거리를 돌아다니는가 하면 노래하고 춤추어 사람들이 부궤화상이라 별칭을 붙였다한다. 흡사 요석공주와의 관계로 파계한 후 민중 사이에 섞여 불기하게 사방을 떠돌던 원효의 모습을 보는 것 같다. 특히 元曉는 佛經과 疏를 찬하다가 의문이 생기곤 하면 혜공스님을 찾아가 물었다고도 했으니 불법에 대한 깊이도 만만찮은 인물이었을 것이다.

하지만 惠空을 스승으로 보기에는 여러 면에서 어색하다. 무엇보다 그는 元曉가 의문을 풀 상대이면서도 한편으로는 짓궂은 행동을 스스럼 없이 드러내도 좋을 만큼 막역한 사이였기 때문이다. 단적인 예가 吾魚寺라는 연기풀이에 잘 나타나 있다. 어느 날 惠空과 元曉가 시내를 따라 가면서 물고기와 새우를 잡아먹다가 돌 위에 放便한다. 惠空이 변을 보고 있는 元曉에게 "그대가 눈똥은 내가 잡은 물고기일 게요"라고 희롱했다. 이런 일이 있어 근처의 절 이름을 吾魚寺라 했는데 어떤 사람은 惠空의 말이 아니라 元曉가 惠空에게 한 말이라 변증하기도 한다.[21] 여하튼 사제지간으로 보기는 아무래도 어색하다.

惠宿과 惠空을 一然은 二惠同塵이란 제목으로 포괄하여 민중승으로서의 이들에게 대단한 관심을 보여주고 있거니와 元曉가 그들과 방불한 점은 권위주의적 태도를 과감하게 벗고 스스로 하부중생에게 내려가 그들 편에 서서 심오한 교리를 알아듣기 쉽게 풀어 주었다는 점이다. 吾魚寺 名稱緣起는 元曉와 惠空이 道伴으로서 지극히 익살스러운 장면을 포착한 예가

21) 상게서, 권제4, 二惠同塵.

되나 고덕들이 물고기를 잡아먹는다는 것이 애초부터 있을 수 없는 일이라고 한다면 결국 먹은 물고기를 산 물고기로 자유자재하게 변화시켜 放便할 수 있는, 두 스님의 높은 경지를 상징하는 우언적 이야기로 수용하는 것이 옳을 듯 싶다. 겉으로는 익살과 해학에 불과한 것이라도 두 고승의 笑話는 범인들이 접근하기 어려운 지고한 경지에서 노닐고 있음을 암시해주고 있다. 요약컨대 이 笑話는 누가 위에 있으며 누가 아래에 있는지 들의 세속적 다툼을 벗어나 두 불기하고도 자유자재한 고승의 활오한 경지를 요령있게 주지시키고 있는 것이다.

세속에 묻혀있기를 주저하지 않은 탓도 있겠으나 元曉의 전승담에는 한결같이 미천하기 이를 데 없는 인물들이 원효를 에워싸고 있다. 단 한 번의 조우로 그치지만 元曉와 관계가 가볍지 않았던 것으로 보이는 蛇福도 그런 사람 중의 하나이다. 어느 과부가 아비 없이 태기가 생겨 태어난 것이 사복이었다 하니 가문 등을 거론키 힘들만큼 불우한 태생이었다. 그 이름조차도, 12세가 되도록 말도 할 줄 몰랐으며 일어나 앉지도 못하는 불구였기 때문에 붙여진 것이었다. 이렇게 보면 고승인 元曉와는 애초 인연이 닿을 것 같지 않은데 蛇福이 어미의 장례를 도와달라고 고선사에 머물던 元曉를 찾았다고 했다. 원효가 사복어미의 시체 앞에서 "세상에 나지 말것이니 그 죽은 것이 괴로우니라." 하자 蛇福이 말이 너무 번거롭다고 핀잔하자 元曉는 서둘러 "죽는 것도 사는 것도 모두 괴로우니라."고 고쳤다.[22] 불구자에 불과할 뿐인 사복이, 거기다 세상과 등져 살았던 그가 元曉에 못잖게 천리를 꿰뚫고 있었음을 상징적으로 보여준다.

원효는 사복이 어미를 업고 지하로 들어가는데 것을 지켜보다가 사복이 띠풀의 줄기를 뽑자 땅 밑으로 명랑하고 청허한 세계가 갑자기 열리고 칠보로 난간을 장식한 누각이 보이자 놀라지 않을 수 없게 된다. 그야말로 인간 세계와는 다른 蓮華藏이었다. 어쨌든 蛇福의 어미의 葬事를 계기로

22) 상게서, 권제4, 蛇福不言, "令曉布薩授戒 臨尸祝曰 莫生兮其死也苦 莫死兮其生也苦 福曰詞煩 更之曰 死生苦兮"

해서 사복과 원효의 도반적 관계가 드러나고 묻혔던 사복의 비상함도 내외에 널리 알려지게 된다. 단편에 불과한 이야기이지만 生으로부터 死를 마치 이웃집으로 가듯 쉽게 옮겨가는 蛇福의 천연스럽고 기이한 면모가 元曉의 像과 겹쳐져 깊이 각인된다.

生而知之한 면모와 영이함에서 타의 추종을 불허하는 元曉에게 인간적 친근감을 드러내줄 수 있는 도반적 인물이 적지 않았음이 새삼 확인된다. 惠空, 惠宿, 蛇福 같은 인물과 허물없이 어울리는 원효의 자취에서 우리는 촌철살인한 기지, 파행적 행동과 그로부터의 해학과 익살을 넘어 혼자가 아니라 더불어 깨달음의 세계에 이르고자 하는 그의 넓은 마음 씀씀이까지도 더불어 읽을 수 있다.

4. 元曉와 義湘

元曉나 義湘의 도반적 관계는 역사의 사실로서의 그것과 설화적 사실로서의 그것으로 兩立한다고 생각한다. 먼저 서사적으로 흥미있게 전개되는 쪽은 우리의 傳承談이 아니라 중국 쪽의 전승담임이라는 사실이 흥미롭다. 하지만 『三國遺事』이래 우리의 설화 속에서도 원효 이야기를 찾아보면 義湘이 자연히 따라오고, 義湘의 이야기를 꺼내면 元曉의 자취가 자연히 따라오는 등의 예는 무척이나 많다. 그런데 입당포기의 사건 이외 두 고승의 친연성을 드러내는 이야기는 생각같이 흔한 편은 아니고 기록 자료로는 『三國遺事』 落山寺二大聖 觀音 正趣 調信 條가 거의 유일해 보인다. 앞서 말해 이 조는 원효와 義湘을 道伴으로 규정하는 것에서 나아가 이른바 '겨루기' 화소가 특징적으로 개입되고 있으며 그 때문에 서사적 구조가 관심을 끌게 된다.

여기서 이야기의 주체는 義湘로 잡혀 있다. 대신에 元曉는 그에 비해서 법력이나 깨달음의 깊이가 뒤떨어지는 것으로 대비되고 있다. 그러나 元曉

전승이나 義湘전승이 『三國遺事』의 것과 같이 처음부터 일정하게 짜여있었다고 보는 것은 옳지 않다. 그것은 여러 굽이의 전승이 반복되다가 점차 서사성이 숙성하여 배태된 이야기로 여겨진다. 이 추론은 『三國遺事』의 기록보다 앞서는 또다른 설화적 증거를 통해 뒷받침 될 수 있겠는데 우선 林椿의 『西河集』 소재 東行記가 그것이다. 거기다 그보다 약간 늦은 시기에 활동한, 그러나 一然보다는 선배격이 되는 益莊의 記文을 보탤 수 있다. 이는 『新增東國輿地勝覽』 양양 조에 삽입되어 있다. 이 두 기록은 큰 줄기에 있어서는 一然의 기록과 흡사한 것처럼 보이나 찬찬히 비교해보면 내용면에서 적지 않은 차이가 있음을 알 수 있다. 무엇보다 元曉와 義湘의 관계에 큰 비중을 두지 않고 있다는 점이다. 흔히 설화적 속성의 한 징표로 인물간의 대결구도를 지목하거니와 두 고승 간에 법력이나 깨달음을 겨루는 식의 이야기는 이들 기록에 올라있지 않다. 특히 익장의 기록 중에는 元曉에 대한 언급이 자체가 드러나지 않고 있다. 그럼 우선 林椿의 기록을 보기로 한다.

> "나는 옛날 신라의 元曉와 義湘 두 법사께서 선굴 속에서 관음보살을 가까이 뵈었다는 것을 생각하고 나의 기골이 범속하여 만나 뵙지 못하고 물러남을 스스로 탄식하였다. 남겨진 일들을 들으려 하였지만 다만 그 산이 길게 뻗어있고 물이 흐르는 것만을 보았을 뿐 수 백 년 사이에 옛집과 남겨진 풍속은 다 없어져 버린 것이다."[23]

1180년 대 어느 즈음 林椿은 原州 · 溟州일대를 유람하게 되었고 마침내 洛山에 이르러 절 안팎을 두루 구경하게 된다. 경내에 있던 元曉와 인연이 있는 盤松과 그전부터 익히 들었던 海岸窟을 찾아본 것이다. 그곳은 元曉와 義湘법사의 성스런 자취가 깃든 곳이어서 일찍부터 관심을 두었고 현지

23) 林椿, 「東行記」, 『西河集』 卷第5. "余感昔新羅元曉義相二法師 親謁觀音於仙窟中 自歎其骨凡氣俗未遇而返 欲問遺事 則徒見其山長水流 而數百年間故家遺俗盡矣"

에서 생생한 전승담을 들을 생각으로 기대가 컸으나 정작 그곳에 가서는 삭막하기 이를 데 없는 절과 황폐하게 변한 사하촌을 보았을 뿐이다. 하지만 그는 오기 전부터 그곳이 元曉와 義湘이 관음보살을 친견한 장소라는 점만은 분명히 인지하고 있었다. 그가 두 법사처럼 해안 굴에서 관음보살을 친견할 수 있지 않을까하는 기대를 가졌던 것은 당연한 일이었다. 시간이 지나면서 그는 기골이 범속한 인간에 불과한 자신이 두 법사의 체험을 떠올려 본 것이 얼마나 터무니없는 짓이었던가를 성찰하게 된다. 임춘은 여기서 관음보살을 친견한 두 법사의 그 위의를 다시금 반추하는 동시에 속인으로서의 자신의 모습을 되돌아보게 되는 것이다.

益莊은 康宗 때 曹溪大禪師에 올라있던 스님으로 왕이 그에게 불법의 자문을 구했다고 했으니 명망 높았던 스님임을 알 수가 있다.[24] 그 記文에는 義湘법사가 불성을 친견하려고 14일간이나 해안 동굴 바위 위에서 건좌배예를 했으나 끝내 친견에 실패하고는 해중에 투신했다고 한다. 한데 이를 지켜보던 동해용왕이 뜻을 갸륵하게 여겨 구출해준다. 동시에 大聖이 그 얼굴을 드러내지 않은 채 "내 몸은 직접 볼 수 없다. 다만 돌위에 두 대나무가 솟아나면 그곳에다 불전을 짓고 불설을 안배하라." 하였다. 의상법사는 물론 시키는 대로 했고 이것이 낙산사가 세워진 연기이다. 한데 주목되는 바는, 益莊의 경우, 元曉에 대해서는 전혀 언급하지 않고 있다는 점이다. 一然의 『三國遺事』에는 낙산사의 기록으로서는 임춘이나 익장의 것보다 후대의 것이 분명하다. 하지만 어느 낙산사연기보다 구체성을 지니고 있고 道伴으로 義湘과 元曉法師에 대해 아주 세부적인 형상까지 남기고 있다. 洛山二大聖 조에서 義湘法師에 초점을 맞추고 있음은 물론 그의 앞에 전개되는 사건도 아주 순탄하게 이어져 갈등이나 좌절은 거론되지 않

24) 『楡岾寺本末寺誌』에 보면 "…고려 毅宗22년(1168)에 비구 資順 惠雙이 西都 양처사에게 부탁하여 조정에 아뢰고 연못을 메워 堂宇 500여 칸을 重建, 康宗 2년(1213)에 왕이 司宰寺丞 邵敬興을 보내 曹溪大禪師 益莊和尙에게 法을 묻고…"라는 대목이 보인다.

고 있다. 재개 후 7일만에 그는 龍天八部의 시종 안내를 받고 수정염주 한 꾸러미를 받는가 하면 東海 龍王한테서 여의주도 받는다. 그보다 더 영광스러운 것은 그로부터 다시 7일을 재개한 후 觀音菩薩을 친견했다는 것이다.

전대 전승과의 차이는 다만 이것으로 그치지 않는다. 앞서 義湘에게 현응한 일들이 元曉에 있어서는 어떻게 나타날 것인가를 부언해 놓은 것도 지적할 수 있겠다. 林椿은 元曉도 관음보살을 친견한 것으로 단정했으나 一然은 義湘이 떠난 후 元曉도 곧바로 낙산을 찾았다고 했다. 원효는 聖窟을 향해 가던 중에 소복한 여인으로부터 아주 민망스런 농짓거리를 당하는가 하면 그래도 상대를 분별하지 못하다가 觀音松에 앉았던 파랑새의 가르침으로 빨래하던 여인이 바로 애타게 찾던 관음보살임을 겨우 깨닫는다. 그래도 관음친견의 기대감을 버릴 수 없어 성굴을 찾아보지만 풍랑이 크게 일어 동굴 안으로 들어갈 엄두를 내지 못하고 돌아서고 만다. 찬찬히 읽어보면 이 이야기는 義湘과 元曉를 내세운 '법력 겨루기'를 핵심구조로 삼고 있는 민담적 성격의 서사임이 드러난다.

이를 益莊의 기록과 대조해 보는 것도 흥미로운데 익장은 원효에 대한 언급자체를 회피하고 있으며 14일간 지성으로 발원하고 했으나 의상이 관음친견에 실패하여 바다에 투신을 한 것으로 그리고 있다. 그가 여의주를 얻고 관음을 친견하고 낙산사 터를 점지받은 것은 전적으로 그를 갸륵하게 본 好佛的 영물들의 도움에 의한 것이었던 셈이다. 그에 비해『三國遺事』의 기록은 익장의 것과 정반대일 뿐만 아니라 사건 상황이 퍽 치밀하게 부조되고 있다고 하겠다.

필자는 앞서 元曉의 역사적 사실의 재구를 목적하지 않는다고 전제했다. 원효 생에 대한 꼼꼼한 재구보다 전승간에 나타나는 서사적 층위의 격차, 간단한 기록인 林椿의 것에서 부터 洛山二大聖 조에 이르기까지 상호 나타나는 변이의 진폭이 어디에서 연유하는 가를 밝히는 것이 논의의 지향점이었다. 一然이 기술한 부분은 역사적 사실로서보다 서사적 구조화의 과정으로 돌리고, 후대의 것일수록 그 역사의 일탈이 심하고 대신 서사적 세련미를 갖추고 있다는 생각이다. 사실 역사인물이 설화영역으로 편입될 때는 어쩔 수 없이 개별적 사실이 훼손되면서 적층적 담론으로 이행하는 예가 적지 않은 것이다.

元曉의 경우에도 이것은 그대로 적용되어 이미 입당포기도 사실 여부를 떠나 두 고승간의 미묘한 불기적 자질의 검증이랄까, 누가 더 이상적인 불교적 자질을 지니고 있는가를 은근하게 비교하며 검증해나가는 사건으로 볼 수도 있다. 낙산사 연기설화중의 義湘, 元曉의 동반적 출현은 그보다 훨씬 구체적으로 나열되고 대결의 양상이 보다 심화된 경우라 해야 할 것이다.

利他行을 앞세우고 그의 현실적 구현을 추구하는 인물을 조명하는 僧傳의 입전의식에 따른다면 입전대상 이외 附見人으로서 또 다른 인물을 병립시켜 경쟁이나 대결의 양상으로 몰고 가는 것은 지극히 불순한 전개가 아닐 수 없다. 그러나 洛山二大聖 조의 서사적 전개는 努肹不得이나 怛怛朴朴, 觀機와 道成, 廣德과 嚴莊에서 보는 것처럼 온전하고도 화해롭게 끝맺지 못하고 두 사람간의 대결양상에서 義湘은 성취자로, 元曉는 탈락자로 선을 그어 놓았다고 해도 무리가 아니다. 전승은 앞의 이야기를 근간까지 뒤흔드는 전개가 아니라 지엽적인 부분을 주로 끊임없이 변화시키는 것으로 이해한다면, 洛山二大聖 조의 경우는 보다 변이가 심한 예이고, 극단적 생각일지 모르나 義湘의 문도들의 의도가 반영된 변이담으로 여길 수도 있다고 본다.

낙산이대성조의 경우는 전승의 대단원에서 보다 심한 정도로 변이가 일어난 경우라고 할 수 있다. 그러나 정도의 차이는 있을지언정 후대에도 고승이 짝을 이루어 등장하는 사례는 그대로 이어진다. 즉 吾魚寺 명칭연기의 빌미가 되는 元曉와 惠空이나 조선시기 고승들인 西山大師와 四溟堂도 이른바 道法 겨루기의 주동인물들로 등장하는 것을 확인하게 된다. 그럼에도 낙산이대성조는 원효 의상 전기적 기록 가운데에서 색다른 것으로 분리해 놓고 보아야 마땅하다. 왜냐하면 삼국시기 전승 가운데 그것 이외 元曉

와 義湘을 다툼이나 겨루기 방식으로 형상화하는 경우는 찾아보기 어렵기 때문이다. 大覺國師가 孤大山 경복사 飛來方丈의 普德聖師 진영에 참배하는 가운데 "元曉 義湘 두 성인이 이 책을 펴고 배울 때(兩聖橫經日)"[25] 라고 한 것이나, 역시 그가 건립한 盤龍寺 延福寺에 이르러 지은 普德聖師의 飛來方丈의 시를 보면 "元曉 義湘 일찍이 성사님께 도를 물었지요(浮石芬皇僧聞道)."[26]라고 했는데 고려시대에 들어오면서 오히려 이들을 道伴으로 묶어 이해하는 경향이 강해졌음을 시사한다.

시대를 더욱 내려와 사찰연기를 목적으로 한 기록들을 살피면 元曉와 義湘의 관계를 숫제 형제지간으로 못 박는 경우까지 생긴다. 두 가지 예를 들어본다.

> "신라 때에 불법을 깊이있게 연구하던 元曉가 있었는데 그는 아우 義湘 閏筆과 함께 초가집을 지었으며 거기서 오묘한 논지를 올바르게 지적하고 밝혔다(新羅時 有元曉善學佛 與其弟 義湘閏筆結茅 於是修明奧旨)."[27]

> "마침내 두 아들을 낳았는데 형은 元曉이고 아우는 義湘으로 모두 어릴 때부터 빼어났으며 태어날 때부터 깨달음이 있었고 六籍에 능통하였다."[28]

앞의 대목은 道伴으로서 元曉보다 연배가 낮은 義湘과 閏筆을 각각 弟라고 지칭하고 있다. 閏筆은 그 행적이 드러나지 않는 인물이기는 하나 학승적 자취가 강했던 스님으로 보인다. 元曉는 이들과 한 무리를 이루어 불학에 전념한 것으로 보이는데 그들이 거처하는 공간은 참으로 보잘 것 없었음을 미루어 짐작할 수 있고 이들이 자연스레 三幕寺의 창건주가 된 내

25) 義天, 『大覺國師文集』 제17권.

26) 義天, 상게서, 제17권.

27) 「三聖山三幕寺事蹟」, 『奉恩本末寺誌』, 『佛敎寺刹全書』 下, 598면.

28) 「孔雀山水墮寺事蹟」, 『乾鳳寺本末寺事蹟』, 상게서, 189면.

력도 짚을 수 있다. 이 대목만 보면 분명 이들은 피를 같이 나눈 형제지간이다. 그러나 세속에서의 姓氏가 엄연히 다르고 믿을 만한 기록들에서는 형제유무에 대한 언급이 없는 것으로 보아 문면 그대로 수용하는 것은 무리이다. 오히려 여기서의 兄弟란 모태를 나눈 혈연의 형제가 아니라 신라가 불교계의 우뚝한 두 성사를 배출했다는 의미에서 정신적 同氣로 이해하는 것이 역사나 서사의 맥락에 어울린다.[29)]

그러나 한 시대에 활동하고 같이 입당유학을 결행한 역사적 사실을 넘어 후대로 내려올수록 두 승의 관계는 매우 다채롭게 설정되고 있음을 목도할 수 있다. 일일이 단편적 기록들을 예거하지 않았을 따름이지 이들을 道伴, 兩聖에서 나아가 형제로까지 비화시키는 사례는 퍽이나 많을 것으로 짐작한다. 역사적 사실과 괴리되는 견강부회적 성격이 없지 않을 것이지만 이것은 불교가 화려하게 발흥한 신라시기를 가장 화려하게 꽃피운 이 두 고승을 거듭 기리고 계승하고자하는 전승주체의 욕구가 반영된 것임을 짐작하기 어렵지 않다.

참고문헌

「誓幢和上碑」, 『朝鮮金石總覽』 上.

閔漬, 『金剛山楡岾寺本末事蹟』

義天, 『大覺國師文集』 제17권.

林椿, 『西河集』 권제5, 東行記.

『孔雀山水墮寺事蹟』(乾鳳寺本末寺事蹟)

『三國遺事』 卷5, 朗智乘雲 普賢樹. 卷5 包山二聖. 卷5 南白月二聖 努肹不得 怛怛朴朴.

『三聖山三幕寺事蹟』(奉恩本末寺誌)

『釋氏蒙求』 卷上.

29) 김영태, 상게서, 46면.

『宋高僧傳』, 唐新羅國黃龍寺沙門元曉傳.

김영미, 「삼국유사소재 구도설화의 짝의 법칙」, 『개신어문연구』 24집, 2006.
김영태, 「전기와 설화를 통한 원효연구」, 『불교학보』 17집, 47~48면.
이한길, 「양양불교설화 속에 보이는 원효와 의상의 역학관계」, 『구비문학연구』 23집, 2006.
황인덕, 「전설로 본 원효와 의상」, 『어문연구』 24집, 1993.

출처 졸고, 「원효전승에서 도반의 서사적 의미」, 金月雲 편, 『대장경의 세계』, 동국역경원, 1999, 307~326면.

의상 설화의 의미와 성격

1. 머리말

고승 설화의 일반은 개인적 측면에서의 성불, 나아가 중생구원을 최종의 귀착점으로 삼아 전개된다고 하겠다. 말하자면, 주인공의 출가 이후 스승을 찾는 단계에서부터 성불하기까지의 과정보다는 그 이후의 일에 설화적인 것들이 많이 부연되는 것으로 보인다. 의상의 경우에도 크게 다르지 않아 중국 유학 이전보다는 이후의 시기에 설화가 집중적으로 부과되는 것이다.

신라에서 볼 때 당 유학승들의 체류공간인 중국은 불완전한 인간을 성숙한 쪽으로 변화시켜 불교에서 말하는 근기를 숙성시켜 완성된 인간으로의 자질을 품수케하는 이상적인 공간으로 그려지기까지 한다. 그러나 고승이 그 자질을 마음껏 발휘하고 성현을 제대로 현시하는 것은 역시 이 땅에서의 일이다. 의상의 경우 중국 유학에서 비롯하여 귀국 후 여러 곳을 주유하며 설화를 남기고 있으나 대체로 洛山寺·浮石寺·梵魚寺 등의 연기 설화들을 포괄하면 그의 설화적 자취가 거의 수습되는 셈이다.

필자는 그가 이르는 覺者의 길을 설화적 구성으로 수용하여 일종의 영웅화 과정으로 보고자하며, 그가 봉착하는 갖가지 갈등과 사건을 일종의 통과의례적 단계로 파악하고 주인공이 이를 어떻게 극복하는가를 우선 살펴볼 셈이다. 다른 한편으로는 그의 설화 속에 나타나는 사상적 측면으로서의 龍神사상과 불국토사상을 살펴보려 한다.

2. 불교적 영웅 만들기와 그 방식

2.1. 諸 고승과의 겨루기, 혹은 의상의 승리

출중한 제자가 많았던 의상은 사후 문도들에 의해 입전이 활발하게 이루어졌다. 『삼국유사』도 신라 말 崔致遠의 『浮石尊者傳』에 이르기까지 그를 흠모하고 숭앙하는 서사물이 연면히 찬술되어 왔다고 증언해주고 있다. 하지만 온전한 私傳은 전하는 것이 없고 보면 결국 一然이나 贊寧의 전기물을 통해 그 생을 재구해 볼 수밖에 없다.

일연의 기술에서는 중국 유학이 의상에게 한결 높은 경지로 인도하는 직접적 계기가 되었다는 식의 서술은 찾기 어렵다. 도리어 그의 不羈的 언행은 중국 유학을 통해서 이루어진 것이 아니라 그의 본바탕에 출중한 근기가 예비되어 있었다고 보는 것이 바른 추론이 될 듯싶다.

의상이 입당하기 전 종남산의 지엄은 "동방에 뿌리를 둔 큰 나무가 가지와 잎이 무성해져서 중국까지 덮었고, 봉황의 집(鳳巢)이 있어 올라가 보니 摩尼寶珠 한 개가 있었는데 그 빛이 먼 데까지 강렬"[1]한 꿈을 꾸었다.

---

1) 『三國遺事』 卷4, 義解5, 義湘傳教. "儼前夕夢一大樹生海東 枝葉溥布 來蔭神州 上有鳳巢 登視之 有一摩尼寶珠 光明屬遠 覺而驚異 灑掃而待 湘乃至"

이 꿈을 얻은 다음날 의상이 그를 찾아왔다 했으니 나무 위의 摩尼寶珠는 말할 것도 없이 의상을 상징하는 것이었다. 그는 부족함이 있어 찾아온 제자가 아니라 벌써 지엄의 존재마저 무색하게 만들어 버리는 완성된 인간으로서 형상화되고 있다. 이 몽담이 제시하는 다른 하나는 스승과 제자라는 현실에서의 가름을 무색하게 하고 도리어 의상의 존재를 부각시키는 데 초점이 주어지고 있다는 점이다.

의상의 그릇됨이 얼마나 큰 것인가를 알리는 두 번째 이야기는 道宣(596~667)과의 만남이다. 도선은 당시 의상이 머물고 있던 지상사에서 멀지 않은 곳에 주석하며 끼니때마다 하늘에서 내려 보내는 음식을 먹고 지냈다. 어느 날 그가 의상을 불러 하늘에서 음식을 대접할 요량을 하고 있었는데 늦도록 기다렸음에도 그날따라 천공은 내려올 줄 몰랐다. 기다리다 지친 끝에 의상은 돌아갔고 도선은 한참 뒤에야 도착한 천사에게서 골짜기에 온통 신병들이 가득차서 막고 있는 바람에 제때에 올 수가 없었다는 사실을 듣고 난 후 의상이 神衆 무리의 호위를 받고 있음을 알았고 의상의 도가 자신보다 한결 높은 것을 두고 탄복하기에 이른다.

그 후에 도선은 천공을 보관해 두었다가 지엄과 의상을 함께 불러 공양하기는 했으나 이에 앞서 이 이야기는 이른바 명성이 높았던 도선조차도 결국 의상과는 비교가 되지 않음을 그 바탕에 깔고 있는 셈이다. 자신보다 의상이 걸출한 능력이 있음을 확인한 도선은 뒷날 제석궁에 모셔져 있다는 불치 40개 중 1개를 가져다 달라는 의상의 청에 순순히 응하게 되는데, 의상에 대한 청은 거절할 수 없는 일로 받아들여진 듯하다.

불교적 영웅은 현란하게 힘과 용기를 과시하면서 활약하는 무사적 영웅과는 여러 면에서 다르다. 불교적 영웅의 전형인 부처를 보더라도 그가 힘과 용기를 드러내며 상대를 한순간에 물리치는 식의 예는 찾기 어렵다. 그는 있는 듯 없는 듯이, 그리고 증오감과 분함을 과장되게 드러내지 않고서도 상대를 항복시키고 마침내는 제자로 입문시키기까지 하니 그런 행위의 전형을 우리는 부처에게서 보아 왔다. 우주를 포괄하는 절대자로서 그가 지향하는 바대로 누구도 승복하지 않을 수 없을 만큼 그의 말과 행동에는 위엄이 있으며 놀랍도록 객관적이며 바른 계도 때문에 절로 교화되지 않을 수 없다는 식의 전개가 유형을 이룬다.

2.2. 통과의례의 부과와 극복

『송고승전』은 당나라 등주에 살던 선묘라는 처녀와의 인연을 이야기의 축으로 삼고 있다는 것이 주목된다.

> 총장 2년(699) 상선을 타고 등주의 해안에 이르렀다. 걸식을 하면서 어느 신도집에 이르니 의상의 모습이 빼어난 것을 보고 그 집에 머물러 있게 했다. 아리따운 차림을 한 한 소녀가 있었는데 이름은 선묘라 했다. 교묘한 눈짓으로 유혹을 해도 의상의 마음은 돌 같아 움직이지 않았다.[2)]

두 사람간의 조우담은 한층 확장되어 중국 처녀가 신라승을 오매불망하는 쪽으로 진행되고 있으니 자의적 전개의 결과임을 유추해보게 만든다. 어쨌든 중국처녀는 수도승의 구법길을 가로막는 인물 기능태, 혹은 의상의 심지 굳음을 떠보기 위한 유혹의 화신으로 설정해 놓은 것으로 보아도 어색하지 않을 듯하다.

고승들의 이야기에 등장하는 여인은 흔히 수행자를 허물어뜨리기 위한 통과의례가 되기 일쑤이므로 선묘에 대한 의상의 반응이 여간 주목되는 것이 아니었다. 하지만 의상은 전혀 흐트러짐이 없었다. 선묘는 돌과 같이 진중하게 자리한 의상의 마음을 돌릴 수 없음을 깨닫고 의상이 바라는 바를 좇아 "生生世世에 스님에게 뒤명하여 스님께서 대승을 공부하고 대사

---

2) 『宋高僧傳』 卷4, 唐新羅國義湘傳. "總章二年 附商船 達登州岸 分衛到一信士家 見湘容色挺拔 留連門下既久 有少女麗服靚妝 名曰善妙 巧媚誨之 湘之心石 不可轉也."

를 성취하도록 女檀越이 되어 스님의 공부에 필요한 모든 것을 제공해드리겠노라(女調不見答 頓發道心 於前矢大願言 生生世世 歸命和尙 習學大乘 成就大事 弟子必爲檀越 供給資緣)"며 일신을 바치기로 다짐한다. 의상과 선묘 사이에는 이성간의 충격적 사건이 드러나지 않았으나 저 애욕의 늪으로 떨어질 위험천만한 국면이 그에게 제시되었던 것만은 뚜렷하다. 그러나 의상이 그에게 부과된 통과의례적으로 제시되었다할 함정을 아무렇지도 않은 듯 의연하게 건너는 데다 애욕에 사로잡혔던 한 여인을 불법의 수호자로 변화시키는 데까지 나아간 것에서 보면 이미 각자의 지경에 올랐다 해도 좋을 것이다.

의상에게 부과된 통과의례적 국면은 귀국 후에도 거듭 부과되는 것처럼 보인다. 그 하나가 낙산사 연기 설화에 반영되고 있다. 귀국 후 명주 근방을 중심으로 낙산 해변가의 성굴에 觀音이 응현한다는 이야기가 돌고 있었던 모양이다. 그것은 필시 산이나 해변 모양새의 유사성을 경전 속의 설화와 대비했던 것으로 보이거니와 『화엄경』「입법계품」의 선재동자가 남방 布呾洛迦山에 이르러 관자재보살을 친견하는 그 공간을 우리 땅으로 인식하고자 한 발상이 아닐 수 없다. 그런데 신라 현실 속에서 누가 저 대자대비한 관음보살을 친견하겠느냐는 의문 앞에서 사실 의상만큼 가능성이 높아 보이는 인물은 달리 없었다고 보아야 할 것이다. 더구나 많은 이들이 소문만 무성할 뿐 관음진신을 친견한 적이 한 번도 없었으므로 의상은 자천타천 이들의 궁금증을 풀어줄 장본인으로 지목돼 있었을 개연성이 짙다.

어쨌든 그는 낙산 聖窟에 도착했다. 그는 우선 7일을 재계하고 이른 새벽에 작은 배를 타고 굴 안으로 들어간다. 이때에도 예외없이 어둡고 풍랑이 심해 보통사람으로는 들어갈 엄두조차 낼 수 없는 형편이었으나 다행히 용과 천신이 시종해주는 덕에 굴 안으로 진입하는 데 성공한다. 여기서 용과 천신은 마치 등주에서부터 의상을 뒤를 밟으며 부족함이 없이 의상을 수호해준 선묘룡을 떠올리게 한다. 험하던 물결을 잦아들게 하고 의상으로 하여금 컴컴한 동굴의 좌대로 오를 수 있도록 한 두 인물은 선묘룡의 인물

기능과 그대로 이치하는 것이다.

낙산사 창건담은 연기 설화치고는 줄거리가 소략한 편이지만 관음보살의 친견이 얼마나 지난하며, 이의 성취야말로 하늘로부터, 혹은 부처로부터의 특별한 가피가 없이는 이룰 수 없음을 분명하게 인식시켜준다.

여기서 흥미로운 사실 하나를 더불어 짚어 보게 되는데 의상 이후 원효도 관음굴을 찾아 관음친견의 영광을 누려 보고자 결심했다는 것이다. 하지만 그는 동굴 안으로 들어가는 것조차 실패하고 만다. 사실 그의 곁에는 바람과 물결의 험난함을 진정시켜줄 용의 보살핌도 없었고 하늘로부터의 天聲이나 如意寶珠를 내려주는 이적도 따르지 않았다. 그는 범부들이 그러했듯 동굴에 들어서지도 못한 채 허망하게 발걸음을 돌리지 않을 수 없었다.

의상과 원효 간에 관음친견을 놓고 어찌하여 이런 대조적 형상이 나타나는 것일까. 원래 원효와 의상 간에는 설화 속에서 절친한 도반, 나아가 형제지간으로까지 형상화되는 것에 비하면 원효에 대한 일방적인 패배를 조장하고 있다는 느낌도 없지 않다. 사람들이 관음보살이 상주하고 있다고 굳게 믿었던 관음굴은 인도 남방의 포달락가산에 다를 바 없고, 또한 그 공간을 배경으로 등장하는 구도자, 곧 선재동자의 신라적 이입으로 이같은 설화적 형상은 말할 것도 없이 화엄의 진리를 온전히 전해준다는 경전적 모방이 아닐 수 없다.

의상만이 성굴에 들어갔고 그만이 관음보살을 친견했다는 것은 여러 통과의례적 절차를 통과한 불교적 영웅의 탄생을 의미한다고 보아도 어색하지 않다. 이때 성굴은 역사적 공간임을 인지해주고 검증시켜주는 현실적공간이면서 동시에 언중에게는 믿음을 굳혀주는 땅으로 바뀌게 된다. 물론 일연보다 50년 앞서 기록된 益莊의 記文에는 의상 역시 7일간의 재계에도 불구하고 친견에는 끝내 실패한 나머지 수중에 투신했으나 수호용의 가호로 얼굴을 보지 못하고 보살의 음성을 들었다고 하여 의상 친견 설화에도 여러 갈래가 있었음을 보여주고[3] 있지만 의상의 성현은 크게 약화되지 않는다.

이렇듯 범인에게는 난제에 다름없는 과제의 극복에서 우리는 통과의례적 난관을 초연하게 지나 높다란 좌대에 좌정해 있는 불교적 영웅으로 바꾸어진 상을 대하게 된다. 그가 그렇다고 자신만이 그 승리를 혼자 누리는 것은 아니다. 그는 그 통과의례를 거쳐 선묘를 청정한 호불적 수호용으로 변화시켰으며 아직 관음성지로 온전하게 자리 잡지 못한 동해변 낙산을 남방의 포달락가산과 다름없이 영험한 곳으로 바꾸어 놓는 인물기능을 담당한다.

2.3. 천상과의 소통

의상 설화에서 유학 체험은 매우 의미 있는 서사적 실마리를 제공해주는 단위가 되고 있다. 유학을 통해 발원한 설화는 두 가지 계열로 전승되어온 것을 알 수 있다. 선묘와의 인연담이 그 하나로, 이는 중국 내에서의 전승에 머물지 않고 귀국한 후 부석사와 낙산사 창건을 가능하게 하는 설화적 끈이 되고 있다. 또 다른 계열의 설화는 의상이 등주를 떠나 종남산에서 수행할 때 생긴 이야기들로, 이는 후에 왜병퇴치와 범어사 창건담으로 그 맥을 자연스럽게 이어 간다.

내용의 대략을 짚어 본다면 동해의 왜병 10만 명이 병선을 거느리고 신라를 공격해 올 때 일어난 일이라고 했다. 느닷없이 밀어닥친 왜적으로 가장 조심초사한 이는 아무래도 신라의 왕이었다. 그런 중에 왕에게 현몽 하나가 있었다. 태백산에 머무르고 있는 의상 대사를 금정산 아래로 모셔다가 七日七夜에 걸쳐 華嚴神衆을 독송하면 나라를 위기에서 벗어나게 할 수 있다는 것이었다.

---

3) 『新增東國輿地勝覽』 襄陽條. "洛山寺之東數許 巨海邊有窟 其高可百尺 其大可容萬斛之舟 其下海濤常出入 爲不測之壑 世稱觀音大師 所住處也 窟前距五十許步海中有石上可鋪一席"

신인은 의상을 범부가 아닌 金山寶蓋如來의 제7후신으로 항상 일천 聖衆, 일천 凡衆, 일천 鬼衆을 포함해 삼천 신중을 거느리고 다닐 뿐더러 화엄신중과 40법불, 그리고 제신 및 천왕들이 그 곁을 떠나지 않는 인물이므로 그를 특별히 모셔와야 한다는 등 그를 택해야 하는 불가피성을 구체적으로 적시해주었다. 그동안 여러 고승들을 모셔다 국태민안의 독송을 거듭한 왕으로서는 반신반의했으나 워낙 풍전등화의 위기를 마주하고 있었으므로 신인의 말을 좇지 않을 수가 없었다.

의상을 중심으로 독송에 들어가니 얼마 후 제불, 천왕신중, 문수동자들이 각기 병기를 가지고 나타나 동해로 진격해 나가는 광경이 눈앞에 펼쳐졌다. 신병들이 바람과 비를 불러일으키자 적들이 속수무책 바닷물로 떨어져 익사하는가 하면 숱한 왜선이 풍랑을 이기지 못하고 역시 바닷물 속으로 가라앉았다. 신병과 왜군은 애초부터 상대가 되지 못했으니 결전은 순식간에 천신병의 일방적 승리로 막을 내렸다.[4)]

이 범어사 사적의 이야기는 당 유학 시기의 그 단편적 기담을 바탕으로 서사적 논리를 확장시켜 나간 예가 된다고 하겠다. 범어사의 신라 시기 설화는 전하는 것이 없고 조선 후기에 이르러서야 연기를 다시 작성하게 되었다는 불가피한 사정[5)]이 도리어 당 유학 때의 설화와 그 연원이 닿도록 만든 것은 아닐까 하는 생각도 해 볼 수 있다. 그만큼 시간적 격차에도 불구하고 도선의 天兵 수호 설화와 범어사 연기 설화 사이에는 적지않은 공통점이 있음이 드러난다. 어느 고찰이든 민중으로부터 발원한 설화가 있고 寺衆들이 기록해 놓은 寺志的 창건담이 따로 유전하는 것을 보게 되는데 범어사의 경우는 어느 것 하나 제대로 전승되지 못하다가 조선 후기에 와서야 작성된 것으로 보인다. 정작 창사의 기원은 아득하지만 그 유래가 잊혀져 버린 상태에서 불가피하게도 찬술자의 자의성이 개재되어 비교적 강한 논리성을 갖추게 되었다고 할 만하다.

---

4) 東溪, 『梵魚寺創建事蹟』.
5) 한국불교연구원, 『범어사』, 일지사, 1979, 36면.

이렇듯 필자로서는 신병엄호담이 증폭되어 범어사 연기로 이어져 나가게 된 한 까닭으로 지목하더라도 큰 무리가 없다고 여기는 터이다. 기적 같은 일이 벌어지지 않고서는 국방을 기대할 수 없는 상황에 처해 천병의 의상 신병수호담은 아주 적절한 서사적 재질로 얼마든지 변용될 수 있었으리라 본다. 더불어 의상의 강렬한 호국정신과 그 행적으로 보더라도 적절한 설화적 부연이라 할 만하다.

신라가 호국불교를 표방한 만큼 고승의 행적 중에 나라 지키기 이야기가 곧잘 삽입된다고는 하나 의상처럼 출중하게 호국의 행적을 보이는 인물은 드물다. 이는 사중들이 일찍이 그에게 붙여준 대로 金山寶蓋如來로서의 존재를 다시 한 번 증거하는 설화라고 보면 될 것이다.

3. 의상 설화에 나타난 諸 사상

3.1. 용신사상과 홍법

고승들, 특히 유학 체험이 있는 이들에게 용은 아주 친밀감 있게 다가오는 대상이다. 가령 元曉·眞表·普壤·玄光·緣光 등은 한결같이 용궁에 초대된 경험이 있으며 불법이 미미한 때 홍법의 전기를 마련해주고 불법의 난해함을 불식시켜주는 데 크게 기여한 것으로 그려진다.

원효의 경우를 보자. 『금강삼매경론소』는 신라의 왕비가 중병에 걸리자 구약의 길에 올랐던 사신이 약으로는 왕비의 병을 고칠 수 없다는 것을 뒤늦게 깨닫게 되면서 주목의 대상이 된 것이었다. 좀 더 부언하자면 용궁에 있는 『금강삼매경』을 세상에 널리 알리는 것만이 왕비의 병을 고칠 수 있는 방법임을 용궁에서 전해 들은 터였다. 그러나 용궁에서는 이의 경소작업에 관한한 원효만이 그 일을 감당할 수 있다는 점을 주지시킨다.[6] 그때 원효는 이미 요석 공주와의 결연으로 파계를 당해 민중 사이를 떠돌고 있었다. 그에 대한 비난과 매도에도 불구하고 성과 속의 경계를 넘어선 채 위엄과 권위를 한낱 검불처럼 여기고 민중 안에 불심을 지피려는 원효의 발길은 멈출 줄을 몰랐다.

원효의 파격적인 행동에도 불구하고 그에게 경소를 짓게 하고 강하도록 한 궁 안의 결단은 퍽 주목되는 바가 있다. 원효에게는 내키지 않는 일이었는지 모르나 아무튼 용궁의 지시와 원효의 천재적 역량이 어우러져 아직 불법이 미미한 신라 땅에 일찍이 보지 못했던 가르침이 법우처럼 내리는 기회를 갖게 된다.

玄光의 경우를 보자. 577년 그는 길고 긴 유학을 마치고 부푼 가슴으로 신라에 돌아오던 중 기이한 일을 목도한다. 포구를 떠난 지 얼마 지나지 않았을 때였는데 갑자기 눈앞에 해운이 눈부시게 펼쳐지는가 하면 하늘에서는 雅樂이 진동하였으며 진홍색 무지개 빛조차 눈부시게 비치는 것이었다. 그런 중에 홀연 천제께서 그대를 부른다는 소리와 함께 갑자기 푸른 옷의 동자가 뱃머리에 나타났다. 이후 현광은 그를 따라 수계로 인도되어 들어갔는데 두 사람은 잠깐 만에 수궁에 이를 수 있었다. 의장대가 설치되어 있고 비늘 없는 이가 없었으며 잡다한 귀신도 끼어있었다. 사자가 현광에게 "금일 천제께서 용왕 궁에 내려와 대사를 청하여 친히 법문을 증험하여 우리 수부 인간들은 대사의 이익을 얻고자 합니다." 하였다. 이윽고 보전에 오르고 또 고대를 걸으면서 7일간 약경을 묻고 답한 연후에 현광이 물 위로 올라왔는데 배는 여전히 그 자리에 머물러 있었다. 현광이 배에 오르자 선인들은 그가 용궁에 들어간 지 반나절 밖에 지나지 않았다고 증언했다.[7]

---

6) 『宋高僧傳』 卷4, 新羅國黃龍寺元曉傳.

7) 『宋高僧傳』 卷18, 陳新羅國玄光傳. "屬本國舟艦附載離岸 時綵雲亂目雅樂沸空 絳節霓旌傳呼而至 空中聲云 天帝召海東玄光禪師 光拱手避讓唯見青衣前導 少選入宮城 且非人間官府 羽衛之設也 無非鱗介 參雜鬼神 或曰 今日天帝降龍王宮 請師說親證法門 吾曹水府蒙師利益 既登寶殿次陟高臺 如問而談略經七日 然後王躬送別 其船泛洋不進 光復登船 船人謂經半日而已."

고승의 불교적 惠恩을 받은 이후 용궁은 푸짐한 선물을 챙겨 떠나는 고승에게 고마움을 표시하는 것도 이 설화들에서 보이는 상투적 전개이다. 명랑의 경우 비법을 전해준 대가로 무려 1백냥(혹은 천근이라고도 함)의 금을 받았는데 이 금은 후일 金光寺에 안치한 탑과 불상을 장식하는 재원으로 사용된다.

寶壤은 10세기 전후 활동했으니 앞서의 고승들보다 시기적으로 훨씬 후대의 인물이며 용궁 설화가 나말 여초까지 이어져 왔다는 점을 확인시켜주는 전승적 인자가 된다. 중국에서 불법을 전해 받아 서해를 통해 돌아오다가 용의 초청을 받은 것 하며 용궁 내에서의 환대나 강설[8]도 앞의 고승들 체험과 다를 것이 없다. 여기서도 강설의 대가로 금빛 비단 옷 한 벌과 함께 용왕의 아들을 데리고 나오도록 하고 작갑에 절을 지으면 국태민안을 도모할 수 있다고 일러준 이는 용왕이었다. 이 경우는 마치 신라를 걱정해주는 동해용왕의 충정어린 조언을 연상시켜주기도 한다.

緣光도 앞의 용궁초청과 다를 것이 없다. 다만 용궁에서 그가 설한 경전을 구체적으로 『법화경』이라고 적시한 것[9]이 앞의 예들과 좀 다른 점이라고 할 것이다. 네 고승의 용궁초청담 중 보양만을 빼고는 신라의 불교문화가 난만하게 피어오르던 7세기 전후를 배경으로 하고 있는 데 당시 홍법 기운의 고조와 더불어 설화 또한 활발하게 창작, 유통되었음을 보여주는 것이겠다.

막연하게 민간 신앙 속의 용이 인간의 기복 대상, 특히 물과 길흉화복을 주재하는 관장자로 관념되는 것과는 달리 이들 설화에서 용왕의 주관심사는 이른바 傳教의 문제로 귀착된다. 이들 설화에서 중핵적 요소를 발라낸다면 ① 유학을 끝낸 귀국길의 승, ② 서해 뱃길로의 귀환, ③ 용궁에서의 초청 등이 될 터인데 용과 고승의 관계를 보다 밀착시키고 흥미를 높이는 내용적 요소에 속한다. 善妙는 불법 수호용으로 변신하여 모든 것을 바쳐

---

8) 상게서, 卷5, 義解5, 寶壤梨木.

9) 『弘贊法華傳』 卷3, 釋緣光傳(大正藏 권51).

가면서 의상을 보호하는 데 전념한다. 선묘의 의상에 대한 초발심은 귀국길은 물론이요 귀국 후에도 그대로 이어진다. 선묘로 말미암아 의상은 큰 장애없이 대중을 제도할 수가 있었으며 사찰건립이란 대역사도 완수할 수가 있었다. 의상은 한 시기의 불교를 중흥시킨 거목으로 이미지화되었음을 부정하기 어렵다. 부석사·낙산사·범어사를 비롯, 소위 華嚴十刹로 불리는 절들이 한결같이 의상을 창주로 삼고 있다는 점은 그 의상의 권위를 빌려 사찰의 영험함을 누리고자 하는 의도로 파악할 수 있겠다.

3.2. 불국토의식

의상이 신중을 거느리고 다니는 여래였다고 보는 시각이 있었기에 그의 설화가 그토록 다채롭게 전개될 수 있었던 것은 아닐까. 확실히 설화로 볼 때 그는 신라 땅을 불국토로 변화시키는 가장 든든한 후원자이자 전교의 파수꾼으로 보아 어색할 것이 없다. 그가 유학 후 찾은 낙산은 널리 알려진 대로 불국토를 관념하여 붙여진 이름이다. 그 불연의 직접적 끈은 낙산에 언제나 관세음보살이 상주하고 있다는『화엄경』「보살주처품」의 형상적 대응에서 찾을 수 있다. 예컨대 금강산에는 法起菩薩, 오대산에는 文殊菩薩, 천관산에는 天官菩薩이 상시 설법하며, 이 땅의 낙산은 관음의 성지로 이해하는 데 조금도 어색함이 없다는 인식이 자리잡게 된 것이다. 산의 불경적 대응이 그렇다면 한편으로는「입법계품」중의 선재동자를 의상의 자취로 보는 인물적 대응도 당연히 허여될 수 있는 일이다. 그리하여 의상은 선재동자가 되는 셈이고 그가 28번째로 만난 선지식이야말로 남방 해상의 광명산, 다른 말로 포달락가산에서 일체 중생들이 공포에서 벗어날 수 있도록 서원을 세우고 있는 그 관음보살에 다름이 아니다.[10)]

---

10) 김상현 외,『낙산사』, 사찰문화연구원, 1998, 16~17면.

그렇다해도 신라의 관음신앙이 의상에게서 비롯되었다고 말하는 것은 성급하다. 이미 여러 경로로 신라인에게 관음신앙이 퍼져 믿어지기 시작했다고 보는 것이 보다 타당하리라. 가령 낙산과 이웃해 있는 通川 해변의 金幱窟도 낙산의 관음굴과 유사한 성지적 인연담을 갖추고 있었던 것으로 보인다. 다만 그곳은 의상과 원효 같은 고승의 개입이 없어 크게 이목을 끌지 못했을 따름이다. 어쨌든 낙산이 또 다른 불경적 성지로 대응되고 이를 뒷받침해주는 의상의 관음친견 이적이 가세함으로써 낙산사는 그야말로 관음신앙의 대표적인 성지로 손색이 없게 되지 않았나 싶다.

의상을 매개로 하여 신라가 불국토임을 증거하려는 의지는 범어사 사적에서 보다 적극적으로 형상화되고 있다고 할 수 있다. 범천의 가피와 영험을 매개해주는 자는 의상밖에 없으므로 그를 통한 화엄신중편의 독송이라야만 제석천의 도움을 받을 수 있다는 계시는 퍽 시사적이다. 여기서 제석천과의 영험을 가능케 하는 존재와 그 특별한 성소의 효험은 절로 될 일이 아님을 분명히 하고 있는 것이다. 아직도 의상의 존재를 알지 못하는 사람에게 이런 계시는 의상이 내재한 성현을 확신하게 해주며 금정산을 축으로 한 불국토세계의 완성을 상징하는 풍수적 의미도 한데 함의했다고 볼 수 있다.

제석천과의 소통은 금정산이라는 선택된 땅의 효험도 있어야겠으나 성현의 매개를 거치지 않고서는 아무것도 기대할 수 없다는 점을 유념해야 한다. 결론적으로 의상의 중개가 있었기에 신라는 천중의 가호를 누릴 수 있었다.

그것은 마치 석가 앞에서 힘없이 물러나는 마왕과 그 무리들을 연상시키는 바가 있다. 범어사 연기 설화는 의상의 여래적 자취를 거듭 상기시키는 것은 물론 불국토되어야 할 신라가 한낱 왜병들에게 침탈되어질 수는 없다는 사부대중의 염원을 한데 함의하고 있는 것으로 보아야 할 것이다.

참고문헌

김상현 외, 『낙산사』, 사찰문화연구원, 1998, 16~17면.
東溪, 『梵魚寺創建事蹟』
한국불교연구원, 『범어사』, 일지사, 1979, 36면.
『三國遺事』 卷4, 「義湘傳敎」, 「寶壤梨木」.
『宋高僧傳』 卷4, 「唐新羅國義湘傳」, 「新羅國黃龍寺元曉傳」.
『新增東國輿地勝覽』, 「襄陽」.
『弘贊法華傳』 卷3, 「釋緣光傳」(大正藏 권51).

출처 졸고, 「의상설화의 의미와 성격」, 『불교춘추』 15호, 불교춘추사, 1999, 62~73면.

鄕傳을 통해서 본 신라 민중설화의 양상

1. 문제제기

기록문학이 아직 미미한 대신 구전문학이 훨씬 우세했다고 보는 중세시기 속에서 구전문학적 실상을 규명하기 위해서는 어쩔 수 없이 부족한대로 몇몇 기록물에 의존하는 수밖에 없겠는데, 이야말로 구비문학 연구에 있어 아이러니인 셈이다. 고려이전의 서사문학 연구에서 『殊異傳』 등 몇몇 서사물에 관심이 집중되고 애초 사서로 찬술된 『三國史記』나 『三國遺事』까지도 서사문학의 대상으로 적극 수용될 수밖에 없음도 기실 자료의 결핍으로 인한 불가피한 측면이라고 해야 할 것이다. 하지만 한정된 자료나마 이제껏 이를 대하는 시각에 적잖은 문제가 있었다고 본다. 특히 『三國遺事』의 경우, 그동안 이 자료가 지닌 성격을 제대로 읽지 못하고 피상적으로 접근했었던 것이 아닌가 하는 의구심을 떨치기 어렵다.

사료의 층위가 보여주듯이 『삼국유사』는 기록물과 구전물을 아우른 서사적 집적물로 보아 마땅하다. 보다 구체적으로 말하면 첫째, 정연한 역사 기록 및 雜記나 瑣言에 이르는 무잡하고 지엽적인 내용으로 보이는 기록. 둘째, 立傳 당시까지는 구전으로 전하는 것들이었는데 撰者가 적극적으로 탐방하고 발굴하여 비로소 정착된 이야기들. 셋째, 기본적 자료를 바탕으로 다시 찬자가 직접 확인과 조회를 거쳐 재조명한 체험적 증언 등이 한데 어우러져 『삼국유사』라는 서사적 전체상으로 나타난 것이다. 주목할 점은 사서의 편찬에서 이전에 출현한 사료를 주 취재대상으로 삼는 일은 가장 자연스러운 일이지만 神異史觀, 民衆史觀에 경사되었던 一然은 여러 경로를 통해 첫째와 둘째에 해당하는 자료를 발굴하고 사료화함으로써 보기에 따라서는 설화의 집대성이 아닌가 하는 착각마저 불러일으키게 했다는 것이다. 실상 이는 일연의 의도와는 전혀 무관한 일이고 후대 연구의 분화를 고집하는 사람들의 고착된 시각으로 본 나머지의 진단에 불과한 것일 수 있다.

그렇다면 우리는 『삼국유사』의 담론을 지엽말단적이며 가담항설적인 서사물의 무더기로 인식하기보다는 찬자의 아주 치밀한 계산이 전제된, 근본적으로는 『삼국사기』의 한계를 넘어서려는 속 깊은 뜻에서 나온 독창적 산물로 인정하는 자세가 우선시 되어야 하지 않을까. 한데 사실의 변증이나 사료간의 사실진위에 대한 관심보다 이야기의 구조와 미학 등을 검증하는 서사문학적 시각에서는 수용의 경로, 인용서들의 성격, 제보자에 대한 정보, 지역에 따른 이야기소재 주제의 차이 등은 부차적인 것으로 여겨지는 경우가 흔했다. 이야기만이 관심의 대상으로 잡혀있었던 탓이다. 그렇지만 『삼국유사』가 순연한 창작물과 달리 어떤 자료로부터 야기된 이야기위주로 엮어진 거대담론인 만큼 전승의 문제를 간과해 버려서는 곤란하다.

본론은 『삼국유사』 인용서로 14군데에 걸쳐 산견되는 〈鄕傳〉의 서사적 성격을 규명하자는데 그 뜻을 두기로 한다. 과문한 탓인지는 모르나 어느 자료보다 이 용어가 빈번히 삽입되고 있음에도 이에 초점시켜 서사문학적 논의를 전개한 경우는 아직 없었던 것으로 안다. 하지만 〈향전〉은 인용 자료중의 하나로 간과해 버릴 수 없는 여러 구비문학적 시사점을 간직하고 있는 것으로 보아야 한다. 무엇보다 〈향전〉소재 이야기는 설화의 보편적 개념에 가장 합당했다는 점, 다시 말해 수록된 이야기들은 민중이 話者로 나서는 것은 물론 민가나 촌락으로 서사공간이 잡히며 채록자의 개변이 없이 보기 드물게 원형을 유지한 채 수시로 이곳저곳에서 거론되고 있다는 것이다.

〈鄕傳〉의 정체를 규명하기 위해서는 『삼국유사』 속에서 서사적 층위의 구별 없이 섞인 이야기들 가운데 〈향전〉소재 설화만을 따로 떼어 논의할 필요가 있다. 그리고 〈향전〉을 신라 구비문학의 실상을 가장 구체적으로 보여주는 일차적 사료자료로 인식하고 좀 더 꼼꼼하게 읽어나가는 작업이 뒤따라야 한다. 이점을 직시하며 본고는 일연이 관념한 〈향전〉의 개념, 〈향전〉소재 설화의 창작 및 전파자, 그리고 〈향전〉소재 설화의 주제와 미학적 특징 등에 걸쳐 차례대로 살펴나가려 한다. 결코 특이할 것이 없는 대상이지만 막연히 『삼국유사』 설화로 포섭되어 버리고 말았던 그간의 연구적 착종을 거두고 작으나마 신라 설화의 실상을 드러내 보이는 기초적 작업으로 이어진다면 다행이겠다.

2. 鄕傳의 概念과 事用例

『遺事』에서 〈향전〉은 가장 빈번히 인용하는 書目임에도 불구하고 이에 대한 구체적 설명이나 예는 거의 발견되지 않는다. 도리어 〈향전〉에 준하는 또 다른 용어들인 〈古記〉, 〈別傳〉, 〈記〉, 〈俗傳〉, 〈古傳〉, 〈諺傳〉, 〈鄕言〉, 〈俚言〉, 〈鄕記〉, 〈俗言〉 등과 마구 뒤섞여 쓰이기도 하고 대상을 모호하게 할 뿐인 便稱이나 汎稱정도로 사용해 〈향전〉이 과연 구체적 서목이었는지, 아니면 일연에게만 특이하게 구사된 편의적 용어에 불과했는지 경계지어 파악하기가 어렵게 되어있다. 유일하게 단정적으로 말할 수 있는 특징을 들라면 그것이 입에서 입으로 전하는 구전물을 가리키지는 않는다는 것이며 필시 문자로 기록된 어떤 문건 따위를 지칭한다는 정도였다.

〈향전〉에 관한 그 이상의 구체적 실상, 예컨대 서사의 목적이나 사료적 성격 등을 밝히기 위해서는 〈향전〉을 거론하고 있는 문면을 중심으로 하여 『삼국유사』의 전면을 두루 꼼꼼하게 읽어나가는 것 이외 달리 방법이 있을 것 같지 않다. 우선 〈향전〉을 삽입하고 있는 문면을 『삼국유사』 전체에서 모두 골라내 보기로 한다.

편목	'鄕傳' 삽입문장	위치
① 卷第一 太公春秋公	按唐史 不言其所以事 但書云卒何耶 爲復諱之耶 鄕諺之無據耶 若壬戌年高麗之役 羅人殺定方之師 則後總章戊辰何有請兵滅高麗之事 以此知鄕傳無據 但戊辰滅麗之後 有不臣之事 擅有其地而已 非至殺蘇李二公也	협주
② 卷第三 原宗興法 厭髑滅身	鄕傳云 工目謁恭等	협주
③ 卷第三 原宗興法 厭髑滅身	鄕傳云 髑爲以王命 傳下興創工寺之意 群臣來諫 王乃責怒於髑刑以僞傳王命	협주
④ 卷第三 原宗興法 厭髑滅身	鄕傳云 舍人誓 日 大聖法王 欲興佛教 不顧身命 多却結緣 天垂瑞詳 遍示人庶 於是其頭飛出 落於金剛山頂云云	협주
⑤ 卷第三 原宗興法 厭髑滅身	按國史與鄕傳 實法興王十四年丁未始開 二十一年乙卯 大伐天鏡林 始興工 梁棟之材 皆於其林中取足 而階礎石龕皆有之 至眞興王五年甲子寺成 故云甲子 僧傳云七年誤	협주
⑥ 卷第三 原宗興法 厭髑滅身	又鄕傳云 鄕老每當忌旦 設社會於興輪寺 則今月初五 乃舍人捐軀順法之晨也	본문
⑦ 卷第三 南白月二聖 努肹夫得怛怛朴朴	鄕傳云雉山村 誤矣 二士之名方言 二家各以二士心行騰騰苦節二義名之爾	협주
⑧ 卷第三 南白月二聖 努肹夫得怛怛朴朴	鄕傳云 不得處山北瑠璃洞 今板房 朴朴居山南法精洞磊房 與此相反 以今驗之 鄕傳誤矣	본문
⑨ 卷第三 南白月二聖 努肹夫得怛怛朴朴	鄕傳南庵	협주
⑩ 卷第四 慈藏定律	鄕傳云 藏入唐 太宗迎至式乾殿 請講華嚴 天降甘露 開爲國師云者妄矣 唐傳與國史皆無文	협주
⑪ 卷第四 元曉不羈	唯鄕傳所記有一二段異事	본문

⑫ 卷第五 郁面婢念佛西昇	已上鄕傳	협주
⑬ 卷第五 郁面婢念佛西昇	共六十餘年也 徵先面後 與鄕傳乖違 然兩存之闕疑	본문
⑭ 卷第五 大城 孝二世父母神文王代	其佛國寺 雲梯石塔 彫鏤石木之功 東都諸刹未有加也 古鄕傳所載如上	본문

〈鄕傳〉이란 용어가 삽입된 부분을 순서대로 발췌하여 14대목을 나열해 보았다. 같은 편목 안에서 〈향전〉이 여러 번 거론되는 경우가 있으므로 편목을 기준삼아 〈향전〉을 갈래짓는다면 ①, ②③④⑤⑥, ⑦⑧⑨, ⑩, ⑪, ⑫⑬, ⑭ 등 7 뭉치로 구분이 지어진다. 이렇게 볼 때, 『삼국유사』에서 인용하고 있는 〈향전〉은 적어도 한 개 이상, 많게는 7종류의 〈향전〉을 사료로서 취택했을 것이란 점이 드러난다. 14군데의 〈향전〉 기록 중 9개는 夾註에 들어가 있고 나머지 5개가 본문 중에 삽입된 것으로 보아 협주에서의 쓰임이 훨씬 높은 비중을 차지하는 것으로 나타난다. 그것은 협주가 주로 본문의 기사에 대한 보완적 기능을 염두에 두고 나타나는 것이라는 점과 함께 〈향전〉의 자료적 시각이 어디에 있었는지를 가늠하게 해주는 것으로 이해된다.

〈향전〉의 경우가 아니라도 협주의 기사가 본문의 내용보다 더 신뢰성을 수반한다고 믿기는 어렵다. 무엇보다도 협주는 앞선 기사에 대한 검증과 객관화를 염두에 둔 추기부분으로 볼 수도 있고, 대범하게 처리한다면 생략하고 넘어가도 대의에 훼손이 별로 따르지 않는 부분으로 인식하는 것이 일반적이었다. 그러나 일연은 그 같은 일반의 이해나 수용을 부정하고 있는 것으로 비쳐진다. 즉, 실증벽이 남달랐으며 의문이 남을 때는 직접 답사와 취재마저 마다하지 않을 정도로 사실 확인에 대한 집요함이 남달랐던 일연에게 있어서는 협주야말로 시시비비와 논증을 펼칠 수 있는 요긴한 부분으로 인식되었던 것으로 비친다.

문면으로 돌아가 ①과 같은 설명이 부연하게 된 내력을 점검하고 〈향전〉의 개념이 무엇인지를 살펴보기로 한다. 소정방은 신라의 절박한 요청에 응한 끝에 신라군과 더불어 나당연합군을 결성하여 고구려 · 백제를 멸망시키는데 성공한다. 그러나 신라의 통일이 눈앞에 보이자 唐軍은 엉뚱하게도 신라군마저 부수어 아주 한반도를 점령하자는 야욕을 숨긴 채 귀국을 연기하면서 기회를 엿보았다고 했다. 〈新羅古記〉에 따르면 이를 간파한 김유신이 당나라의 군사를 초대하고는 독약을 먹여 군사들을 몰살시켰고, 그 시체를 尙州 경계의 唐橋라는 곳에 묻었다고 한다. 이 대목에 이르러 일연은 과연 이것이 사실에 바탕한 기록인지 의문을 품게 되었고 〈唐史〉, 〈國史〉, 〈鄕傳〉의 기록과 대조하는 등 특유의 치밀한 변증을 펼쳐 보이고 있는 것이다.

한데 〈향전〉의 정체성에 유의하고자 하는 본론의 입장에서는 신라군과 당나라 원군간의 알력과 그 마찰의 규명보다 각각의 문면에 삽입되고 있는 〈신라고기〉와 〈향전〉의 쓰임에 한층 관심이 쏠릴 수밖에 없다. 분명히 본문에서는 〈新羅古記〉라고 했다가 협주에 들어와서는 갑자기 "以此之〈鄕傳〉無據"와 같이 〈鄕傳〉으로 바꾸어 지칭하는 바람에 문맥을 새기고 있는 독자마저 의아하게 만들어 버린다. 일연은 〈신라고기〉와 〈향전〉을 섞어 쓰고 있으면서도 마치 스스로는 전혀 의식하지 못하고 있었는지도 모른다. 아니면 삼국이래 일연을 포함해 많은 이들이 신라를 칭하는 용어로써 鄕이란 말을 아주 자연스럽게 쓰던 당대적 관용에 따라 그렇게 표현하길 즐겼는지도 알 수 없다.

그러나 『삼국유사』를 넘어 여러 자료를 참작할 경우 후자가 보다 타당한 지적으로 보인다. 鄕이란 신라에서 중국과 자신의 공간적 거리를 염두에 두면서 널리 쓰였던 말이며 동시에 중세기 안에서 신라, 한반도 등을 지칭하는 상대적 개념을 함의하며 일상에서 퍽 익숙하게 쓰여진 말이었음을 신라 시기의 여러 금석과 문헌에서 어렵잖게 발견할 수 있는 것이다.1)

---

1) '鄕'은 물론 鄕里 · 故鄕의 뜻으로 쓰이는 것이 가장 일반적이라고 할 수 있다. 가령 "里也以喩居也"(孟子, 告子上) "其知其鄕 鄕猶里以喩居也"(管子 權修) 등은 그런 우리의 인식을 반영해주는 오래전의 기록이라고 할 수 있다. 그러나 城邑국가였을 적

중국사서나 승전과 대비한다는데 주안점을 두고 곁들여 신라를 뜻하는 것으로 〈鄕傳〉을 쓴 경우도 적지 않은데 아래의 기사는 그런 적절한 예로 보인다.

> "唐高僧傳(唐高僧傳의 圓光條)과 〈鄕傳〉의 두 전기에 있는 글에 따르면 그의 姓은 朴과 薛로 되어있고 출가한 것도 동쪽과 서쪽으로 되어있어 마치 두 사람과 같으니 감히 자세하고 명확하게 결정할 수가 없어 두 전기를 다 적어둔다(據如上唐鄕二傳之文 但姓氏之朴薛 出家之東西 如二人焉 不敢詳定 故兩存之)."[2)]

여기서는 직접 〈鄕傳〉이란 말을 사용하는 대신에 唐鄕二傳이라고 했으나 『당고승전』과 〈향전〉을 합해 부른 말에 불과한 것이다. 당전은 원광의 전기를 포함하고 있는 『속고승전』을 일컫는 것이니, 〈향전〉은 중국의 전기물에 대비한다는 점을 함의하고자 했다. 한데 전후 문맥을 짚다보면 찬

에는 아주 좁은 의미로도 쓰였던 바, "城鎭以外之地也, 鄕對城鎭而言也 凡城鎭以外皆稱鄕"(중화대사전)의 풀이는 이를 의미한다.

그러나 『삼국유사』에서 '향'이란 中華에 대비하는 신라, 또는 동국의 뜻으로 삼는 경우가 못지않게 흔하다. '奉化 太子寺 朗空大師 白月栖雲塔碑文'의 "是或折桂中花扇香風於上國 得魚羅城 曜榮色於東鄕(이는 월계수의 가지를 중화에서 꺾었고 향풍은 상국에서 드날렸으며 다나국에서 불교를 배워 동향인 우리나라를 빛나게 하였다)" 여기서 上國이란 중국을 말하는 것이고 그 대개념으로 쓰고 있는 東鄕이란 동쪽의 나라 곧 동국과 같은 뜻으로 쓰인 것이니 鄕은 지방 지역 고향뿐 아니라 신라를 지칭하는 말이 되기도 한다.

慶州 崇福寺碑文 중 "今讀鄕史 宛是聖祖大王朝事蹟…(이제 향사를 읽어보니 이는 완연히 성조 원성대왕의 사적이었다. …)"의 '향사'는 신라국사 등의 정사를 가리키는 것이다. 이외 智證大師 寂照塔碑文 중의 "…是乃天彰西顧 海引東流 宜君子之鄕也(…이는 하늘이 인도를 돌아봄을 밝혔고 불법이 동쪽으로 흘러오니 마땅히 군자의 나라임이라.)"라고 한 것이나 같은 비문에서 "亦旣海岸植與樂之根 日鄕耀增長之寶(또한 이미 동해의 언덕에 불교의 뿌리를 심었고 해 뜨는 곳인 우리나라에 믿음의 보배가 빛났음이라.)" 등의 기사 중 '鄕'은 한결같이 신라의 代稱혹은 別稱에서 벗어나지 않고 있다.

2) 상게서, 義解, 圓光西學.

자가 『續高僧傳』 중의 〈圓光傳〉과 비교대상으로 삼고 있는 〈향전〉은 신라 고래의 전승이라는 의미도 되지만 구체적으로는 그 앞 기사에서 언급했다시피 東京 安逸戶長 貞孝의 집에 수장되어온 〈古本殊異傳〉을 지목하고 있는 것이다. 그러니까 중국 국사나 승전에 대한 반대 개념으로서 신라의 기록물을 의미하기도 하고 한편으로는 구체적 서목으로써 〈고본수이전〉을 가리키는 것이니 정독하지 않는 한 독자는 용어의 중의적 적용에 혼란을 겪을 수 있다. 한데 뒤에서 언급하겠으나 〈향전〉과 〈고본수이전〉의 엇섞인 쓰임은 그만큼 〈고본수이전〉이 〈향전〉과 밀접한 관계를 맺고 있다는 뜻으로 해석되기도 한다. 〈고본수이전〉의 찬술 경로로 보아 특정 공간의 기이한 이야기를 채록하고 있는 여러 〈향전〉의 설화를 원자료로 삼되 傳奇性이 농후한 모티브중심으로 선별 편집한 것일 수 있기 때문이다.

厭髑滅身의 기사에는 ② ③ ④ ⑤ ⑥에서 보는 것처럼 무려 5군데나 〈향전〉을 개입시키고 있다. 이와 관련한 논의는 뒤에서 부언하기로 하겠다. ⑦ ⑧ ⑨의 기사는 鄕言, 里言, 俗言 등의 쓰임과 같이 줄거리에 대한 변증의 예로 채택하기보다 단편적 정보나 단어, 숫자, 방향, 인물, 연대 등에 걸쳐 시비를 따지는 과정에서 인용한 것으로써 〈향전〉소재 설화의 서사적 면모를 헤아리는 데는 그다지 도움될 것이 없다.

⑩은 慈藏定律의 한 부분으로 ⑪과 더불어 〈향전〉이 고승들의 전기적 사실까지 폭넓게 수용하고 있었음을 예증해주고 있는데 우선 이 부분을 풀어 읽어보기로 한다.

> "〈鄕傳〉에 보면 慈藏이 당나라에 있더니 太宗이 그를 式乾殿에 맞아들여 화엄경 강의를 청하자 하늘에서 또한 이슬을 내려서 비로소 國師를 삼았다고 했으나 이것은 잘못이다. 唐傳이나 國史에는 모두 그런 글이 없다."[3)]

---

3) 상게서, 義解, 慈藏定律.

여기서의 〈鄕傳〉은 말미에 언급하고 있는 『續高僧傳』과 대비적 구별을 꾀하기 위한 汎稱이 확실하나 그것이 慈藏의 문도나 사중들이 편찬한 私傳的 〈慈藏傳〉을 가리키는 것인지, 혹은 자장의 고향에서 그의 위인 됨을 현창하기 위한 목적으로 향토지 등에 등재한 전승 따위를 가리키는지는 판별하기가 곤란하다. 불교의 국교화와 더불어 홍법의 기운이 강렬했던 때이므로 자장 같은 고승이라면 그 자취가 정연한 전기물은 물론 鄕土地理誌 등에 걸쳐 폭넓게 수용되었을 것임은 분명해 보인다.

문제는 승전의 찬술에 임하고 있는 일연이 자료간의 상충점을 어떻게 극복해나가느냐 하는 점에 있다. 이런 대목에 봉착하여 〈국사〉나 〈당전〉 등에다 더욱 큰 객관성과 신뢰성을 보내는 일반의 시각을 버리고 굳이 민중들의 담론이라 할 〈향전〉을 토대로 변증에 임하고 있으니 그가 과연 사서를 목적한 찬자인가 의구심이 들만도 하다. 한편 여기서의 〈향전〉을 아주 구체적으로 거론할 수 있다면 『遺事』의 塔像皇龍寺九層塔條의 협주에서 거론했던 〈慈藏本傳〉이나 〈皇龍寺寺中記〉[4] 중의 하나를 지적하는 것이 아닌가도 싶다.

⑪ ⑫ ⑬ ⑭ 속에 삽입된 〈향전〉은 중국승전이나 국사와 비견하여 그 차이점을 찾기 위해 인거된 것들은 아니다. 오히려 당전이나 국사에서 누실한 부분들을 적시하기 위한 별충의 목적 혹은 공식적 전기물이 정작 보여주어야 할 것을 놓치고 있다는 점에서 의도적으로 삽입했다는 추론을 가능하게 해주는 예들이다. 그런 만큼 어느 부분들보다 〈향전〉 일반이 지향했던 서사적 관심과 서술구조, 화자의 시각 등을 좀 더 분명하게 인식시켜주게 된다. ⑪에서 우리는 찬자 일연이 왜 〈향전〉에 그토록 큰 관심을 보이고 있는지, 그리고 〈향전〉이 사서의 기록 및 문도나 사중들에 찬술된 고승전 등과 비교할 때 어떤 차이를 보이는지 등을 엿볼 수 있다.

---

4) 상게서, 塔像, 皇龍寺九層塔.

"그가 사방으로 다니면서 수행한 사적과 널리 불교를 편 큰 업적들은 唐僧傳과 그의 行狀에 자세히 실려 있으므로… 〈鄕傳〉에 실린 한두 가지의 이상한 일만 기록하기로 한다."[5)]

적어도 〈향전〉의 기록은 『宋高僧傳』, 〈元曉行狀〉 등과 비교해서 설화의 담당층과 서사내용상 극명한 차이를 빚어내는데 민중들의 시각과 의식을 중심으로 펼쳐진 이야기라는 점을 근본적 까닭으로 새겨야 할 것이다. 『宋高僧傳』이나 〈元曉行狀〉은 공식적 입장에서 주인공의 誕生과 生長, 出家, 修行, 敎化 등에 걸친 계기적 기술은 물론 불교적 덕성에 해당하는 자취를 선별하여 기사화시키는데 대단한 열의를 보인다. 반면에 〈향전〉 중 원효의 전기에 오면 불교적 교의나 석가적 삶의 추종 따위는 필수불가결한 서사적 강조점으로 인식되어지지 않는다. 과연 〈원효불기〉에서는 요석공주와의 비정상적 결연과 薛聰의 탄생 및 파계 후에 小姓居士로 자처하고 천촌만락을 돌며 민중교화에 진력하는 교화승으로서 면모가 어떤 행적보다 뚜렷이 부조되고 있다. 고승으로서의 권위나 일부러 과장되게 우상화하려는 화자들의 의도는 도무지 찾기가 어렵다. 이같은 결과는 하층민들의 입장에서 직접 보고들은 바를 그대로 채록했을 뿐더러 정연한 일대기적 덕성위주로 짜임새 있게 진행되는 공식적 전기를 의식하지 않았던 〈향전〉적 성격으로부터 말미암은 것이라고 본다.

⑫ ⑬의 〈郁面婢念佛西昇〉에 삽입된 부분은 그야말로 작은 고을 안에서 그 지역민들안에서 유전되는 은밀한 전설이었는데 이것이 〈향전〉에의 수습과정을 거쳐 『삼국유사』에 재인용된 것이다. 〈향전〉의 본질과 특성을 잘 대변해주는 대표적인 예로 꼽아도 좋을 것 같다. 대략의 줄거리는 고달프기 이를 데 없는 종의 몸으로 주인의 구박을 참으며 미타사를 내왕하며 발원한지 9년 만에 서방정토에 이르게 되었다는 장한 내용이다. 주인공 郁面이 고승은커녕 아주 보잘 것 없는 인물로 설정된 것이 우선 눈길을 끈다.

---

5) 상게서, 義解, 元曉不羈.

일연이 다른 곳에서 미천한 처지를 딛고 고일한 자취로 상승한 인물로 廣德, 嚴莊, 奴肹不得, 怛怛朴朴, 惠空, 惠通 등을 발굴하거니와 郁面 역시 민중간의 전승 속에서 발굴한 민중불교의 한 영웅적 표본으로 삼을 수 있다. 일연은 욱면의 일대기를 종합화하되 앞에는 〈향전〉, 뒤에는 승전의 인물전승을 나열하여 대비적으로 파악할 수 있도록 한다. 〈향전〉의 서사적 특징이라면 현실, 곧 그가 이 땅에서 남긴 자취들을 현장감 있게 묘파하는 데 있다할 것이고 반면 승전은 三生에 걸친 서사시간 속에서 주인공이 성불할 수밖에 없었던 필연적 요인을 불교적 논리에 적용시켜 찬찬히 펼친다는 것이다. 하지만 우리가 이 자리에서 더 주목해야 할 것은 일연이 〈향전〉과 승전 사이에 나타난 상이점을 지적하고 나선 대목이다.

> "고을 안에 있는 古傳에 의하면 郁面은 景德王때의 일이라 하고 徵(徵은 필경 珍인듯 싶다. 아래도 마찬가지이다.)의 本傳에 의하면 元和 3년 무자(808) 哀莊王 때의 일이라 한다. 경덕왕 이후에 혜공왕, 선덕왕, 원성왕, 소성왕, 애장왕 등 오대까지는 모두 육십여 년이나 된다. 그러면 貴珍이 먼저 되고 郁面이 뒤가 되기 때문에 〈鄕傳〉과는 선후가 다른 셈이다. 여기서는 두 가지를 다 두어 의심을 없앴다."[6]

고을 안에 있는 古傳은 말할 것도 없이 의론에 앞서 거론한 〈향전〉의 便稱에 속한다. 〈향전〉이란 고을 안에 전해오는 古傳이란 보다 자상한 풀이는 〈향전〉의 윤곽을 좀 더 좁힐 수 있는 여지를 열어놓고 있는 셈이다. 이때 〈향전〉은 대대로 특정지역의 역사, 민속, 인물, 지리, 산물, 호구, 종교, 사적 등속을 적기해온 鄕村博物誌 혹은 鄕土地理誌 등으로 보아 큰 무리가 없을 것 같다. 가령 가장 오래된 鄕傳의 하나로 보이는 金大問의 『漢

6) 상게서, 感通, 郁面婢念佛西昇. "按鄕中古傳 郁面乃景德王代事也 據徵(徵字疑作珍下亦同)本傳 則元和三年戊子 哀莊王時也 景德後歷惠恭 宣德 元聖 昭聖 哀莊等五代 共六十餘年也 徵先面後 與鄕傳乖違 然兩存之闕疑."

山記』를 예로 들 수 있을 터이다. 이 경우 큰 역사 줄기에만 경사되지 않고 묻히거나 혹은 왜곡된 지방중심의 역사가 지배적으로 나타날 수 있었을 것이다.

경주권 사람들에게는 조금 낯설게 보이는 정수사, 노힐부득, 달달박박, 욱면 같은 인물은 사실 국사나 정연한 체재의 승전에서는 수용하길 꺼리는 인물이었을지도 모르나 〈향전〉에서는 이들을 고승들의 자취 못지않게 부각시키곤 했다. 오히려 경주권을 중심으로 한 사건과 인물만이 전부인 것처럼 기술되는 편협한 시각에서 벗어나 특정지역내의 자잘한 미담, 일화, 기담, 소담, 민중영웅 등의 삶까지도 마다하지 않고 수록했던 바, 그것이 〈향전〉이 갖는 제일의 덕목이 아니었을까 한다. 물론 正史나 종합적 승전 등에서와 같이 정연한 체재와 서사적 기준을 갖추지 못하고 문맥이 거칠고 화자의 시각조차 통일되어있지 않는 한계가 있으나 〈향전〉 소재설화는 그 어느 것보다 하층세계의 인정물태를 곡진하게 수습해 놓고 있었다. 정녕 〈향전〉의 채록이 아니었다면 우리는 가장 현장에 접근해 있는 신라시기의 민중사적 사실들을 놓치고 말았을 것이다. 왕과 중앙중심의 역사에 시각을 고정시키는 동안 소홀하게 처리될 수밖에 없던 지방사, 민중사가 마침 일연을 만나 비로소 그 의미를 얻게 되었다면 그 출발점에는 친민중적 시각으로 무장한 일연의 안목이 있었다. 민중중심의 담론인 〈향전〉이 일연에게 선호된 것은 당위적인 일이었다.

욱면의 전기로 돌아가 살피건대, 〈향전〉에 실린 욱면의 자취가 고스란히 유사에 오를 수 있었던 데는 외진 향리에서 채록된 街談巷說類에 불과한 것일지라도 흘려버릴 수 없는 불교적 진실이 그 안에 숨어있었기 때문이었다.

⑫ ⑬ ⑭에서 거론한 〈향전〉과 관련해서는 다음 장에서 보다 구체적 논의가 이어질 것이므로 더 이상의 언급은 자제하거니와 〈향전〉삽입 기사를 살펴본 바에 따라 부족한대로 다음과 같이 〈향전〉적 특징이 정리될 수 있다고 본다.

(1) '鄕'을 중국과 구별해 신라를 지칭하는 뜻으로 받아들인 경우가 있다는 것이다. 이 경우는 대체로 중국의 사서 혹은 승전과 대비시키자는 의도를 깔고 있을뿐더러 신라 안에서 기록된 사료를 폭넓게 함의하고자 하는 의도를 강하게 반영하고 있다. 위의 쓰임으로 보아 ① ④ ⑨ 등의 사용례가 여기에 근접한다.

(2) 古傳, 古記, 鄕記, 俗言, 諺傳 등과 같이 설화의 전파자 · 기록자의 구별을 의식하지 않을뿐더러 구비전승물이나 기록물조차 구별 짓지 않은 채 전승되어온 서사물 전반을 아우르는 범칭으로서의 〈향전〉의 용례가 보인다. 이런 〈향전〉적 쓰임은 주로 단편적 정보의 대비에 그칠뿐이고 서사 줄거리의 확인으로까지 확장되지는 않는다. 위의 표에서는 ② ⑤ ⑥ ⑦ ⑧ ⑫를 이에 포괄할 수가 있겠다.

(3) 가장 〈향전〉의 전형에 가까운 예들로서 특정지역을 중심으로 창작 전파된 전승물이자 하천민을 포함한 농민 등 피지배계층들이 향유한 서사물로서의 〈향전〉을 꼽을 수 있다. 이 〈향전〉소재 설화들은 주된 담당층을 민중들로 삼고 있는 만큼 그들의 세계관, 현실인식이 강하게 반영되고 소재나 서사적 대상은 지리, 사적, 인물, 호구, 신앙, 영험, 물산, 풍속 등 그 서사적 범위가 상당히 넓고 줄거리 역시 단순한 구전의 한계를 넘어 점차 이야기로서의 세련미를 가미한 것으로 보인다. 물론 온전한 구전에서부터 채록자의 의식이나 문자화로 의한 정련과정이 개입된 결과일 수도 있을 것이다. 그러나 채록의 과정을 거치면서 구승의 원형이 되었다는 것을 감안하더라도 국사나 승전처럼 특정 목적이나 이해를 수반한 서사물과는 달리 극히 열린 구조를 취하고 있는 것이 이 경우 〈향전〉소재 이야기의 특성이다. 위에서 보면 ③ ⑩ ⑪ ⑬에 거론된 〈향전〉이 이에 속한다고 본다.

『삼국유사』에서 〈향전〉이란 용어의 구사는 막연한 지칭 그 이상의 다양함을 내포한 것이라는 점을 어느 정도 밝혀낼 수 있었다. 이런 3분류 이외 또 다른 변별적 자질들을 추출할 수 있을 터이나 일단 이 정도로도 〈향전〉

의 윤곽은 드러난 것이 아닌가 한다. 그럼에도 〈향전〉의 정체가 완연히 드러났다고 확신하기에는 미진한 구석이 너무나 많다. 〈향전〉의 윤곽을 마무리하는 시점에, 새삼스럽지만 우리는 〈향전〉이란 용어를 애용한 일연의 立傳意識을 다시 음미해보는 것이 옳다고 본다. 그것은 너무 막연하게 제시된 〈향전〉의 테두리를 좁히는데 있어 찬술자 일연의 의도를 헤아리는 것이야말로 〈향전〉의 성격을 밝히는 첩경이 될지 모른다는 생각이 들기 때문이다.

일연의 『삼국유사』 찬술은 기본적으로 유교적 합리주의와 함께 서사 대상을 위정자 아니면 기득권자 중심으로 한정하는데 대한 반감에서 비롯된 것이지만 그의 위대한 면모는 그런 문제의식의 제기에 그치지 않고 이를 극복할 사료적 토대를 우선 단단히 갖추어 나갔다는데 있다. 단순히 앞서 출현한 사서들에 대해 불만과 비판을 늘어놓았던 이는 어느 시대에도 있었으나 그 극복방안을 염두에 두고 서사방식이며 사료의 수습과 선별 등에 걸쳐 그토록 많은 세월을 궁리한 이가 일연이외에 누가 있을까. 〈향전〉을 거론하면서 우리는 이런 반어적 물음을 거듭하지 않을 수 없게 된다.

역사 추동의 큰 축이 민중에 있음을 어떻게 드러낼 것인가. 이런 고민 앞에서 일연은 민간구비전승으로 대표되는 하층민들의 이야기, 바로 〈향전〉소재 설화들을 주목하게 되었다. 유교사관들에게서 발견할 수 없는 神異史觀과 親民衆 史眼의 실천적 구현, 결루된 불교문화사의 발굴과 조명, 몽고압제하에서 이민족의 간섭을 벗어나기 위한 힘의 축적 등[7] 복합적 목적에 부합된다고 보아 일연은 전승담까지 과감하게 사료로 취택했고 낯설게만 보이는 서사방식을 접목시켜 기존 사서의 한계를 극복한 끝에 결국 史書의 새 지평을 열어놓았다.[8]

---

7) 鄭炳三은 「일연」(조동걸 외 2인, 『한국의 역사가와 역사학』 상, 창작과 비평사, 1994, 84면)에서 민간전승 사료, 그것을 통해 우리민족의 문화역량을 확인하고 이민족의 간섭을 벗어날 수 있는 힘을 축적하는 한편 서민들의 열렬한 신앙심을 북돋아줌으로써 결국 위난극복의 계기가 그로부터 촉발될 수 있기에 이를 적극적으로 『삼국유사』에 편입시켰다는 것이다.

일연이 불교사를 목적한 만큼 우리 앞에 소개되고 있는 〈향전〉의 기사는 온통 신라 불교설화로 채워진 듯이 비쳐지는 것이 사실이나 원래 〈향전〉소재 설화들이 불교 위주로 수습, 편찬되었다고 진단하는 것은 무리이다. 다만 민간전승이 사실의 공고성이나 객관성의 추구보다 서사적 흥미를 중시하는 경향이 크므로 신앙적 영험이나 신이를 수반하게 마련인 불교설화가 다른 것에 비해 큰 비중을 차지하게 되었을 것이다. 그렇게 보자면 위에서 제시한 (1)과 (2)의 부류는 오히려 광의의 〈향전〉에 해당하는 것이고, 보다 충분조건적인 〈향전〉이란 (3)을 가리킨다고 보아야 할 것이다. 이리하여 논증이 불완전한대로나마 필자는 (3)의 테두리로 〈향전〉의 개념 및 성격을 세워놓으려 한다. 〈향전〉의 정체성을 제대로 규명하기 위해서는 여러 각도에서의 종합적 점검이 필요해짐은 말할 필요가 없다. 본론은 하나의 시론에 불과할 뿐이다. 부족함을 조금이라도 벌충한다는 생각으로 다음 장에서는 단순한 개념 규정을 넘어 서사물로서의 〈향전〉이 지닌 특징을 찾아 이의 서사문학사적 의의를 밝히기로 한다.

3. 대비를 통한 〈鄕傳〉소재 설화의 서사적 특성

3.1. 〈鄕傳〉과 僧傳의 서사적 거리

『삼국유사』의 撰意識에 비추어 입전과정에서 가장 많은 비중을 차지하는 사료라면 아무래도 불교관련 사료들이었을 터이고 실제로 인용서목 가운데 僧傳, 寺誌, 靈驗談, 僧碑, 事蹟記, 成道記 등의 출입 비율이 다른 것

8) 李基白은 「삼국유사의 사학사적 의의」(이우성, 강만길 편, 『한국의 역사인식』 상, 창작과 비평사, 117면)에서 "일연이 『삼국유사』에 〈향전〉과 같은 민간전승기록을 전하여준 것은 특기할만한 일이다. 이 〈향전〉은 바로 민중의 견해를 말하여주는 것으로 생각되기 때문이다."라고 진단하며 〈향전〉수용에 대한 일연의 안목을 높게 보고 있다.

들을 압도하고 있다. 스스로 불승인데다 사료준비에 적지 않은 세월을 바친 결과, 어느 사서에서도 접하기 어려운 자료를 풍부하게 활용할 수 있었던 것이다. 하지만 아무리 친숙한 사료들일지라도 거리감을 둔 채 어느 일방의 사료에 매몰되지 않으려 애쓰고 있음을 쉽게 읽어낼 수 있다. 널리 알려지고 대표적 사료로 인정받은 것일지라도 그는 치밀한 검증을 빠뜨리지 않았다.

유일무이한 사료인 경우에는 어쩔 수 없겠으나 사료가 複數化된 경우 일연은 여지없이 사료끼리 상호 비교·대조하는 과정을 거치도록 한 것이다. 사료에 대한 지나치다 싶을 정도의 신중함과 함께 자신의 견해를 밝히는데 인색하다보니 의문점에는 논증과 의론을 달기 일쑤이고 그런 조건조차 여의치 않을 때는 후인들의 판단으로 남겨둘지언정 개인적 심증으로 진실을 예단하는 법이 없었다. 승전과 〈향전〉을 동시에 비교대상으로 삼고 있는 것도 이같이 치밀하고 엄격한 사료 접근태도를 반영하는 한 예이다. 어쨌든 〈향전〉의 정체를 추적하는 이 자리에서는 일연의 그 치밀성이 그지없이 고마운 배려로 느껴진다.

異次頓의 전기물로는 南澗寺 스님 一念이 撰한 〈燭香墳禮佛結社文〉과 승전, 〈향전〉이 있다고 했다. 그런데 〈原宗興起 厭髑滅身〉조는 주로 국사와 승전에 의거해 이차돈의 일생을 기술하고 있다. 이의 대강을 정리하면 아래와 같다.

① 法興王이 왕위에 오르면서 홍법할 생각을 지니고 있었으나 왕의 뜻을 헤아리지 못하는 신하들이 이를 거부했다.
② 舍人 朴厭髑만이 왕의 뜻을 헤아리고 자기 몸을 희생하고서라도 불법을 불러일으키겠다는 결심을 밝힌다.
③ 왕이 염촉의 뜻을 갸륵하게 여긴 나머지 그의 뜻에 따르기로 하고 創寺거부의 주모자로 그를 내외에 지목한다.
④ 왕명을 거역한 죄를 씌워 염촉의 목을 베자 흰 젖이 솟아나고 천지의 빛이 사라지는 등 이변이 속출한다.

⑤ 금강산에 염촉을 장사지내고 그를 기리는 절을 지으니 이로부터 신라인들의 불심이 크게 일어난다.

厭髑滅身 條가 국사와 승전의 기사를 주로 인용했다고 밝히고 있으나 일연은 〈향전〉과 비교해서 적지 않는 차이가 있음을 들고 있다. 가장 큰 내용상 괴리를 보이는 것은 ③의 부분이다.

> "厭髑이 거짓 왕명으로 신하들에게 절을 세우라는 뜻을 전하여 여러 신하들이 와서 간하자 왕은 이 책임을 염촉에게 지워 노여워하고 왕명을 거짓 전했다해서 형을 내렸다(鄕傳云 髑爲以王命 傳下興創工寺之意 群臣來諫 王乃責怒於髑 刑以僞傳王命)."[9)]

이 협주로 소개되는 〈향전〉의 이 기사는 〈신라본기〉와 〈燭香墳禮佛結社文〉이나 승전의 기록과 정면 배치되는데 어느 편이 사실을 말하는지 찬자의 견해는 유보하고 있다. 진위야 단언할 수 없으나 막연한 대로 무엇이 진실에 가까운 서술에 해당하는가를 유추해볼 수 있다. 무엇보다 법흥왕이나 염촉사이에 벌어진 미묘한 갈등 따위에도 구애될 것이 없는 민중들은 들은 대로 토로했을 뿐 그들이 사건과 상황을 호도하거나 바꾸어 전언할 여지는 없었겠고, 때문에 관찬기록에 비해 오히려 조작이나 왜곡이 덜했을 것이라고 본다.

일연도 이 점에서 굳이 협주처리를 하면서까지 민중 간에 퍼진 다른 이야기를 적기하지 않았나 싶다.[10)] 이야말로 치밀한 세상 읽기와 함께 민중의 순진한 시각을 존중하는 찬자의 선별 안을 읽게 해주는 부분이라고 해야 할 듯싶다. ④부분은 〈향전〉의 기록과 배치되지 않는 내용이지만 〈향

9) 상게서, 興法, 原宗興法 厭髑滅身.

10) 李基白, 상게서, 117면에서는 이 협주에 대해서 "이를 보면 마치 법흥왕이 이차돈에게 배신한 것 같은 느낌을 풍겨주고 있다. 이것은 〈향전〉이 아니고는 찾아볼 수 없는 면이고 아마 이것이 진실이었을 것이다."라며 〈향전〉의 기사가 더 신빙성이 높을 것으로 보고 있다.

전〉에서 그 현장성이 한층 강하게 묘사되고 있다.[11] 〈향전〉에서는 이차돈을 참수하자 머리가 금강산 마루까지 날아갔기 때문에 그 자리에 이차돈을 장사지냈다고도 했다. 그러나 일연은 승전에서는 이차돈의 묘소가 금강산에 있게 되었는지 까닭을 밝히지 않아 이상스럽다고 부언해 다시금 〈향전〉의 기록을 편드는 인상을 주고 있다. 참수와 동시에 흰 젖이 솟구쳤다는 승전의 기록도 기이하지만, 참수 후 머리가 금강산까지 날아갔다는 〈향전〉 기록은 기의성이나 불가사의를 좇는 민중의 호기심에 편승한 나머지 생겨난 변형의 하나에 해당될 것이다.

그러나 민중들은 담론의 이면에 포괄된 의미 찾기에는 대체로 무관심한 태도를 취한다. 다시 말해 민중들은 금강산에 장사지낸 까닭을 한낱 이적으로 이해할 뿐 법흥왕과 이차돈 사이에 있었을 지도 모르는 갈등적 요소 등을 굳이 캐내려 하지 않았던 것이다. 이는 무엇보다 역사규명의 의식을 과도하게 수반하지 않을뿐더러 史話까지도 서사적 효용성 위주로 재편하는 민중설화적 속성과 분리시켜 생각할 수 없겠다.

元曉不羈 조의 설화는 "〈향전〉에 기록된 한 두 가지 기이한 일"이라고 전제하여 일단 다른 승전과 구별되는 서사적 방식을 취하겠다는 뜻을 앞에서 분명히 주지시키고 있다.[12] 일부러 협주 아닌 본문에서 인용자료를 적

11) 협주에서는 이렇게 이 부분을 처리하고 있다.
"〈향전〉에 의하면 舍人이 맹세하기를 '大聖法王께서 불교를 일으키려 하시므로 내가 목숨을 돌보지 않고 세상 인연을 버리는 것이니 하늘에서 상서를 내려 두루 백성들에게 보여주십시오.' 하니 그의 머리가 날아가 금강산 마루에 떨어졌다고 했다(鄕傳云 舍人誓 曰大聖法王欲興佛教 不願身命 多劫結緣 天垂端詳 遍示人庶 於是其頭飛出 落於金剛山頂云云)."(상게서, 興法, 原宗興法 厭髑滅身)

12) 『삼국유사』에 수록된 많은 승전 가운데서도 원효불기를 특이한 승전으로 지목하는 가장 직접적인 까닭은 그것이 원사료로서 〈향전〉을 토대로 한 등재이기 때문이다. 이 점은 진작 제기되었던 바, 史在東은 「元曉不羈의 문학적 연구」(『배달말』 15, 배달말학회, 1990, 156면.)에서 "이 작품은 원칙적으로 고승전의 일반적인 전형에서 상당히 벗어나 있다. …게다가 이 작품은 鄕傳의 異事를 몇 가지 강조·부각시킴으로써 역사성을 희석시키고 있는 터라 하겠다. 그리하여 이 작품에는 본격적인 승전의 목적이 적잖이 약화되어 있다."고 했다.

시한 까닭은 원효의 전기로 이외에 行狀, 唐僧傳, 聖師傳, 本傳 등 다양하게 여러 기록들이 나타났으나 거개 내용이 비슷할 뿐 찬자가 드러내고자한 덕성 구현에는 별다른 도움이 되지 않았기 때문이라는 인식과 무관치 않다. 그 대신 원효의 삶이 내포한 진실성은 정연한 기술에다 목적이 분명한 승전적 기술로 충족되기 어렵고 도리어 민중들 간에 대물림해오던 街談巷說的 자료를 채록하고 있는 〈향전〉을 통해 극명하게 표출될 수 있다는 인식이 자리잡고 있었다. 元曉不羈 條는 아래와 같이 7토막의 기사로 이루어진다.

① 元曉의 출생 상황과 그의 출생지
② 집을 내어 만든 初開寺와 그 절의 종이 품 삯으로 받았던 기이한 밤
③ 원효의 胎夢
④ 요석공주와의 결연 및 薛聰의 탄생
⑤ 파계 후 천촌만락에의 유랑과 민중의 교화
⑥ 바닷용의 권유로 이각 사이에서 金剛三昧經 찬술
⑦ 설총이 父의 진용을 빚어 芬皇寺에 안치함

대강의 얼개에다 인과성이 결여된 채로 이야기가 각각의 덩어리를 이루고 있어 서사적 인과나 통일성을 찾아보기 어렵다. ①과 ③에서 다 같이 태생전후의 사정을 말하는 것인데 굳이 중첩시킨 것이 어색하고 ③은 서사적 순차조차 무시하고 삽입되어 있어 서사적 통일성을 저해하는 마디로 지목된다. 서사의 비중은 찬자가 앞서 전제한 것처럼 ④와 ⑤에 몰려있다. 〈향전〉의 창자와 전파층이 민중이었던 만큼이나 여기에 부조된 원효의 상은 私傳的 僧傳이라면 기피할 내용 투성이다. 찬자는 聖과 俗의 경계를 거부하는데다 권위와 위선으로 얼룩진 인물에는 기피가 심했던 만큼 민중 안에서 서방정토를 구현해나가는 원효를 聖師[13]로 지목하는 일은 당위적인

13) 상게서, 義解, 元曉不羈의 첫 부분에 "聖師 元曉의 속성은 薛氏다. …"로 나오거니와

일이 아니었던가 싶다.

짐작컨대 〈원효불기〉를 빼고는 일상의 권위와 엄숙성에 사로잡힌 인물과 구별되는 면모가 있음에도 다른 원효의 전기[14]들이 격식화된 고승전 체재를 추종하는 선에서 크게 벗어나지 못했을 터이다. 慶州 高仙寺 誓幢和上 塔碑文만 해도 그의 파계와 민중교화는 한 두 마디 말로 그칠 따름이고 갖가지 경소의 찬술과 강설에 초점을 둠으로써 당대 제일의 학승적 면모를 부각시키려는 열의로 충만해있다. 그러나 원효의 진면목은 오히려 다른데 있다고 본 것이 일연의 시각이다. 즉 성속에 구애됨이 없고 시비선악을 초월한 무애하고 불기한 면의 드러냄이야말로 가장 원효의 상에 근접하는 것이며 그것이야말로 되새겨 마땅한 일이라고 여긴 것이다.[15] 따라서 그 불기한 상을 이미 잘 반영하고 있는 〈향전〉 기록을 다른 무엇에 앞서 관심을 두고 이를 일차적 자료로 취택한 것은 전혀 이상스러울 것이 없는 접근이었다.

郁面婢念佛西昇 條는 〈鄕傳〉과 僧傳을 竝立해 놓고 있어 어떤 전기물보다 두 서사물간의 서사적 편차를 짚어보는데 용이한 조건을 마련해준다. 승전을 통해서 〈향전〉의 특징을 대비하고 〈향전〉을 통해서 승전의 서사적 변별성을 추출할 수 있는 여지가 커진다는 말이다. 먼저 인용하고 있는 〈鄕傳〉에 따르는 욱면은 景德王때 康州에 살던 阿干 貴珍의 여종으로 소개되고 있다. 그녀는 주인이 善士 수 십 인과 더불어 서방에 뜻을 두고 萬日을 약정한 후에 계를 만들어 미타사에 오르내리자 이들을 따라 꼭 염불에 참석하곤 했다. 주인이 하루저녁 곡식 두 섬을 찧게 하는 등 구박했으

『삼국유사』 전체를 통하여 원효만큼 빈번히 등장하는 인물도 드물다. 신라 불교사에서 그가 차지하는 비중이 그만큼 지대하다는 점을 보여주며 일연 개인적으로도 원효에 대해 깊은 경외감을 보이고 있는 것으로 읽을 수 있다.

14) 吳大赫, 「원효설화의 구조와 의미」(『불교어문론집』 2, 한국불교문학사연구회, 1997)에서 원효 전기 및 제 설화연구에 대한 그간의 성과들을 집약 분석하고 있어 참조된다.

15) 金泰俊은 「원효의 전승에 대하여」(『어문논총』 7·8호, 전남대, 1985)에서 원효불기조를 감각적 생을 표출하고 일생에 대한 대표적이고 상징적 단위로서 행적을 발라내려는 일연의 의도가 잘 반영된 전기작가적 산물로 파악하고 있다.

나 9년을 지성으로 발원한 끝에 어느 날 하늘로부터 "욱면은 법당에 들어가 염불하라."는 소리를 듣게 된다. 그와 동시에 그의 몸이 서쪽으로 비등하여 사라지는 일이 일어난다.16)

僧傳의 기사도 위와 대동소이하게 보이지만 史實 검증에 필요한 정보단위를 구체적으로 적시하는 것 하며 주인공의 과거세에서부터 西昇 현장의 일까지 계기적으로 훑어 보여주는 서사시간의 인식 등으로 보면 〈향전〉에 비해 가능한 자세한 내용을 포함시키자는 의도가 뚜렷하게 드러난다. 한마디로 승전적 효용성을 충분히 감안하고 기술된 것임을 확인시켜 주는 것이다.

〈향전〉에서는 볼 수 없는 내용이나 교의에 편승한 전개를 발췌하자면 이런 점들이 지적된다고 하겠다. 먼저 승전에서는 郁面이 승천한 시기를 정확하게 丁亥(747) 正月이라고 하면서 곧바로 욱면의 前生을 거슬러 올라가고 있다. 즉 棟梁八珍의 무리가 두 패로 갈려 精修를 하던 중 그 중에 한 사람이 畜生道에 떨어지는 바람에 암소로 태어나게 되었다고 했다. 그 암소가 불행 중 다행이랄까, 부석사에서 經을 나른 덕으로 貴珍의 종 욱면으로 환생하기에 이른다. 여기까지는 〈향전〉과 그대로 부합되고 다만 그가 서방정토에 간 날이 정확히 을미년 정월 21일이라고 덧붙였을 따름이다. 이날 욱면은 屋梁을 뚫고 西昇하는데 먼저 그의 신이 小白山에 떨어졌고 육신은 산 아래에 버려졌다. 뒷날 사람들은 그의 성불을 기리기 위해 육신을 버린 곳에 菩提寺를 세운다. 뿐만 아니라 욱면의 이적을 생생하게 목도한 귀진은 기꺼이 자기집을 내놓아 절로 삼게한다. 어수선하게 단편적 기사를 나열하고 맨 끝에다 다시 귀진이 바친 절의 연기를 붙여놓고 있어 유사보완의 소임과 관련한 찬자의 열의를 감지하게 된다.

〈향전〉과 승전을 사료로 취택하고 이를 다시 욱면의 전기로 재편하는 移記과정을 통해 〈鄕傳〉과 僧傳의 성격과 이 두 자료에 대한 찬자의 태도를 엿볼 수 있지 않을까 한다. 文明大는 설화에 덜 감염되고 〈향전〉을 앞

---

16) 상게서, 感通, 郁面婢念佛西昇.

서 제시하고 있는 것으로 보아 일연은 이를 더 의미 있는 것으로 받아들였다고 했으며[17] 崔成烈은 보리사 창립과 그 위치 논증, 희경 귀진 등의 전생관계 등의 치밀한 내력담으로 보아 승전의 기록이 더 사실에 부합되는 기록이라는 견해를 피력했다.[18] 이들이 기록을 토대로 사실여부의 변증에서 출발한데 비해 필자는 나름의 입장을 개진할 만큼 그 문맥을 찬찬하게 살펴볼 기회조차 갖지 못했다. 다만 찬자 일연이 다른 어느 사료보다 〈향전〉에 의미를 두고 입전에 임했으리라는 문명대의 추론이 보다 설득력을 갖지 않을까 생각하는데 무엇보다도 불승이면서도 민중적 시각을 적극 옹호, 긍정하는 일연의 관점은 욱면의 전기뿐만 아니라 『삼국유사』의 다른 문면 곳곳에서 자주 노정 된다는 점과 관련지어 볼 때 그러하다는 것이다.

이제 서사적 측면에서 두 자료의 특성에 눈을 돌려 보기로 한다. 〈향전〉은 어쨌든 하나의 사건을 초점화한 단일한 줄거리를 택함으로써 서사적 일관성과 균형이 비교적 잘 유지되고 있는 편이다. 이는 불교적 인연담에 깊이 침윤되지 않고 이야기를 민중적 취향으로 이끌어 가는데 익숙한 담당자들의 서사적 성향에서 파악할 일이다. 다시 말해 불교적 윤회관의 서사적 구현이라 할 三生的 전기고찰[19]에서 올 수 있는 복잡한 갈래의 파생담을 피하고 천한 인물이 법당의 지붕을 뚫고 승천했다는 목도자 중심의 시각을 앞세워 흥미있고 충격적인 사건에 민감하게 반응하는 민중의 취향을 충족시킬 수 있었다는 것이다.

---

17) 文明大, 「景德王代의 阿彌陀 造成問題」, 『한국사학회 논총』, 이홍직박사 회갑기념사업회, 657면.

18) 崔成烈, 「三國遺事 郁面婢念佛西昇의 몇 가지 문제점」, 『한국불교학』 6집, 한국불교학회, 1981, 147면.

19) 유교열전에 비해 승전 찬술에서 가장 극명히 드러나는 변별적 자질로서 필자는 불교적 삶의 전형으로 새겨지는 釋迦行跡에 대한 관심 및 그 모방, 그리고 서사시간에 있어 三生의 적용을 지적한 바 있다. 불승의 일대기를 목적으로 하고 있으면서도 佛典的 전개나 형상을 추종하는 것은 전자와 무관하지 않다. 아울러 대상의 일대기를 지상적 삶으로 국한시키지 않고 전생과 후생까지 폭 넓게 잡아 일생의 단위를 확장시키려는 태도가 불교적 교의에 편승한 삼생적 삶의 형상을 거부감 없이 수용하도록 하는 것이다(김승호, 『韓國僧傳文學의 硏究』, 민족사, 1992, 33~85면).

그에 반해 승전은 사소한 일화조차도 빠뜨릴 수 없다는 듯 정보수습에 더 큰 열의를 보인다. 욱면의 생을 말하되 전생까지 소원할뿐더러 현생에서의 충격적인 일에 그치지 않고 사후 주변에서 일어난 사건을 구체적으로 적기하길 마다하지 않는데 이는 불교적 삶과 불교적 교의를 자연스럽게 고취시키자는 뜻에서 비롯된 것이라고 보아야 한다. 하지만 승전에서는 표현동기를 누르고 사실의 편린남기기에 치중한 결과, 서사적 단절과 함께 화소의 각편화가 심화되고, 때문에 서사적 세련화를 기대하기 어려워지는 상황으로 빠지고 만다. 三生的 기술만 해도 그것이 불교적 세계관의 주지를 겨냥한 것이라 인정되지만 정진에 참여한 자가 무슨 연유로 축생도에 떨어졌는지 등 전제되어야 할 악업제시 등이 결여됨으로써 온전한 서사적 성취에는 이르지 못하고 만다.

한편 전승의 양상으로 보아 〈향전〉과 승전이 같은 사안을 두고 이렇듯 서사적 편차가 강하게 나타난 것은 〈향전〉이 주로 구전중심으로만 진행되고 승전은 특정 찬자의 손을 거쳐 문헌중심으로 전승되어온 환경적 조건의 탓이 매우 크게 작용했다고도 말할 수 있을 것이다. 그렇지만 여전히 두 서사물간의 괴리는 설화 담당자들이 각기 간직한 세계관과 현실관의 차이에서 비롯되었음을 부인하기는 어렵다. 승전에서 아무리 三生에 의거하여 인연의 끈을 강조하고 來生에 의미를 부여하더라도 민중들 세계에 퍼진 이야기는 많은 부분 불교적 색채가 탈색된 채 삶의 현장에서 견문한 이야기로 다시금 재편되어 나타나곤 했던 것이다. 〈향전〉은 바로 신라 당대 그런 민중설화의 양태를 가감없이 증거해주는 단서로 삼을만하다.

3.2. 〈鄕傳〉과 中國僧傳의 서사적 거리

圓光의 전기물은 이른 시기의 인물로는 드물게 비교적 풍성하게 제시되고 있다. 서사의 목적과 쓰임이 서로 상이한 것들임에도 그의 전기적 자취가 여러 갈래로 수습된 것에서 당대는 물론 후대까지 그 명성이 얼마나 높았던가를 짐작하게 한다. 서술의 목적지향이야 다를 수 있으나 실제 자료들 간에는 줄거리의 중복은 나타나게 마련이어서 『唐高僧傳』, 『古本殊異傳』, 三國史列傳 등을 비교하다보면 각 서사물이 지닌 서사방향과 인물부각의 특징 등을 파악해볼 여지가 발견된다. 우선 『唐高僧傳』에서는 원광이 중국에 유학한 이후의 일, 다시 말해 중국에서의 請益과 教化, 그리고 위기상황 등을 낱낱이 드러내고 있다.[20] 그에 나타난 줄거리를 나열해보면 이렇다.

① 圓光의 속성은 朴으로 일찍부터 儒學에 밝았으나 더 깊은 학문을 위해 25세 때 중국으로 유학을 떠난다.
② 유교경전만을 알던 그가 佛經을 접하자마자 출가를 결심하기에 이르렀고 陳나라 황제에게 간청한 끝에 출가를 허락받고 정진에 들어간다.
③ 한 神士가 그를 찾아 집요하게 강설을 청한 이후 남에게 도법을 전하고 교화하는 데 헌신한다. 이로써 그 명성은 중국으로 까지 널리 퍼진다.
④ 隋나라가 陳을 침범하는 난리탓에 원광도 절체절명의 위기에 빠졌다가 겨우 죽음을 모면한다.
⑤ 周와 陳을 거쳐 隋나라에서 이름을 떨치다가 조국 신라로 귀국한다.
⑥ 신라인들의 열렬한 환영과 기대 속에 귀국하여 對中外交를 돕는 한편 불법전도와 교화에 힘쓰다가 황룡사에서 세상을 뜬다.
⑦ 속인들이 복을 얻으려고 원광의 무덤곁에 胎를 묻었는데 벼락이 이를 내친 뒤로부터 사람들은 그를 더욱 추존하였다.
⑧ 생전에 원광을 극진히 모신 圓安도 스승과 같이 중국에 유학했는데 그 인물됨이 자못 성스러워 대중이 흠모하였다.
⑨ 병에 시달리던 왕이 圓安을 초청해 강설을 듣고 계를 받아 치유가 되었다.

20) 상게서, 義解, 圓光西學.

주로 중국체류시의 請益, 修行, 危機, 그리고 중국에서의 名聲 등에 비중을 두고 있을 뿐 신라에서의 그 활약은 상대적으로 미미하게 처리되어있다. ① ② ③ ④ ⑤가 중국행적에 해당하고 그 나머지 ⑥ ⑦ ⑧ ⑨가 귀국 이후의 활약상인데 인과성을 무시한 채 단편적 기사를 수시로 주입해 놓아 서사적 통일성을 기대하기는 어렵고 다만 이역에서 난관을 꿰뚫고 금의환향하는 주인공의 궤적이 마치 성장소설의 일면을 방불케 하고 있다.

『唐高僧傳』을 全載한 다음 일연은 東京 安逸戶長 貞孝의 집에 있었다는 『古本殊異傳』 소재 圓光法師傳을 들어 원광의 또 다른 삶을 소개하고 있다. 이곳에 오른 서사내용은 주로 중국유학기간을 뺀 나머지시기에 해당되는 것이니 『唐高僧傳』과 『殊異傳』 이 둘을 합해 놓은 경우라야 비교적 온전하게 圓光의 전 생애가 정리될 것이다.[21] 전체적으로는 서사적 중복이 심한 편은 아니나 두 전기는 몇 가지 기록상 내용의 차이가 눈에 띈다. 우선 성을 『唐高僧傳』에서는 朴이라 했으며 25세 때 배를 타고 유학한 후에 중국에서 출가한 것으로 주장하는 반면에 『殊異傳』은 그의 속성을 薛이라 하면서 어릴 적 출가하여 30세가 넘도록 三岐山에 은거한 채 수행에 몰두했다고 전한다.

『古本殊異傳』은 철저하게 이 땅에서 발생한 일을 토대로 삼고 있으며 褒述위주로 원광의 생애를 그려나가고 있다. 추론해본다면 『殊異傳』의 찬술과정에 있어 민간에 떠돌던 신이하고 초현실적인 원광이야기가 앞서 〈향전〉에 채록되었을 터이고 여타 승전에 비해 기이성이 강한 이야기위주로 『殊異傳』에 편입되는 과정을 거쳤을 것이다. 불교가 아직 온전하게 뿌리를 내리기 전을 배경으로 깔고 있는 이 설화에서 원광의 주위를 싸고도는 두 인물을 단순한 자연인으로 단정하기는 주저된다. 다시 말해 각각은 이제 맹아하는 불교의 전파자, 그리고 새 종교인 불교에 이단적 시선을 늦추지 않고 있는 토속신앙의 상징적 존재로 대응되었다고 보면 어떨까. 어

21) 상게서, 義解, 圓光西學.

쨌든 이들 사이에서 방관자에 불과했던 원광은 이승과의 대결에서 승리한 토속 신의 충고를 받아들여 중국으로 유학을 떠난다. 유학 전 원광은 자기 한 몸의 수행도 여의치 않은 존재로 나타나며 이승과 신의 대립적 설정과 그들의 마찰로 말미암아 그 존재가 가리워져 있다. 하지만 유학을 마치고 돌아옴으로써 한층 더 존숭의 대상으로 부상한다. 전체적으로『殊異傳』의 줄거리는 유학 전의 일과 귀국 후의 행적에 초점을 두고 있으며 중국내 행적은 미미하게 처리되는 특징이 나타난다.

圓光의 전승은 어떤 고승보다도 다양한 경로로 전파되어왔으니 민간전승에서 각각 승전과 〈향전〉으로, 다시『수이전』소재 원광법사전으로 옮겨지면서 서사적 편차도 아울러 심화된 것으로 보인다. 그것은 사실의 단순한 異記나 착오에 머무는 것이라고 보기 어렵다. 무엇보다『唐高僧傳』은 동방의 소국 신라출신 청년이 中華공간에 흡수됨으로써 고승으로의 현현이 가능하게 되었다는 식으로 문화 제공자로서의 우월감이 은근히 배어있다. 심지어 원광이 스님이 된 것조차 入中한 이후의 일로 명기하고 있고 난만한 불법이 根機를 부축하는 계기가 되었다며 중국유학이 원광을 완성시킨 핵심적 근거인 것처럼 전개한 것은 이같은 특성을 잘 말해주고 있다. 〈향전〉과 인물형상에 대한 엇갈린 반응은 慈藏의 경우에서도 찾아보게 된다.

> 〈鄕傳〉에 보면 慈藏이 당나라에 갔더니 태종이 그를 式乾殿에 맞아들여 화엄경강의를 청하자 하늘에서 또 감로를 내려 비로소 국사로 삼았다 했으나 이것은 잘못이다. 唐傳이나 國史에는 모두 그런 글이 없다.(鄕傳云 藏入唐 太宗迎至式乾殿 請講華嚴 天降甘露 開爲國師云者妄矣 唐傳與國史皆無文)[22]

〈향전〉을 한정된 지역의 역사, 문화, 인물, 지리 등을 포함하는 향토 사

22) 상게서, 義解, 慈藏定律.

료로 볼 경우, 자장의 중국내 사정을 전하는 위의 기사는 일연의 지적처럼 당전이나 국사에 비해 신빙성이 떨어질지도 모른다. 하지만 민중들에게는 중국에서도 원광의 활약이 대단했을 것이라는 믿음이 있었다. 다시 말해 자주적 대외의식이 전제되다보니 자국 출신의 원광이 천지를 돌면서 명성을 떨치고 중국황제 앞에서 『화엄경』을 강하고 하늘이 이를 상서롭게 여겨 이슬을 내리는 擬歷史的 장엄상으로까지 거침없이 일화를 확장시켜 나갔던 것이다. 이 같은 서사적 반응과 기록은 신라 위정층이 당에 원군을 청하고 그 힘을 빌어 삼국을 통일하는 것과 극히 대조되는 차원이 아닐 수 없다. 예거가 부족한 아쉬움이 있으나 〈향전〉이 흥미위주의 일화나 기이한 사건을 추종하는 무잡한 담론의 적용이라는 비판을 넘어 주체·자주의식으로 뭉쳐지고 민중의식에 기초한 자주적 자발적 담론임을 부정할 수 없게 만드는 것이다.

4. 〈鄕傳〉 所載 설화의 서사문학사적 의의

이제까지의 논의를 요약하는 한편 〈향전〉소재 설화의 서사적 특징을 추가하여 그 성격을 일별해 보고자 한다. 〈향전〉은 『유사』 속에서만 빈번히 제시되고 있는 신라사료의 하나로 여타 자료와 구분되는 요소를 적잖이 함축하고 있음이 드러났다. 항목을 세워 세분하자면 아래와 같다.

첫째, 학식이나 학문적 관심을 유보한 유식층이 일정한 지역을 중심으로 민중 안에 구승되던 이야기들을 자신의 사견을 가능한 배제하고 있는 그대로 채록해 놓아 어느 자료의 것보다 신라 설화의 원형을 잘 보전해주고 있다. 기록은 유식자의 작업이므로 채록의 과정에서 그들의 의식이나 세계관이 민중간의 전승담과 부합되지 않을 개연성이 없지 않으나, 적어도 〈향전〉은 특별한 서사적 목적성이 드러나지 않고 있으며 구술자와 이야기 내용 사이의 이해가 개재되지 않은 퍽 순수한 의미의 설화로 채워져 있었던 것으로 보인다. 이렇게 볼 때 〈향전〉 소재 설화야말로 신라구비전승의 원형적 면모를 우리시대까지 가장 온전히 전해주는 대상으로 꼽아도 좋을 것이다. 〈향전〉 수용 설화의 주제지향성으로 말하여 우선 언급할 것이 민중의식의 비등이었다. 민중이 담당층으로 나서는 일반의 설화와 마찬가지로 〈향전〉도 민중의 소망, 세계관을 반영한 이야기들이 집중 갈무리되어 있다. 〈향전〉은 서사공간을 향촌으로 한정함과 함께 미천한 인물마저 주인공으로 등장하여 공식적 기록에서 보기 어려운 여항의 인정물태까지 엿보게 한다. 가령 感通이나 避隱, 孝善 篇의 주동인물들은 〈향전〉이 아니었다면 그 존재가 드러날 수 없었다고 해야겠다.

감통편의 〈正秀師救氷女〉 이야기를 주목해보자. 黃龍寺 승 正秀가 폭설과 한파가 극심한 날 밖에 나섰다가 靑巖寺 앞에서 애를 낳고 기진해있는 산모와 아이를 발견한다. 자칫 동사할 찰나에 있는 이들을 보고 정수는 장삼 따위를 통째로 벗어 감싸주고 알몸인 채로 절로 내달렸으나 그곳에도 옷이 없어 볏짚으로 몸을 싸고 엄동설한의 밤을 지새야만 했다. 母子에게 옷을 내주고 알몸으로 밤을 새우는 정수는 자비가 충만한 석가나 보살의 응현처럼 보인다.

『유사』는 생경하고 관념적 언어로 불교사상을 논파하려 들지 않는다. 위에서 보듯 권위와 허위의식 대신 충만한 자비심으로 민중을 구휼하는 예화를 통해 한층 절실한 감동과 감화를 이끌어 낸다. 심오한 교리나 철리를 앞세운 교설이 아니지만 정수사이야기는 길고 깊은 여운을 드리운다. 『유사』의 뒤편에 이르며 협주 등 상세한 설명이 줄어들거니와 정수사 미담도 출처는 불명이나 내용상 〈향전〉에 먼저 올라있을 법한 이야기가 아닐 수 없다. 과정을 추론컨대 민간의 전언이 〈향전〉 혹은 寺衆 古老 등의 입을 통해 전해오다 『유사』에 정착된 것이 아닌가 한다.[23)]

---

23) 〈鄕傳〉의 인용례로 보아 『삼국유사』에서 흥미로운 점을 하나 지적할 수 있다. 그것은 『삼국유사』가 뒤편으로 갈수록 민간전승에서 차용했음직한 이야기들로 엮어지고 있음에도 설화의 출처로 〈향전〉을 명기하는 횟수는 점차 줄어들며 종결부에 이르면 아예

둘째, 〈향전〉에는 자주·자긍심의 표출이 정통의 사서들보다 강하게 발현되고 있다는 것이다. 삼국중 반도 동쪽에 치우쳐 있고 문화유입이 뒤떨어졌다는 현실적 한계가 신라인들에게 자주정신을 키우게 했을 지도 모르나 적어도 〈향전〉에서는 어떤 대외적 열등의식도 찾기 어렵다. 이는 梁·唐·宋 연간 중국에서 지어진 종합적 승전에 편입된 고승의 전기와 〈향전〉의 것을 대조해보면 금방 드러나는 일이다. 이러한 주체적 태도는 선진문물과 학문을 제공하는 수여자로서의 우월 위식을 만만찮게 드러내는 중국 승전들과 대척적 관계를 이루게 된다. 예를 들자면 圓光 慈藏 등의 전기에서 보듯 〈향전〉은 唐傳과 國史의 기록과 굳이 합치되지 않으며 자주정신을 바탕에 두고 민중의 시각을 앞세워 이 땅의 역사와 인물을 당당하게 부조해 나간다. 이것은 상대적으로 모화, 사대 의식에서 자유스러울 수 있었던 민중들의 자존적 의식과 무관할 수 없는 서사적 현상이 아닌가 한다.

셋째, 일반 사서와 달리 전달동기보다 표현동기가 우세하게 나타나면서 서사적 성취도가 높게 나타난다는 것이다. 왜냐하면 근본에 있어 설화는 역사의 解釋과 轉授에 목적을 둔 것이 아니라 서사적 즐거움을 전제로 하여 퍼지는 이야기일 수밖에 없기 때문이다. 그리고 僧史나 高僧의 전기를 전제로 한 나머지 서사적 재미나 흥미는 차선으로 미루고 교의나 덕성을 우선시해야 하는 승전과 비교할 때 주제의식이 대단히 미약하게 나타나는 결점을 피하기 어렵다. 특히 국가적 인물이나 거국적인 대상을 좇기보다 쉽게 잊혀지고 왜곡될 여지가 큰 이야깃거리를 더 선호한다는 점, 민중의

〈향전〉삽입기사를 거론조차 하지 않는다는 사실이다. 노쇠한 나이에 『삼국유사』를 찬술했다는 일연의 현실적 처지를 감안할 때 빈번하게 〈향전〉기사를 삽입시키고 치밀하게 주석처리를 수행한다는 처음의 다짐을 어느때부턴가는 감당하기 어렵게 되지 않았던가 추측해볼 수도 있다. 그렇지만 〈향전〉으로부터의 출처를 거론하지 않았다하더라도 眞定師孝善雙美를 비롯하여 包山二聖, 孫順埋兒, 貧女養母, 布川山, 五比丘 廣德嚴莊 등등의 이야기는 주인공이나 그들을 에워싸고 있는 배경으로 미루어 〈향전〉소재 설화로부터 유입된 것이 명백해 보인다.

관심영역에 비추어 의미 있다고 믿어지는 인물, 사건, 상황을 선별하고 동시에 이야기의 흥미적 요소를 교훈, 교술적 요소보다 우선시한다는 점, 童話 혹은 傳奇와 같은 초현실적 세계마저도 스스럼없이 서사자료로 수용했다는 점 등은 〈향전〉의 담론 성격을 판가름하는 결정적인 요인이다.

넷째, 신라 인물전승이나 향촌사적 단편에 머물지 않고 후대 설화나 야사출현을 돋워주는 한 본보기로서 크게 기여했으리라고 본다. 즉 신라 당대의 효용성을 넘어 그 영향력이 후대까지 두루 미쳤으리라는 것은 결코 억측으로나 치부해 버릴 수 없겠다. 신라 말 출현했다는 『殊異傳』, 고려초의 『均如傳』, 고려중기의 『海東傳弘錄』 등의 逸文만으로 한정하더라도 〈향전〉과의 유사성을 지적하는 일이란 어렵지 않다. 적어도 이들 이야기의 상당부분은 〈향전〉류에서 발원했거나 혹은 영향받은 것이 아닐까 생각된다. 그런 추론을 바탕으로 한다면 아래와 같은 서사 문학사적 도식이 가능해진다.

史書(『삼국사기』, 『삼국유사』)
民間傳承 → 〈鄕傳〉 수록 → 說話集(『수이전』) → 野談, 古小說
僧傳(〈원효전〉, 〈자장전〉, 〈욱면전〉, 『균여전』)
靈驗集(『해동전홍록』, 『법화영험전』)

앞에서 거론한 『殊異傳』은 차치하고 『均如傳』을 두고 볼 때 현장적이고 사실 증언적 기사와는 거리가 있으나 불교적 영이성을 발현시킬 갖가지 일화를 앞세우고 있으며 논리적 층위를 저해하면서까지 주인공을 신비화시키는 이야기로 일관하고 있어 위와 같이 서사문학사를 일별해 보이는 것이 그리 무망한 일로 보이지는 않는다.

시대적 간극 탓으로 『均如傳』의 〈향전〉적 영향을 곧바로 추출할 수는 없다.[24] 하지만 풍부한 인물설화의 주입으로 전기에 접근하는 〈향전〉적

---

24) 赫連挺은 『균여전』의 머리에서 입전동기를 비교적 상세히 밝히고 있는바, 입전의 동

서사태도는 고려 초에 등장하는 설화적 전기물에 어떤 식으로든 영향을 끼쳤다고 보겠다. 『海東傳弘錄』 역시 〈향전〉과의 관련성을 배제할 수 없는 영험담 위주로 기술된 이 땅의 승사이다. 또한 『해동전홍록』은 찬자가 스스로 창작한 허구가 아니라 이 땅의 불사를 염두에 두고 각처의 불교 영이담을 모아 편찬한 영험집으로 수록 설화들의 일부는 〈향전〉에서 유래한 것이었음이 드러난다.[25)]

기를 부여한 대상으로는 崔致遠이 지은 〈義湘傳〉을, 그리고 실제 입전을 구체적 자료로는 앞서 康惟顯과 昶雲이 각각 지었다고 하는 〈均如行狀〉을 들고 있다. 이로 보면 지식인들이 남겨놓은 비교적 정연한 전기적 자료가 찬술의 밑바탕을 이루고 있었다 하겠다. 그러나 승전형식으로는 지나치다싶게 설화성이 강한 이야기 위주로 된 것으로 비추어보아서는 승전류 이외 상당히 많은 부분을 〈향전〉 등에 수록된 민간전승에서 취한 것이었다고 추론해도 무방할 것이다.

25) 『海東傳弘錄』은 『海東法華傳弘錄』이 원명으로 그 존재가 알려진 것은 『법화영험전』 序를 통해서 였다. 『법화영험전』은 고려 말 고승 了圓이 당나라 慧詳의 『홍찬법화전』(10권), 송나라 宗曉의 『現應錄』(4권), 그리고 고려의 고승 眞淨大師 天頙이 엮은 『海東法華傳弘錄』(권4)을 전거로 삼아 법화신앙에 이바지 할 수 있게끔 상하 2권 1책으로 엮은 것이다.

중국의 영험집을 본떠 엮은 것이라고 해도 『해동전홍록』 소재 설화만은 퍽 주목된다. 『해동전홍록』에서 따온 설화는 9段의 帝親試通, 14단의 黑風吹其船舫, 16단의 深經辯山人之精書, 堪歌崔牧伯之慶會, 光明出於口角, 菡舊生於舌根, 寶岩徒之或講或疑 등 7편에 이른다. 여기에다 출처를 밝히지는 않았으나 16단의 蓮華院之若讀若說, 珍禽顯瑞, 亡妹告徵 등 3편도 고려의 영험설화임에 틀림없다. 그런데 10개의 설화들은 그 서사적 공간이 안동, 경주, 순창, 나주, 상주, 개성 등 전국적으로 분포를 보이고 있고 주체들 역시 스님, 장사꾼, 牧使, 아전, 퇴임고관 등 다양한 계층과 신분으로 이루어져 있어 어쩌면 전국단위의 영험설화 모음집이라고 할 만한다. 眞淨大師가 독자적으로 공간과 시간의 진폭이 엄청난 이야기들을 수습하고 찬술했다고 보기는 힘들고 여러 문헌의 도움을 받았음을 증거하듯 풍성한 전거들이 예시되고 있다.

『전홍록』에서 따온 7개의 각 편 중 특별히 黑風吹其船舫이나 光明出於口角을 통해 『해동전홍록』에 이들이 수록되기까지의 경로를 다소 나마 밝혀볼 수 있는 것은 작지 않은 행운이다. 앞의 설화는 〈敏藏寺記〉, 〈鷄林古記〉, 『傳弘錄』 등에 동시에 올라있었고 뒤의 것은 단지 『해동전홍록』에만 올라있었던 이야기로 적기하고 있다. 한데 이 두 이야기는 『삼국유사』에도 올라있어 흥미롭다. 그러나 일연은 그답지 않게 이들의 출처를 제시하지 않음으로써 『전홍록』과 『유사』 사이에 혹여 상호 텍스트적 교섭을 유추하게 하는데 하지만 이는 현실성이 없다고 본다. 대신 진정과 일연이 동시대 활동했음을 감안할 때 두 사람 모두 당대까지 유전되던 〈민장사기〉, 〈계림고기〉 소재 이야기를 통해 서사적 목적에 따라 취택했다고 보는 것이 무리가 없겠다.

전거 가운데 주목되는 것은 아무래도 〈계림고기〉가 아닌가 한다. 일연의 경우라면 마고려 말 了圓이 편찬한 『法華靈驗傳』은 그 이전 삼국 고려시대에 각처의 독실한 불자들이 겪었던 신이한 불교적 영험을 수집 · 정리했던 이 『해동전홍록』에서 몇몇 이야기를 발췌했음을 밝혔다. 이를 통해 眞淨大師가 지은 『해동전홍록』은 이 땅의 불교적 영험을 온전히 갈무리한 설화집으로 인정할 법하거니와 각 편은 공식적 사서나 승전에서는 오르지 못했으나 결코 쉽게 지워져서는 곤란한 단편적 기사들로써 〈향전〉의 각 편에 퍽 접근해 있었음을 알 수 있다. 다시금 새기지만, 〈향전〉의 서사적 전통과 채록의 관행은 후대 설화집, 영험집, 전기 등의 출현뿐만이 아니라 서사물의 내용과 주제에 걸쳐 폭 넓은 영향을 미쳤으리라는 것을 위의 예들을 통해 거듭 확인하게 되는 것이다.

참고문헌

『殊異傳』
김부식, 『三國史記』
일연, 『三國遺事』
宗曉, 『現應錄』
中華大辭典
天頙, 『海東法華傳弘錄』
慧詳, 『弘贊法華傳』

땅히 〈향전〉으로 처리하고 말았을 터이나 了圓이 구체적으로 〈계림고기〉라고 적기해줌으로써 〈향전〉과 관련하여 의미 있는 시사점을 제공받게 된다. 〈민장사기〉와 〈계림고기〉 사이의 선후 관계는 알 수 없다 해도 일연에게서 〈향전〉으로 범칭되던 이같은 향토지류가 자체의 설화보전 몫을 넘어서고 있을 뿐만 아니라 다음시대의 사서, 설화집, 승전, 영험집 등에 담론적 저장고 구실을 했다는 점에서 그 의의는 더욱 분명해진다. 본문에서 도식화한대로 민간전승은 그 현장에서 〈향전〉으로 정착되고 여러 서사담론에 분화 수용되었다가 마침내 야담이나 고소설의 출현을 촉발시켰다 하겠으니 〈향전〉소재 설화가 갖는 의의는 마치 서사담론 전개에 있어 거대한 수원지에 비견될 수 있을 듯하다.

김승호, 「海印寺留鎭 八萬大藏經開刊因由의 출현시점과 소설사적 위상 검토」, 『한국문학논총』 42집, 2006.
김종철, 「전기소설의 전개양상과 그 특성」, 『민족문화연구』 28집, 1995.
류준경, 「김현감호를 통해 본 전기소설의 형성과정과 그 특성」, 『고소설연구』 30집, 2010.
文明大, 「景德王代의 阿彌陀 造成問題」, 『한국사학회 논총』, 이홍직박사 회갑기념사업회, 657면.
박일용, 「소설사의 기점과 장르적 성격논의의 성과와 과제」, 『고소설연구』 24집, 2007.
박희병, 「나려시대 전기소설 연구」, 『대동문화연구』 30집, 1995.
史在東, 「元曉不羈의 문학적 연구」, 『배달말』 15, 1990, 156면.
吳大赫, 「원효설화의 구조와 의미」, 『불교어문론집』 2, 1997.
李基白, 「삼국유사의 사학사적 의의」, 『한국의 역사인식』 상, 창작과 비평사, 117면.
장효현, 「전기소설 연구의 성과와 과제」, 『민족문화연구』 28집, 1995.
전선영, 「불교영험담의 비교연구」, 『한국어문학연구』 58집, 2012.
鄭炳三, 「일연」(조동걸 외 2인), 『한국의 역사가와 역사학』 상, 창작과 비평사, 1994, 84면.
정환국, 「불교영험서사의 전통과 법화영험전」, 『고전문학연구』 40집, 2011.
崔成烈, 「三國遺事 郁面婢念佛西昇의 몇 가지 문제점」, 『한국불교학』 6집, 1981, 147면.

출처 졸고, 「鄕傳을 통해 본 신라 민중설화의 양상」, 『고소설연구』 5집, 한국고소설학회, 1998, 299~332면.

韓中間 佛經설화의 수용방식과 변이양상
-觀佛三昧經의 佛影談을 중심으로

1. 머리말

불경의 전파는 단순히 불교사상, 교리의 전파만을 의미하지 않는다. 불경 안에 숱한 설화가 갈무리되어 있다는 점에서 그것은 인도설화의 범세계적 전파에 해당되는 사건으로 이해해도 무리가 없을 것이다. 본고에서 살피려는 『觀佛三昧經』은 석가의 교설로 채워지기보다 흥미로운 이야기를 총체화하고 있는 불경으로 중국과 한국의 불교설화 형성에 큰 영향을 끼쳤다.[1] 대략 17개의 유형으로 나누어진 『觀佛三昧經』 소재 설화는 석존이 부왕과 아난에게 이야기를 들려주는 형식을 취하는데 그중에서도 六誓品에 들어있는 佛影설화는 인도영역을 넘어 중국과 한국 등에서도 후대적 전승담이 발견된다.

1) 손진태, 『한국민족설화의 연구』, 1947, 166면.

佛影설화는 발생시점이 釋迦시대로 소원되기 때문에[2] 전승의 자취를 통시적으로 상세히 밝히기는 어렵겠으나 비교적 다양하게 전하는 자료들에 주목한다면 인도의 佛影설화가 한국과 중국에 어떻게 수용되었으며 정착된 설화가 그 후 어떻게 토착, 자생적 이야기로 변해가는 지 그 일단을 짚어보는 일은 가능하다고 하겠다. 이 작업을 통해 우리는 일반적인 불교설화와 여러 가지 점에서 차이점을 간직한 불경설화의 수용 및 파생에 대한 특성을 확인할 수 있을 것으로 기대한다.

2. 자료의 범위와 근원설화

佛影설화 유형을 총체화하는 것이 바람직할 터이나 편의상 이글에서는 한국과 중국에 전하는 문헌, 구전형식의 佛影설화로 한정하여 논의를 전개할 생각이다. 이같이 범위를 좁히는 것은 제 佛影설화를 총집하기 어렵다는 실질적 어려움과 함께 불경, 혹은 중국문헌설화들이 우리에게 보다 직접적인 영향을 끼쳤을 것이란 판단 때문이다.[3] 아래 제시한 각 편을 통해 인도에서 발원한 佛影설화가 韓·中에 어떤 영향을 끼쳤는지 어느 정도는 가름할 수 있다고 본다.

	출처	전승형식	전승시기 및 영역
①佛影이야기	『觀佛三昧經』 六誓品	문헌	석존재세기, 인도
②佛影이야기	『高僧法顯傳』(法顯찬)	문헌	5세기, 東晉
③佛影이야기	『高僧傳』, 慧遠傳(慧皎찬)	문헌	6세기, 東晉
④佛影이야기	『大唐西域記』(玄奘찬)	문헌	7세기, 唐
⑤만어산 이야기	『三國遺事』, 魚山佛影(一然찬)	문헌	13세기, 고려
⑥만어산 이야기	「萬魚寺棟樑普林奏」(普林찬)	문헌	13세기, 고려

2) 이미즈노 고겐, 이미령 옮김, 『경전의 성립과 전개』, 시공사, 1996, 24면.
3) 김운학, 『불교문학의 이론』, 일지사, 1981, 34면.

⑦佛影寺이야기	「天竺山佛影寺記」(柳伯儒찬)	문헌	14세기, 고려
⑧만어사 돌의 유래	『한국구비문학대계』, 8-7, 103면.	구비	최근, 밀양군
⑨만어사 미륵불의 유래	상동, 8-7, 129~131면.	구비	최근, 밀양군
⑩만어산 너덜겅의 유래	상동, 8-8, 37~39면.	구비	최근, 밀양군
⑪만어사의 유래	상동, 8-8, 182~184면.	구비	최근, 밀양군
⑫만어산바위와 만리장성	상동, 8-8, 550~551면.	구비	최근, 밀양군
⑬만어사 이야기	『명산고찰을 찾아서』 하(박설산, 이고운저), 162면.	구비	최근, 밀양군

어느 정도 서사량을 갖춘 이야기만을 선별하여 제시한 것으로 ①이 인도에서 발생한 근원설화, ②③④는 중국의 문헌설화, ⑤~⑬은 한국의 문헌 혹은 구비설화에 속한다. 석존재세시 인도의 설화를 바탕에 두고 출현한 ①이 인도 권역에 머물지 않고 광범한 영역을 가로질러 韓中에까지 전승력을 유지할 수 있었던 것은 그것이 불경 내 설화라는 점 때문이었는데 좀 더 핵심적 원인을 꼽으라면 5세기 초 진행된 『觀佛三昧經』의 한역화 사업에서 찾아야 할 것이다. 이 經을 한역한 이는 인도의 승려 佛馱跋陀羅(359~429)였다. 그는 인도 카필라 성의 석가족 자손으로 중국불교를 지도해달라는 중국 승려 지엄의 청을 좇아 중국에 들어간 후 앞서 장안에 와 있던 구마라집과 교학을 논하는가 하면 당시 廬山에 머물고 있던 慧遠을 찾아 교유하며 초기 중국불교사에 지대한 공을 남겼다.[4] 중국에 불교문화를 유입시킨 공은 다양하지만 결정적으로 명성을 높인 계기는 『華嚴經』 60권, 『觀佛三昧經』 등을 포함한 경전의 한역화사업에서 찾아야겠다.

『觀佛三昧經』은 10卷 12品으로 구성되어 있으며 佛影설화가 들어있는 부분은 第6 觀四威儀品이다. 전반부의 品들이 父王의 요청에 따라 부처의 32相을 父王과 후세의 중생을 위해 설해 주는 것과 달리 이 品부터는 부처가 阿難에게 이야기를 전하는 방식을 취하며 전개된다. 6品까지는 32相을 관하는 방법을 제시함으로써 결국 중생이 부처의 色身을 觀하면 그 마음

4) 慧皎, 『高僧傳』 卷2 佛馱跋駝羅傳.

이 결국 부처와 다를 바 없게 된다는 점을 밝힌다.[5] 한데 단 한 번의 觀佛만으로 영원토록 불성을 지닌 존재로 남을 수 있는지는 누구도 장담할 수 없다. 이런 상황을 전제로 하여 설계된 이야기가 바로 佛影談이라고 보면 될 것 같다. 즉 석존은 악행의 대리인으로 용과 나찰녀를 등장시켜 행패를 일삼던 그들이 어떻게 교화되어 가는지 그 변화과정을 상세히 보여주고 있다. 악인으로서 독룡과 나찰녀는 야건가라국 아나사산 남쪽의 굴을 중심으로 온갖 만행을 저지르게 된다. 무엇보다 4년 동안 우박이 내리면서 기근 및 질병으로 백성들의 고통이 고조에 달하게 되었다. 이들과 대적할 힘이 없었던 왕은 결국 세존에게 도움을 청하게 되고 애민정신이 남달랐던 세존이 곧바로 아나사산 석굴에 당도한다. 별다른 신통력을 발휘한 것도 아닌데 독룡과 나찰녀는 순식간에 석존 앞에 무릎을 꿇고 제자가 되기를 간청한다. 이후에도 그들이 또 발동할지 모르는 악심을 걱정하자 세존은 석굴 안에서 정좌한 채 1500년을 머물기로 약조해준다. 가까이 가면 안보이고 멀리 떨어지면 뚜렷하게 보이는 佛影, 그로 인해 독룡과 나찰녀는 더 이상 악심발동의 유혹에 시달릴 필요가 없어진다.[6]

---

5) 章輝玉,「觀佛三昧經」,『불교 경전의 이해』, 불교신문사편, 1997, 215~217면.

6)『三國遺事』卷四, 魚山佛影.
可函觀佛三昧經第七卷云 佛到耶乾訶羅國古仙山 薝葍花林毒龍之側 青蓮花泉北羅刹穴中 阿那斯山南 爾時彼穴有五羅刹 化作女龍 與毒龍通 龍復降雹 羅刹亂行 飢饉疾疫 已歷四年 王驚懼 禱祀神祇 於事無益 時有梵志 聰明多智 白言大王 伽毗羅淨飯王子 今者成道 號釋迦文 王聞是語 心大歡喜 向佛作禮曰 云何今日佛日已興 不到此國 爾時如來 勅, 勑諸比丘 得六神通者 隨從佛後 受那乾訶羅王弗婆浮提請 爾時世尊 頂放光明 化作一萬諸大化佛 往至彼國 爾時龍王及羅刹女 五體投地, 池 求佛受戒 佛卽爲說三歸五戒 龍王聞已 長跪合掌 勸請世尊常住此間 佛若不在 我有惡心 無由得成阿耨菩提 時梵天王 復來禮佛 請婆伽婆爲未來世諸衆生 故莫獨偏爲此一小龍 百千梵王皆作是請 時龍王出七寶臺 奉上如來 佛告龍王不須此臺 汝今但以羅刹石窟 持以施我 龍歡喜云云 爾時如來 安慰龍王 我受汝請坐汝窟中 經千五百歲 佛湧身入石 猶如明鏡 人見面像 諸龍皆現 佛在石內 映現於外 爾時諸龍合掌歡喜 不出其地 常見佛日 爾時世尊結伽趺坐在石壁內 衆生見時遠望卽現 近則不現 諸天供養佛影 影亦說法 又云佛蹴嵓石之上 卽便成金玉之聲

『觀佛三昧經』 소재 근원설화는 이보다 훨씬 복잡한 줄거리를 포괄하고 있으나 이 정도의 내용만 숙지하더라도 후대설화와의 관련성을 점검하는 데 지장이 없다고 본다.

3. 중국내 불영담의 수용과 설화 현장적 보고

佛影談이 인도를 벗어나 중국내에 널리 퍼질 수 있었던 까닭은 일차적으로 『觀佛三昧經』이 문헌설화의 역할을 훌륭하게 수행해준 것에서 찾아야 할 터이다. 그런데 『觀佛三昧經』이 전파된 즈음에 구전설화도 중국 내에 퍼졌던 것으로 보인다. 가령 法顯보다 오히려 앞서 활동했던 東晉의 慧遠(335~417)은 아래와 같이 인도의 道士에게서 불영 이야기를 접한 것으로 전해진다.

> 慧遠이 듣기를 천축에 부처님의 영상이 있는데 이는 부처가 옛날 독룡을 교화하실 때 남긴 상이며 북천축 월지국 나갈라성의 남쪽 옛 신선의 석실에 있으며 지나는 길은 유사국에서 서쪽 1만 5천8백50리에 있다하여 그는 기쁜 감회가 가슴에 교차하여 뜻을 세워 우러러 그 형상을 늘 한번 보고자 하였다. 때마침 서역의 도사가 그 광상을 말해주어 慧遠은 마침내 산을 등지고 물이 임한 곳에 감실을 짓고 묘산이라는 화공을 시켜 담담한 채색으로 그림을 그리게 하였는데 빛깔이 허공을 쌓은 듯하고 바라보면 연기나 안개와도 같았으며 빛나는 형상이 밝고 아름다워 숨어있는 듯 하면서도 뚜렷이 나타나 있었다.[7]

7) 慧皎, 『高僧傳』, 慧遠傳.
遠聞天竺有佛影 是佛昔化毒龍 所留之影 在北天竺月氏國那竭呵城南古仙人石室中 經道取流沙西一萬五千八百五十里 每欣感交懷 志欲瞻覩 會有西域道士敍其光相 遠乃背山臨水 營築龕室 妙算畵工 淡彩圖寫 色疑積空 望似烟霧 暉相炳曖 若隱而顯

이 기록은 4세기경에 나갈라국의 佛影이야기가 이미 중국내 불자 사이에서 그리 생소하지 않았음을 일러준다. 慧遠은 특히 서역에서 온 도사가 들려주는 佛影談에 감동한 뒤에 증언을 좇아 배산임수한 장소를 골라 석실을 만드는 한편 화공을 불러 석굴을 만들고 부처 형상을 마련하는 일에 착수했다. 그는 단순히 설화의 전언자에 그치지 않고 佛影발원지를 고스란히 여산에 되살려 놓는가 하면 불영을 기리는 銘을 남기기까지 했다.[8] 설화의 수용,전승 맥락에 비추어 혜원은 퍽 특이한 경우가 아닐 수 없다. 최초의 불영 전파자를 서역의 도사로 본다면 慧遠은 그 설화를 또 다른 인물에게 전파하는 제2의 운반자인 셈이다. 당대 선가에서 이미 높은 명성을 지녔던 만큼 그가 여산에 또 다른 佛影處를 축조한 사건은 당대는 물론 후인들에게 불영설화에 대한 영험성과 신비감을 높이는데 기여했음이 틀림없다.

慧遠과 활동시기가 비슷한 法顯은 서역을 순례하던 중 직접 佛影을 대면하고는 그 감동을 기록으로 남긴 최초의 중국 승려이다. 그는 東晋 隆安 3년(399) 己亥에 慧景, 道整, 慧應, 慧嵬 등과 더불어 천축여행을 떠났다. 인도 승이 속속 중국으로 들어오고 한역화 사업이 활발하게 진행되던 시기이기는 하지만 대장경 입수에 대한 열망을 억누르지 못하다가 60세의 노령에 구법의 길에 오르게 된다.[9] 『高僧法顯傳』의 기록에 따른다면 그가 인도에 들어가기 전까지는 佛影이야기를 듣지 못한 것 같고 나갈국에 이르러

---

8) 慧皎, 상게서.
廓矣大像 理玄無名 體神入化 落影離形 迴暉層巖 凝映虛亭 在陰不昧 處闇逾明 婉步蟬蛻 朝宗百靈 應不同方 跡絶杳冥(其一) 茫茫荒宇 靡勸靡奬 淡虛寫容 拂空傳像 相具體微 沖姿自朗 白毫吐耀 昏夜中爽 感徹乃應 扣誠發響 留音停岫 津悟冥賞 撫之有會 功弗由曩(其二) 旋踵忘敬 罔慮罔識 三光掩暉 萬像一色 庭宇幽藹 歸途莫測 悟之以靖 開之以力 慧風雖遐 維塵攸息 匪聖玄覽 孰扇其極(其三) 希音遠流 乃眷東顧 欣風慕道 仰規玄度 妙盡毫端 運微輕素 託綵虛凝 殆映霄霧 跡以像眞 理深其趣 奇興開衿 祥風引路 淸氣迴軒 昏交未曙 彷彿神容 依稀欽遇 (其四) 銘之圖之 曷營曷求 神之聽之 鑒爾所修 庶玆塵軌 映彼玄流 漱情靈沼 飮和至柔 照虛應簡 智落乃周 深懷冥託 宵想神遊 畢命一對 長謝百憂(其五)

9) 慧皎, 상게서, 釋法顯傳.

서 비로소 佛影에 얽힌 설화를 전해들은 것으로 여겨진다. 그는 나갈국의 석실에 대해 이렇게 밝히고 증언하고 있다.

> 나갈성 남쪽으로 반 유연 되는 곳에 한 석실이 있었는데 부처님께서는 산을 뚫어서 이곳에 당신의 그림자를 넣어두었다. 10여 보를 물러나 바라보면 부처의 참 모습을 보는 것 같고 금색의 상호는 빛나면서 뚜렷했다. 여러 나라 왕들이 화가를 보내 이를 그리게 했으나 능히 이룰 수가 없었다. 그 나라 사람들은 서로 전하기를 천불은 모두 이곳에 그림자를 남겼다고 했다. 부처님 그림자가 있는 서쪽으로 4백보 정도 되는 곳에 부처가 살아계실 때 머리를 깎으시고 손톱을 자르시고 제자들과 함께 높이 7~8丈의 탑을 세워 후세에 탑의 모범이 되도록 하셨던 곳이 있는데 그 탑은 현재에도 있다.[10)]

法顯이 서쪽으로 출발하기 전에 佛影설화를 들었는지는 알 수 없다. 설사 인도로 출발할 때까지는 알지 못했다가 현지에 당도해서야 佛影談이 얼마나 널리 유포되고 있는 지 실감했을 수도 있다. 佛影설화는 쟁투담으로 비쳐지기도 하지만 보통 이야기의 전개와는 다르다. 주동인물이라 할 부처가 천상천하를 빈틈없이 주재하고 있으므로 그와 감히 대적할 인물을 설정하기란 불가능하다. 그런 만큼 부처의 힘에 의지하고자 하는 무리가 쉴 사이 없이 다가온다. 야건가라국을 배경으로 하는 이 이야기는 아래와 같이 전개된다.

부처에게서 멀리 떨어져 있던 나갈국 안에 뜻밖의 위기가 닥친다. 평온함이 지속되던 차에 아나사산 남쪽의 굴에 살고 있던 5 나찰이 독룡과 어

---

10) 法顯,『高僧法顯傳』.
那竭城南半由延有石室博山 西南向佛留影 此中去十餘步觀之如佛眞形 金色相好光明炳著 轉近轉微彷佛如有 諸方國王遣工畫師摹寫莫能及 彼國人傳云 千佛盡當於此留影 影西四百步許 佛在時剃髮剪爪 佛自與諸弟子共造塔 高七八丈以爲將來塔法 今猶在

울려 다니면서 우박을 내리는 등 4년에 걸쳐 갖은 횡포를 부려 백성들이 기근과 질병에서 헤어날 수 없게 된 것이다. 왕은 神明에게 기도하고 제사 지냈으나 아무 효험이 없자 결국 바라문의 제안에 따라 부처의 강림을 청원했고 이것이 받아들여진다. 부처가 등장하자 독룡과 나찰녀의 횡포는 순식간에 가라앉고 만다.

아무리 악독한 존재라도 부처 앞에서 이토록 무력해지는 것은 무슨 까닭인가. 부처의 위의는 세상의 모든 존재를 개조, 변화시키고도 남음이 있음을 단적으로 상징하는 것이라고 보면 될 것이다. 열반 후에도 독룡과 나찰녀를 제도하기 위해 남긴 佛影은 부처의 상호와 다를 바 없이 황금색으로 빛났다. 뿐만 아니라 멀리서 보면 뚜렷해지고 가까이 다가갈수록 희미하게 변해갔다는 것이 그곳 사람들의 공통된 증언이었다. 이런 신이성 때문에 여러 나라의 왕들은 화가들을 파견하면서까지 그 모습을 모사하려 안간힘을 다했던 것이다. 法顯은 紀行僧으로서의 책무를 수행하듯 객관적 시선으로 석실 근처에 위치한 탑과 절의 현재적 광경을 고스란히 포착해놓는 것을 잊지 않았다. 아울러 『觀佛三昧經』 소재한 佛影설화에 대한 검증도 빠뜨리지 않았다. 다시 말해 그는 佛影설화의 현장에 임하여 과거 이야기가 결코 허황된 것이 아님을 생생히 전하고 있는 바, 불영담에 대한 회의감을 잠재우고 그 신성성을 널리 전하고자하는 의지가 충만해 있다.

서역 나갈라국이 佛影설화의 현장이라는 점은 法顯 시대를 지나서도 여러 사람들의 이목을 집중시켰던 모양이다. 法顯의 천축여행이 이루어진 200년 후에, 이번에는 玄奘이 천축으로 진출하여 佛影談을 소개하는 한편 당시의 설화까지 부연해 주었다. 그가 전하는 佛影설화관련 기사를 잠시 보도록 하자.

> 동쪽 깎아지른 절 석벽에 큰 굴이 있는데 구파라왕이 머물던 곳이다. 문을 지나면 좁은 굴이 있으며 컴컴하다. 낭떠러지 돌벽으로 물이 떨어져 계곡을 지나면서 흐른다. 옛날에는 부처의 그림자가 빛났으며 그 얼굴이 온

전히 갖추어져 있었으나 근래 사람들은 두루 바라볼 수가 없다. 설사 볼 수 있다 하더라고 비슷한 정도에 그칠 뿐이다. 지성으로 청을 올려 감흥을 얻은 자라 하더라도 잠깐 동안밖에 볼 수 있을 뿐 오래도록 바라보기는 불가능했다. 옛날 부처가 세상에 머물 때 한 용이 소를 치는 목동으로서 왕에게 우유를 바쳤다. 그러다 실수를 저질러 꾸지람을 듣게 되자 마음속으로 노여움과 원한을 품고는 돈으로 꽃을 사서 공양하면서 “원하건대 악룡이 되어 나라를 망하게 하고 왕을 해치고자 합니다.”라 수기한뒤 돌벽으로 나아가 몸을 던져 죽었다. 그 뒤에 그는 이 굴에 머무는 큰 용이 되었는데 갑자기 굴 밖으로 나아가 본래 다짐했던 원을 이루고자 하더니 마침내 그 마음을 불러일으킨 것이다. 부처가 이 나라 백성들이 용에게 해를 당할까 걱정하여 신통력을 발휘해 이곳에 이르렀다. 그러자 용은 부처를 보고는 금세 나쁜 마음이 사라졌으며 불살계를 받고 정법을 수호하기를 바랐다. 이어서 부처에게 항상 그 석굴에 머물러 있기를 간청하였다. 여러 성인과 제자들이 ‘나의 공을 받도록 해 주십사.’ 하였다. 부처가 말하길 “나는 장차 열반에 들 것이니 너를 위하여 그림자를 남기겠다. 다섯 나한을 보내 항상 너의 공양을 받도록 하겠다. 정법이 사라진다 해도 그 일은 변하지 않을 것이다. 네가 만약 나쁜 마음과 노여움이 있더라 하더라도 내 모습을 본다면 자비롭고 착하게 될 것이니 더 이상 독한 마음은 생기지 않을 것이다. 이 현겁중에 마땅히 부처가 올 것이니 또한 너를 불쌍히 여겨 그림자를 남긴다.” 했다.[11]

---

11) 玄奘,『大唐西域記』, 卷第2, 濫波國, 那揭羅曷國 健馱邏國.
伽藍西南深澗陗絶 瀑布飛流縣崖壁立 東崖石壁有大洞穴 瞿波羅龍之所居也 門徑狹小窟穴冥闇 崖石津滴磎徑餘流 昔有佛影煥若眞容 相好具足儼然如在 近代已來人不遍睹 縱有所見彷彿而已 至誠祈請有冥感者 乃暫明視尚不能久 昔如來在世之時 此龍爲牧牛之士供王乳酪 進奉失宜旣獲譴責 心懷恚恨 卽以金錢買華供養受記窣堵波 願爲惡龍破國害王 卽趣石壁投身而死 遂居此窟爲大龍王 便欲出穴成本惡願 適起此心 如來已鑒愍此國人爲龍所害 運神通力自中印度至 龍見如來毒心遂止受不殺戒 願護正法 因請如來常居此窟 諸聖弟子恒受我供 如來告曰 吾將寂滅爲汝留影 遣五羅漢常受汝供 正法隱沒其事無替 汝若毒心奮怒 當觀吾留影以慈善故毒心當止 此賢劫中當來世尊 亦悲愍汝皆留影像影窟門外有二方石 其一石上有如來足蹈之跡 輪相微現光明時燭 影窟左右多諸石室皆是如來諸聖弟子入定之處 影窟西北隅有窣堵波 是如來經行之處 其側窣堵波有如來髮爪 鄰此不遠有窣堵波 是

玄奘은 나게라갈국에서 취재한 설화를 비교적 상세히 기록해놓고 있다. 그가 인도를 여행한 때가 629~645년 사이었으므로 위 기록은 당시 인도에 떠돌던 佛影 설화의 채록물일 듯하다. 『觀佛三昧經』 六誓品과 비교할 때 큰 변화는 찾기 어렵고 소소한 내용변이가 발견될 뿐이며 전체적인 구도는 일맥상통한다.

法顯의 『高僧法顯傳』이 『觀佛三昧經』의 내용을 간략하게 전해주는 것과 마찬가지로 『大唐西域記』에서도 세존과 용녀, 나찰녀의 선악 대결을 전하고 있다. 순례기를 지향하는 기록이므로 『觀佛三昧經』처럼 釋尊, 阿難, 目犍連, 金翅鳥 등등, 등장 인물의 편폭을 확대하는 것은 물론 광범한 공간을 배경으로 부처에 순응해 제자로 복속되기를 거부하거나 부질없이 대항하는 과정[12]까지 상세히 밝히지는 않았다. 하지만 근원설화대로 부처와 그 제자들에 맞서던 악의 무리가 참회 끝에 부처에게 귀의하여 제자가 되었다는 줄거리는 분명히 환기시켜준다.[13]

그런데 佛影의 이야기의 핵심은 바로 이후의 사건과 관련된다. 독룡과 나찰녀는 언제까지나 불성을 유지할 수 없다는 불안감에 휩싸이게 되다가 혹여 악심이 일어났을 때 제어할 방책을 부처에게 묻자 석존이 청에 응해 그들에게 내려준 선물이 바로 佛影현시였던 셈이다. 부처가 석굴 속으로 들어가 결가부좌한 채로 1500년을 머물겠다고 한 만큼 용과 나찰은 佛影을 응시하는 것으로 악심의 발동을 억제할 수 있게 되었다.

석가시대에서 천여 년 흐른 뒤에 출현한 『大唐西域記』은 玄奘 당대의 설화장소를 가능한 한 사실적으로 전해주는 보고문에 속한다. 이 보고에서 일차적으로 눈에 띄는 것은 『高僧法顯傳』에 비해 佛影설화에 대한 믿음이 약화되고 있다는 점이다. 玄奘은 부처가 한순간에 신통력을 발휘하여 용과 나찰을 교화시켰을 뿐만 아니라 부처의 영상을 세상 곳곳에 남겼다하지만

如來顯暢眞宗說蘊界處之所也 影窟西有大盤石 如來嘗於其上濯浣袈裟 文影微現

12) 『佛說觀佛三昧經』 卷第7, 觀四威儀品 第6之餘(『大正新修大藏經』 제15권 경집부2).

13) 이기영, 『종교사화』, 한국불교연구원, 1978, 87면.

당시 나게라갈국에서 더 이상 佛影을 목도하기란 쉽지 않다는 증언이 나온다. 지성으로 발원하고 영감을 얻는 이도 있지만 전반적으로 부처의 모습을 보기가 어려워졌다는 것은 앞서의 증언자 法顯의 말과 상치된다. 동진에서 당으로 들어서면서 확실히 불영에 대한 믿음과 경외감이 식었다고 하겠는데 이처럼 『大唐西域記』는 印·中 佛影설화의 전승사적 흐름을 밝혀주는 의미가 있다.

그런데 『大唐西域記』 소재 설화가 『觀佛三昧經』 설화를 요약한 것에 불과함에도 서사적 논리를 보완한 것은 눈에 띄는 변화이다. 즉 근원설화라 할 六誓品에서는 용과 나찰녀가 원래부터 나쁜 마음을 가지고 있는 무리로 전제된 반면 『大唐西域記』에서는 누구나 궁금하게 여기는 용의 행패 원인에 대한 실마리를 제공한다. 용은 원래 목동을 시켜 왕에게 우유를 바친 적이 있었다. 그런데 우유를 진상하다가 사소한 잘못을 저질러 질책을 당하고부터 노여움과 원한에 사로잡히게 된다. 급기야 그는 꽃을 사서 공양하며 악룡으로 태어나기를 발원한 후 석벽에 몸을 던져 목숨을 끊는데 악연은 모질게 이어져 독룡으로 다시 환생한 터였다.

『觀佛三昧經』은 서사논리상 상당히 핵심적 내용이라 할 이 부분을 생략한 채 독룡이 만행을 부리는 대목부터 곧장 이야기를 시작하고 있다. 『大唐西域記』는 바로 이같은 인과성의 결핍을 주목하고 그 보완에 나선 것이다. 玄奘은 부처의 영상에 머물고 있는 석굴뿐 만 아니라 그 밖에도 석가의 흔적을 세심하게 묘사하는 것도 잊지 않았다. 佛影 설화가 압축되어 대강만 드러나 있는 대신 설화 현장을 객관적으로 묘사하고 있어 단순하게 설화의 채록에 그쳤다고 말할 수 없다. 오히려 玄奘은 설화현장의 여러 가지 사항을 함께 기록해야 한다는 사명감을 지니고 있었던 것 같다.

玄奘은 佛影전설의 발화 현장을 찾아 나선 또 다른 승려였다. 하지만 천축 견문을 동경하던 끝에 어렵게 불영의 현장에 다가갔으나 전에 들었던 신비감을 온전히 되새기기는 힘든 상황으로 바뀌어져 있었다. 과거와 달리 부처의 영상을 보기 어려울뿐더러 설사 잠시 형상을 본다 하더라도 희미하게 비칠 뿐이며 요행 감흥을 얻는 자라 하더라도 극히 짧은 동안만 관불이 가능하다며 아쉬운 소회를 감추지 않았다.

法顯과 玄奘이 설화의 실제 장소를 직접 찾아 나선 경우라면 慧遠은 佛影설화를 구전으로 전해 듣고 감동한 나머지 자신의 거처하는 주위에 석굴을 개축하는 등 원 설화현장을 재현하는 결단을 내린다. 慧遠은 불영 이야기의 운반에 만족하지 않고 석존시의 설화가 시대를 넘어 진실성을 담보하는 이야기임을 현실적 공간에서 입증한 사례이다.

佛馱跋陀羅가 『觀佛三昧經』의 한역을 완료하는 5세기 초를 기점으로 佛影설화의 전승이 폭넓게 이루어질 수 있는 바탕이 마련되었다 말해도 좋겠다. 식자층은 문헌자료, 민중층은 구비자료를 통해 佛影이야기를 파급시켰을 터인데 특히 불경해독력이 있는 사중들이 이 설화의 전파자임을 자임했으리라 여겨진다. 문헌전승의 경우에서 근원설화의 형태를 비교적 온전히 유지했다면 구비전승의 경우에는 내용적 변화가 잇달으면서 다양한 파생담, 변이담을 생산해나갔다고 보아야 할 것 같다. 그러나 중국의 경우 佛影談이 생각만큼 풍성하게 구비전승된 것 같지는 않다. 물론 자료수합의 어려움과 한계를 감안해야겠으나 근원설화의 재화를 전제로 한 자료가 대부분을 차지한다는 사실에 주목해야 할 것이다. 문헌설화 자료에서 근원설화의 재화를 확인하기란 어려운 일이 아니다. 가령 明의 郭子章이 찬술한 「阿育王寺志」에는 '불영'이란 제목 하에 근원설화를 그대로 축약해 놓고 있는 것이다.[14] 이같은 결과는 설화의 증언자로서 東晉, 唐나라 시기 고

14) 郭子章(明), 「阿育王寺志」 상, 卷2(『中國佛寺志叢刊』, vol 89).
如觀佛三昧境云 佛初留影 石室在耶乾阿羅國 毒龍池側 阿那斯山巖南 有五羅刹女 與毒龍通 恒降雨雹 百姓饑疫已歷四年 時王禱祀 呪龍羅刹女 氣盛呪術不行 王長跪合掌 讚佛通慧應知 我心願屈 慈悲光臨此國 爾時如來往至彼國 龍興雷電 鱗甲烟焰 五羅刹女眼如掣電 時金剛神手把大杵 杵頭火然 如旋火輪燒惡龍身 龍王驚怖 走入佛影 如甘露灑 見諸金剛極大惶怖 爲佛作禮 五羅刹女亦禮如來 龍王於其池中 出寶臺奉佛 佛言 不須汝臺 但以羅刹 石窟施我 諸天各脫寶衣拂窟 佛攝神足 獨入石室 今此石上變爲七寶 時龍爲四大弟子 及阿難造石窟 爾時世尊從石窟出 時龍聞佛還國 啼哭雨淚云 何捨我 我不見佛 當作惡事 墜墮惡道 佛安慰龍 我

승들이 차례로 등장한 것과 무관하지 않다고 본다. 그들은 佛影處를 직접 답사했을 뿐더러 佛影현상이란 누구도 부정하지 못할 실제 사건임을 현장에 임하여 분명히 밝혀 놓았다. 천축경험이 없는 중국 사람들로서는 현장에서 채록한 이들의 증언을 경청하지 않을 수 없었으며 아울러 그에 대해 이의를 제기할 수 있는 위치도 아니었다.

4. 한국 내 불영담의 수용과 적극적 변개

앞서 본 것처럼 중국에서는 시대를 넘어 佛影설화에 대한 관심을 늦추지 않았다. 설화수용의 시차는 있을 지라도 한국에서도 이 설화에 대해서는 큰 관심을 보인 것으로 나타난다. 다만 중국과 같이 佛影설화 현장을 답사한다거나 說話處를 그대로 재현한 승려는 나타나지 않았다.

佛影 이야기의 한국 내 전파시점은 필경 『觀佛三昧經』의 수입과 무관치 않을 터인데 이외에 『高僧法顯傳』, 『大唐西域記』 등에 소개된 佛影설화는 羅麗시대 佛影설화의 전승을 촉매한 자료들로 이해된다. 일연은 魚山佛影條를 통해 이 땅에서 이야기된 佛影설화의 통시적 면모를 넓게 조망해주고 있다. 그는 만어산 설화는 물론이고 중국 승전 내 기록까지 폭넓게 총집해 놓음으로써 佛影설화의 동아시아적 전승력과 함께 佛影설화의 구비적 양상을 살필 수 있는 기회를 제공하였다. 『三國遺事』 소재 자료들의 출처가 인도, 중국, 한국으로 나누어진다해도 이야기의 근원은 인도의 『觀佛三昧經』내 불영담임이 틀림없다. 일연이 무작위로 자료를 나열한 듯 하지만 전승의 계통성을 의식해 불영의 각 편을 나열시켜 놓은 것이 아닌가 하는 생각이 든다. 『三國遺事』 소재 불영담은 인도, 중국, 한국에서 각기 발생한 전승을 비교할 수 있게 해주며 석존 在世時에서부터 고려 말에 이

受汝請 當坐汝窟中 經千五百歲 佛坐窟中 作十八變踊身入石 猶如明鏡 在於石內 映現於外 遠望則見 近望不見 諸天百千供養 佛影亦說法迄 今猶現

르는 전승 시간 속에서 얼마나 다양하게 변이되어갔는지를 살피는 데 도움을준다.

『三國遺事』에서 근원설화와 기타설화를 병립시킨 것은 불국으로 알려진 천축못지 않게 이 땅에도 아득한 시기부터 불연의 역사가 열리고 있었음을 전하겠다는 생각때문이었을 것이다.[15] 그러나 『觀佛三昧經』, 『法顯高僧傳』, 『高僧傳』, 『大唐西域記』 등 경전 및 僧傳 소재 佛影관련 기사를 병치시킴으로써 설화 사이에 혼착 현상을 엿보는 기회를 제공한다. 사실 魚山佛影條는 만어산의 명칭 연기를 밝히는 것이 주 임무인데도 천축 나갈라국 석굴을 배경으로 독룡과 나찰녀의 악행, 그리고 그들이 佛影에 의해 마음의 정화가 이루어지는 과정을 굳이 개입시킴으로써 만어산 너덜경의 기원을 선명하게 드러내는 데 한계를 남긴다.

한국 내 佛影설화의 계통성을 밝히기 위해서도 대략적이나마 印·韓·中 세 나라에서 발생한 佛影 자료를 출현시기별로 정리해보는 것이 필요하다. 현전하는 자료를 기준으로 한다면 한국에서는 魚山佛影내 이야기를 그 기점으로 삼을 수 있는데 일연과 동시대 활동한 寶林스님이 상부에 올린 萬魚寺棟樑寶林奏를 먼저 주목할 필요가 있다. 여기서 寶林은 萬魚山과 天竺의 佛影 사이에는 세 가지 공통점이 있음을 지적했다. 나갈라국의 고선산 담복 화림에 독룡의 연못이 있는 것처럼 양주의 경계에 위치한 곳에 옥지가 있으며 그곳에 독룡이 살고 있다는 점, 주위를 에워싼 구름 속에서 음악소리가 난다는 점, 만어산의 서쪽에 있는 반석은 과거 부처가 가사를 빨던 곳이라는 점 등이 그것이다.[16]

---

15) 김승호, 『한국사찰연기설화의 연구』, 동국대출판부, 329면.

16) 상게서, 魚山佛影.
棟梁寶林狀奏 所稱山中奇異之迹 與北天竺訶羅國 佛影事符同者有三 一 山之側近地梁州界玉池 亦毒龍所蟄是也 二 有時自江邊雲氣始出 來到山頂 雲中有音樂之聲是也 三 影之西北有盤石 常貯水不絶 云是佛浣濯袈裟之地是也 已上皆寶林之說
세 가지 증언은 한결같이 『관불삼매경』에 들어있는 불영설화의 내용과 일치하는 것이라 할 수 있겠는데 다만 두 번째 항의 “때때로 강가에서 운기가 일어나 산꼭대기까지 일연도 직접 만어산을 찾아 그곳에서 기이한 음악소리를 들을 수 있었으며 佛影을 목도했다는 증언[17]을 통해 보림의 증언에 신빙성을 보태주었는데 보림이 설화의 전송자라면 일연은 이에 대한 적극적 수신자라 할 만하다. 일연이 또 다른 자료로 소개하는 古記 또한 보림의 奏와 내용이 대동소이한 자료로서 고려시대 이미 만어산과 佛影은 연관이 깊은 이야기로 대중사이에 퍼졌던 것이다. 그 시기는 분명하지 않으나 魚山佛影을 포함한 나려 시대 佛影설화는 『觀佛三昧經』이 수입된 뒤 지어지기 시작하여 후대로 갈수록 다양한 파생담으로 곁가지를 뻗어 나갔을 터이다. 이야기의 시공간과 등장인물의 변화에도 불구하고 만어산 설화[18]의 줄거리는 아래와 같이 『觀佛三昧經』의 것과 크게 다를 바 없다.

1. 나가라국(가야)의 옥지에 독룡이 살고 있었다.
2. 만어산에 살고 있던 다섯 나찰녀가 독룡과 더불어 장마를 내려 오곡이 여물지 못했다.
3. 수로왕이 주술로 이들을 다스리려 했으나 실패했다.
4. 수로왕의 청원으로 부처가 와서 나찰녀가 참회했고 오계를 받았다.
5. 그 후로 재해가 없었으며 물고기와 용이 돌로 변했다.

이르는데 그 구름 속에서 음악소리가 난다."는 지적은 색다른 것이다. 이는 만어산에 산재하는 돌의 소리가 유난히 맑은 것과 연관되는 이야기로 실제 조선 초에는 만어산의 돌을 채취해 편경 재료로 삼으려 했던 일도 있었다. 아무튼 이 대목은 불영 이야기가 이 땅의 지역설화로 변개하고 있음을 말해준다.

17) 상게서, 魚山佛影.
今親來瞻禮 亦乃彰彰可敬信者有二 洞中之石 凡三分之二 皆有金玉之聲是一也 遠瞻卽現 近瞻不見 或見寬(不見)等是一也

18) 상게서, 魚山佛影.
古記云 萬魚寺山者 古之慈成山也 又阿耶斯山[當作摩耶斯 此云魚也.] 傍有呵囉國 昔天卵下于海邊 作人御國 卽首露王 當此時 境內有玉池 池有毒龍焉 萬魚山有五羅刹女 往來交通 故時降電雨 歷四年 五穀不成 王呪禁不能 稽首請佛說法 然後羅刹女受五戒 而無後害 故東海魚龍 遂化爲滿洞之石 各有鍾磬之聲[已上古記]

여기서는 인도 나갈국 古仙山이 梁州의 萬魚山으로, 나갈국왕이 가야국의 수로왕으로 내용의 변화가 있으나 전체 구조의 변화로 보기는 어렵다. 오히려 시대와 배경의 차이에도 불구하고 『觀佛三昧經』의 내용을 축약한 정도에서 크게 변한 것이 없다. 근원설화와 확실한 차이를 보이는 부분은 오직 5번째 단락이라고 해야겠다. 나갈라국에서는 부처가 용과 나찰녀의 청으로 석굴에 들어가 결가부좌한 채로 머물며 불심을 불러일으킨 것으로 이야기가 마무리되지만 만어산 설화에서는 佛影과 관련된 부분이 빠지는 대신 5와 같이 어떻게 골짜기에 바위가 가득 차게 되었는지가 서사의 주된 관심이 되고 있다. 종국에는 만어산의 돌무더기가 생긴 연유를 전하는 데 목적이 두어졌음을 확인시키는 대목이 아닐 수 없다.

만어산은 佛影이 깃든 석굴보다는 골짜기 경사면에 쌓인 돌, 즉 너덜경으로 유명한 곳이다. 이곳의 돌은 조선이전부터 동해의 용과 물고기가 변해서 만들어진 것이라는 설이 있었으며 石磬재료로 추천될 정도로 일찍부터 좋은 소리를 내는 것으로 알려졌다.[19]

『新增東國輿地勝覽』 密陽都護府 萬魚山條의 설명은 조선시대에 들어와 너덜경이야기가 민중설화의 영역에 들어와 있음을 보여준다. 하지만 고려시대까지만 해도 魚山佛影條에서 보듯 너덜경이야기는 佛影이야기에 종속되는 수준에 그쳤다. 이른바 천축국의 佛影과 만어산을 대응시키는 수법을 좇아 이야기를 설정한 것인데 만어산을 불연 숙성의 터로 규정하는 데만 비중을 두고 있다. 만어산이 경사가 급한 돌벽 낭떠러지를 끼고 있으며 많은 바위, 돌로 이루어진 지형적 조건을 갖추고 있는 탓에 『觀佛三昧經』 소재 佛影談과 대응이 가능했다고 본다. 이런 점에서 만어산 이야기를

19) 『新增東國輿地勝覽』 第26卷, 慶尙道 密陽都護府.
萬魚山磬石:山中有一洞 洞中巖石大小 皆有鐘磬之聲 世傳 東海魚龍化爲石 我世宗朝 採之 作磬不中律 遂廢(만어산 경석(萬魚山磬石): 산중에 한 동굴이 있는데, 동굴 안에 있는 크고 작은 바윗돌이 모두 종과 경쇠 소리가 난다. 세상에서 전하기를, "동해의 물고기와 용이 돌로 화했다." 한다. 세종 때에 채굴하여 경쇠를 만들었으나 음률에 맞지 않아 드디어 폐지하였다.)

촉발시킨 설화 담당층은 승려들일 가능성이 높다하겠으며 그들의 입을 통해 점차 사하촌으로 퍼져나갔다고 할 것이다.

그런데 佛影설화를 끌어들임으로써 천축과의 인연을 밝히고자하는 의도가 실현되었는지 그에 대해서는 확신이 서지 않는다. 앞 서사부위와 마지막 서사부위 간에 내용적 유기성이 약해 본래 만어산 너덜겅의 유래를 풀어주는 데는 한계가 있음을 지적하지 않을 수 없는 것이다. 『觀佛三昧經』에서 사사의 초점으로 삼고 있는 것은 독룡, 나찰녀의 악행이나 부처와의 대결이 아니다. 본래의 취지는 악한 세력에 대한 부처의 교화, 다시 말해 언제까지나 석굴 안에 스스로의 형상을 머물게 함으로써 그를 보는 모든 중생, 미물, 악당 등이 멸죄, 참회의 길에 들어설 수 있다는 데 있다. 여러 겁에 걸친 黑業惡障이 있다고 하더라도 十惡의 모든 번뇌의 장애를 제거하여 능히 현세에서 부처의 모습을 보게 하는 것이야말로 佛影 이야기의 지향점이다. 만어산설화도 처음에는 佛影의 이적을 밝히는 것이 목적이었다고 생각되지만 동행한 물고기나 용이 결국에는 돌로 변해 만어산 골짜기에 가득 차게 되었다는 것으로 이야기가 종결되었다. 佛影談에서 너덜경 유래담으로 핵심내용이 바뀌어 버린 것이다.

魚山佛影은 佛影설화와 만어산설화가 거칠게 합쳐지는 바람에 두 설화 간의 경계선이 그대로 드러나고 서사적 인과성도 그에 따라 약하다는 단점을 노출하고 있다. 고려후기를 거치면서 설화는 萬魚山계열과 佛影寺계열로 구분되면서 이전 설화들에서 나타나던 서사적 착종현상이 점차 해소되는 단계로 이행하게 되지 않았나 생각된다. 우선 佛影설화의 고려시대 변이의 한 사례로 꼽을 만한 것이 天竺山佛影寺記[20]이다. 한림학사 柳伯儒

---

20) 柳伯儒,「天竺山影寺記」.
新羅古碑云 唐永徽二年 義湘法師 自東京沿海入丹霞洞 登海雲峰 歎曰 西域天竺山形髣髴而於海表也 又見磵上生五佛影 益奇之 尋流而下 登金塔峰 則下有毒龍湫也 法師爲龍說法 請施之 欲建刹龍尙不順 法師强以神力呪之 於是 龍忽發憤 穿山裂石而去 法師卽塡湫而建刹焉 霞方特建淸蓮殿三間及無影塔 一坐 以裨補之額曰天竺山佛影寺

가 洪武3년 庚戌年(1370)에 남긴 이 이야기를 단락지어 보면 아래와 같다.

1. 의상대사가 채은봉 북쪽을 보더니 서역의 천축산이 옮겨진 것이라며 감탄했다.
2. 의상대사가 佛影이 비치는 것을 이상하게 여겼는데 바로 밑에 독룡의 문이 있었다.
3. 용이 사찰 건립 터를 내놓지 않자 의상대사가 신통력을 일으켜 용을 쫓았다.
4. 용이 산을 구멍내고 돌을 깨뜨린 채 물러났다.
5. 의상대사가 연못을 메운 후 절을 짓고는 천축산 佛影寺라 하였다.

위 설화는 『三國遺事』의 魚山佛影보다 약 1세기 이후에 채록된 것으로 고려 말 佛影설화의 변이양상 및 그 파생정도를 살펴보는 데 긴요한 자료이다. 독룡이 등장하고 선악대결의 구도를 유지하고 있어 『觀佛三昧經』 설화를 근간으로 하는 이야기로 비정하는 데 문제가 없다. 근원설화와 비교하여 두드러진 차이라면 의상대사가 부처의 기능을 대신하는 한다는 점인데 의상대사를 창주로 하여 사찰이 처음 어떻게 자리를 잡았는지를 밝히는 사찰연기설화에 해당한다. 기존의 佛影談과 비교해 부처와 악룡이 대결을 벌이는 대목이 소거된 된 것은 무엇보다 눈에 띄는 변별점이다. 절의 이름을 佛影으로 정한 까닭은 단순하다. 곧 寺刹名은 의상대사가 바위 위에서 다섯 부처의 형상을 발견한 것에서 유래했다. 원래 佛影의 근원설화는 佛影의 연원에 이야기의 초점을 맞추지만 여기서는 전후 사건, 상황을 거두절미한 채 간단한 결과담으로 명칭연기 및 창사내력의 몫을 대신하고 있다. 설화의 채록자가 유학자였기 때문에 그런 정도의 요약으로 그쳤는지도 모른다.

하지만 이 기록은 佛影談의 再話란 틀을 벗어나 이미 고려에서 나름의 佛影의 이야기가 전파되고 있었음을 알리는 유력한 증거가 된다. 석존의 한량없는 자애심, 그리고 관불, 염불만으로 불성을 유지할 수 있다는 근원설화에 맴돌지 않고 佛影제재를 한 사찰의 연기담으로 기능이 확장되고 있음은 주목할 일이다. 이는 불경 내 佛影談이 고려의 토착설화로 어떻게 변이되어가는 지를 살필 수 있는 단서가 아닐 수 없다.

한편 만어산 설화는 이야기의 초점이 佛影이나 사찰 건립의 起源에 고정되어 있지 않다. 단적으로 말해 비불교설화의 속성이 강하며 그만큼 인도설화의 색채가 퍽 약해진 것을 알 수 있다. 중국에서 문헌에 기록하는 것으로 설화의 원형을 보전하는데 유념했다면 우리의 경우는 寺衆은 물론 유학자, 민중까지 설화 담당층으로 나서 다양한 통로로 佛影이야기를 전파시켜 나갔다 하겠다.

중국의 경우, 인도 나갈라국의 설화현장까지 찾아서 그곳의 설화를 채록하고 직접 체험자로서 근원설화에 신빙성을 부여하는 승려들이 출현했다. 현장체험을 지닌 승려들의 증언이 잇따르면서 佛影설화에 대한 믿음이 한층 공고하게 다져질 수 있었으며 사부대중에게 관불, 염불의 신앙을 불러일으키는데도 크게 이바지했다. 이처럼 근원설화를 훼손하지 않는 범위에서 전승시켜 왔던 것이 중국의 특징에 해당한다. 반면에 경전을 통해 뒤늦게 佛影설화를 접하게 된 이 땅에서는 중국과 같이 佛影이야기를 재화하는 정도로 만족하지 않았다. 인도, 중국으로부터의 설화적 감염력이 희미한 대신 지역설화, 민중설화로의 다양한 파생담을 양산시켜 나갔다. 고려시대 佛影설화에 속하는 『三國遺事』 魚山佛影도 후대 파생담의 하나임에 틀림없다. 원래 이 이야기는 古記에 실려 있던 것인데 만어산 돌더미 유래를 밝히는 쪽으로 이행하는 과정에서 佛影談은 위축되고 너덜경의 유래를 전하는데 더 큰 의미가 실리는 쪽으로 전개되었다. 이후에 출현하는 이야기들도 더욱 더 너덜경에 초점이 맞추어져 있으며 너덜경의 유래의 논리를 보완하는 방향으로 이야기가 진행되는 것이 대부분이다. 처음에 등장하는 너덜경 이야기에는 여전히 佛影설화의 흔적이 남아있다가 점차 佛影談이 탈락되어 버리고 너덜경이야기로 초점화되는 단계를 맞게 되는데 불교설화에서 담당층을 기준으로 민중설화로 그 성격이 달라진다고 해도 무방할 것 같다.

'만어산 전설',[21] '만어산 돌무덤'[22]은 아직 불교설화의 흔적을 남기고 있는 너덜경의 유래담이다. '만어산 전설'에서는 부처가 독룡을 제자로 받아들였다는 말이 사방으로 퍼진 후 역시 부처의 제자가 되기를 바라던 동해용왕이 숱한 물고기를 거느리고 만어산에 찾아 들었다가 제자가 된 뒤 돌로 변해 지금의 너덜경이 계곡을 이루었다 전한다. '만어산 돌무덤'도 내용적 차이는 그리 크지 않다. 동해용왕과 물고기가 神僧의 조언에 따라 새 터전을 찾아 나섰다가 멈춰선 곳이 바로 현재의 너덜경 터이다. 애초 용왕의 아들이 신승을 찾아가 그 무리가 장차 살만한 터를 물었던 것이 발단이다. 신승은 가다가 멈추게 되는 곳이 무척산(만어산)으로 생각하고 그곳을 인연의 터로 점지해주게 된다. 신승의 말대로 행로 중 무리가 휴식한 곳이 바로 무척산이었는데 무리가 모두 돌로 변하게 되었으니 용왕의 아들은 큰 미륵돌로, 그밖의 魚群들은 크고 작은 돌로 변해 골짝을 메우게 되었다.

두 이야기에는 용왕과 물고기들의 남다른 佛心이 드러나 있다. 특히 만어산 전설에서 용왕은 부처의 제자가 되고자 동해를 떠나 숱한 미물과 함께 만어산 골짝에 들어오는 결단을 내렸다. 부처의 가피를 홀로 누릴 것이 아니라 불교의 汎愛觀에 따라 세상 모든 중생이 함께 복을 누려야 한다는 점을 환기시키는 전개에 해당된다.

그러나 이 두 설화는 아직 魚山佛影의 굴레에서 벗어나지 못하고 있을 뿐더러 용왕, 용왕아들, 물고기 들이 왜 돌로 변했는지 그에 대한 논리적 설명이 불충분하다는 한계를 드러내고 있는데 이는 佛影이야기와 만어산 너덜경 이야기 사이의 습합에서 발생한 현상으로 이해하면 되겠다.

이처럼 온전하게 해명이 되지 못한 너덜경의 형성원인은 佛影談과 다른 계열의 이야기, 즉 너덜경의 설명 설화가 출현한 다음에야 온전한 해명을 기대할 수 있게 된다. 대표적 사례가 '만어산 너덜경의 유래'[23]이다. 이 각

---

21) 밀양문화원, 『밀양지』, 1987, 351면.

22) 이고산, 박설산, 『명산고찰 따라』 하, 운주사, 1982, 162면.

편은 '만어산 전설' 등과 달리 佛影에 대한 이야기에서 벗어나 너덜겅만을 제재로 삼고 있다. 내용을 보면 아래와 같다.

1. 만어사가 있는 만어산은 경치가 아름다웠는데 특히 너덜겅은 좋은 돌이 있는 곳으로 유명하다.
2. 진시황이 만리장성을 쌓기 위해 천하의 돌을 모두 중국으로 옮기도록 했다.
3. 마고할미가 우리나라 여러 곳의 돌을 물고기로 만든 다음 이들을 이끌고 중국으로 갔다.
4. 마고 할미 일행이 만어산에 이르렀을 때 만리장성이 모두 완성되었다는 전갈이 왔다.
5. 중국에 갈 필요가 없게 된 마고할미가 물고기들을 전과 같이 돌로 되돌려 놓았다.
6. 만어산의 돌이 모두 북쪽으로 머리를 두고 있는 것은 중국으로 가던 중이었기 때문이다.

만어산 근처 너덜경만을 화제로 삼는 이야기이다. 이는 부처의 교화와 더불어 너덜경 유래를 전하는 습합적 이야기에서 벗어나 온전히 만어산을 이야기의 중심에 놓고 있다. 부처나 사찰과의 관련성을 거론하지 않고 있는 탓에 더 이상 불교설화로 보기 어려울 정도인데 왜 너덜경이 생겼는지를 밝히는 것으로 내용이 한정된다. 무엇보다 너덜경의 형성에 피지배층의 삶을 관련시키는 전개는 이야기의 담당주체가 누구였는지 충분히 시사해 준다. 이야기에 따른다면 민중의 고난은 절대 권력자 진시황이 만리장성을 쌓기 위한 야욕에서 비롯된다. 갖가지 노역 때문에 영일한 날이 없었던 민중들은 위정층을 곱게 볼 리가 없었을 터인데 그런 점에서 위 이야기의 담당층은 민중으로 보아 마땅하다. 만어사를 배경으로 한 이야기이긴 하나

23) 밀양문화원, 상게서, 351~352면.

寺衆간에 전승되던 이야기와는 성격이 다른 것으로 보아야 한다.

佛影 이야기에서 부처가 구원의 주체로 나선다면 여기서는 마고할미가 등장하는데 이는 불교설화와 민중설화간의 차이점을 대변하는 것이나 마찬가지이다. 마고할미가 민중 편에 서 있는 조력자임은 인민들이 중국까지 돌을 달라야 하는 고초를 한순간에 덜어주는 것에서 곧바로 밝혀지거니와 그것은 부처에 못지않게 그녀가 기지와 신통력을 지니고 있었기에 가능한 일이었다.

이와 같이 '만어산 너덜겅의 유래'는 魚山佛影과는 다른 유형의 설화이다. 만어산에 佛影이 머물고 있다는 사람들의 호기심에 편승하여 일종의 聖所的 의미를 부여한 것과는 큰 차이가 있다. 민중의 고초를 덜어주고자 하는 자비심으로 보면 부처와 그 기능이 흡사하다 해도 佛影설화의 잔재라기보다는 마고할미를 주역으로 내세우는 신선설화의 색채마저 감지되는 편이다. 그것은 佛影설화에서 민중설화로의 급격한 선회에 해당되는 것으로 이해해도 좋을 것 같다.

5. 韓中간 설화수용방식의 차이와 원인

佛影 이야기는 일종의 인도설화이지만 동아시아 권역을 전승영역으로 삼으며 퍼져나갔다. 그런데 수용양상에 있어 한국과 중국 사이에는 적지 않은 차이가 있음을 확인하였다. 중국은 근원설화를 묵수하는 정도에서 이야기를 요약·정리하여 문헌에 올리는 식의 수용에 그쳤다면 한국에서는 근원설화에 크게 구애받지 않고 다양한 파생담을 만드는 것조차 주저하지 않을 정도로 서사변개에 적극성을 보였다. 천축에 대한 동경의식은 같지만 양국 간 이처럼 설화수용의 방식이 달랐던 것은 천축 往來僧의 출현유무, 설화시기의 차이 등에서 나온 것이라 상정해 볼 수 있다.

중국의 경우, 일찍부터 천축 동경의식을 지닌 일부 승려들이 험로를 마다하고 인도를 목적지로 삼아 여행길에 올랐다. 인도의 승려들이 중국으로 들어오면서 역경 사업과 전교활동이 펼쳐지고 있음에도 경전의 수습과 불교유적의 답사를 위해 험하기 이를 데 없는 천축 구법을 자처하고 나선 것이다. 경전의 수입뿐 만아니라 불적에 대한 답사 또한 그들의 중요한 임무가 되었는데 法顯의 『高僧法顯傳』, 玄奘의 『大唐西域記』는 佛跡의 당대적 모습과 당시 주변의 전언까지 포괄하고 있어 근원설화의 변모 양상을 살피는데 도움을 준다. 法顯과 동시대 활약한 慧遠처럼 佛影설화에 기초하여 중국내에 석굴과 佛影을 조성하는 승려까지 나타났다는 사실을 보더라도 佛影설화가 중국에서 얼마나 큰 파급력을 발휘했는지를 가늠해보기란 어려운 일이 아니다.

그러나 중국 승려들이 전하는 당시 佛影설화는 훼손이나 변형이 의외로 적은 것으로 나타난다. 근원설화가 거의 그대로 유지됨으로써 서사구조와 내용에 걸쳐 『觀佛三昧經』 내 이야기의 테두리를 벗어나지 않는 것이다. 설화가 전승되는 동안 근원이야기가 그대로 유지될 수는 없겠지만 중국 구법승려들이 남긴 기록은 어쨌든 『觀佛三昧經』의 내용에 머물러 있는 편이다. 특히 法顯이나 玄奘은 근원 설화속의 내용이 상상이나 허구로 포장된 이야기가 아니라 실제 현실에서 확인이 가능한 신뢰할 수 있는 이야기라는 점을 강조하는데 초점을 두고 있다. 法顯과 玄奘가 각각 5세기, 8세기에 채록한 것인데도 그들이 전하는 불영설화는 석존재세시의 설화, 곧 『觀佛三昧經』 내 불영담과 대차가 없는 편이다.

그렇다면 왜 이 중국 고승들의 불영담이 근원설화와 별 차이가 없는 것일까. 이 같은 의문은 『高僧法顯傳』, 『大唐西域記』의 法顯과 玄奘이 모두 승려 신분이었다는 점을 감안한다면 어느 정도 풀리지 않을까 필자는 그렇게 본다. 그들은 일반 대중보다는 앞서서 불경을 대했을 것인데 신분이 승려인만큼 경전설화에 대해 전폭적인 믿음과 경외심을 보내는 것이 자연스럽다. 그들에게 佛影談은 일회적 호기심과 흥미 촉발차원의 대상에 그쳐서는 안 된다. 흥미와 호기심의 서사에 가려 잘 드러나지 않는 석존의 가르침을 끄집어내 寺衆은 물론 대중들에까지 이를 전파시키는 것이 성직자다운 일이다. 佛影설화가 중국에서 원형담 위주로 전승된 것은 이와 같이 구법 고승들의 설화 수호적, 매개적 역할이 있었기 때문이 아닌가 생각된다. 몇몇 고승이 직접 설화의 현장을 찾고 견문한 결과를 문헌에 남긴 것이 결과적으로는 설화에 대한 의구심이나 비판적 시각을 잠재우는 데 큰 효력을 발휘했다고 하겠다. 그런 점에서 초기 중국 승려들은 佛影이야기의 수호자이자 방어자라 불러도 마땅하다 하겠다.

그러나 우리나라에서는 佛影설화에 대한 반응과 수용양상이 중국의 그것과는 판이했다. 이에 대해서는 몇 가지 추론이 가능할 것이다. 우선 중국과 달리 우리는 구전설화를 전해들을 기회가 없었으며 단지 문헌설화로서 『觀佛三昧經』의 佛影이야기를 전해 듣는 것 이외 설화수용의 통로가 없었음을 상기해야 한다. 인도의 승려가 이 땅에 도래하여 설화를 말해준 적도 없으며 法顯, 玄奘과 같이 천축으로 진출하여 현장을 답사하고 주변의 이야기를 채록한 승려도 나타나지 않았다. 따라서 우리는 근원 설화인 『觀佛三昧經』의 내용을 읽는데 그치고 이후로 그 변형담을 생산해내는데 별다른 저항감을 갖지 않았다.

『三國遺事』에서 일연이 객관적 입장을 고수하고 있는 채록자로 비치지만 변이과정을 거친 일종의 토착설화를 민중 층은 별다른 거부감 없이 받아들였던 것으로 보인다. 따라서 古記를 중국설화와 대등하게 병립 소개시켰던 것이다. 『三國遺事』에서 소개하고 있는 고기는 佛影설화가 인도설화로서의 색깔을 거두고 한국 설화로서 상당부분 토착되었다는 것을 입증해준다. 무엇보다 魚山佛影이 근원설화의 취지를 벗어나 만어산 너덜경의 유래를 전하고 있기 때문이다. 佛影談과 만어산 설화는 유사성이 쉽게 발견되지 않는다. 佛影談에서 용과 나찰의 횡포에 전전긍긍하던 왕이 伽倻의 首露王으로 바뀐 것은 그렇다 해도 동해에서 먼 길을 찾아온 용왕은 독룡이나 나찰녀와는 전혀 성격이 다르다. 그는 독룡과 나찰녀가 만행을 부리던 만어산이 부처의 감화로 낙토로 변하자 자신은 물론 물고기까지 석존의 제자가 되겠다며 멀리서 이곳을 찾게 되고 마침내 골짝의 돌로 변한 것으로 되어있다.

전체적으로 인도설화인 佛影談의 골격은 받아들이지만 우리역사, 배경, 인물로 내용을 대체함으로써 이 땅에서도 佛影이란 신비의 역사가 연출되었음을 전하는데 효과를 얻었다고 할 수 있다. 하지만 앞부분에서 佛影, 뒷부분에서 너덜경을 초점으로 삼으면서 전체적 유기성이 약화되는 현상이 발생했다. 특히 만어산에 佛影의 자취를 의도적으로 부언시키고자 하는 바람에 과거 이야기와 후대 이야기 간에 괴리감이 커지게 되었다. 사실 만어산에는 佛影의 흔적보다는 오히려 골짝을 메우는 너덜경으로 유명했다. 그렇기에 이를 증거해주는 이야기야말로 사람들을 사로잡을 적절한 서사가 될 수 있었다. 『古記』가 佛影이야기로 시작하여 너덜경이야기로 변질된 것은 그런 사정을 말해주는 것이라 하겠다.

적어도 『古記』, 普林의 奏(12세기), 『三國遺事』(13세기) 까지는 근원설화가 강조하는 관불의 신이성을 비추어주고 있으나 후대에 채록된 구비설화는 불교와 무관한 이야기로 변질되어 나간 것을 확인할 수가 있다. 그것은 앞선 시기 설화가 佛影과 만어산 너덜경의 합성담에 머물러 있었던 것과 대조적이다. 하지만 후대 전승담은 만어산 이야기만을 채택하고 있으며 현장감이 떨어지는 佛影에 대한 언급을 자제하는 분위기로 돌아선다. '만어산 전설', '만어산 너덜강의 유래'가 그러한 경우에 속한다. 이들 설화는 불교적 색깔이 탈색되어 나아간 사례로서 설화 내용적 층위가 달라져 결국 지역설화로 이행해갔음을 보여주고 있는 것이다.

6. 맺음말

불경의 전래는 단순히 불교사상, 교리의 전파만을 의미하는 것이 아니다. 불경 안에 숱한 설화가 갈무리되어 있다는 점에서 그것은 인도설화가 여타 지역으로 파급되는 실마리로 작용했다고 여겨도 무방하다.[24] 『觀佛三昧經』은 어느 불경보다 이같은 불경설화의 동아시아적 전파, 수용양상을 살펴보기에 적절한 자료가 된다. 『三國遺事』의 魚山佛影 條도 『觀佛三昧經』 소재 설화를 근간으로 하여 만어산의 바위들에 대한 유래담으로 서사의 방향이 바뀐 경우에 속하는 것이다. 우리보다 앞서 佛影설화를 접했던 중국에서는 천축의 여행길에 佛影處를 확인하는 것이 전통으로 굳어지다시피 했다. 즉 東晉의 法顯과 唐의 玄奘이 그런 승려로 전래의 설화를 확인하는 한편 또 다른 이야기를 덧보태 기행문에 올린 것이다. 또한 東晉의 慧遠은 인도의 佛影處와 똑같은 석굴을 조성하여 佛影 설화가 가진 영험성을 주거처에 증거해보이려 애썼다.

그런데 중국과 달리 한국은 『觀佛三昧經』의 불영이야기를 再話하는 것에 만족하지 않고 변형을 가하여 다양한 파생담을 생산해 냈다고 할 수 있다. 『三國遺事』의 魚山佛影이 그 초기 흔적이라면 萬魚山의 너덜경유래, 佛影寺 창건연기는 구전으로 전승된 후대의 파생담에 속한다. 이처럼 인도설화에서 도래한 佛影 이야기는 불타의 교설을 전하는데 것으로 담론적 기능이 한정되지 않았다. 불영 이야기는 중국, 한국 등 여타 국가로 전승 영역을 넓히면서 새로운 설화를 창출하는 기폭제 역할까지 수행했음이 밝혀진다.

참고문헌

『佛說觀佛三昧經』 卷第7, 觀四威儀品 第6之餘(大正新修大藏經 제15권 경집부2).

『新增東國輿地勝覽』 第26卷, 慶尙道 密陽都護府.

『韓國口碑文學大系』, 8-7, 103면. 8-7, 129~131면. 8-8, 37~39면. 8-8, 182~184면. 8-8, 550~551면.

24) 하인리히 침머 외, 이숙종 옮김, 『인도의 신화와 예술』, 대원사, 41면.

郭子章,『阿育王寺志』상(中國佛寺志叢刊, vol 89).
밀양문화원,『밀양지』, 1987, 351면.
法顯,『高僧法顯傳』
普林,「萬魚寺棟樑普林奏」
永祥, 佛教文學對中國小說的影響, 불광산종무위원회(臺灣).
柳伯儒,「天竺山佛影寺記」
一然,『三國遺事』, 魚山佛影.
玄奘,『大唐西域記』卷第2, 濫波國,那揭羅曷國 健馱邏國.
慧皎,『高僧傳』, 慧遠傳, 法顯傳,佛馱跋陀羅傳.

김승호,『한국사찰연기설화의 연구』, 동국대출판부, 329면.
김운학,『불교문학의 이론』, 일지사, 1981, 34면.
박병동,『불경전래 설화의 소설적 변모 양상』, 역락, 2003.
손진태,『한국민족설화의 연구』, 1947, 166면.
이고산, 박설산,『명산고찰을 찾아서』하, 운주사, 1982, 162면.
이기영,『종교사화』, 한국불교연구원, 1978, 87면.
이미즈노 고겐, 이미령 옮김,『경전의 성립과 전개』, 시공사, 1996, 24면.
이재창,『불교경전의 이해』, 경학사, 1998.
章輝玉, 觀佛三昧經,『불교 경전의 이해』, 불교신문사편, 1997, 215~217면.
하인리히 침머 외, 이숙종 옮김,『인도의 신화와 예술』, 대원사, 41면.

출처 졸고,「韓中간 불경설화의 수용방식과 변이양상」,『국제어문』48집, 국제어문학회, 2010, 35~64면.

의상설화의 형성과 변이 양상
-『三國遺事』 前後所將舍利條를 중심으로

1. 머리말

삼국시대 설화를 폭넓게 담고 있는 『三國遺事』의 각 편의 형성과 후대 변이 양상에 대해서는 아직도 밝혀야 할 부분이 적지 않다. 『三國遺事』 이외 삼국시대 설화를 총체화하고 있는 자료가 없다는 점에서 각 편의 계통성을 밝히는 일이 수월할 수는 없다. 그렇지만 『三國遺事』를 이루는 139 각편 모두의 형성과 후대 전승을 온전히 해명할 수는 없겠으나 경우에 따라서는 규명의 여지가 발견되기도 한다.

본고는 『三國遺事』 前後所將舍利條에 실린 의상설화의 형성과 계통성을 타진하는 것을 목적으로 삼는다. 이 설화 중의 神兵保護, 佛牙求得 이야기는 중국 고승담에 이미 들어있어 韓中 설화간의 비교, 검토가 절실하다. 따라서 이글은 前後所將舍利조 의상이야기와 중국 고승설화와의 관련성 및 『三國遺事』에로의 정착과정에 나타나는 변이양상에 주목할 것이며 이후 후대 국내 전승의 양상을 순차적으로 점검할 것이다. 그동안의 의상설화 연구가 『宋高僧傳』 소재 의상전 중심으로 이루어졌다면[1] 본고는 중국 승전, 『三國遺事』, 그리고 근래 경산지역의 채록물을 근거로 의상전승의 범위, 시대적 양상을 면밀히 살펴보는 데 주안점을 둔다. 前後所將舍利 소재 설화에 한정시킨 것이 한계일 수는 있으나 이 작업이 『三國遺事』 소재 설화의 형성 및 후대적 변이상과 함께 중세기 불교 인물전승이 갖는 특성을 밝히는데 일조할 것으로 본다.

2. 의상설화와 중국 고승담과의 대비

2.1. 神兵保護談

의상은 신라불교사에 깊은 족적을 남긴 인물답게 그에 관한 다양한 설화가 전하고 있다.[2] 이 가운데 義湘傳敎條는 계기성을 의식해 일생을 수습

---

1) 그동안 이루어진 의상설화의 연구로는 민영규, 「선묘와 의상대사」, 『사상계』 6월호, 1953; 김운학, 「일본에 미친 의상선묘설화」, 『불교학보』 제13집, 1976; 이두현, 「선묘와 광청아기설화」, 『연암현평효박사화갑기념논총』, 1987; 김홍철, 「한국사룡설화연구」, 성균관대 박사학위논문, 1990; 윤태현, 「의상이야기의 전승양상」, 김태준, 김승호 엮음, 『우리역사인물전승』, 집문당, 1994; 김승호, 「의상설화의 성격」, 『불교춘추』 15호, 불교춘추사, 1999, 62~73면 등을 들 수 있겠으나 『宋高僧傳』 소재 의상전의 이야기에 치우쳐 논의를 전개하고 있다는 한계를 보이고 있다.

2) 의상의 전기를 지향하는 문헌으로는 『三國遺事』 卷4 義湘傳教, 『宋高僧傳』 권4 義湘傳을 먼저 꼽을 수 있다. 이외에 『三國遺事』 卷3의 前後所將舍利條, 卷3의 洛山二大聖 觀音正趣調信條, 卷4의 勝詮髑髏條, 권5의 眞定師孝善雙美條, 『海東高僧傳』 卷1之2 安含傳, 『圓宗文類』 卷22 海東華嚴初祖 忌晨願文條 등은 의상과 관련된 단편적 문헌전승에 속한다. 구비전승으로는 口碑文學大系 2-4의 「의상대사와 원효대사의 사찰창건과 득도」, 2-5의 「의상대를 지은 의상조사」, 7-5의 「선석사의 전설」, 7-9의 「개목사를 지은 의상조사와 맹사성」, 7-9의 「천등산과 의상도사」, 7-9의 「봉서사의 유래」, 7-10의 「의상조사가 지은 부석사」, 7-10의 「선묘룡의 도움으로 지은 부석사」 등을 거론할 수 있다.

한 것으로 호국 행적, 사찰 건립, 제자 양성 등을 보다 상세히 전하고 있다. 그중에도 중국 체류 중에 일어난 일화에 상당히 비중을 두고 있어 주목된다. 661년 渡唐하여 670년 귀국했으므로 의상에게는 11년에 걸친 중국 체험이 있었던 셈인데 이국 체류시기였던 만큼 이때 흥미를 끄는 이야기가 많이 몰린 것이 아닌가 한다. 前後所將舍利條 소재 이야기를 소개하면 아래와 같다.

〈A〉 전하는 이야기가 있다. 옛날에 의상법사가 당나라에 들어가서 종남산 지장사 지엄존자가 있는 곳에 이르니 그 이웃에 도선율사가 있었다. 늘 하늘의 공양을 받고 재를 올릴 때마다 하늘의 주방에서 음식을 보내왔다. 어느 날 도선율사가 의상법사를 재에 청했다. 의상이 와서 자리에 앉은 지 꽤 오래되었는데 하늘의 공양은 때가 지나도 이르지 않았다. 의상이 빈 바릿대로 돌아가니 천사는 그제야 내려왔다. 율사가 물었다. "오늘은 어째서 늦었소?" 천사는 답했다. "온 골짜기에 신병이 가로막고 있으므로 들어오지 못했습니다." 그제야 율사는 의상법사에게 신의 호의가 있음을 알고 그의 도력이 자기보다 낫다고 생각하여 그 공구를 그대로 남겨두었다가 이튿날 또 지엄과 의상 두 대사를 齋에 청하여 그 사유를 자세히 말했던 것이다.[3)]

이를 소개하면서 일연은 단지 '전해오는 이야기(相傳)'라고만 밝히고 있다. 이는 출처 제시를 구체적으로 적시하던 평소의 태도와 다르다하겠는데 다양하게 설화 각 편을 모을지언정 역사가로서의 객관성을 확보한다는 다짐에서 인용처를 적시하던 관행이 여기서는 지켜지지 않고 있다. 문면대로 상전의 채록이라면 의상시대에 이런 이야기가 존재했을 수도 있다. 하지만

3) 『三國遺事』 卷3 塔像, 前後所將舍利.
"相傳云 昔義湘法師入唐 到終南山至相寺智儼尊者處 隣有宣律師 常受天供 每齋時 天廚送食 一日律師 請湘公齋 湘至坐定既久 天供過時不至 湘乃空鉢而歸 天使乃至 律師問 今日何故遲 天使曰 滿洞有神兵遮擁 不能得入 於是律師知湘公有神衛 乃服其道勝 留其供具 翌日又邀儼湘二師齋 具陳其由"

의문은 남는다. 무엇보다 『三國遺事』 이전에 찬술된 『송고승전』에 유사한 구조의 이야기가 발견되기 때문이다. 해당 부분을 제시하면 아래와 같다.

> 〈B〉 窺基가 본사로 돌아오매 항상 전에 번역을 함께 한 사람들과 내왕하였으며 여러 차례 道宣律師를 찾아뵙기도 했다. 도선율사에게는 천상의 왕사들로서 곁에 돌봐는 주는 이가 있어 어떤 때에는 은밀하게 잡다한 일까지 거들어 주었다. 한데 그날따라 규기가 돌아간 다음에야 하늘에서 천사가 내려왔으므로 도선율사가 그토록 늦어진 것을 기이하게 생각했다. 이에 왕사가 말하기를 "마침 大乘菩薩(窺基)이 이곳에 계시고 선신으로서 그를 호위하는 이들이 많은 터여서 우리의 신통력으로는 제지당할 수밖에 없었던 것입니다."라고 하였다.[4)]

위에 제시한 〈B〉는 『宋高僧傳』에 수록된 京兆大慈恩寺 窺基傳의 한 대목으로 〈A〉에서 보았던 神兵保護 모티브가 여기서도 발견된다. 뿐만 아니라 서사 구조도 고스란히 일치하고 있다. 때문에 앞서 등장한 『宋高僧傳』 설화가 『三國遺事』 설화의 형성에 영향을 끼쳤으리란 추측을 불러온다. 전승범위로 보면 〈A〉는 국내 전승물이며 〈B〉는 중국내 전승물에 속한다. 〈A〉는 권능과 신이가 남달랐던 탓에 하늘의 신병들이 밀착해 의상을 호위했다는 것인데 〈B〉에서 보듯 窺基傳의 이야기를 고스란히 끌어들여 인물만 바꾼 경우라 해도 과언이 아니다.

窺基(632~682)는 경조 장안 사람으로 17세에 출가하여 현장의 제자가 되었으며 광복사에 머물다가 뒤에 대자은사에서 현장과 더불어 번역에 종사하였다. 『성유식논술기』, 『대승법원의림장』 등 많은 저술을 남겼으며 당대에 이미 이름을 떨쳤던 인물이다. 주로 大慈恩寺에 머물며 저술에 전

---

4) 贊寧, 『宋高僧傳』 卷第4, 義解, 窺基傳.
"(窺基)及歸本寺 恒與翻譯 舊人往還 屢謁宣律師 宣每有諸天王使者執事 或冥告雜務 爾日基去方來 宣怪其遲暮 對曰 適者大乘菩薩在此 善神翼從者多 我曹神通爲他所制故爾"

념한 탓에 慈恩法師로도 불려졌다. 반면 道宣(596~667)은 窺基의 스승격으로 終南山에 머물며 律宗을 창시한 인물이었다. 거기다 『속고승전』, 『광홍명집』, 『대당내전록』, 『사분율행사초』 등을 찬술하여 오히려 명성으로는 규기에 뒤지지 않았다.

그런데 道宣傳에는 道宣이 窺基와 조우했던 일화는 나타나지 않으나 규기전에는 窺基가 영험력에서 道宣에 뒤처지지 않으며 오히려 앞섰다는 점을 강력하게 시사하고 있다. 도선과 규기가 교류했다는 현실을 반영하면서 동시에 규기를 편드는 이야기인 것이다. 규기 전승은 이미 당나라 사중 사이에 널리 퍼져 있었을 것이며 이를 간략하게 기록한 것이 바로 『宋高僧傳』 소재 규기전인 셈이다. 神兵保護 모티브를 삽입시키고 있는 규기이야기는 문헌으로 전승되어 『淸凉山志』[5] 高僧懿行條 窺基法師傳에 다시 실리게 된다. 전체 줄거리는 다를 것이 없으나 이곳에 실린 규기이야기는 『宋高僧傳』의 것보다 내용이 한결 구체적이다.

> 남산율사는 엄격하게 계품을 지켰으니 자그만 행동도 극도로 조심했으므로 규기의 사치스러운 모습을 보자 그를 박대하게 되었다. 율사는 항상 천신이 점심을 가져왔다. 규기가 율사를 찾았는데 정오가 지나도 하늘에서 점심이 내려오지 않다가 규기가 돌아간 뒤에야 천사가 도착하였다. 율사가 늦게 도착한 것을 꾸짖자 천사가 말하길, "이곳에 대승보살이 머무르는 동안 그를 엄히 보호하고 있는 신장들이 있어 감히 들어올 수가 없었습니다." 율사가 이 말을 듣고는 크게 놀라면서 잘못을 뉘우쳤다.[6]

『淸凉山志』 소재 도선이야기는 『宋高僧傳』 소재 이야기보다 훨씬 후에

---

5) 鎭澄, 『淸凉山志』, 1596.

6) 『淸凉山志』 卷3, 中國佛寺史志彙刊 29, 明文書局印行(臺灣), 1980, 101면.
"南山律師 嚴持戒品 兢兢細行 見基侈態 故薄之 律師常有天神送饌 基訪律師 坐時過午 天饌不至 基去天乃至 律師責以後時 天曰 適大乘菩薩在 翊衛甚嚴 故無敢入 律師聞之 大駭悔過"

정착된 것이다. 그럼에도 전대의 전승에서 벗어나지 않는다. 전후소장사리조의 의상이야기가 『宋高僧傳』 규기전을 크게 변용한 것과 달리 明 萬曆 丙申(1596)년에 간행된 『淸凉山志』 규기전은 이전 전승에 약간의 변형을 가한 정도라 보면 될 것이다.

『三國遺事』에서 『송고승전』이란 서명이 직접 나타나지는 않으나 신라 유학승의 중국내 전승을 전하는데 있어 『송고승전』은 기본 자료로 활용되었음이 분명하다.[7] 따라서 의상과 마찬가지로 도선과 조우했으며 사제지간의 관계에 있었다는 점에서 앞서 퍼진 규기/도선의 전승을 받아들여 의상/도선의 이야기로 변개했을 가능성이 크다. 변이의 주체가 일연인지, 의상의 제자들인지는 분별하기 힘드나 고려 중후기에도 쉽게 접할 수 있었던 이야기로 밝혀진다. 『송고승전』에 보이는 모티브가 삽입되어 있음을 주목할 때 첫 전파자로는 아무래도 유학시 의상과 동행한 주위 사람들을 주목해 보아야 할 것이다. 무엇보다 前後所將舍利條의 의상전승은 의상이 중국에 머물던 때를 시간적 배경으로 삼고 있다는 사실을 유념해야 한다. 배경이 終南山인만큼 의상과 동행하여 지엄을 찾아갔던 수행인, 혹은 또 다른 신라인에 의해 중국 체류담이 국내에 전파되었다고 보더라도 무리는 없을 것 같다.[8] 이때 이야기는 신라 내에서와 마찬가지로 의상의 도력과 영험성을 강조하는 쪽으로 진행될 수밖에 없었겠는데 신라 화엄의 宗祖인데다 사중의 존경심이 높았던 당대 현실을 감안한다면 神兵保護는 어느 것보다 의상의 명성을 드높여주는데 유용한 모티브였다.

의상전교에 따르면 의상은 智儼을 師僧으로 모시고 화엄을 공부하고자 종남산을 찾았다. 하지만 유학 전에도 의상은 벌써 그 명성이 드높았던 학

7) 일 예로 元曉不羈條에 보이는 唐傳이나 眞表傳簡條에 보이는 宋傳은 바로 『송고승전』을 지칭하는 것이다.

8) 의상이 지엄을 스승으로 공부했던 至相寺를 찾았던 신라승려로는 의상말고도 그의 제자인 勝詮, 無染, 孝忠, 道亮이 있었는데(변인석 외, 『중국 명산 사찰과 해동승려』, 주류성, 한국사학회, 2001, 60면) 이들이 훗날 의상전승의 주체가 되었을 가능성은 얼마든지 있었다고 본다.

승이었으므로 입당 후 도선같은 당의 고승들과 접촉하는 것이 어렵지 않았을 것이다. 전후사리소장조는 의상과 도선이 얼마나 막역한 사이였던가를 반증한다. 정황으로 보아 前後所將舍利條 소재 의상 이야기는 역사에 기반을 둔 설화에 속한다고 볼 수 있으며 그 배경을 중국으로 하고 있었던 까닭에 대중간에 더 큰 호기심과 신뢰감을 안겼을 것이다. 이 설화의 출현을 두고는 또한 당 체류 시 의상의 근황을 구체적으로 목격한 이가 드물다는 현실적 조건을 고려해야겠는데 중국에서도 신라와 마찬가지로 출중한 도력을 과시했으리라 여기는 신라인들의 기대치에 부응하는 일화가 요청되었다고 본다. 설화 담당층이 의상에게 보내는 높은 경외심에서 채택된 것이 바로 神兵保護 모티브가 아니었던가 여겨진다.

그렇다면 神兵保護모티브는 언제부터 고승담에 수용되었을까. 『三國遺事』만을 근거로 할 때 神兵保護談이 의상에게 처음 부여되는 것 같으나 실은 그렇지 않다. 가령 6세기 간행된 慧皎의 『高僧傳』에 이미 天童, 天使, 神衆 등이 고승의 집사로 등장하는 사례가 적지 않게 들어있다.[9] 고승

9) 천상에서 도통한 승려를 호위하거나 從者를 내려 보내 아낌없이 편의를 제공하는 줄거리는 중국 고승담에서 결코 낯선 것이 아니다. 당대 고승 道宣 역시 다음과 같이 天童의 극진한 시봉을 받는 장면을 볼 수 있다.
"정관 중에 일찍이 심부의 은실산에 숨어있을 때 사람들은 천동이 좌우에서 시중을 드는 것을 보았다. 서명사에서 한밤중에 발을 잘못 디뎌 계단에서 넘어졌는데 잡을 것이 있어 몸을 지탱할 수 있었으며 헛디뎠어도 다친 데가 없었다. 한참을 바라보니 그 소년이었다. 도선이 이윽고 묻기를 '그대는 누구길래 이 밤중에 여기 있는가.' 했다. 소년이 말하길 '나는 사람이 아니고 비사문천왕의 아들인 나타로, 불법을 수호하는 까닭에 화상을 보호한지 오래되었습니다.'라고 했다.(貞觀中 曾隱沁部 雲室山 人睹天童給侍左右 於西明寺夜行道 足跌前階 有物扶持 履空無害 熟顧視之 及少年也 宣遽問 何人中夜在此 少年曰 某非常人 卽毘沙門天王之那吒也 護法之故 擁護和尚時之久矣."(『宋高僧傳』, 卷第14, 道宣傳)
후한 영평 10년(67)으로부터 양나라 천강 18년(519)에 이르는 동안 고승의 자취를 기록한 혜교의 『高僧傳』에도 天人保護 모티브가 여러 군데에 나타난다.
"그 후 섬주 백산의 영취사로 들어갔는데 그가 아직 그곳에 이르지 아니한 날 밤에 승서라는 스님의 꿈에 신인이 나타났는데 붉은 깃발과 흰 갑옷을 입은 신장이 산에 가득히 나왔다. 이에 승서가 까닭을 물었더니 '법사가 곧 이곳에 들어오기 때문에 나와서 받들어 맞이하는 것이다.'라고 대답했다.(後入剡白山靈鷲寺 未至之夜 沙門僧

의 신령한 감응력을 뚜렷하게 확인시켜주는 모티브는 전승력을 유지해주면서 이후 비슷한 행적의 고승담에 핵심 모티브로 끼어들었다고 보는 것이 자연스럽다.

『宋高僧傳』에서 천동이나 신중이 나타나 도선이나 규기를 보호해준다는 전개도 이전 유형담의 宋代的 수용으로 이해된다. 그런데 중국 고승담에 널리 발견되는 신병보호 설화 가운데서도 전후소장사리 이야기와 직접적 연관성을 맺고 있는 것은 규기의 전승담이다. 이야기의 얼개를 고스란히 유지한 채 규기 대신 의상으로 그 인물만을 대체해놓고 있기 때문이다. 결국 문식 있는 사중 가운데 누군가가 의상과 동시대에 활약한 규기의 전승을 수용하여 이를 의상의 전승담으로 탈바꿈시켜 놓았는데 이후로 강한 전승력을 지니고 일연의 시대까지 부단하게 전해온 것으로 정리가 된다.

2.2. 佛牙求得談

전후소장사리조 의상설화는 神兵保護談과 佛牙求得談, 이 두 이야기를 합성시켜 만든 것이다. 앞서 살핀 대로 신중들이 늘 의상을 보호했다는 신

緖夢見神人 朱旗素甲 滿山而出 緖問其故 答曰 法師當入 故出奉迎 明旦待人 果是柔至).”(慧皎, 『高僧傳』 第8卷 義解 釋僧柔)

“석홍명은 부지런히 정진하며 육시예창을 그치지 않자 아침마다 물병이 저절로 가득해졌는데 이는 실로 하늘의 동자들이 그를 위하여 심부름한 것이다(誦法華 習禪定 精勤禮懺 六時不輟 每旦則水瓶自滿 實諸天童子以爲給使也).”(『高僧傳』 卷12, 釋弘明)

아울러 위의 문헌에 비해 후대의 등장한 자료이지만 「청량산지」의 직녕전에서도 천상 신병들이 출현하여 주인공을 가호하는 장면이 산견된다.

“당나라 스님인 澄靈이 무후 장안에서 처음에 대황 청 남쪽 기슭에 암자를 짓고 선정에 들었는데 구슬 소리가 들려 암자 밖으로 나아가 보니 홀연히 신병들이 구름 밖으로 보였는데 그 모양이 제각각이었으며 위의가 엄숙하고 정숙하였는데 조금 있다 구름 속에 묻혀 보이지 않았고 단지 이상한 향기가 나는데 골짝을 가득 채웠다 (唐釋澄靈於武后長安初 卓庵大黃尖南麓 禪寂中 聞珠佩聲 出庵 忽見神兵現於雲表 部類各異 威肅儼然 俄而雲沒不現 但聞異香 充滿林谷).”(中國佛寺志叢刊 Vol.9 『淸凉山志』 卷7, 神兵現空.)

중보호담이 『宋高僧傳』 窺基이야기를 그대로 승계한 것인데 반해 佛牙求得 이야기는 『宋高僧傳』 道宣이야기를 근원으로 삼고 있다고 하겠다. 규기나 도선의 행적 중 출중한 감응력을 현시하는 것을 선별하여 의상이야기를 합성해 냈다고 보는 것이 필자의 입장이다. 佛牙구득과 관련된 대목을 인용하면 다음과 같다.

> 의상법사는 도선율사에게 조용히 말했다. "율사는 이미 천제의 존경을 받고 계시다니 듣자하니 제석궁에는 부처님의 마흔 다섯 개의 이 가운데 어금니 한 개가 있다고 하니 우리들을 위하여 천제에게 청해서 그것을 인간에 내려 보내어 복 받게 하는 것이 어떻겠습니까." 했다. 그 후에 율사는 천사와 함께 그 뜻을 상제에게 전했더니 상제는 이레를 기하여 의상에 보내주었다. 의상은 예를 마친 뒤에 이것을 맞이하여 대궐에 모셨다.[10)]

前後所將舍利條는 부처님의 어금니가 애초에 어떻게 중국에서 전래되었으며 이 땅에 들어온 뒤 어떤 과정을 거쳐 고려까지 내려왔는지를 보여주는 佛牙 연혁담에 속한다. 이에 따르면 佛牙는 원래 천상의 있던 것이었다. 그것이 신라로 들어올 수 있었던 것은 전적으로 의상의 노력과 도선의 협조 때문이었다.

의상이 도선과 교류했다면 도선은 천상과 교류하는 인물이었다. 의상이 도선에게 佛牙의 강림을 청했다는 것이 이를 말해준다. 다행히 도선이 의상의 청을 받아들여 천사와 함께 상제에게 청원했고 마침내 의상은 이를 받아 신라로 들여 올 수가 있었다. 이 같은 내용 역시 앞서 나온 도선전이 변이된 것으로 보는 것이 옳다. 『三國遺事』보다 앞서 기록된 도선전의 내용과 비교해보면 전승의 양상이 한층 뚜렷하게 드러난다. 『宋高僧傳』 도

---

10) 상게서, 卷3 塔像, 前後所臟舍利.
"湘公從容謂宣曰 師既被天帝所敬 嘗聞帝釋宮有佛四十齒之一牙 爲我等輩 請下人間 爲福如何 律師後與天使 傳其意於上帝 帝限七日送與 湘公致敬訖 邀安大內"

선전에서 산견되는 佛牙관련 삽입 대목을 발췌하면 아래와 같다.

〈1〉 도선이 말하기를 "저는 수행자로서 태자를 번잡스럽게 할 일이 없으나 태자는 위신이 자재한 분으로 서역에 불사를 지을만한 것이 있다고 하니 그것을 가져왔으면 합니다." 태자가 말하길 "내가 佛牙를 보물처럼 가지고 있은 지 비록 오래되었으나 대사께서 별 생각이 없으신 것 같아서 바치지 못했습니다." 했다. 그리고는 곧 도선에게 건네주었으며 도선은 보증하여 공양한 사실을 기록했다.[11)]

〈2〉 그 천인이 전해준 佛牙는 은밀히 제자인 文綱에게 간수하도록 시켰으니 그는 숭성사 동탑으로 가지고 갔다.[12)]

〈3〉 대종 대력 2년(767) 이 절에 세항의 칙령을 내리기를 '그 절의 대덕인 도선율사에게 전해주어 석가 佛牙와 육사리를 얻게 되었으니 마땅히 右銀臺門에 나아가 짐은 참관의 예를 하고자 한다.'고 말했다.[13)]

중국문헌에는 佛牙와 관련하여 의상이 전혀 언급되어있지 않다. 위의 기록에 따르자면 원래 佛牙를 보관하고 있던 인물은 천자의 태자였다. 태자는 도선의 일거수일투족을 챙겨주는 것을 본분으로 삼고 있던 존재로 도선이 佛牙를 원한다는 사실을 내내 모르고 있다가 뒤늦게나마 태자가 도선이 佛牙로서 불사공덕하기를 원하는 것을 알고는 진중하게 간직하고 있던 佛牙를 곧바로 건네준다. 이후 佛牙는 도선의 제자 문강에게 인계되다가 崇聖寺 東塔에 안치되기에 이른다. 결론적으로 佛牙가 지상에 봉안되기까

---

11) 贊寧, 『宋高僧傳』 卷第14, 道宣傳.
"宣曰 貧道修行 無事煩太子 太子威神自在 西域有可作佛事者 願爲致之 太子曰 某有佛牙寶掌雖久 頭目猶捨 敢不奉獻 俄授于宣 宣保錄供養焉"

12) 贊寧, 상게서, 卷第14, 道宣傳.
"其天人付授佛牙 密令文綱掌護 持去崇聖寺東塔"

13) 贊寧, 상게서, 卷第14, 道宣傳.
"至代宗大歷2年(767) 勅此寺三綱 如聞彼寺有大德道宣律師傳授得釋迦佛牙及肉舍利 宜即詣右銀臺門進來 朕要觀禮"

지 태자와 도선의 지성어린 발원이 있었다. 특히 도선의 노력이야말로 佛牙가 중국사찰에 봉안될 수 있었던 결정적 요인이 되었다할 터이다. 〈3〉에서 보듯, 후대 황제들도 후대 佛牙를 참예할 수 있게 된 것을 도선의 공으로 돌리고 있음을 보게 되는 것이다.

중국내 전승이나 신라전승이나 佛牙求得 이야기에 공통적으로 등장하는 인물이 도선이다. 중국 쪽에서는 천인의 호위나 시종을 받았음은 물론 상제의 태자가 자발적으로 佛牙를 그에게 전한 것으로 처리하여 그가 얼마나 천상과 소통이 자재한 인물인지를 우회적으로 드러낸다.

그런데 『三國遺事』에 따르면 도선을 만난 자리에서 의상은 제석궁에 있는 부처님의 마흔 개 치아 가운데 어금니 한 개가 있으니 천제에게 부탁하여 그것을 내려 보내 달라고 요구했으며 도선이 이에 협조한 것으로 돼있다. 의상은 佛牙가 천상에 수장되어있다는 점을 미리 알고 천자와 허물없이 교류하는 도선에게 접근하여 佛牙를 지상에 내려 보내줄 것을 청한 것이다. 『宋高僧傳』의 도선전에서 도선이 행했던 역을 여기서는 의상이 담당하고 있는 것을 본다. 『三國遺事』에서 분명히 주지시키고자 하는 것은 佛牙를 구득하기까지 중국에서 벌인 의상의 활약상이다. 그는 入中한 이래 주도면밀하게 상황을 파악하고 계획을 세워 이 땅에 佛牙를 가지고 오는데 끝내 성공한다. 의상을 佛牙求得의 주체로 삼고자한 탓에 『三國遺事』에서 도선은 의상의 청원에 따라 수동적으로 행동하는 기능으로 추락하는 현상이 나타난다.

중국에서는 道宣-太子 중심으로 전파되던 이야기가 이 땅에 들어와서는 義湘-道宣중심으로 변이되는데 의상이 佛牙求得의 중심적 역할을 부여하는 이야기로 탈바꿈하면서 중국체류 중 조우할 수 있었던 도선만 남고 태자는 이야기에서 아예 탈락되는 현상이 벌어졌다. 『三國遺事』에서 의상이 佛牙를 구득하게 된 까닭을 전적으로 의상의 자발성과 노력으로 받아들이고 있다면 『宋高僧傳』에서는 천상에서 제공한 佛牙를 그대로 인계할 정도로 천상에서도 도선에 대한 경외심이 깊었음을 비쳐주고 있다. 각 전승집단은 역사적 사실과 상관없이 자의적으로 이야기를 변개시키기도 하지만 서사구조만은 이전의 것을 크게 훼손하지 않는 범위에서 그대로 수용한다는 점을 확인해볼 수 있는 사례이다.

3. 의상설화의 정착과 변이

3.1. 문헌전승과『三國遺事』

의상의 對唐 유학이후 그가 중국 체류 중 겪었던 일을 두고 신라 내에서 여러 일화들이 다양하게 파생되어나갔다고 본다. 그의 유학에 기대를 걸고 있던 승단은 물론 민중들 사이에서도 그의 유학시 이야기는 큰 화제로 올랐을 것이며 고려시대까지 망실되지 않고 유전되었던 것으로 보인다.『三國遺事』의상전교조는 그 같은 전승 단위가 배합된 이야기임에 틀림없다.

그런데 의상전교조가 일대기를 지향하고 있음에도『宋高僧傳』에 전하는 의상의 일생담과는 내용적 공통점을 추출하기 힘들 정도로 편차가 심하다.『宋高僧傳』이 988년 찬술되었으므로 일연이『三國遺事』를 찬술하던 당시(1281년 이전)『宋高僧傳』을 참고했음이 틀림없겠는데『宋高僧傳』기록을 오히려 배제하는 입장을 보이고 있다. 무엇보다『宋高僧傳』에서 밝히고 있는 중국체류중의 일화는 전혀 수용하지 않고 있어 의아스러울 정도이다. 이는 의상을 바라보는 한중의 시각이 달랐던데 기인하는 것이 아니었던가 여겨진다.

중국인들에게 의상은 佛學에 갈증을 느낀 나머지 자신들의 땅에 들어온 일개 유학승에 지나지 않을 수도 있다. 이같은 폄시적 시각은 의상의 중국내 자취를 전하는데도 영향을 미쳤다고 보는데 登州에서 만난 俗家의 처녀 善妙를 부각시키는 것은 우연한 일이 아니다. 고승과 속가의 처녀를 중심에 둔 悲戀談이 전승집단에게는 아주 흥미로운 이야기가 될지 모르나 고일한 僧像을 구축하는 데 초점을 맞추는 것이 보통인 승전의 전개하고는 어울리지 않는다는 점을 찬자는 분명 이해하고 있었을 것이다. 홍미소로서 선묘와의 悲戀을 돌출시키고 그녀가 수호룡으로 변신해 의상을 수행하는가 하면 귀국 후에도 그가 여전히 의상의 수호자로 남았었다는 것은 의상의 인물기능적 약화를 전제로 한 전개이다.[14)]

『宋高僧傳』이 중국의 시각을 중심으로 찬술된 전기임에는 틀림이 없다. 찬자가 이 땅의 사람이었다면 결코 唐 여인과의 인연담으로 의상의 생애를 도포하는 식의 서술을 하지는 않았을 것이다. 의상전은 의상이 해동화엄의 조종이 될 수 있었던 것은 唐僧들의 가르침이 있었기에 가능했던 것이며 귀국하여 화엄의 종지를 전파하고 부석사를 창건하게된 것도 당나라 처녀 선묘의 헌신적 도움이 있었기에 가능한 일로 치부한 인상을 지울 수 없다. 『宋高僧傳』은 중국내 의상의 자취만을 확대해석한 체류기이다. 하지만 일연은 의상의 당 체류 행적을 언급하는 대목에서조차 이 내용을 수용하지 않았다. 그는 오히려 의상을 내세워 민족적 자주성을 드러내고자 애썼다고 보는 것이 옳을 터인데 『宋高僧傳』의 내용에 편승하는 것은 불교적 영웅인 의상을 당에 복속시키는 것과 다를 것이 없다는 판단을 한 것으로 여겨진다.[15)]

前後所將舍利조는 제목이 시사하는 것처럼 진흥왕 재위시인 태청 3년(549) 양나라로부터 사리 몇 과를 받고 정관 17년 계묘(643) 자장법사가 당으로부터 부처의 머리뼈, 어금니 사리 100과를 가져왔던 사실 등 이후 이 땅에 부처사리가 어떻게 전래했는지, 그리고 언제 소실되었는지를 요약하여 정리해놓았다. 한데 여러 사리, 불구에 대한 유래를 요약하고 있으나 의상이 사리를 구득하기까지의 과정을 전하는 내력담만은 퍽 상세한 편이다.

---

14) 김승호, 『한국승전문학의 연구』, 민족사, 1992, 64면.

15) "三國遺事는 민족사의 자주성과 그 문화의 우위성을 강조하는 관념이 전편을 지배하고 있다(김태영, 「三國遺事에 보이는 일연의 역사인식에 대하여」, 『한국의 역사인식』 상, 이우성, 강만길 편, 창작과 비평사, 1990, 141면)."는 말은 적절한 지적으로 보이며 이는 의상의 전기화 과정과도 무관치 않은 특성이라고 해야 할 것이다.

설화의 배경이 중국이며 대당 유학기에 의상이 교류한 중국 승려들이 등장하는 점에서 보면 귀국 후 그 주위사람들에 의해 전파되었을 가능성이 높다. 이것이 사중 간에 퍼져 내려오다가 고려에 들어와 일연에 의해 문헌에 정착된 것으로 여길 수 있다는 것이다. 그러니까 의상설화가 『三國遺事』에 수록되기까지는 '중국내 구비전승→중국문헌에의 정착(『宋高僧傳』)→의상설화로의 변이전승→고려 문헌에의 정착(『三國遺事』)'의 전승적 흐름이 포착된다고 하겠다.

중국과 국내로 전승지역을 양분한다면 우선 중국내 구비전승 문헌정착으로의 과정이 있으며 신라 내 구비전승 문헌정착(『三國遺事』), 구비전승으로 국내 전승과정이란 또 하나의 전승적 흐름이 짚어진다. 앞서 확인한 대로 문헌에서 문헌으로 전승되는 과정에 『三國遺事』가 그 이전에 출현한 『宋高僧傳』의 이야기를 수용하되 의상중심의 내용으로 변개시켰을 가능성도 배제할 수가 없다.

3.2. 구비전승과 慶山설화

그렇다면 『三國遺事』에 정착된 이후 등장한 설화들은 어떤 특성을 드러내게 되었을까. 『三國遺事』 곳곳에서 산견되듯, 내용적 편차에도 불구하고 이후 설화에도 의상과 천상의 결연, 혹은 소통이 필수적 삽화로 삽입되는 것을 보게 된다. 梵魚寺의 창건연기는 의상설화에서 필수삽화로 동원되던 神兵保護가 그대로 유지됨은 물론 한층 중요 사건으로 수용되고 있음을 보여준다. 즉 동해안에 왜구 10만 여 명이 나타나 신라 공격의 신호를 기다리는 위기에서 신라왕에게 현몽이 따른다. 어떤 신인이 나타나 의상을 청하여 금정산아래 금정암에서 7일7야 화엄신중을 급히 독송하며 기도를 올리는 것만이 위기에서 벗어날 수 있는 길이라고 일러준 것이다. 왕은 몽조에 따라 의상에게 이 일을 맡긴다. 그러자 병기로 무장한 제불, 천왕, 신중들이 출현하여 신력으로 정박해 있던 배와 함께 왜구들을 궤멸시킨다.

한 사람의 인명훼손도 없이 왜구들을 물리치게 된 왕은 승리를 자축하는 한편 의상의 청에 따라 금정산 아래에 범어사를 창건하기에 이른다.[16)]

前後所將舍利條에서 신병의 기능이 의상의 일거수일투족을 엄호하는 것에 한정되었다면 梵魚寺 창건연기에서는 위기에 처한 신라를 구해내는 방위군으로 그 역할이 한층 막중해진다. 그런데 신병의 출현까지는 의상의 매개적 개입이 절대적이었다. 천병은 절로 강림한 것이 아니라 의상이 주야장천 기도를 올렸기 때문에 가능했다는 것이다. 이처럼 신중보호모티브를 중심으로 한 의상전승담은 고려를 거쳐 18세기까지 줄기차게 이어져 왔다고 할 것이다.

그렇다면 현재적 전승양상은 어떠한가. 神兵保護談 등 천상과의 소통을 핵심모티브로 삼는 의상설화들의 사례는 더 거론할 수 있겠으나 현재 前後所將舍利條 설화와 서사구조가 일치하는 것으로는 '의상과 원효스님의 기싸움' 한편만이 확인되는 실정이다. 한편에 불과한 것이지만 이 설화가 갖는 의미를 과소평가해서는 안 될 것이다. 즉 이를 바탕으로 의상설화의 후대적 변이상을 추적해 볼 수 있는 것은 물론 설화 담당층, 전승범위에 따라 설화내용이 얼마나 변이되는지를 예증하는데 긴요한 대상이 되기 때문이다. 먼저 '의상과 원효스님의 기싸움'[17)]의 줄거리를 살펴보기로 한다.

1. 점심때만 되면 하늘의 선녀들이 의상스님에게 점심공양 거리를 가지고 내려왔다.
2. 원효스님은 공양주에게도 청하지 않고 손수 점심을 지어 먹었다.
3. 의상 스님이 원효스님의 기를 꺾기위해 일부러 점심때 원효스님을 초대하여 하늘에게 내린 공양을 같이 먹기로 약조했다.
4. 원효스님을 초대되어 왔으나 점심때가 지나서도 하늘의 선녀가 나타

16) 東溪, 『梵魚寺創建事蹟』.

17) 이동근, 김종국, 「경산지방설화의 전승안」, 『경산지방의설화문학연구』, 중문출판사, 2005, 120~122면.

나지 않아 원효스님은 점심을 거른 채 돌아갔다.

5. 화가 난 의상스님이 뒤늦게 나타난 선녀에게 까닭을 묻자 암자 주위에 원효를 호위하는 신장들이 에워싸고 있어 들어올 수 없었다고 했다.
6. 의상스님은 원효스님을 시험하려던 어리석음을 뉘우쳤다.

원효와 의상이 신라를 대표하는 승려라는 사실은 인물전승의 분포 면에서도 쉽게 드러나는데 삼국시대의 승려로서 『구비문학대계』에 채록된 고승담의 주인공은 원효와 의상에 집중되어있다. 그것도 두 승려가 동반하여 등장하는 경우가 흔하며 형제지간으로 처리하는 경우까지 나타난다.[18] 약간의 나이차가 있기는 하지만 동시대에 활약한데다 함께 구법유학을 시도했을 만큼 각별한 사이를 유지했다는 점에서 충분히 예상되는 내용전개라 할 것이다. 한데 이와 대조적으로 우열가리기 등 대중의 호기심을 투영시키는 구조를 취하는 일도 적지 않은 것이 사실이다. 위에 제시한 '원효스님과 의상스님의 기 싸움'은 道力 겨루기 이야기로 두 고승사이에 누가 신통력이 앞서는지를 가리는데 초점이 맞춰져 있다. 원효가 끼어들긴 했으나 이 각편이 『三國遺事』 前後所將舍利條 의상설화에서 유래했다는 점만은 쉽게 알 수 있다. 前後所將舍利條 의상설화가 중국에서 앞서 나온 신중보호 모티브를 수용하여 형성된 후 문헌에 정착된 예라면 그것이 구비전승을 통해 변이되어 나타난 것이 바로 '원효스님과 의상스님의 기싸움'인 것이다.

원효가 태어난 곳이 경산이라는 점은 원래 설화의 내용적 변이를 불러온 직접적인 요인으로 보아 틀림이 없다. 원효가 뛰어난 고승임을 밝히는 일이야말로 지역민들에게는 하나의 사명처럼 여겨졌을 터인데 『三國遺事』에서 道宣과의 대응을 통해 의상의 천상적 감응력을 이끌어냈듯이 경산지역

---

18) 『洪川縣東孔雀山水墮寺事蹟』. "마침내 두 아들을 낳았으니 형은 원효이며 아우는 의상으로 모두 어릴 때부터 빼어났으니 生以知之하여 육적에 능통했다. 노파는 간절한 마음으로 두 아들을 성장시키려 했는데 서리 맞은 소나무요, 물에 비친 달로 맑은 빛을 비유하는 것도 충분하지 않았다(遂生二子 兄曰元曉 弟曰義湘 皆少挺生知 能通六籍 老婆切意 圓成二利 霜松水月 未足比其淸華 仙露明珠 詎能方其朗潤)."

에서는 의상과 대비시켜 결국 원효가 한 수 위임을 밝히려 들었다. 어느 한 이야기의 유형에 속할 수 있는 버전은 역사적, 지역적, 그리고 서사적 변화와 무관하지 않다.[19]는 점을 여기서 선명히 확인하게 된다. 그런데 경산지방에서 채록된 설화가 前後所將舍利條에서 연원한 이야기라 하더라도 어느 정도는 현실을 반영할 수 있도록 전승되었다. 의상이야기는 '神兵保護모티프+佛牙求得모티프'를 통해 이루어졌는데 이중에서 佛牙求得 모티브는 원효에게 의미없다고 판단해 배제시키는 것을 보게된다. 前後所將舍利條에서는 佛牙求得談이 중심적 설화이지만 원효 혹은 경산과 연계된 이야기로 편성하다보니 佛牙 이야기는 소거해도 무방한 것이 되어 버렸다. 아울러 원효의 도반으로서 의상은 남기되 그를 부차적 인물로 격을 낮추고 지역 위인인 원효를 우위에 서게 했다. 경산설화는 의상의 영험력과 도력을 현시하는데 초점을 맞추고 있는 『三國遺事』 설화를 수용하되 그 지역의 역사인물인 원효를 주인공으로 부각시켰다. 이는 역사적 사실과 별개로 얼마든지 인물의 자취를 변이하는 인물전승의 특성으로 본다면 이상할 것이 없겠는데 지역민들은 누구에 비기더라도 원효만한 인물이 없다는 신념을 지니고 있었다. 따라서 원효-의상의 겨루기 방식으로 보여주되 의상에게 상투적으로 따라붙던 神兵保護 모티브를 원효이야기에 삽입함으로써 원효중심의 설화로 탈바꿈한 것이다.

4. 의상설화의 변이양상과 그 의미

4.1. 의상을 통한 불승의 주체성 모색

이제까지 통시적 맥락을 중시하면서 몇 가지 의상관련 설화를 중심으로

19) 카트린 푀게알더, 이문기 옮김, 『민담, 그 이론과 해석』, 유로, 2009, 103면.

그 면모를 살폈다. 이후는 각 편 단위로 논의된 사항을 한데 모아 의상설화의 형성과 전승변이에 나타난 의미를 되새겨 보기로 한다. 의상은 구법유학의 이력을 지닌 명승답게 중국 찬녕의 『宋高僧傳』, 崔致遠의 浮石尊者傳, 『三國遺事』의 義湘傳敎 등에 오른다. 당연히 이들 문헌 기록에는 유학중의 일화가 큰 비중을 차지한다. 그런데 의상의 생애가운데 중국에 체류했던 시기의 행적을 전하는 『宋高僧傳』과 『三國遺事』의 기록은 서사적 초점을 달리하고 있다. 통상적으로 본다면 『宋高僧傳』이 훨씬 앞서 찬술된 것이므로 『宋高僧傳』을 통해 의상의 중국내 행적을 보완하는 것이 정상일 터이나 『三國遺事』는 이를 수용하기보다는 『宋高僧傳』 규기 설화중의 神衆保護談, 도선설화 중의 佛牙求得談을 합성시켜 前後所將舍利條에 수록한 것으로 밝혀졌다.

의상의 신중보호담이 『三國遺事』에 정착된 이후에도 전승이 지속되었음은 분명하다. 경산지역에서 채록된 원효암 설화는 그 서사적 승계를 확인시켜주는 소중한 사례로 지목되는 것이다. 다만 이 경우, 서사의 초점이 원효에 맞춰져 있다는 점이 다르다. 의상보다 원효가 한층 높은 감응력을 지녔다는 내용으로 선회했음에도 前後所將舍利條가 설화의 발원지임이 쉽게 판명된다. 두 설화의 서사구조가 온전히 일치한다는 점이 그 반증이다.

결국 중국 고승 중심의 전승이 변개되어 의상의 신중보호 설화로 바뀌는 현상이 문헌에서 확인되며 다시 『三國遺事』에 정착된 문헌설화가 일정지역을 중심으로 구전화 된 사정을 알 수 있다. 중국에서 발원한 신중보호담이 고려의 『三國遺事』에 정착되고 이후 기나긴 세월의 간격을 넘어 지역민들 사이에 전승되어 왔던 것이다. 각 설화 간 특성은 다음과 같이 정리할 수 있다.

출처 항목	① 『宋高僧傳』, 窺基傳	② 『三國遺事』, 前後所將舍利	③ 『경산의 전설과 민담』, '원효스님과 의상스님의 기싸움'
찬술 및 채록시기	988년	1281년	2002년

전승매개	문헌	문헌	구비
설화배경	중국	중국	한국
전승범위	중국	한국	경산지역
핵심모티프	神兵保護	神兵保護/佛牙求得	神兵保護
경쟁결과	규기〉도선	의상〉도선	원효〉의상

①, ②, ③을 한자리에 놓고 비교 검토할 수 있는 것은 모두 신중보호 모티프를 삽입한 고승담이라는 점 때문이다. 설화의 찬술 및 채록시기를 기준으로 삼을 때 의상이야기는 ①→②→③ 순서로 출현한다. ①에는 의상이 등장하지 않지만 ①이 없었다면 ②이야기가 생겨날 수 없었다. 곧 ①은 ②의 근원설화이다. ①에서는 당나라 고승인 窺基가 그 스승격인 도선 못지않게 영험한 감응력을 지녔던 인물임을 전하는데 초점을 두고 천상의 신병들이 늘 규기를 보위하는 바람에 명성을 자랑하던 도선이 일순간 낭패를 겪는다. 내외의 많은 제자들이 도선을 추종했으며 알현자가 쇄도하였으나 그를 조소하는 시각이 한편에 자리 잡고 있다.

하지만 이 땅의 전승자들은 중국고승들의 도력을 강조하는 내용에 관심을 두기보다는 서사구조에 주목했던 것으로 여겨진다. 다시 말해 ②의 『三國遺事』에서는 도선-의상의 이야기로 인물 설정을 달리하고 있는데 규기 대신 의상으로 인물을 바꾸는 한편 서사구조는 그대로 따르는 쪽을 택했다. 하지만 주인공이 窺基에서 義湘으로 바뀌었을 뿐 서사구조가 고스란히 일치하는 것으로 보아 이 이야기를 퍼뜨린 사람은 『宋高僧傳』 소재 규기전을 근원설화로 삼았다 하겠다. 중국 문헌설화를 근거로 하여 의상의 설화가 탄생한 셈인데 우선 국내 전승과 관련지어서는 의상의 제자 혹은 구법유학시 그를 수행한 일행을 전승의 주체로 추정할 수 있다.

그렇다면 이 설화는 언제 생긴 것일까. 일연이 전해오던 이야기를 채록한 것이라 했으니 의상이 활약하던 시대까지 거슬러 올라갈 수도 있겠으나 현전하는 문헌들을 가지고 판단할 때는 『宋高僧傳』이 우리나라에 전래 된 이후에 생겼을 확률이 높다. 이렇게 보는 까닭은 무엇보다 前後所將舍利

條의 의상설화가 『宋高僧傳』 규기전의 내용과 혹사하기 때문인데 보기에 따라 일연을 설화변이의 장본인으로 지목할 수도 있다. 일연이 의상의 신중보호담을 소개하면서 相傳의 것이라고 밝히기는 했으나 이는 상투적 전제에 불과할 뿐 일연 자신이 규기의 신중보호설화를 끌어와 의상설화로 둔갑시켰을 가능성도 배제하기 힘든 것이다.

일연은 의상을 단지 신라 내 화엄종을 영도하는 수장으로서 의미로 국한시키지 않았다. 『三國遺事』 여러 곳에서 산견된 기록을 종합해 볼 때, 그에게 의상은 당에 맞서 신라의 존재감을 당당하게 드러내는 주체적 인격으로서의 기능에 누구보다 부합되는 승이었다. 다음의 설화는 이런 사정을 잘 보여주거니와 의상이 유학초입에 벌써 唐僧들의 기를 꺾어 놓고 있음을 상징적으로 드러내 준다.

> 지엄은 지난밤에 꿈을 꾸었다. 큰 나무 한 그루가 해동에서 나와 가지와 잎이 넓게 우거져 중국에까지 와서 덮었다. 그 나무 위에 봉황새의 보금자리가 있었으므로 올라가보니 한 개의 마니보주가 있었는데 빛이 멀리 비치는 것이었다. 꿈을 깬 후 놀랍기도 하고 이상해서 깨끗이 청소하고 기다렸더니 의상이 왔다. 지엄은 특별한 예로 조용히 말했다. "내가 어젯 밤 꿈을 꾼 것은 그대가 나에게 올 징조였구나." 그리하여 제자 됨을 허락하니 의상은 화엄경의 미묘한 뜻을 의미한 부분까지 분석했다. 지엄은 학문을 서로 질의할 만한 사람을 반가이 맞아 새로운 이치를 발명해 내었으니 심오하고 은미한 이치를 찾아내서 남초가 그 본색을 잃은 것과 같다 하겠다.[20]

義湘傳教條에 따르면 위에 제시한대로 지엄의 제자로 들어가는 유학초의 정황과 함께 구국기도로 왜병의 신라침략을 방어한 사실, 부석사창건과

20) 상게서, 卷第4, 義解, 義湘傳教.
"儼前夕夢一大樹生海東 枝葉溥布 來蔭神州 上有鳳巢 登視之 有一摩尼寶珠 光明屬遠 覺而驚異 洒掃而待 湘乃至 殊禮迎際 從容謂曰 吾昨者之夢 子來投我之兆 許爲入室 雜花妙旨 剖栎(析)幽微 儼喜逢郢質 克發新致 可謂鉤深索隱 藍茜沮本色"

賢首와의 편지왕래, 그리고 제자양성과 신이한 행적을 차례대로 나열해놓고 있다. 설화적 색채가 강한 연대기적 이야기들로 엮어진 가운데서도 가장 비중이 큰 것이 중국체류시의 일화들이며 내용도 매우 상세한 편이다. 義湘傳敎條가 전 생애를 조망하는 일에 목적을 두었을지 모르나 생애 가운데 핵심부위만 선별해 제시했다는 느낌이 앞서는 기록이다. 의상의 생애 중 唐으로의 유학은 특히 명기할 단위로 인식된 것 같다. 구법유학과 관련된 의상의 설화가 『宋高僧傳』이나 『三國遺事』에만 보이는 것은 아니다. 그의 구법유학과 관련된 이야기는 韓中간 구별없이 다양하게 등장한다.[21] 하지만 『삼국유사』에서는 어떤 경우에도 의상이 총지가 부족해서 타자에 다가가 배움을 갈구하는 약자로서의 간절함을 드러내는 형상은 발견할 수가 없다.

위 설화는 의상이 請益의 대상으로 삼았던 智儼(602~668)의 현몽체험을 통해 의상을 만나기도 전에 벌써 그가 얼마나 비범한 인물인지를 제시하는데 목적이 있다. 이 때문에 지엄은 의상의 스승이지만 의상의 고일함과 비범함을 밝히기 위해 투입된 비교대상으로서의 역할에 가깝다. 智儼의 僧史的 위치를 살피면 이는 분명해진다. 지엄은 서안 終南山을 중심으로 활동한 고승으로 杜順(557~640)의 법통을 이어 화엄종을 실질적으로 확립했을 뿐더러 법장, 징관 그리고 의상 등 훗날 화엄승으로 자리 매김되는 승려들에게 가르침을 전수한 인물이었다.

그런 역사적 사실에도 불구하고 의상전교는 스승 아닌 제자인 의상만이 돌출되는 현상이 빚어졌다.[22] 제자의 기량이 스승에 못지않은 것으로 형

21) 의상이 원효와 더불어 유학을 결행했다가 원효가 무덤 안에서 잠결에 해골물을 마신 후 깨달은 바 있어 신라로 되돌아가고 의상만이 홀로 유학길을 올랐다는 이야기는 『宋高僧傳』 원효조에 오른 이래 중국문헌과 우리 구전 전승담에서 가장 폭넓게 발견되는 이야기이다.

22) 의상의 법계를 도식화한 고익진에 따르면 화엄의 법통은 두순-지엄-의상-표훈 등 10제자-신림-법융 등 5인으로 후속된다고 한다(고익진, 『한국고대불교사상사』, 동국대 출판부, 1985, 320면).

상화한 점에 비추어 전승자는 의상의 유학 전후사정에 밝은 제자, 혹은 지지자가 아닐까 싶다. 물론 일연도 이 설화의 창자 혹은 운반자로 지목하는데 어려움이 없겠는데 설화를 소개한 연후에 첨언해 놓은 말은 퍽 시사적이다. "…심오하고 은미한 이치를 찾아내어 감초와 천초가 그 본색을 잃은 것과 같다.(可謂鉤深索隱 藍茜沮本色)." 이는 설화에 대한 일연의 評決로 보아 부족함이 없으며 의상을 바라보는 일연의 입장을 요약한 부분으로 새겨도 좋겠다. 일연은 의상이 배움의 갈증을 억누르지 못한 끝에 구법의 길에 올랐으나 스승인 지엄에 비해 부족할 것이 없는, 오히려 스승을 능가하는 위인으로 받아들이고 있음을 어렵지 않게 읽을 수 있다.

韓中 고승의 결연담은 일반적으로 '가르치는 자/배우는 자'로 인물 대응이 이루어지지만 의상의 중국내 체류행적을 전하는 의상전교나 前後所將舍利條는 결코 그런 흔적을 발견할 수 없다. 오히려 위 설화들은 唐 고승에 대한 의존적 시각은커녕 의상을 통해 신라인의 주체성과 정체성을 밝히려는 의도를 앞세우고 있다는 생각이 앞선다.

4.2. 二聖경쟁담의 시대, 지역적 변개

『三國遺事』에서는 의상전교뿐 아니라 여러 곳에서 의상의 영험성과 근기의 출중함을 강조하는 이야기 위주로 수록하고 있다. 洛山二大聖 觀音正趣條에도 前後所將舍利條와 같이 의상중심의 인물 그리기적 특징을 잡아낼 수 있다. 의상이 관음을 친견하는 과정에도 龍衆, 天衆의 가호가 있었음을 밝히고 있는데 입당 시 도선과 조우하는 자리에서 도선보호 천사의 접근을 방해한 신병들의 기능과 일치하고 있는 것으로 이해된다. 아울러 의상이 앞서 관음을 친견한 것으로 밝혀 원효보다 그 우위에서 있음을 전하는데 이 역시 前後所將舍利條의 구조와 일맥상통하는 의상 우위의 전개에 속한다. 전체적으로 의상설화는 원효같은 고승과의 경쟁담, 제자를 이끌고 불학을 전수하는 전교담, 신출귀몰한 능력을 통해 천상, 용궁과 소통하는 신이담 등의 서사적 유형성을 드러낸다.

중국 입당시 交學, 交流관계를 기저에 깔고 나타난 이야기가 '지엄-의상' 혹은 '도선-의상'의 구도로 전해지던 것이 국내에서는 '의상-원효' 이야기로 인물배합이 달라진다. 의상을 중심에 두고 화엄종의 사승인 智儼, 道宣을 각각 배치시키고 있는 것이 중국 배경의 초기 경쟁담이라면 이것이 국내에 들어와서는 '원효-의상'의 二聖 경쟁담으로 변화가 인 것이다. 구법유학의 관심이 사라지는 시대를 반영하는 서사구조의 변화라 하겠다.

다만 왜 의상과 원효중심의 전개인가는 의문이 남는다. 당대 의상의 도반으로는 여러 승려를 거론할 수도 있지만 전승자들은 일찍부터 '의상-원효'의 인물설정과 서사유형에 익숙해져 있었던 것 같다. 개중에는 두 고승의 친연성을 말하는 것도 적지 않았을 것이다. 두 고승이 동시대에 활약했으며 우열을 가리기 힘들 정도의 위업을 쌓았다는 점에서 그런 구도는 얼마든지 상정되는 것이다. 민중 간에서는 누가 한수 위일까 하는 호기심과 흥미를 바탕으로 한 이야기가 적지 않았다. 이른바 경쟁담으로서 ③은 '의상-원효'간의 도력 겨루기에 초점을 맞춘 한 사례가 되는 것이다.

의상설화는 문자를 매개로 『三國遺事』에 정착되었다가 다시 전승의 흐름을 이어갔다. 설화에서 전승매개의 차이는 여러 특징을 불러오는데 문헌에서 구비로 전승매개가 바뀌면 내용도 크게 달라지게 마련이다. 이는 식자층과 문맹층의 욕망과 의식, 세계관이 다르기 때문에 나타나는 현상이다. ②가 寺衆 간에 수수되던 설화였다면 ③은 특정 지역의 민중들이 전파시킨 지역설화에 속한다. ③은 근원설화로서 ①, ②에 비해 퍽 늦게 전파된 이야기이므로 ①, ②에 보이는 역사 증언으로서의 기능이 약화되거나 탈락 되어버리게 된다. 다시 말해 의상이 당나라 유학중 도선을 방문한 사건배경이나 도선과의 만남이 단초가 되어 佛牙를 얻을 수 있었다는 佛牙緣起가 탈락되어 있어 후대 전승자들에게 이 화소는 더 이상 유의미한 내용으로 수용되지 못한 것을 반증해준다. 그 대신 고장의 위인인 원효를 부각시키고자하는 욕구가 지배적으로 나타난다. 의상은 이 땅의 고승이므로 여전히 등장하지만 唐僧인 도선은 자취를 감추며 의상의 중국내 체류시 행적, 그리고 당의 승려들도 더불어 자취를 감추는 대신 민담에 곧잘 수용되는 겨루기모티프 중심으로 이야기의 변이가 일어난다.

의상과 원효 중 누구의 도력이 앞서는가 하는 관심은 洛山二大聖 觀音正趣條에도 어느 정도 기미가 포착된다.[23] 하지만 이는 팔법계품에 나오는 대로 善財童子가 南海 補怛洛迦山으로 觀音菩薩을 찾아가는 줄거리를 바탕에 둔 파생설화[24]로써 중국 고승담에 연원을 두고 있는 '원효스님과 의상스님의 기싸움'과는 계통을 달리한다.

①, ②는 당대 뛰어난 고승이 등장하여 나름의 비범성을 현시해 보이고 있다. 한데 중국고승만이 등장하는 ①과 달리 ②에서는 한중 고승으로 설정이 달라지더니 韓中 고승간 경쟁담으로 변화가 일어난다. 그러나 시대를 지나며 ②조차 설화담당자의 흥미에서 멀어지는 현상이 나타나며 ③과 같은 경쟁담이 출현하는 시기를 맞는다. 고승간의 겨루기화소를 공통적으로 개입시키고 있으나 ②가 의상을 통해 신라승의 자긍심을 고취한 경우라며 ③은 원효를 통해 경산지역민의 자긍심을 드높이는 내용으로 선회한 것이 되겠다. 신중보호라는 동일한 서사구조를 지니고 있으나 시대, 전승영역 등의 설화 변인요소가 가세함으로써 '규기〉도선, 의상〉도선, 원효〉의상'의

---

23) 가령 『三國遺事』 卷第4 塔像 洛山二大聖 觀音正趣 條는 眞容 친견의 목표를 앞에 두고 누가 聖的 체험에 앞서는 지를 따진다. 특히나 당대 승의 대표격인 의상과 원효가 경쟁대상으로 설정하고 있어 이채롭다. 앞서 소개되고 있는 의상의 경우, 7일간 재계한 후 용천과 천중 팔부 시종의 인도로 굴 속에 들어가는가 하면 다시 7일을 재계함으로써 관음보살을 친견하는 영광을 누리게 된다. 뿐만 아니라 보살이 자신이 머물던 터를 점지해줌으로써 사지를 찾아 헤매는 어려움을 겪지 않고 낙산사를 창건할 수 있게 해준다.
眞容을 친견하겠다는 원으로 가득 차 있기는 원효도 마찬가지였다. 그래서 낙산의 굴을 진용주처로 확신하고 그곳을 향해 내달렸다. 하지만 애써 온 보람도 없이 그는 진용친견의 원을 이루지 못하고 만다. 하지만 그는 그전에 이미 관음보살과 조우했으면서도 이를 전혀 알아채지 못한 것이다. 그는 벼를 베며 월경대를 빠는 여인이 성녀이자 관음인줄을 전혀 알아채지 못하고 외면하다가 뒤늦게 青鳥의 질책으로 그 두 여인이 다름 아닌 관음이었을 깨닫게 된다.

24) 한국불교연구원, 『낙산사』, 일지사, 1978, 17면.

결과를 동반하는 서사로의 변이가 나타나게 된 것이다.

5. 맺음말

본고는『三國遺事』前後所將舍利條에 들어있는 의상설화의 전승적 맥락을 추적하는데 초점을 두었다. 일연은 민중 간에 전하는 이야기를 채록했을 따름이라 했으나 이 설화는 기실『宋高僧傳』의 窺基傳, 道宣傳에 필수적 삽화로 채택되고 있는 신병보호, 불아구득담을 합성한 이야기로 밝혀진다. 일연이 중국 승전을 차용한 까닭은 일차적으로 唐에 대한 외세 의존적 태도를 버리고 자주성을 고취시키고자 하는 의도와 무관치 않았다 하겠다. 신이성을 함축하는 신병보호 모티브는 이후 보다 확장된 범위로 범어사연기설화에 수용된다. 하지만 근래 채록된 慶山설화는 이전의 의상설화와 달리 의상대신 원효를 돌출시키는 구조로 또 다른 변개가 나타난다. 여기서 역사사실과 달리 전승담이란 담당층, 전승시대, 전승지에 따라 다양한 변개가 일어날 수 있음이 확인되거니와 과거 일연이 중국 고승담을 전복, 변형시켜 의상을 부각시키는데 진력했다면 慶山지역에서는 의상 대신 원효의 도력을 강조하는 내용으로의 서사적 변화를 꾀했다 하겠다. 의상설화는 韓中간의 고승전승, 삼국시기부터 현재에 이르는 국내고승의 전승 양상을 증거하는 흔치 않는 사례임이 분명하다.

참고문헌

一然,『三國遺事』
慧皎,『高僧傳』
贊寧,『宋高僧傳』
『淸凉山志』卷3, 中國佛寺史志彙刊 29, 明文書局印行(臺灣), 1980.

東溪, 梵魚寺創建事蹟.
覺訓, 『海東高僧傳』
義天, 『圓宗文類』
『口碑文學大系』 2-4, 2-5, 7-5, 7-9, 7-9, 7-10.
강원도, 『강원도향교서원사찰지』, 강원출판사, 1992.
『洪川縣東孔雀山水墮寺事蹟』

고익진, 『한국고대불교사상사』, 동국대출판부, 1985, 320면.
김승호, 「의상설화의 의미와 성격」, 『불교춘추』 15호, 불교춘추사, 1999, 62~73면.
김승호, 『한국승전문학의 연구』, 민족사, 1992, 164면.
김운학, 「일본에 미친 의상선묘설화」, 『불교학보』 제13집, 1976.
김태영, 「三國遺事에 보이는 일연의 역사인식에 대하여」, 『한국의 역사인식』 상, 이우성, 강만길 편, 창작과 비평사, 1990, 141면.
김홍철, 「한국사룡설화연구」, 성균관대 박사학위논문, 1990.
민영규, 「선묘와 의상대사」, 『사상계』 6월호, 1953.
변인석 외, 『중국 명산 사찰과 해동승려』, 주류성, 한국사학회, 2001, 60면.
윤태현, 「의상이야기의 전승양상」(김태준 · 김승호 엮음, 『우리역사인물전승』, 집문당, 1994).
이동근, 김종국, 「경산지방설화의전승안」, 『경산지방의 설화문학연구』, 중문출판사, 2005, 120~122면.
이두현, 「선묘와 광청아기설화」, 『연암현평효박사화갑기념논총』, 한남어문학회, 1987.
카트린 푀게알더, 이문기 옮김, 『민담, 그 이론과 해석』, 유로, 2009, 103면.
한국불교연구원, 『낙산사』, 일지사, 1978, 17면.
허원기, 「일연과 삼국유사에 대한 탈신민주의적 독해」, 『국제어문』 54집, 2012.

출처 졸고, 「의상설화의 형성과 변이양상」, 『불교학보』 53집, 동국대 불교문화연구원, 2009, 53~73면.

唐 五臺山 설화의 新羅的 수용과 변이

1. 머리말

신라 이래 전승된 설화들을 보면 산악은 더 이상 山神만이 관장하는 영역으로 머물러 있지 않게 된다. 불교의 전래와 함께 산악의 주재자가 토속신에서 불보살로 神格의 변화가 이루어지게 되었으며 각처의 산에 불보살이 머문다는 막연한 믿음에서 한 걸음 나아가 불보살과의 조우 체험을 전하는 설화들이 널리 퍼진다.

靈山설화가 신라에서 자생한 것인지에 대해서는 얼른 판단하기 쉽지가 않은데 불교의 전래 궤적에 따라 인도, 혹은 중국 등의 영향 아래서 출현한 것은 아닌지 검토해 볼 필요가 있다. 불교적 영험성을 간직하고 있는 초기의 명산설화들일수록 중국설화와 유사성이 많은 것으로 보아 애초 신라 내에서 자생적으로 발화한 것이라기보다는 외래적 영향 하에 생겨난 것으로 볼 여지가 적지 않다.

『三國遺事』 소재 五臺山 설화의 내용, 형식, 모티브 등을 살펴보면 唐나라 설화의 유입 흔적이 역력하다. 하지만 중국설화를 바탕에 두고 창작 전파된 설화일지라도 신라의 토착성이 별도로 구비되어 있다는 점만은 분명히 환기할 필요가 있으며 이에 대한 별도의 논의가 필요한 시점이다. 본고는 兩國間 설화의 유사점을 우선 파악하되 오대산 설화를 중심으로 신라 내 영산설화의 특성을 밝히는데 비중을 두어 논의할 생각이다. 여러 명산 설화 중에도 五臺山설화를 대상으로 한 것은 초기 불교영산 설화의 제 각편을 풍성하게 구비하고 있다는 점 때문인데 오대산설화의 성립배경, 이면의 사상, 전승집단, 후대적 의미 등을 유추해 보는 데 이보다 더 적절한 대상도 달리 없다고 본다.

2. 唐 오대산 설화의 형성

淸凉山, 혹은 五臺山이 어느 지역 어느 산을 일컫는지에 대해서는 논란들이 많았다.[1] 숫타니파타를 비롯해 경전에 등장하는 文殊 住處로서의 淸凉山[2]을 히말라야의 한 盆地를 칭한다고 보는 것이 인도 쪽의 시각이었던 반면 중국에서는 東晉 이래 자국의 산으로 착색하는 것은 물론 방위관념과 결부시켜 오대산에 신앙적 의미를 부여하였으며 특히 魏, 隋, 唐 시기를 거치면서부터는 중국의 불국토설을 추동하는 靈域으로 이해가 된다.[3] 다소

1) 중국에서는 淸凉山과 五臺山을 혼용해 쓰는 편인데 비해 우리의 경우는 五臺山을 淸凉山으로 부르지는 않는다. 따라서 본고에서는 중국 오대산을 지칭하고자 하는 경우에는 주로 淸凉山으로 쓸 것이다.

2) "문수보살이 계신 곳은 동북방에 있는 청량산이며, 진단국에 있는 나라연산이다. 문수보살은 이 산에 일만의 보살을 거느리고 계시며, 항상 법을 설한다."〈華嚴住處品〉 "동방에 보살이 머문는 곳이 있는데 이름이 청량산이다. 과거 여러 보살들이 늘 거기에 머물렀고 그곳에 나타난 보살의 이름이 문수사리이니 항상 일만 보살을 거느리고 항상 설법하신다."〈大方廣佛華嚴經 菩薩主處品〉

3) 정병조, 『문수보살의 연구』, 한국불교연구원, 1988, 145면.

막연하게 칭해지던 淸涼山은 후대에 오면 法藏(643~712)의 설명과 같이 퍽 구체적 지역 정보를 포함함으로써 언제라도 수소무해서 찾아갈 현실적 공간으로 자리 잡는다.4)

어떻게 말하든 唐이전에 벌써 경전 속의 淸涼山과 중국 山西省의 淸涼山(五臺山)을 동일시하는 시각이 널리 퍼져 있었음은 틀림이 없는 것 같다. 한데 명시적 진술만으로 중국 청량산이 聖境으로서의 영험성을 체득시키는 데 한계가 있었다. 오히려 중국 오대산이 영험한 터로서 신성성을 간직하기위해서는 그곳을 성소화하는 설화적 담론, 다시 말해 불보살이 상주하는 곳임을 증거해주는 사람들의 구체적인 신비체험담이 절실하다는 점을 간파하게 된다. 隋唐 이래 설화 담당층은 이를 직시하면서 청량산을 중심공간으로 하는 다양한 설화를 창작, 전파시켰다고 해야 할 것이다.5)

唐시대 청량산 관련 설화들에서 드러나는 공통점은 佛菩薩 중에서도 유독 文殊菩薩을 신격으로 등장시킨다는 점이다. "문수보살은 文殊師利, 滿殊尸利라고도 하며 범어로는 草夏라 한다. 이것은 妙德을 말함이니, 또한 妙吉祥이라고도 하는데 萬德이 둥글고 밝으니 모두 근원을 꿰뚫고 있어 妙德이라 칭하는 것이다. 태어날 때부터 十澄을 가지고 있으며, 보고 듣는 것이 이익됨이 있으니 妙吉祥이라 칭해지기도 했다."6) 『文殊般泥洹經』에서는 문수의 상호에 대해 "문수는 32相에다 80種好를 갖추고 있으니 상호는 부처님과 같다."고 했으며 사리불은 문수의 德相에 대해 다음과 같이 밝혔다. "선남자여, 문수사리 동자는 그 행동이 넓고 크며, 그 원은 가이 없으며 출생일체가 보살의 공덕에서 그침이 없다. 선남자여, 문수사리는

4) 운허・용하, 『불교사전』, 동국역경원, 1961, 231면. "청량산은 현재 중국 산서성에 있는 오대산이고, 진단은 지나국이라고도 하는데 한나라를 말하고, 나라연산은 견로산 혹은 중국 청주 지방 경계에 있는 용로산이다."

5) 본고에서 거론하는 중국 오대산 설화는 대체로 明의 鎭澄이 撰한 『淸涼山志』(江蘇廣陵古籍刻印寺)와 『淸涼山新志』(杜潔祥 主編, 丹靑圖書公司印行, 1985)를 텍스트로 삼는다.

6) 운허, 용하, 상게서, 231면.

는 무량계 부처의 어머니이며 항상 무량보살의 스승으로 일체 중생을 교화시키기 때문에 普門十方世界等이라 칭한다."[7] 문수는 시방세계의 일체 중생을 교화하기 위해 나타나 무량백겁세계에 이르도록 비가 내리듯 공양을 전함으로써 그 悲願이 미치지 않은 법이 없었다고 했다.

그렇지만 대중을 인도하여 문수보살의 존재적 의미 안으로 끌어가기 위해서는 위와 같은 개념화를 넘어 그 존재감을 실감케 하면서 증득의 세계로 견인하는 이야기가 필요하다. 일상인들의 체험적 범위 안에서 전파된 이야기를 통해 문수의 聖智를 체득하고 그 존재적 의미를 헤아릴 수 있게 해주는 쪽으로 설화가 발화한 것은 그 때문일 터인데 한편으로는 오대산의 영역적 의미를 확고히 다진다는 뜻도 있었다.

靈山설화에서 문수보살이 빈번히 등장하기는 하지만 때에 따라 제 佛菩薩이 두루 섞여 등장하고 있는 경우도 흔한데 觀音, 地藏신앙을 전파하는 설화라면 당연히 관음, 지장 등이 주동인물로 나서게 될 것이다. 그런데 오대산 설화에서는 어쨌든 불보살중 문수보살만이 취택된다.

청량산 순례에 참여하는 이들은 문수친견을 평생의 소망으로 삼았는데 역사 현실적으로 보아 文殊參禮의 열기는 隋唐시대부터 조성되었던 것 같다.[8] 가령 『清凉寺志』 소재 三沙彌見聖, 聖水靈藥, 明勗遇聖, 西來化僧, 道明入聖域, 解脫和尚見聖, 波利入金剛窟[9] 등을 비롯하여 많은 각편들은 문수친견의 발원자들이 도처에 존재하였음을 보여준다. 그 가운데는 西來

---

7) 『華嚴入法界品』. "善男子 文殊師利童子 其行廣大 其願無邊 出生一切菩薩功德無有休息 善男子 文殊師利 常爲無量諸佛之母 常爲無量菩薩之師 教化成就一切衆生 名稱普聞十方世界等"

8) 『清凉山志』(明 鎭澄 편, 中國佛寺志叢刊9, 江蘇廣陵古籍刻印社)와 『清凉新志』(杜潔祥 주편, 丹青圖書公司印行, 1985)는 중국 청량산을 住處로 하여 문수의 친견설화의 면모를 살펴보는데 적절한 자료를 제공해주고 있다. 『清凉山志』에서는 내용적 편차에 의거하여 五峰靈蹟, 伽藍勝概, 高僧懿行, 菩薩玄應, 帝王崇建, 名公外護, 異衆感通 등 8개의 편목으로 나누어 정리해 놓고 있으며 高僧懿行 條만 하더라도 摩滕法蘭, 窺基, 道宣, 清凉, 仰山, 法空, 趙州, 光嶼, 孚上, 降龍, 成覺, 紫柏 등 문수친견체험의 고승 63인을 등장시켜 그들의 행각과 懿行을 전하고 있다.

9) 鎭澄 편, 상게서, 175~202면.

化僧이나 波利入金剛窟에서 보는 것처럼 天竺에서까지 文殊 住處인 청량산을 찾아온 異域의 순례인들도 눈에 띈다. 하지만 淸涼山에 들어선 것이 곧 문수친견을 보장해주는 것은 아니었다. 그 누구도 쉽사리 문수 친견의 願을 달성하지 못하게 된다. 그것은 그들이 지나치게 자기 상념대로 문수의 像을 고정시키고 있었기 때문이었다.

『文殊師利般泥洹經』은 문수보살에 대해 "이 보살은 首楞嚴三昧力에 머물고 있으므로 시방세계에 혹은 처음 탄생을 드러내기도 하고 혹은 滅度를 보여 중생을 이롭게 하기도 하므로 게로 말하되, 문수대보살은 대비의 원을 바라지 않으며 몸을 바꾸어 異道가 되기도 하며 혹은 冠을 쓰거나 혹은 몸을 드러내거나 혹은 어린 아이들 무리에 섞여 동네에서 놀거나 혹은 가난한 이가 되거나 혹은 쇠약한 얼굴의 병든 노인이 되고 춥고 배고파 여러 곳을 들러 구걸을 하니 사람들로 하여금 시혜를 촉발시켜 일체의 願을 채워주기도 한다."[10]고 밝혀놓았다. 한마디로 문수는 자재한 변신의 소유자라는 것이다.

五萬 보살을 거느린 문수보살이 청량산에 머물며 어깨에 밝은 빛을 비추니 그것을 보면 죄가 소멸된다고 하지만 문수보살은 위에서 거론한 것처럼 다양한 모습으로 몸을 바꿈으로써, 그 眞身을 쉽게 간파할 수 없게 만든다. 정작 문수를 보고서도 그런 줄을 모르는 일이 발생하는 것은 물론이며 누군가의 조언이나 극적 사건전개가 없었다면 끝내 상대가 누구인지를 간파하지 못하고 말았을 것이다. 여기서는 明勖遇聖 이야기[11]를 예로 들어본다.

1. 高齊의 승 明勖은 경주사람으로 청량산이 文殊 주처임을 전해듣고 그 산에 들어가 사방을 헤매며 문수친견에 안간힘을 다한다.

---

10) 鎭澄 편, 상게서, 50면. "菩薩 住楞嚴三昧力故 於十方界 或現初生 或現滅度 饒益衆生 故有偈云 文殊大菩薩 不捨大悲願 變身爲異道 或冠或露體 或處小兒叢 遊戲於聚落 或作貧窮人 衰容爲老病 及現飢寒苦 巡訪而求乞 令人發一施 與滿一切願"

11) 鎭澄 편, 상게서, 203면.

2. 우연히 산중에서 이승을 만나 도반으로 지내기로 약속한다.
3. 東臺의 오두막집에서 만난 몇 명의 누추한 스님에게 오만함을 보이고 날이 저물자 숙소로 돌아온다.
4. 도반 승이 밤중에 병으로 신음하더니 아침에는 악취가 심해져 명욱은 그의 곁에 갈 수가 없었다.
5. 명욱은 병든 도반이 시키는 대로 그를 남겨두고 문수를 친견하기 위해 혼자 길을 나선다.
6. 명욱이 길을 나서자마자 굉음이 들려 뒤를 돌아다보니 오두막집과 도반 승이 흔적없이 사라지고 없었다.
7. 뒤늦게야 동행했던 이승이 문수보살의 현응이었음을 깨닫고 깊이 참회한다.

明勖은 청량산 속에 들어와 자신과 같이 문수친견을 바라는 異僧을 만나 道伴으로 지내기로 약조한다. 산중을 헤매던 두 사람은 어느 낡은 오두막에 모여 있는 몇 명의 승들을 보게 된다. 한결같이 지저분하기 짝이 없는 차림을 하고 있는 그들을 명욱은 오만불손하게 대했다. 그리고 돌아와 암자에서 동행승과 잠을 자는데 동행승이 신음소리를 터뜨리며 악취를 뿜어대는 바람에 근접하기조차 힘들었다. 이에 명욱은 그와의 순례행각을 포기하고 홀로 문수 친견의 길을 떠나게 된다. 하지만 곧이어 암자와 이승이 홀연히 사라진 것을 지켜보면서 이승이 곧 문수의 化身이었음을 간파하게 되며 그제야 자신의 무지한 分別眼을 탓하며 깊은 참회에 빠져든다. 문수와의 조우담은 인간들이 지닌 분별심, 곧 自他, 貧富, 美醜 따위의 이분법에 익숙해져 眞容을 바로 보지 못하는 중생의 한계를 선연히 비추어 주고 있다.

오로지 문수친견의 생각에만 빠져있던 순례자가 앞에 나타난 노인, 동자, 빈녀, 걸인 등을 홀대하거나 지나쳐 버리는 상황제시는 청량산 설화에서 상투적일 정도로 흔한 것이다. 다음 소개하는 貧女乞食[12]도 그런 예에 포함된다.

1. 元魏 시대 영취사에서 無遮대회를 여는 중에 어떤 貧女가 두 아이와 강아지 한 마리를 데리고 나타났다.
2. 여인은 시주 돈을 대신하여 머리를 잘라 바치더니 공양간에 나타나 바쁘다며 밥 주기를 채근했다.
3. 공양주가 세 사람이 먹을 정도로 충분히 밥을 주었는데도, 여인은 강아지에게도 먹일 밥을 달라고 떼를 썼다.
4. 여기다 더해 임신한 몸이니 뱃속에 든 아이의 몫을 더 달라고 하자, 승이 여인의 지나친 식탐을 질책했다.
5. 貧女가 웃으며 허공으로 날아오르며 게를 남겨주고는 스스로는 문수보살로, 개는 사자로, 아이들은 두 동자로 변하더니 홀연히 사라졌다.

무차대회가 남녀노소·귀천·상하의 구별 없이 법문을 듣고 잔치를 베푸는 자리이므로 빈자들은 이런 곳을 일부러라도 수소문할 것이다. 위 이야기에 등장하는 여인은 남루한 차림에다 두 아이와 강아지마저 데리고 있었으니 寺側에서 허기를 달래주어야 대상이 아닐 수 없다. 그런데 강아지와 뱃속에 든 아이의 몫까지 달라는 지경에 이르자 공양간의 僧도 화를 낼 수밖에 없게 된다. 하지만 이야기 말미에 이르면 극적 반전이 이루어지면서 바로 오만불손하게 굴었던 빈녀가 바로 문수였음이 밝혀진다.[13] 이야기에 숨은 주제는 문수가 등천하면서 전하는 偈로 한결 분명해진다. "十地와 같은 마음을 지니고 또한 불, 물, 바람같이 분별이 없으니 필경은 허공과 같네."[14] 貧女에서 원래의 보살로 돌아가면서 전해주는 偈는 문수의 자

12) 鎭澄 편, 상게서, 177~178면.

13) 貧女乞食은 慈藏正律 조에 보이는 자장의 임종시 일화와 여러 면에서 상통한다. 상기 중국설화는 貧女가 강아지와 아이를 데리고 무차대회에 와서 밥을 얻어먹은 뒤 자신은 문수보살, 개는 사자, 두 아이는 童子로 몸을 바꾸어 등천한다는 내용을 포함하고 있다. 자장정률에서는 삼태기에 죽은 강아지를 담아 메고 온 한 거사가 淨巖寺에 머물고 있던 자장을 만나러 왔으나 시종에게 쫓겨난 후 偈를 전하며 천상으로 비등했다는 내용이다. 주목할 것은 전자와 흡사하게 후자에서 거사는 문수보살로, 강아지는 문수가 정좌하는 사자보좌로 바뀌고는 偈를 준 다음 승천한다는 점이다. 이는 양 설화가 동일 유형에 속한다는 점을 보여준다.

재한 변재에 가려 보이지 않는 眞容에의 직시, 다시 말해 인간이라면 누구나 갖게 마련인 分別心을 떨쳐 버리고 진체를 가려내는 안목을 틔우라는 질책과 다를 것이 없다.

중국 내에서 전파된 문수현응담들 간에 내용적 편폭이 있기는 하지만 서사적 흐름은 '순례자의 문수친견 갈망→청량산중의 巡禮행각→변신한 문수와의 조우→순례자의 외면→조력자를 통한 실상 파악'이라는 서사적 흐름을 대체로 유지하면서 진행된다. 문수친견만 발원했지 아직 見性의 경지에 오르지 못한 사람들, 그리고 그들의 무지와 무명을 타파하기 위한 각성적 조력자를 배치함으로써 최종적으로는 문수보살의 가르침이 무엇인지를 간파할 수 있게끔 구조화된 전개라 할 수 있다.

중국전승의 문수설화들은 시대를 넘어 인간의 고식적 안목과 함께 분별력을 상실한 중생의 어리석음을 문제 삼고 있는데, 문수의 진면목을 드러낸 이후에도 偈頌을 개입시켜 앞서 일화의 진정한 뜻을 명시적으로 밝힌다. 여기서 게송은 傳문학의 필수요소에 속하는 評決과 같은 기능을 담당한다고 보아 무리가 없다. 이처럼 중국에서 퍼진 청량산 설화들은 다양하게 현응하여 문수를 보지 못하는 인간의 몽매함을 드러내는 동시에 중생으로 하여금 淸淨心을 회복시켜 주기위해 발분하는 문수의 자비심에 초점이 두어지고 있다.

3. 新羅 五臺山 설화의 성립과 특성

3.1. 중국 淸凉山 설화의 신라 유입

『三國遺事』 소재 臺山五萬眞身, 溟州 五臺山 寶叱徒太子傳記, 臺山月

14) 鎭澄 편, 상게서, 178면. "空中偈曰 持心如大地 亦水火風 無二無分別 究竟如虛空"

精寺 五類聖衆 등은 공통적으로 신라 내에서 오대산의 성소화가 어떻게 진행되었는지 증거해 주는 不二의 자료에 속한다. 그런데 이들 설화의 발화 시점이 언제이며 순수하게 신라 내에서 자생한 설화로 인정할 수 있는지 등등 갖가지 의문이 제기될 수 있다. 이런 의문을 풀기위해서는 앞에서 제기한 중국설화와의 관련성을 타진해보지 않을 수 없을 것 같다.

본격적 논의가 없이도 신라 오대산 설화가 성립하기까지 직간접적으로 중국설화의 영향이 있었다고 말할 수 있다. 단적으로 오대산설화에 나타나는 못, 사찰의 이름만 보아도 그렇다. 중국 청량산에는 眞容院[15]과 太華池[16]가 있는 반면 명주 오대산에는 眞如院과 大和池라는 사찰과 연못이 있는데 우연의 일치라 하기 어려운 作名이다. 중국 설화의 유입과 더불어 신라 쪽에서 唐名을 수용한 데서 야기된 현상이 아닐지 모르겠다. 이외 서사구조, 내용적 측면에서 신라 설화가 중국설화의 영향에서 자유롭지 못했을 것이란 추측을 앞서 해볼 수가 있는 것이다.

문수보살의 顯應과 함께 오대산의 靈山설화가 신라에 유입된 시기는 대체로 자장이 唐 유학을 마치고 돌아온 때로 유추해보는 것이 무난하다고 하겠다. 왜냐하면 『삼국유사』에 "산중의 古傳에 의하면 이 산을 진성 문수보살이 거주한 곳이라고 한 것은 자장법사로부터 시작되었다고 한다."[17]라는 기록이 보이기 때문인데 그 이전까지는 오대산이 문수의 주처로 인식되지 않았다고 보아도 좋을 것이다. 자장은 唐에 들어가 그곳의 불교 문물

---

15) 杜潔祥 편, 상게서, 230면. "송나라 지도 연간에 眞容院의 僧 道海가 百僧會를 만들어 화엄경을 강독하였다.(宋至道間 眞容院僧道海者 結百僧會 諷華嚴經)"

16) 명주 오대산설화에서 영이적 현장으로 곧잘 거론되는 大和池가 중국 청량산의 太華池를 차용한 作名일 수 있다는 생각을 해본다. 중국 추종의 작명 방식은 설화수용과 더불어 오대산의 성역화 작업의 측면에서 이해가 가능하다.
杜潔祥 편, 상게서, 132면. "오대산의 서북쪽에 위치하고 있으며 사람들마다 못의 깊이를 제 각각 말한다. 못에 임하여 얼굴을 비추어 보면 한 터럭도 구분할 수 있을 정도이다(在臺上西北隅 其水隨人所見 深川不一 臨池顧影 可辨毫髮)."

17) 『三國遺事』 卷第3, 臺山五萬眞身. "按山中古傳 此山之署名 眞聖住處者 始慈藏法師"

과 승단의 체계를 수입했으며 한 편으로는 唐內 널리 퍼져있던 오대산 문수보살 설화를 이식시킨 장본인이었음이 드러난다. 자장을 비롯한 일행은 앞서 청량산 설화를 접하는데 그치지 않고 인물과 배경 정도만 변개시켜 신라 오대산 설화로 탈바꿈 시켜 나갔다고 보면 될 것이다. 『三國遺事』 소재 臺山五萬眞身, 臺山月精寺 五類聖衆, 그리고 閔漬의 「五臺山月精寺事蹟記」 등은 중국청량산설화의 신라적 전개라 말해도 좋을 터인데 물론 신라 설화 나름의 토착성을 구비한 결과물임이 분명하다. 그러나 조선시대에 들면서부터는 전대와 같은 오대산 설화의 전승력을 확인할 수 없으며 통시적 논의를 펼칠만한 각 편을 구하기도 어렵게 된 것이 전승사적 실상이다.

臺山五萬眞身은 자장이 문수보살 친견의 열망으로 가득 차 있다가 누구보다 앞서 중국 청량산을 찾아 들어갔다는 사실을 분명히 해놓고 있다. 그런데 이후 소개되는 자장의 자취는 중국 청량산을 무대로 한 異僧, 高僧들의 神秘體驗과 대체로 부합된다. 중국내 자장의 행적담을 보면 문수 친견에 대한 發願, 오대산 入山, 異僧, 童子, 老僧 등과의 遭遇, 文殊의 看過, 偈頌에 의한 覺醒, 성찰과 참회 등 계기적 흐름 속에서 진행된다. 단락에서 드러나듯 자장은 청량산의 太華池 곁에서 7일을 기도한 연후에 보살이 나타나는 꿈을 얻게 된다. 몽중의 문수 응현이야말로 지혜를 얻고 無明을 떨쳐버리고자 이역에서 찾아온 자장에게 베푸는 시혜라고 해도 좋을 듯하다. 몽중에서 얻은 偈頌이 난해하여 쉽사리 풀지 못하는 지경에 빠지기도 하나 이 역시 조력자의 도움으로 극복할 수가 있게 된다.[18]

중국 설화를 통해 사중들이 청량산을 찾아든 까닭이 문수보살을 친견하고 성불의 요체를 전해 받고자 하는데 있었음을 앞서 확인했다. 하지만 간절한 원에도 불구하고 문수의 친견에는 번번이 실패하는 것으로 그려지고

18) 상게서, 卷第3, 臺山五萬眞身. “初至中國太和池邊石文殊處 虔祈七日 忽夢大聖授四句偈 覺而記憶 然皆梵語 罔然不解 明旦忽有一僧 將緋羅金點袈裟一領 佛鉢一具 佛頭骨一片 到于師邊 問何以無聊 師答以夢所受四句偈 梵音不解爲辭 僧譯之云”

있었다. 문수의 자재한 변신 능력 곧 노인, 이승, 동자, 아녀자, 거지 등으로 몸을 바꾸어 나타남으로써 순례자가 眞容임을 놓치고 전해주는 偈조차 쉽게 풀어내지 못하는 상황에 빠진다. 이런 내용전개는 新羅 오대산 설화에 와서도 달라지지 않는다.[19)]

청량산 설화들은 간절한 소망을 지닌 채 청량산을 찾아서 산중을 헤매는 불자들의 자취를 보여주기는 하지만, 왜 그렇게 尋佛에 열정을 바치는지에 대한 해석은 즉각 내놓지 않고 있다. 어떻게 보든 尋佛이 기이한 행적으로 치부될 수는 없다. 설화의 담당자는 중생들이 지니고 있는 無明과 分別心을 어떤 식으로든지 떨쳐버려야 한다는 開導의 목적을 앞세운 전개에 속한다. 부처친견의 열정에도 불구하고 주인공들은 진신을 보고도 알지 못하다가 조력자를 만나고 나서야 그 자신이 얼마나 我相에 사로잡혀 있었는지를 체감하게 되는 것으로 전개되고 있으니 순례자들의 체험은 단순히 호기심의 차원에 머물지 않는다. 문수와 더불어 나타나는 異人은 偈頌을 전해주거나 해석해 주는 것으로 불보살의 가르침을 한층 상세하게 전해주는 역할을 한다. 자장이 청량산 太華池 못가에서 기도를 한 끝에 범어로 된 게송을 꿈속에서 얻었다는 체험이 바로 이 경우에 속한다. 자장이 얻은 偈의 내용은 일체 법의 깨우침 혹은 자성은 무소유라고 하는 설법을 담고 있다. 이외에 법성을 알아야 한다. 혹은 盧舍那佛을 마침내 친견할 것이라는 네 가지 정도로 偈의 내용이 요약된다.[20)] 경우에 따라서는 天聲 등이 偈를 대신하기도 하는데 이 역시 무명에 덮인 주인공을 참회에 이르도록 해주다

---

19) 상게서, 卷第3, 洛山二大聖, 觀音正趣 條에서 보면 元曉와 義湘은 관음보살을 친견하기 위해 선후 경쟁을 벌이는 구조를 짜여있음을 알게 된다. 원효/의상의 경쟁담으로 이해할 만한 이 설화에서도 특히 문수보살이 개천에서 개짐을 빨고 있던 여인 혹은 논에서 벼를 베고 있던 여인으로 응현하고 있었으나 원효가 이를 제대로 간파하지 못하고 배회하는 장면은 중국 오대산설화에서 흔히 나타나는 문수 친견실패담의 신라적 변이형으로 이해해도 무리가 없겠다.

20) 상게서, 卷第3, 臺山五萬眞身. “師答以夢所受四句偈 梵音不解爲辭僧譯之云 呵囉婆佐囊 是曰了知一切法 達嚟哆佉嘢 云自性無所有 囊伽呬伽囊 云如是解法性 達嚟盧舍那 云卽見盧舍那”

는 점에서는 偈의 기능과 다를 바 없다. 이렇게 볼 때 중국 청량산 설화는 구조, 내용면에서 신라 오대산 설화가 성립되는데 있어 담론적 전거, 혹은 근원설화로서 의미를 부여해도 무방하다고 하겠다.

3.2. 新羅 五臺山 설화의 成立과 특성

3.2.1. 慈藏중심의 이야기 전개

자장은 아직 초보적 신앙 형태를 벗어나지 못하던 신라를 불국토로 변화시킨다는 열정을 안고 唐 유학을 결행했으며 귀국 후에는 승단의 체제정비와 사찰 건립에 공력을 다 한 승려였다. 그의 전기 역시 唐의 승단을 견문하고 불교문물을 이식하기 위해 열정을 바친 자취가 투영되고 있는데 『續高僧傳』이 당 체류 시에는 治病 등 대중 구원적 자취에 집중적인 관심을 보이는 인물로 형상화되고 있다면 『三國遺事』에서는 문수친견담의 체험뿐만 아니라 月精寺, 通度寺, 水多寺 淨巖寺를 세워 각처에 신앙적 교두보를 확보해나갔던 창주로 형상화되고 있다고 하겠다.[21]

그런데 자장이 중국 청량산 그리고 명주의 오대산에서 거듭 문수를 친견했다는 傳言만큼 그의 威儀를 증거해주는 이야기는 달리 없다. 불보살과 조우하는 능력자로서 그의 명성은 뒷날 創主로서 그 명성을 높이는 근거로 작용했음에 틀림이 없다. 당시 사람들은 절을 세울 때마다 감흥이 일어날 것이라는 자장의 장담을 전적으로 신뢰했을 뿐만 아니라 사찰 건립에 적극적으로 참여했다는 점을 통해 자장의 당대적 위상을 짚어볼 수가 있다.[22]

『삼국유사』에 소개된 오대산설화는 慈藏 등에 의해 중국 淸凉山 설화가 신라 땅에 유입된 이후에 성립되었을 것이란 추론을 앞서 제기한 바 있다.

---

21) 김승호, 「조선후기사찰문헌설화연구-淨巖寺연기설화를중심으로」, 『동악어문학』 37집, 동악어문학회, 2001, 159~162면.

22) 道宣, 『續高僧傳』 卷24, 唐新羅國大僧統釋慈藏.

고대 동아시아 문화의 중심에 서 있던 당의 불교문화는 주변국으로 퍼져나갔을 것이며 그 안에는 불교담론의 외연적 파급현상도 나타나게 되었다고 본다. 신라불교 설화에서 발견되는 唐 설화적 요소는 바로 그런 측면에서 이해할 수 있는 것이다. 수당시기를 거치며 중국에서는 다양한 문수 친견담이 전승되었다. 이들 문수를 뵙고자하는 고승이나 대중들이 청량산에 들어와 겪었던 갖가지 신기한 체험들은 시대와 지역을 넘어 폭넓게 전승되고 기록으로도 남았다. 신라에 영향을 끼친 설화들은 주로 魏, 隋, 唐 시기에 전파된 것들이라고 하겠는데 내용이나 서사 구성면에서의 유사성을 쉽사리 지적할 수 있다.

그런데 유사성 못지않게 차이점도 발견된다. 우선 신라 오대산 설화에서는 자장에 대한 의존성이 매우 강하게 나타난다고 할 수 있다. 『三國遺事』 소재 오대산 설화를 보면 자장을 빼고는 오대산 이야기가 성립되지 않을 정도이다. 자장의 인물기능을 앞세워 오대산의 영역적 의미를 지닐 수 있게 되며 명주 近域의 사찰도 그의 신통력으로 말미암아 지어졌다는 점을 분명히 밝히고 있다. 마치 다른 불교 인물들은 의도적으로 배제한 채 그만을 創主로 앞세우고 있다는 생각이 들 정도이다.

자장을 오대산 설화의 주동인물로 삼은 설화 담당층으로는 자장과 함께 중국에 들어갔던 승려 혹은 수행 인물들을 먼저 지목할 수 있을 듯하다. 『續高僧傳』에 따르면 入唐 時 자장의 곁에는 僧實를 비롯하여 십여 명의 수행원들이 동행한 것으로 되어있다.[23] 자장을 포함한 이들은 唐 체류중에 淸涼山을 주 무대로 한 문수현응담을 어렵잖게 접했을 것이다. 이후 이들의 귀국이후 청량산설화는 신라에 널리 알려지게 되었을 것이고 마침 명주 오대산을 聖境化하려는 담당층에 의해 이른바 淸涼山설화를 전거로 한 오대산 설화가 창작되기에 이르렀을 것이다.

慈藏의 행적을 전하는 대표적 중세자료는 중국에서 나온 道宣의 『續高

23) 道宣, 상게서, 卷24, 唐新羅國大僧統釋慈藏. "以貞觀十二年 將領門人僧實等十有餘人 東辭至京"

僧傳』과 一然의 『三國遺事』를 들 수 있다. 『續高僧傳』이 사실적 시각으로 신이성을 가능한 배제하고자 하는 입장을 견지하는데 반해 『三國遺事』에서는 초월적 시각으로 채색된 설화일지라도 적극적으로 수용하기를 마다하지 않았다. 뿐만 아니라 『속고승전』에서는 당에 머물 때를 중심으로 신변을 건조하게 기록한 반면에, 『삼국유사』에서는 서사성이 강한 일화들을 폭 넓게 수용하여 자장의 활약상을 다방면으로 제시한다. 자장의 중국내 행적을 살피기 위해서는 도선의 『續高僧傳』을 참조하면 될 터이나 신라내 오대산설화의 전파양상이라든가 靈境 순례자로서의 자취는 오히려 『三國遺事』를 통해서만 확인이 가능하다. 臺山五萬眞身와 臺山月精寺五類聖衆 條는 문수친견을 적극 채록함으로써 唐 청량산 설화와의 동이점을 살펴보는데 긴요한 대상이 된다.

『三國遺事』에 따르면 자장이 청량산에 든 까닭은 그곳이 문수의 주처라는 전언을 직접 확인해보기 위함이었다. 어찌됐든 동쪽 邊方에서 찾아든 자장에게 청량산은 여러 가지로 시혜를 베푸는 공간으로 바뀐다. 그곳에 머무는 동안 夢中에서 네 구절로 된 偈頌을 얻을 수 있었던 것이나 낯선 僧으로부터 가사, 바리때, 부처의 머리뼈 등을 전해 받을 수 있었던 것도 청량산의 영험함 때문에 가능한 일이었다고 해도 무리가 아니다. 그러나 夢中에서 가사 등 여러 물건을 전해준 異僧으로부터 자장은 충격적인 말을 전해 듣게 되는데 그는 "그대 나라의 동북방 명주 경계에 오대산이 있는데, 일만의 문수보살이 언제나 거주하고 있으니 당신이 가서 뵙도록 하시오."라고 했던 것이다.[24] 청량산 太華池 가에서 얻었던 이 계시는 알고 보면 동방 신라 땅에 중국의 청량산과 방불한 또 다른 산이 존재한다는 점을 증거해주는 것이었다.

唐 淸凉山에서 문수를 친견하고 귀국한 연후 자장은 명주 오대산에 들어와 중국에서와 똑같이 문수를 친견함으로써 당과 신라 두 곳에서 문수보

24) 상게서, 卷第3, 臺山五萬眞身. "又曰 汝本國艮方溟洲界有五臺山 一萬文殊常住在彼 汝住見之 言已不現"

살을 친견한 특별한 인물로 남게 되었다. 설화는 자장이야말로 중국 청량산이 누리고 있는 聖境的 의미를 신라에 이식한 장본인이자 아직 오대산의 불교적 의미를 깨우치지 못한 신라인들에게 그 본의의 확인시킨 선지자임을 뚜렷하게 밝히고 있다.

3.2.2. 佛國土사상의 적극적 주입

불교전래 이전부터 신라에 山岳, 山神설화가 폭넓게 자리 잡고 있었음은 충분히 예견되는 일이다.[25] 그런데 시간이 지나면서 산신이 주재하던 산이 불보살이 주재하는 산으로 바뀌게 된다. 오대산은 그 대표적 사례이다. 오대산이 문수보살의 주처임을 분명히 하는 설화는 중국설화의 영향으로 急造되어 나타난 것이라고 보아야 될 것이다. 다시 말해 불교의 전래, 그리고 중국과의 교류가 활발해지면서 일부 사람들이 해외에서 접한 이야기가 변이되어 짧은 기간에 널리 파급된 것으로 유추가 가능하다. 이는 신라인들의 강렬한 불국토 관념이 있었기에 가능했던 일이다. 세부적으로는 五臺山이 문수보살의 주처로, 洛山이 관음보살의 주처로 관념되는 등 이른바 前世 佛地處로의 설화적 대응이 이루어진 것이다. 오대산 설화는 거사로 현응한 문수가 자장을 찾는 本地垂迹의 형상화가 내용의 핵심이 된다.[26] 자장이 我相에 사로잡혀 眞體를 간과하고 만다는 내용적 전개는 그대로 낙산이대성 관음정취 조의 심불담에서도 수용이 되는데 이 경우에는 元曉가 慈藏과 흡사한 면모를 드러내는 것이다. 이런 점으로 미루어 佛國

25) 홍윤식, 『한국의 가람』, 민족사, 1997, 17면.

26) 장덕순, 『한국수필문학사』, 새문사, 1984, 32면.
신라인들의 불국토 사상이 설화나 불승들의 일화 속에서만 강조되는 것은 아니다. 예로 신라 말 崔致遠이 撰한 '新羅伽倻山海印寺結界場記'의 한 대목을 보자. "大經에 이르기를 '세상에서나 세상에서 나간 뒤에 라도 모든 善根은 모두 가장 좋은 곳인 尸羅의 땅에 의지하라.'라 하였다. 나라의 명칭을 尸羅라 한 것은 실로 波羅提가 법을 일으킨 곳이며 산을 가야라 한 것은 釋迦文의 도를 이룬 곳과 같다."

土, 本地垂迹 사고를 기저에 둔 설화는 자장시대에 발원하여 후대까지 적지 않은 영향을 미쳤다고 보아야 할 것이다. 그런데 신라 오대산 설화에서 보다 강조되는 것을 꼽는다면 아무래도 불국토 사상이라고 본다.

물론 중국도 오대산에 대해 사상적 의미를 부여한 것이 사실이다. 오대산(청량산)의 지형적 특성을 두고 동·서·남·북 네 봉우리가 가운데 산에서 발원하여 한 산으로 연결되어 있으며 마치 용이 노니는 것과 같다면서 五臺로 작명했을 뿐만 아니라[27] 다음과 같이 구체적으로 그 의미를 부여했던 것이다.

> "오대는 또한 오봉이라고 한다. 대란 높이 평평한 장소를 말하고 봉은 높이 치솟은 것을 말한다. 다섯 봉우리인 까닭에 관국사가 말하길 '우리 大聖을 드러낸 것이니 원만한 것이오, 오안이 맑은 것이오, 오부의 진실한 비밀을 모은 것이며, 오음의 근본이 모여 있는 다섯 상투처럼 나누어져 있으며, 오승의 요체를 움직이며, 오탁의 재화를 맑게 하는 것이다.'라 했다."[28]

한데 이것조차도 이미 화엄경에서 명시해놓은 청량산의 靈境的 의미, 즉 菩薩衆이 그곳에 머물며 법을 설하고 있다는[29] 설명의 상세화로 보아야 할 것이다. 중국인들이 청량산을 바라보는 것처럼 신라인들도 溟洲 오대산의 다섯 봉우리에 불보살적 의미를 곁들이고자하는 시각이 반영되어

27) 鎭澄 편, 상게서, 39면. "其東西南北四臺 皆自中臺發脈 一山連屬 勢若遊龍"

28) 鎭澄 편, 상게서, 34면. "五峰靈蹟 "五臺 亦曰五峰 臺言高平 峰言聳峭 所以有五者 觀國師云 表我大聖 五智已圓 五眼已淨 總五部之眞秘 洞五陰之性源 故首戴五佛之冠 頂分五方之髻 運五乘之要 淸五濁之災矣"

29) 鎭澄 편, 상게서, 15면. "화엄경에 말하되 '동북방에 한 곳이 있으니 청량산이라 하며 예부터 제 보살들이 머물고 있다. 현재 보살은 문수사리라 불리며 그 권속과 더불어 일만 보살이 그곳에 머물며 법을 설한다.' 했다(大華嚴經云 東北方有處 名淸凉山 從昔已來 諸菩薩衆 於中止住 現有菩薩 名文殊師利 與其眷屬 諸菩薩衆 一萬人俱 常住其中而演說法)."

있다. 다만 중국에 비해 지형을 대상으로 한 의미부여보다는 佛菩薩이나 聖衆들과 연관시켜 터가 지닌 佛緣性을 드러내는데 한층 역점을 두고 있는 것으로 보인다.

慈藏 이외에 명주 五臺山을 성소화하는 데 핵심적 기능을 감당하는 인물로 보천과 효명 두 태자를 거론하지 않을 수 없다. 두 사람은 적지 않은 군사를 거느리고 하서부와 대령부근으로 놀러왔다가 은밀히 무리에서 빠져나와 오대산에 몸을 감추게 된다. 평소부터 世事에 대한 염증을 느끼던 터였으므로 오대산에 의지하여 평생을 수도에 전념하기로 의기가 투합한 것이었다. 전후 사정으로 보아 入山 전에 이들은 오대산이 성역임을 인식하고 있었다고 보아야 할 듯하다. 『三國遺事』에서는 다음과 같이 오대산의 지형적 특성과 함께 각처에 머물고 있는 불보살을 설명해 놓고 있다.

> "청색방인 동대의 반월형산에는 관음보살 진신 일만이 늘 계시고, 남대의 기린산에는 오대보살을 수의로 일만 지장보살이 계시고, 백색방인 서대 장령산에는 무량수 여래를 수의로 한 일만 대세지보살이 늘 계시고, 흑색방인 북대 상황산에는 석가여래를 수의로 한 오백 대 아라한이 늘 계시고, 황색방인 중대 풍로산 또는 지로산에는 비로나자불을 수의로 한 일만 문수보살이 늘 계셨다. 진여원에는 문수보살이 날마다 이른 아침에 삼십육 형상을 변하여 나타났다."[30]

중국 설화에서는 청량산을 문수보살의 住處로 인식시키기 위해 흔히 發心이 깊은 사중들의 순례행각과 그 과정에서의 이적 체험을 증언하고 있다면, 신라 오대산 설화에서는 五臺가 갖는 공간적 의미를 여러 불보살들과

30) 상게서, 卷第3, 溟洲五臺山 寶叱徒太子傳記. "靑在東臺滿月形山 觀音眞身一萬常住 赤任南臺麒麟山 八大菩薩爲首 一萬地藏菩薩常住 白方西臺長嶺山 無量壽如來爲首 一萬大勢至菩薩常住 黑掌比(地北)臺相王山 釋迦如來爲首 五百大阿羅漢常住 黃處中臺風爐山 亦名地爐山 毗盧遮那爲首 一萬文殊常住 眞如院地 文殊大聖 每日寅朝化現三十六形 見臺山五萬眞身傳"

관련지어서 단순히 전통적인 風水설화가 아닌, 聖地 연혁적 차원, 혹은 불국토화의 차원으로 이야기를 확장시키게 된다. 이는 주로 문수보살과의 親緣性을 따지던 중국 설화와 대비되는 점이 아닐 수 없는데 궁극적으로는 오대산 전역을 佛緣地로 소원시키고자하는 신라인들의 의식을 투영하고 있는 것으로 여겨진다. 문수보살이외에 관음보살, 지장보살, 대세지보살 등 숱한 불보살을 거론한 것은 다양한 불보살신앙이 신라에 자리잡고 있었음을 확인해주는 것이기도 하다. 하지만 오대산은 문수보살과의 친연성을 떠나서는 생각할 수 없는 공간으로 관념화되기에 이른다. 어느 곳보다 오대산은 문수의 顯應處로 확증되고 있음을 여러 각 편들이 한결같이 보여주고 있는 것이다. 훗날 상원사가 되는 眞如院에서는 이른 아침마다 다양한 모습으로 化應한 문수보살이 목격되었다고 한다.

> 매일 새벽마다 문수대성이 진여원, 즉 지금의 상원에 이르러 36가지 형상으로 변하여 나타났다. 어떤 때는 부처의 얼굴 모양을 하기도 하고, 어떤 때는 보배 구슬 모양을 하기도 하고, 어떤 때는 부처의 눈 모양을 하기도 하고, 어떤 때는 부처의 손 모양을 하기도 하고, 어떤 때는 보탑 모양을 하기도 하고, 어떤 때는 만 가지 부처 머리 모양을 하기도 하고, 어떤 때는 만 가지 등 모양을 하기도 하고, 어떤 때는 금 다리 모양을 하기도 하고, 어떤 때는 금 북 모양을 하기도 하고, 어떤 때는 금 종 모양을 하기도 하고, 어떤 때는 신통 모양을 하기도 하고, 어떤 때는 금 누각 모양을 하기도 하고, 어떤 때는 금 바퀴모양을 하기도 하고, 어떤 때는 金剛으로 된 방앗공이 모양을 하기도 하고, 어떤 때는 금 항아리 모양을 하기도 하고, 어떤 때는 금비녀 모양을 하기도 하고, 어떤 때는 다섯 가지 색이 밝게 빛나는 모양을 하기도 하고, 어떤 때는 다섯 가지 색이 둥글게 빛나는 모양을 하기도 하고, 어떤 때는 吉祥草 모양을 하기도 하고, 어떤 때는 푸른 연꽃 모양을 하기도 하고, 어떤 때는 절 모양을 하기도 하고, 어떤 때는 불각 도량 모양을 하기도 하고, 어떤 때는 부처의 발 모양을 하기도 하고, 어떤 때는 번개 모양을 하기도 하고, 어떤 때는 석가가 솟아 나오는 모양을 하

기도 하고, 어떤 때는 땅 귀신이 솟아 나오는 모양을 하기도 하고, 어떤 때는 金 鳳凰 모양을 하기도 하고, 어떤 때는 금까마귀 모양을 하기도 하고, 어떤 때는 말이 사자를 낳은 모양을 하기도 하고, 어떤 때는 닭이 봉황을 낳는 모양을 하기도 하고, 어떤 때는 푸른 용 모양을 하기도하고, 어떤 때는 흰 코끼리 모양을 하기도 하고, 어떤 때는 까치 모양을 하기도 하고, 어떤 때는 소가 낳은 사자 모양을 하기도 하고, 어떤 때는 노는 돼지 모양을 하기도 하고, 어떤 때는 푸른 뱀 모양을 하기도 하였다.31)

거시적 안목을 동원하여 오대산을 불보살의 住處로 占定하는 경우는 말할 것도 없고 위와 같이 불보살이 다양하게 몸을 변재하여 그 威儀를 드러내는 곳이 다름 아닌 眞如院이라는 천명도 특정 산을 영험한 터로 확증짓고자 하는 의도에서 비롯된 것이다. 중국도 오대산을 문수의 현응과 영적이 가득서린 곳으로 상념했던 것은 틀림없지만 신라만큼 오대산이 불보살의 주처임을 반복해 강조하지는 않았다. 寺衆들의 개인적 체험을 총체화하기보다 주로 자장을 통해 오대산의 聖境化를 추동해나가고 있는 것이나 오대산이 단순한 길지로 그치지 않고 前代 佛土의 진앙지임을 드러내기 위해 갖가지 예화를 집중적으로 주입하는 것도 신라 오대산 설화유형의 특성으로 이해된다.

3.2.3. 호국 성지로의 點定

오대산이 불교 영지임을 밝혀주는 인물로 우리는 자장과 더불어 寶川,

---

31) 상게서, 卷第3, 臺山五萬眞身. "今上院 變現三十六種形 或時現佛面形 或作寶珠形 或作佛眼形 或作佛手形 或作寶塔形 或萬佛頭形 或作萬燈形 或作金橋形 或作金鼓形 或作金鍾形 或作神通形 或作金樓形 或作金輪形 或作金剛杵(杵)形 或作金甕形 或作金鈿形 或五色光明形 或五色圓光形 或吉祥草形 或青蓮花形 或作金田形 或作銀田形 或作佛足形 或作雷電形 或如來湧出形 或地神湧出形 或作金鳳形 或作金烏形 或馬產獅子形 或鷄產鳳形 或作青龍形 或地白象形 或作鵲烏形 或牛產師子形 或作遊猪形 或作青蛇形"

孝明 두 왕자를 더 보태야 될 것 같다. 臺山五萬眞身 條는 보천이 속세에서의 영화스런 삶을 포기하고 입산한 후 치열한 수행력으로 득도의 경지를 터득하고 갖가지 신이한 행동을 보임으로써 불교영웅의 반열에 올라섰음을 전하고 있다. 전체 이야기를 따라다가보면 한 범부에 지나지 않던 인물이 끝내 견성의 경지에 올라섰음을 알리는 일대기임이 드러난다. 그럼에도 서두에서는 個我의 성불인가 아니면 위정자로서의 사명완수인가 라는 만만찮은 명제를 전제하고 있어 듣는 이를 당황스럽게 한다.

보천이 왕자의 지위를 벗어버리고 입산수도의 길을 자청한 일은 훗날 왕으로서 국가 인민을 통솔해야할 사명감을 팽개치는 무모한 결단이었다는 비판을 불러올 염려도 적지 않다. 그러나 그를 나라의 은공을 저버리고 개인적 성불에 모든 것을 쏟아 붓는 자기중심적 인물로 단정지을 수는 없다. 동분서주하며 민중의 교화에 힘쓰는 것은 물론 聖窟에서 구족계 받기를 바라며 2000년이나 기다리던 신에게 계를 내린 것으로 보면 그의 소망은 신라의 불국토화에 있었다고 보는 것이 마땅하다. 더구나 그가 후세에 남긴 遺訓기록은 그가 얼마나 護國정신에 투철했는지 선명하게 각인시키는 징표가 된다.

애초 보천과 효명은 천 여 명의 무리를 끌고 명주 근처로 유람에 나섰다가 수행을 작심하고 돌연히 입산한 터였다. 뒤따르던 부하들이 두 왕자의 수색을 포기하고 서울로 돌아가자 이들은 각각 푸른 연꽃이 피어오르는 장소에 암자를 짓고 부지런히 수행공덕을 쌓아나가는 중에 갖가지 형상을 지어 나타나는 문수보살과 대면하게 된다. 그 뒤 정신왕의 아우가 왕과 자리다툼을 벌이다 축출되는 바람에 孝明은 서울로 돌아갈 수밖에 없게 된다. 홀로 남은 보천은 頭陀行을 일념으로 생각하고 신령스러운 물을 마신 덕에 천상으로 비등하는 神異行을 보이기도 하고, 굴 속에 사는 신들에게 보살계를 주기도 한다. 보천이 오십여 년에 걸친 수행을 끝낼 즈음에는 보리천의 신, 정거천의 무리들, 사십 명의 성인이 그의 곁에 모여들어 불법을 듣고자 했다. 혹은 천상에 머무는 천인들이 오대산으로 내려와 법문을 듣거나 보천을 護衛하기도 했다. 榮華를 極한 출신임에도 보천은 끊임없이 수행공덕을 쌓은 끝에 성불의 세계에 들어설 수 있었다. 문수보살에게서 成道記莂을 받은 것이야말로 성불했음을 알리는 징표라 하겠는데 보천은 자신만의 해탈을 궁극의 목표로 삼았던 인물이 아니었던 셈이다. 세상을 떠나기 전에 남긴 유훈에는 아래와 같이 佛事功德의 행사를 통해 호국을 기원하라는 간절한 권고가 들어있었다.

> 이 산은 곧 백두산의 큰 줄기로 각 대는 진신이 상주하는 곳인, 푸른색은 동쪽 대의 북쪽 모퉁이 아래와 북쪽 대의 남쪽 기슭 끝이므로 마땅히 관음방을 설치하여 원상관음과 푸른 바탕에 1만 관음상을 그려 모시고 복전승 5명이 낮에는 8권의 금강과 인왕반야, 천수주를 읽고, 밤에는 관음경 예참을 외우게 하여 이곳을 원통사라 부르도록 하라. 붉은색은 남쪽 대의 남쪽에 있으니 지장방을 두어 원상 지장과 붉은 바탕에 8대 보살을 우두머리로 하여 1만 지장보살을 그려 모시고 복전승 5명을 두어 낮에는 지장경과 금강반야를 읽고 밤에는 점찰경 예참을 외우게 하여 금강사라 부르라. 흰색은 서쪽 대 남쪽에 있으니, 미타방을 두고 원상 무량수불과 흰 바탕에 그린 무량수여래를 우두머리로 한 1만 대세지보살을 모시고, 복전승 5인을 두어 낮에는 8권 법화를 읽고 밤에는 미타불 예참을 외우게 하여 수정사라 일컬어라. 검은색은 북대 남쪽에 있으니, 나한당을 설치하여 원상 석가불과 검은 바탕에 석가여래를 우두머리로 하여 500나한을 그려 모시고 복전승 5명을 두어 낮에는 불보은경과 열반경을 읽고 밤에는 열반경 예참을 외우게 하여 백련사라 일컬으라. 누런색은 중앙 대 진여원에 있으니 중앙에는 진흙으로 만든 문수보살의 부동상을 모시고, 뒷벽에는 누런 바탕에 비로자나불을 우두머리로 하여 36화형을 그려 모시고, 복전승 5인을 두어 낮에는 화엄경과 육백반야경을 읽고 밤에는 문수 예참을 외우게 하여 화엄사라 일컬으라. 보천암은 화장사로 고쳐 세워 원상 비로자나 삼존과 대장경을 모시고, 복전승 5인을 두어 낮에는 문장경을 읽고 밤에는 화엄신중을 외우게 하여 매년 100일 동안 화엄회를 설치하여 법륜사라 불러라. 이렇게 하여 화장사를 오대산의 절로 삼아 튼튼하게 지키고, 정행

> 복전에게 명하여 길이 향화를 받들게 하면, 국왕이 천추를 누리고 백성들이 평안하고 태평하여, 문무가 모두 화평하고 온갖 곡식이 풍년들게 될 것이다. 또 하원에 문수갑사를 배치하여 모임의 도회를 삼고, 복전승 7인을 두고 밤낮으로 언제나 화엄신중 예참을 시행하게 하라. 하서부 도내 8주의 세금으로 위의 37인의 재의 비용, 옷의 비용, 공양하는 데 필요한 네 가지 물건의 비용을 충당하라. 군왕이 대대로 이것을 잊지 말고 받들어 행한다면 다행한 일이겠다.[32)]

五臺에서의 參禮에 필요한 지시 사항들을 총망라하고 있다고 해도 어색하지 않을 정도이다. 후인들이 소홀히 할지도 모른다는 우려 때문인 듯 佛菩薩의 명단, 所依 경전, 사찰, 명칭 등에 이르기까지 오대산의 신앙 儀禮에 관한한 모든 것을 챙겨 놓았다. 오대산 신앙을 어떻게 실천해 나갈지 고민할 필요가 없게 한 것이다. 이같이 보천이 당부한 이면에는 靈山인 오대산에서의 불사 거행이야말로 신라에 補益을 가져다 줄 불가결의 과업이란 확신이 깔려있다. 보천이 왕자지위를 버리고 무작정 오대산으로 들어왔을지언정 그 결정이 곧 자신, 대중, 후손을 위하는 일과 무관치 않았음을 분명히 인식시켜준다. 보천을 통해 오대산은 護國 發願의 기도처로

---

32) 상게서, 卷第3, 臺山五萬眞身. "此山乃白頭山之大脈 各臺眞身常住之地 青在東臺北角下 北臺南麓之末 宜置觀音房 安圓像觀音 及青地畫一萬觀音像 福田五員 晝讀八卷金經 仁王 般若 千手呪 夜念觀音禮懺 稱名圓通社 赤在南臺南面 置地藏房 安圓像地藏 及赤地畫八大菩薩爲首 一萬地藏像 福田五員 晝讀地藏經 金剛般若 夜念占察禮懺, 稱金剛社 曰(白)方西臺南面 置彌陀房 安圓像無量壽 反(及)白地畫無量壽如來爲首 一萬大勢至 福田五員 晝讀八卷法華 夜念彌陀禮懺 稱水精社 黑地(掌)北臺南面置羅漢堂 安圓像釋迦 及黑地畫釋迦如來爲首 五百羅漢 福田五員 晝讀佛報恩經涅槃經 夜念涅槃禮懺 稱白蓮社 黃處中臺 直(眞)如院 中安泥像文殊不動 後壁安黃地畫毗盧遮那爲首 三十六化形 福田五員 晝讀華嚴經六百般若 夜念文殊禮懺 稱華嚴社 寶川庵改創華藏寺 安圓像毗盧遮那三尊及大藏經 福田五員長門藏經 夜念華嚴神衆 每年設華嚴會一百日 稱名法輪社 以此華藏寺 爲五臺社之本寺 堅固護持 命淨行福田 鎭長香火 則國王千秋 人民安泰 文虎(武)和平 百穀豊穰矣 又加排下院文殊岬寺 爲社之都會 福田七員 晝夜常行華嚴神衆禮懺上件三十七員 齋料衣費 以河西府道內八州之稅 充爲四事之資 代代君王 不忘遵行幸矣"

명성을 한층 드높이게 되었으며 문수주처란 사중의 관념에서 한 걸음 나아가 護國 발원의 진앙지로서 오대가 지닌 또 다른 의미를 확장시킬 수 있었다.

4. 맺음말

經典속의 淸凉山은 인도의 지형과 풍토를 전제로 한 공간이었으나 중국에서는 자국 공간으로 확정하고 성소화를 지향하는 갖가지 설화를 폭넓게 전승시켰다. 唐의 난만한 불교문화를 이식하는데 열의를 보인 신라는 청량산 설화와 방불한 이야기를 통해 명주 오대산이 문수의 주처라는 관념이 자리잡도록 했다. 중국이 다양한 인물들의 증언을 바탕으로 靈山化를 지향했던 반면 신라에서는 자장의 인물기능을 앞세워 문수 주처임을 확신시키는 것으로 오대산의 영험성을 확보해나갔다. 아울러 오대산이 前代 佛地處임을 거듭 강조하고 있는데 당에서 문수를 친견한 자장이 귀국 후 오대산에서 다시 문수를 친견하는 것으로 그려 오대산도 청량산 못지않은 불교성지임을 확신시켜 나갔다. 신라인들은 나름의 설화 창조를 통해 오대산이 문수의 住處일 뿐만 아니라 本地垂迹의 공간, 나아가 호국불교 정신이 발원한 공간임을 전승시킨 것으로 나타난다. 오대산 聖地설화는 자장 시대 이후 신라 각처의 명산을 성소화하는 데 있어 서사적 전범 역할을 수행했다고도 하겠다. 즉 洛山二大聖 觀音正趣에서는 尋佛者가 원효로, 심불의 대상이 관음보살로 바뀌지만 서사전개의 축은 자장의 문수 친견설화와 방불하게 나타나고 있어 오대산 설화의 후대적 영향력을 배제할 수 없게 하는 것이다. 오대산 설화에서 발원한 文殊親見 모티브는 삼국시대 이후의 神格 遭遇談에도 폭넓게 수용되었다고 보는 데 후대적 변이형에 대해서는 별도의 논의가 필요하다고 본다.

참고문헌

道宣, 『續高僧傳』
閔漬, 『五臺山事蹟記跋』
一然, 『三國遺事』
崔致遠, 『新羅伽倻山海印寺結界場記』
『五臺山佛教故事』(王化倫 편, 北京 종교문화출판사, 2000), 24~30면.
『中國佛教名山勝地寺志』(林繼中 편, 臺北 불광산종무위원회, 1997), 17~35면.
『中國佛寺志叢刊』 9, 淸凉山志(明, 鎭澄 편, 江蘇廣陵古籍刻印社), 13~324면.
『中國佛寺志』 30, 淸凉山新志(杜潔祥 편, 丹靑圖書公司印行, 1985), 85~334면.

김승호, 「조선후기 사찰문헌 설화연구-淨巖寺연기설화를 중심으로」, 『동악어문론집』 37집, 2001, 159~162면.
운허·용하, 『불교사전』, 동국역경원, 1961, 231면.
장덕순, 『한국수필문학사』, 새문사, 1984, 32면.
정병조, 『문수보살의 연구』, 한국불교연구원, 1988, 145면.
한국불교연구원편, 『월정사』, 일지사, 1977, 18~30면.
홍윤식, 『한국의 가람』, 민족사, 1997, 17면.

출처 졸고, 「唐 오대산 설화의 신라적 변용과 수용」, 『어문연구』 71, 어문연구학회, 2012, 125~146면.

제3부

三國遺事에 보이는 시간관과 과거구성

1. 문제제기

『三國遺事』가 사실을 지향하면서도 탈역사적 설화로 구성된 史書라는 점은 누구나 인정하면서도 시간론적 특성에 대해서는 별다른 관심을 보이지 않았다.[1] 따라서 이글은 『三國遺事』에 나타나는 시간의 예외적 특성을 살펴보고 그것이 지닌 의미를 밝히는 데 목표를 둔다. 『三國遺事』가 일반 역사서와 같이 자연적 시간관을 바탕에 둔 서사라면 시간론적 접근은 절실하지 않을 수도 있다. 그러나 『삼국유사』가 史書이면서도 역사서술의 시간 관점을 외면한 채 이야기를 펼쳐나가는 경우가 적지 않다는 점은 의문

1) 『三國遺事』의 공간관을 밝힌 연구는 적지 않으나 시간관에 초점을 맞추어 논의한 경우는 많지 않다. 본고의 논의 범주와 관련되는 논문으로는 김동욱, 「三國遺事이야기와 시간인식의 세 양상」, 『도남학보』 7, 8집을 들 수 있다.

을 불러일으키기에 충분하며 마땅히 시간적 특성을 살펴보지 않을 수 없도록 하는 것이다.

설화자체가 목적이 아니라 그에 의거한 역사기술이 귀착점임을 감안할 때 『三國遺事』의 시간해석은 매우 독특하고 예외적으로 비추어질 수밖에 없다. 이는 자연적 시간관을 넘어섰음을 말해주는데 시간의 가역성, 중첩성, 순환성이야말로 『삼국유사』의 시간 분석에서 핵심적 요소가 될 것이다. 본고는 허구나 사실, 어느 한쪽으로 『삼국유사』의 성격을 몰아가는 데 초점이 있지 않다. 『三國遺事』가 史書를 표방하고 있음에도 설화 지향적인 까닭은 무엇인가, 사료적 사실마저 전복시키며 과거 기간을 재조합하려는 의도가 무엇인가 등등의 물음을 던지며 一然의 시간 인식과 과거 구성 방식을 살펴보자는 게 이 글의 뜻이다.

2. 시간인식과 역사기억

설화성이 농후한 이야기들 위주로 기술된 『三國遺事』가 역사서로서의 본령을 의심받는 것은 어쩌면 당연한 일일 터이다. 그런데 초현실적 사건과 상황을 제시함으로써 이제껏 드러나지 않았던 역사의 이면을 규명하기 위한 나름의 의도에서 나온 서사수법이었음을 직시한다면 이야기는 달라진다. 역사도 허구서사와 여러 점을 공유하고 있다. 사건들의 인과관계에 관심이 높은 것이나 인간 활동을 특정한 시간의 설정과 사건 전후 계기성의 관점에서 파악하는 일은 먼저 지적할 수 있는 공통점이다. 둘은 시간적 차원을 염두에 두고 인간의 삶을 인과율적으로 해석해내는 것이다.[2)]

『三國遺事』로 돌아와 살필 때, 시간관념이 하나로 통일되어 있다고 말하긴 곤란하다. 단적으로 王曆과 紀異篇은 시간관념을 각각 다르게 표방

---

2) 월리스 마틴, 김문현 옮김, 『소설이론의 역사』, 현대소설사, 1991, 271면.

하고 있다고 보아야 될 것 같다. 엘리아데의 말을 빌리면 전자는 역사적 시간을 바탕으로 한 서술이요, 후자는 신화적 시간을 바탕으로 한 서술에 속하는 것이 된다.[3] 王曆이 역사적 인식아래 시간을 엄정하게 구획한 연대기라면 紀異 篇 등은 신화적 시간관마저 주저 없이 대입하여 모호한 채로 남은 상고역사를 열정적으로 복원한 설화에 귀속시킬 수 있다.

역사적 시간에 의거하고 있는 王曆은 집단의 공고한 기억에 의거하여 작성된 삼국의 연대기로 삼국, 가야 왕조의 흥성과 쇠망의 시간을 계기적으로 정리함으로써 『三國遺事』가 역사 담론임을 선언적으로 보여주는 전제의 성격이 강하다.[4] 이는 심리적, 체험적 차원의 시간이 배제되고 자연적 시간에 기초한 직선적 시간 속에서 과거사가 증언될 것임을 고지하는 의미도 없지 않다. 설화를 대입하는 경우가 흔하지만 사실 『三國遺事』가 史書로서의 본분을 망각하고 있는 것은 아니었다.[5] 특히 협주는 역사시간에 대한 一然의 집착이 어느 정도인지를 명료하게 비추어 주고 있다.[6] 一

---

3) Mircea Eliade, *Kosmos und Geschichte*, Frankfurt/M, 1994, 214면.

4) 삼국과 가야사를 계기적, 총체적으로 정리하고 있는 것이 王曆篇이다. 삼국이전의 여러 국가들을 각기 별개의 조항으로 기술했으나 기자에 관한 조항이 없는데다 단군이후 동족국가들의 계승관계나 편년이 분명치 않은 것은 제외시키고 있어 신이적 관점으로 역사의 이면까지 해석해나가고 하는 紀異篇과 대조를 보인다. 김태영, 「三國遺事에 보이는 一然의 역사인식에 대하여」, 『한국의 역사인식』 상, 창작과 비평사, 1976, 142면.

5) 흔히 『三國遺事』의 구성 자료가 설화, 일화 중심으로 기울어지다보니 곧장 설화집으로 개념화하는 일도 없지 않았다(김열규, 「삼국유사와 신화」, 『三國遺事연구논선집』, 백산자료원, 1986, 404면). 그러나 이는 피상적인 진단일 수 있다. 무엇보다 시간을 병렬적으로 연속시키고 순차적으로 연결하는 자연적 시간 구성 방식의 이야기가 그렇지 않은 경우보다 비중이 높다는 점을 유념해야 할 것이다.

6) 『三國遺事』의 협주는 一然의 사관적 고증력을 살펴보는 데 퍽 유효하다. 一然에게 협주는 갖가지 변증의 통로가 되고 있으며 특히 인물사건, 상황에 따른 연대의 고증, 비판, 수정 등이 무엇보다 빈번히 이루어지는 부분이다. 우리는 협주에서 一然의 설화취향적 면모를 발견하기 어려우며 도리어 자연적 시간관에 얽매어 적확한 연대를 세우기 위해 치밀하게 접근하는 사관으로서의 엄정한 자세를 대하게 된다. 한 예로 卷2 紀異篇 眞德王條의 협주를 보자.
"다른 책에서 '춘추공을 사신으로 삼아 당나라에 가서 군사를 청하니 태종이 좋아하여 소정방을 보내기로 허락했다.'고 한 것은 모두 잘못이다. 顯慶 전에 춘추공은 이미 왕

然이 王曆 중심으로 이야기의 절차를 세우고 夾註를 통해서 연대 고증에 심혈을 다 바치는 것을 보면 여느 사관과 마찬가지로 역사의 계기성에 주목하고 순차적 질서를 세우려 했다고 말해도 좋을 것이다.[7)]

그러나 『三國遺事』 소재 各篇들이 한결같이 역사적 사실에 의거한 내용으로 이루어져 있으며 자연적 시간에 따라 구성된 서술물로 볼 수만은 없다. 왜냐하면 『三國遺事』에는 분명하게 인지되고 있는 역사조차도 선후 시간이 뒤바뀌어 독자들을 혼란에 빠뜨리는 일이 적지 않기 때문이다. 역사기술로서의 신뢰성을 회복할 수 없을 정도로 이미 확고하게 굳어진 집단의 기억과 역사 시간마저 외면하고 과거를 재구성하려드는 일을 어떻게 보아야 하나. 그것은 역사가임을 포기한데서 나온 것인가 아니면 통속적 시간을 넘어 찬자 나름의 시간관을 앞세운 탓인가. 이같은 의문을 불러일으키는 각편이 적지 않은 것이다.

『三國遺事』에서 脫歷史的 시간성과 관련해 의문을 증폭시키는 각편으로는 味鄒王竹葉軍(紀異 第1), 武王(紀異 第2), 皇龍寺丈六(興法, 塔像 第4), 魚山佛影(興法, 塔像 第4), 二惠同塵(義解 第5)을 앞서 거론할 수 있겠다. 이 중에는 다양한 통로를 거쳐 『三國遺事』에 편입된 것도 없지 않을 것이므로 그에 투영된 시간관념을 곧바로 『三國遺事』 전체, 혹은 一然의 시간관념으로 포괄하는 것은 적절치 않을 수 있다. 그러나 이들 이야기가 一然이 자의적으로 지어낸 것이 아니라 해도 그 자신이 선별하고 史料化

위에 올랐다. 현경 경신년은 태종 때가 아니요 고종 때이며 소정방이 온 것은 현경 경신년이다. 그러니 비단을 짜서 무늬를 놓아 보냄은 請兵한 때의 일이 아님을 알 수 있다. 진덕여왕 때라야 옳다. 대개 金欽純을 놓아 돌려 보내기를 청하던 때일 것이다."

7) 역사의 흐름을 주시하고 계기적인 질서를 부여하는 일은 사관이 앞서 명심해야 할 임무이다.
"역사서술에서 지나간 시간은 정리되지 않고 항상 진행 중인 변화를 수반한다. 설사 방법상 시간적 변화를 직접 다루지 않는다고 해도 서술은 항상 시간적 차원에서 이루어지며 시대와 시기를 그 대상으로 삼고 있는 것이다. …그런데 역사에 있어서 시간적 변화는 항상 사료의 지배를 벗어나지 않고 사실의 검증에 충실하게 된다."(차하순 외, 『역사와 문학』, 서강대출판부, 1981, 36~37면)

한 것이므로 그 안에서 一然의 시간관, 혹은 『三國遺事』의 시간론을 추출해낼 수는 있지 않을까 한다.

『三國遺事』를 온전한 설화집으로 인정한 나머지 얼마든지 역사적 시간관을 벗어나 체험적이고 주관적인 시공간관념의 소산으로 이야기를 읽어낼 수 있다고 보는 시각도 있다.[8)] 그러나 『三國遺事』에 수용된 설화라 할지라도 문학으로서의 기능에 앞서 역사서술의 관점에서 앞서 파악해야 이치에 맞다. 다시 말해 "신이한 설화를 그대로 제시하고 이를 역사적 사실로써 파악하는 것이 아니라 그들이 내포하고 있는 상징적 의미"[9)]를 드러내기 위함에서 설화가 주입되었다고 보는 것이 타당하다. 일연에게 설화는 어디까지나 역사에 복무하는 補史的 의미를 온전히 떠날 수 없다. 따라서 역사에 삽입된 설화들은 擬歷史的 범주를 의식하게 되며 집단의 기억에서 구축된 연대기적 차순을 뒤집는 정도로까지 과감하게 나아가지는 못한다. 그러나 위에 든 사례들은 시간의 가역성, 중첩성, 순환성을 각각 보여주면서 자연적 시간관의 테두리를 넘어서고 있다. 이제 『三國遺事』에 투영된 시간의 세 가지 특성을 적시하면서 서사내적 의미를 짚어보기로 한다.

3. 前·後의 조합과 기억구성 방식

허구와 역사서술 간에는 시간적용에 있어 적지 않은 편차가 나타난다. 서사문학에서 이야기된 사건, 경험 그 자체, 그리고 화자가 전하는 행위들은 시간적 국면들의 단순한 연속이 아니라 그것들이 구조화되고 윤곽이 잡혀있는 연속들로 이루어진다.[10)] 그러나 역사서술은 역사가의 인식을 바탕에 두되 사실에 대한 정직한 기술로 이루어져야 한다. 그리하여 신뢰할 수

8) 전규태, 『한국신화와 원초의식』, 반도출판사, 1985, 59면.
9) 정병삼, 「一然」, 『한국의 역사가와 역사』 상, 창작과 비평사, 1994, 86면.
10) David Carr, 유화수 옮김, 『시간, 서사 그리고 역사』, 한국문화사, 2009, 97면.

있는 사료를 앞세우고 증명할 수 있는 범위 내의 이야기를 펼치게 되는 데 역사는 설화와 달리 확인된 사실이나 자연적 시간의 순차까지 전복하거나 해체하는 식의 권한은 허용되지 않는다. 역사를 상징적으로 해명할 수 있다는 점에서 설화수용이 용인될 수는 있겠으나 자명한 역사시간조차 외면해 버리고 재구성하는 식의 월권은 허용될 수 없는 것이다.

그렇지만 味鄒王竹葉軍(紀異 第1), 武王(紀異 第2), 皇龍寺丈六(興法, 塔像 第4), 魚山佛影(興法, 塔像 第4), 二惠同塵(義解 第5) 등은 역사 서사임을 의심하게 할 정도로 주관적인 경험과 기억에 따른 초시간적인 특성을 내포하고 있다.

『三國遺事』 紀異 第2의 武王은 역사와 허구의 괴리가 심각한 탓에 역사/허구 양 쪽에서 동시에 주목을 받았으며 그동안 다양한 논의를 불러 일으켰다.[11] 이를 보면 武王은 왕족은커녕 獨女의 자식일 뿐이다. 그러나 타고난 知鑑능력과 기지를 발휘하여 신라의 공주와 혼인한 뒤 마침내 백제의 왕으로 등극함으로써 영웅으로 탈바꿈한다.[12] 서동의 극적인 生은 민중의 소망을 투영한 것일 수는 있어도 사실과는 괴리가 크다. 武王은 신화의 잔영임을 여러 면에서 비추어준다. 서동이 연못에 살던 용이 미모의 과부와 관계하여 태어난 인물로 처리된 것은 神話 시간에 의거한 탄생담임을 뚜렷이 보여준다.

그렇다면 서동과 선화공주의 결연은 어떻게 보아야 할까. 서동과 선화공주의 결연담 역시 사실을 벗어난 허구가 분명한데 백제 30대 왕에 오르는 서동의 주변 인물로 眞平王, 善花공주를 배치한 점은 역사적 사실과는 맞지 않는다. 서동이 獨女와 龍의 소생이라는 혈통제시도 그렇지만 진평왕, 선화공주는 사료적으로 검증이 불가능하고 오히려 武王이 아닌, 무령왕을 주인공으로 해야 그나마 사실에 즉한 이야기가 될 수 있다는 견해가 벌써

---

11) 사재동, 「서동설화연구」, 『장암지헌영선생화갑기념논총』, 1971.
노중국, 「삼국유사 무왕조의 재검토」, 『한국전통문화연구』 2, 1986.

12) 『三國遺事』 卷2, 紀異2, 武王.

부터 제시되었다. 사료에 따르면 백제 24대 東城王 때 (493) 백제에서 신라에 청혼을 했고 그에 따라 이벌찬 比智의 딸이 백제로 시집 간 일이 확인이 되는데 당시 동성왕의 아들이 무령왕이었으므로 신라녀와 결혼한 주인공은 바로 武寧王이 되어야 그나마 사실에 부합될 수 있다.[13] 武寧王과 比智의 딸 간의 婚事談이 武王과 善花공주간의 낭만적 결연담으로 변이된 것은 의 역사적 범위를 훨씬 넘어 서사문학적 발상이 개입된 결과라 할 것이다.

武寧王은 백제 25대 왕으로 501년 즉위하여 522년까지 재위했으며 武王은 백제 30대 왕으로 600년 즉위하여 40년간 나라를 통치하였으니 두 왕의 활동시기는 100여 년의 편차가 있다. 역사를 근거로 하여 武寧王(501~522 재위)을 주동인물로 내세웠다면 신라왕으로는 炤知王(479~500 재위)이 등장해야 마땅한 일인데도 武王(600~640 재위)을 주인공으로 삼다보니 그 연대에 속하는 眞平王(579~631 재위)이 상대국의 왕으로 병치됐음을 알 수 있다.

무왕조에서 우리는 패망 직전의 이미지나 신라와의 대립상 같은 시대적 징후는 전혀 찾아 볼 수가 없다. 서동의 궤적은 환경에 지배되지 않고 마침내 건국의 위업을 달성했던 영웅들을 연상시킬 정도이다. 미천한 마장수가 신라의 아름다운 공주를 아내로 맞고 왕위에 오르는 전개는 민중들이 바라는 바, 낭만적이고 이상적인 꿈의 실현이 아닐 수 없다. 백제와 신라의 통혼 史實이 있기는 하나 그 대목만으로는 전승집단은 충족할 수 없어 보다 완벽한 이야기로 武王이야기를 지어냈고 一然 역시 이를 주목하지 않았나 생각된다. 사실 무왕의 재위 중에는 신라와 마찰이 끊이지 않았던 것으로 사료가 증거해 주거니와[14] 백제, 신라간 화합을 상징하는 通婚을 기대할

13) 이재호, 『三國遺事』 해제, 솔, 2002, 303면.

14) 『三國史記』에는 武王의 재위기간 중 백제가 신라를 침공하거나 상호 교전한 사실을 10여 회에 걸쳐 기록하고 있어 당시 나제간의 관계가 상당히 악화되어 있음을 알 수 있다. 무왕조에서 무왕과 진평왕의 관계를 더할 수 없이 호혜적으로 그리고 있는 것은 그런 점에서 현실과 배치되는 설화적 역사, 혹은 가상의 역사라는 생각을 해보지 않을 수 없게 한다.

수 있는 분위기와는 거리가 멀었다. 당대 현실과 극적으로 대조되는 무왕조의 사건 전개는 오히려 나제간의 갈등을 넘어서 화해를 염원하던 백제인들이 가상 역사를 통해서나마 현실의 암울함을 떨쳐버리자는 심리와 맞닿아 있다고 할 만하다. 그러니까 武王이야기의 전승집단은 역사적 진실에 개의치 않고 그들이 소망하는 바대로 이야기를 펼쳐 놓았다고 여길 수 있겠는데 쇠퇴기 백제 역사는 서사화에 적절하지 않다고 본 전승의 주체들은 과거 시간으로 거슬러 올라가 갈등과 마찰이 아닌 화해의 시간, 羅濟 通婚 사건을 찾았을 것이다. 羅濟 통혼이란 건조한 과거사에 불과하지만 외적세계(역사) 못지않게 내적세계로 이야기를 진행시킬 단서로 삼기에는 더없이 적절했을 것이다. 그리하여 기억구성의 집단은 외적 세계의 '일찍'과 '나중'이란 객관적이고 균일적인 시간 대신에 기억 내에서 사건 간의 또 다른 인과관계[15)]를 모색하는데 골몰했던 것으로 여겨진다. 요약하자면 武王條는 객관적이고 균일하게 진행되는 자연적 시간에서 벗어나 주관적인 경험과 기억에 의해 과거를 재구성한 사례에 속하는 셈이다.

武王과 선화공주의 결연이 역사가 아닌 허구에 속한다는 사실을 一然은 분명히 인지하고 있었다고 보아야 한다.[16)] 그럼에도 一然이 결코 짧지 않은 전승담을 사서에 올린 이유는 무엇일까. 역사란 자연적 시간 위에서 작성된 사료가 보여주지 못하는 또 다른 교훈과 주제를 담아야 한다는 소신

---

15) 한스 마이어호프, 이종철 옮김, 『문학과 시간의 만남』, 자유사상사, 1994, 41면.

16) 興法, 法王禁殺條에는 "이듬해 경신년에는 서른 명의 중을 새로 두고 그때 서울인 사비성(지금의 부여)에 왕흥사를 세웠는데 겨우 담틀을 세우고 세상을 떠났다. 武王이 왕위를 이어 아버지가 시작한 것을 아들이 경영하여 수십 년에 걸쳐서 낙성시켰다. … 왕은 언제나 배를 타고 강물을 따라 절에 들어와서 그 지형과 경치의 장엄하고 수려함을 구경했다."고 기술하고 있다. 이는 武王이 엄연히 법왕의 혈통을 승계한 인물이며 一然도 그것이 역사적 사실임을 자각하고 있었음을 말해준다. 그럼에도 불구하고 一然은 사실과 시간을 자의적으로 구성한 전승담에 오히려 의미를 부여하는 태도를 취하고 있다. 무엇보다 一然은 法王禁殺條의 말미에서 "古記에 기록된 것과 조금 다르다. 武王은 가난한 어머니가 연못의 용과 관계하여 낳은 이다. 아명은 서동인데 즉위한 후에 시호를 武王이라 했다. 이 절(미륵사)은 처음에는 왕비와 함께 창건했다."는 주석을 붙이면서까지 다시금 武王조의 기사를 두둔하고 있다.

에서 비롯된 것은 아닐까. 一然이 탈역사적 담론을 역사시간 내로 편입시키려 든 까닭은 독자적 층위에서도 찾을 수 있다고 본다. "역사는 그 자체의 독자적인 방법에 따라 일반화를 추구하면서도 다채로운 설화성을 상실하지 않고 늘 대중에게 친근감을 주는 쪽으로 이동할 뿐만 아니라 무미건조한 사실의 나열이 아니라 생동감 넘치는 이야기로서 강력한 감동을 일으키려는 이상을 지향한다."[17] 이런 관점에서 본다면 武王 條를 옹호하고 있는 一然의 내면이 어느 정도 헤아려지는데 독자의 존재를 인정하고 역사가 갖는 감동과 성찰의 기능에 주목하여 이를 택했을 것이란 추론이 가능하다.

味鄒王竹葉軍條에서도 우리는 경험적 차원을 벗어난 역동적인 聯想이 낳은 사건들을 보게 된다. 무덤 속에서 金庾信은 미추왕에게 위국충절의 삶으로 일관하다가 생을 마쳤음에도 후손을 죽이는 등 존경심이나 공렬의식을 외면하고 있는 現王의 처사를 강력하게 성토하고 나선다.[18] 무덤을 배경으로 하고 있으며 등장인물을 호국영령으로 처리한 점 등은 傳奇소설이나 志怪의 내용전개와 다를 바가 없는데 그런 서사수법 차원에서 味鄒王竹葉軍을 논의 대상으로 삼으려는 것이 아니다. 서사문학이라면 허구든, 사실이든 내용 층위를 따질 필요가 없으며 과거, 현재, 미래를 마음대로 유영하거나 과거시간을 분해, 재조립해도 상관이 없다.[19] 하지만 味鄒王竹葉軍條는 역사를 염두에 두 서술로서 허구적 서사의 시간 적용과는 달라야 한다. 한데 이 조는 傳奇, 志怪와 다를 바 없이 상상적 유영을 누리면서 시공간과 인물을 자의적으로 배치해 놓고 있다.[20]

---

17) 차하순 외, 상게서, 9면.

18) 상게서, 卷1 王曆, 味鄒王竹葉軍.

19) 味鄒王竹葉軍 條에는 제13대 미추왕, 제14대 유례왕, 제37대 혜공왕 때에 벌어진 逸事, 奇事가 차례로 등장한다. 재위 순서와 달리 갑자기 37대 혜공왕 시의 기사가 삽입된 것은 미추왕이 金庾信과 더불어 惠恭王 때 호국영령으로 출현했기 때문이다. 곧 味鄒王竹葉軍 條는 미추왕과 金庾信의 미래로까지 서사시간이 확장된다.

20) 전기소설에서는 역사인물이 등장할지라도 그를 에워싸고 있는 역사 사실과 상관없이

자연적 시간의 차순을 의식한다면 金庾信 미추왕과 그들의 울분을 청취하는 惠恭王은 한 시공간에 머물 수가 없는 존재들이다. 세 사람은 각기 동떨어진 시대의 인물이기 때문이다. 味鄒王과 金庾信을 영원 속에 든 호국 영령으로 형상화한 것이 그나마 두 인물의 합석을 정당화 시켜줄지 모른다. 이야기에서 영령들이 영위하는 시간은 인간들의 시간과 다르게 제시된다. 영령인 味鄒王과 金庾信은 시간을 자각하지 않고 있거나 적어도 그것을 초월해 있다고 보아야 한다. 왜냐하면 영혼의 시간은 前과 後의 궤도 위의 점들로 생각되지 않고 영속되는 지금으로 표상되며 그것은 존재자가 존재하는 한에 있어서 존재하기 때문이다.[21] 그런데 味鄒王竹葉軍에 보이는 영혼의 시간은 역사물에서는 수용하기 어렵다. 그 같은 시간을 고수한다면 역사서로서는 타기의 대상이 될 수밖에 없다. 3세기의 미추왕, 7세기의 김유신, 그리고 8세기의 혜공왕을 동일시간에 끌어 들여 상황을 조합하는 일은 역사적 상상력이 허용되는 범주조차 훌쩍 벗어나 버린다.

역사서술의 허용 범위를 넘어서 傳奇의 영역에 들어갈 위험이 다분한데도 현재로 표상되는 惠恭王 시간대에 미추왕과 김유신을 등장시키는 이유는 무엇일까. 각 인물간 활동 시기가 일치하지 않는다 해도 세 사람은 애국심으로 무장한 위인들로 護國의 像을 마련하기 위해 합석시켰다고 보면 어떨까. 味鄒王竹葉軍은 신라 전승집단의 단순한 기억이 아닌 것이다. 그것은 신라인의 정체성과 단결성을 선양하기 위한 목적이 두드러지는 바, 호국적인 像을 끌어내기 위해 영혼과 현세의 시간마저 조합시킨 기억의 산물이다.[22]

얼마든지 새로운 세계를 펼쳐낼 수 있다. 한 예로 『大觀齋夢遊錄』을 보면 최치원을 비롯하여 을지문덕, 이제현, 김극기, 이인로, 이색, 강희맹, 김시습, 심의 등등 신라, 고려, 조선 시기를 망라한 역대 문인들이 문장왕국을 건설하여 정치를 펼치고 있다. 이처럼 전기소설은 역사와 달리 사료에 매달릴 필요없이 상상과 허구가 허용되는 한 나름의 서사를 구축할 수 있는 것이다. 물론 역사서사라 상상이 온전히 봉쇄되는 것은 아니다. 그러나 과거의 복원에 초점을 맞추는 역사 서사를 추구한다면 상상과 허구는 아주 제한된 범위에서만 허용이 될 수밖에 없다.

21) 군터 아이글러, 백훈승 옮김, 『시간과 시간의식』, 간디서원, 2006, 214~215면.

역사 쓰기가 과거사실을 총체화함으로써 대중들에게 교훈을 전하는 데 있는 만큼 一然으로서는 이 점을 염두에 둔 나머지 味鄒王竹葉軍 條를 배제하지 못했을 것이다. 확실히 이 조는 집단 구성원들이 바란 대로 신라인들의 정체성과 결속력을 유지하면서 후손들에게 애국심을 고취하는 데 적합한 내용을 지니고 있다. 그러나 그 점 때문에 역사 서사로서의 본질을 의심받지 않을 수 없게 된 것도 사실이다.[23] 특히 공간과 시간을 초월하여 역사적 교훈에 적합한 상징적 매개를 자의적으로 조합시킴으로써 과거의 재현을 기대하는 후대 독자들을 못내 실망시키기도 한다. 一然으로서는 史官的 중립성을 고수하지 못하고 집단 기억에 매몰되었다는 비판에서도 자유롭지 못하다. 그러나 그는 집단기억도 역사적 증언으로 응시할 필요가 있으며 그것을 함부로 소거하거나 재단하는 것이야말로 역사의 의미를 부정해버리는 처사라 여겼던 것 같다. 특히 味鄒王竹葉軍 條는 자의로 누락시키기 어려울 만큼 신라인들의 기억 안에 강고하게 자리잡은 이념의 역사라는 점에서 『삼국유사』에 올리기를 주저하지 않았던 것으로 여겨진다.

皇龍寺丈六 條 또한 역사서술의 규범을 상실한 사례에 해당된다. 이 條에는 황룡사 불상주조에 대한 2개의 예화가 소개되고 있는데 내용은 대동소이하다. 眞興王이 계유년 (553) 2월에 용궁 남쪽에 황룡사를 지은 지 얼마 안 되었을 때 인도에서 출발한 배 한 척이 곡포에 닻을 내린다. 배에 황철과 황금이 가득 실려 있는 것으로 보아 예사 배가 아니었다. 과연 그 배는 阿育王이 인연처를 향해 흘려보낸 배로 판명되었다. 부처에게 공양하지 못한 것을 한스럽게 여기던 阿育王이 금과 철을 거두어 3번이나 불상

22) 집단적 기억의 특성에 관한 알브박스의 견해는 이런 추론과 결부시켜 음미할 만하다. "보편적 기억이란 없다. 모든 집단적 기억은 시간적으로 공간적으로 제한된 집단이 갖는 특수한 기억이다. 우리는 과거의 사건들이 가지는 총체성을 단지 유일한 像에 대한 전제하에서 조합할 수 있다."(알라이다 아스만, 변학수 외 옮김, 『기억의 공간』, 경북대출판부, 2003, 166면)

23) "기억과 역사, 이 둘은 결코 동의어가 아니다. …기억은 회상을 성스럽게 하나 역사는 그것을 추방한다. 기억은 집단에서 성장하여 맥락을 창출한다. 그에 비해 역사는 아무에게도 속하지 않는다."(알라이다 아스만, 변학수 외 옮김, 상게서, 167면)

조성에 나섰으나 거듭 실패로 끝나자 왕자의 말을 듣고는 철과 금을 실어 바다에 띄워 보낸 참이었다. 신라 眞興王은 적재했던 재료로 불상을 만들게 하여 三佛은 동축사에, 丈六尊像은 황룡사에 안치하도록 하였다.[24)]

서사적 인과성으로 보면 그런대로 수긍하지 못할 내용도 아니다. 그러나 역사시간에 주목했을 때는 문제가 달라진다. 알다시피 阿育王은 B.C. 265~238년 재위한 인도의 호불군주이다. 그에 반해 眞興王은 신라왕으로서 540~576년 사이 신라를 통치했으니 阿育王과 동 시대 인물로 병렬시킬 수는 없다. 두 왕의 시간적 편차가 700여 년에 이르고 있음에도 阿育王이 眞興王의 호의로 신라에서 불상이 주조된 것을 지켜보고는 더 이상 불상 주조에 대한 근심을 하지 않게 되었다는 후일담도 역사적 진실하고는 동떨어진 것이다.

"역사란 주관적 상상력이 제멋대로 나래를 펴는 놀이터와 같은 것이 될 수 없다. 역사는 역사적 사료 혹은 과거의 기록에 따라야 하며 자유로운 상상을 동원하여 사실을 함부로 지어내는 것과는 다른 차원으로 이해되어야 한다."[25)]는 명제를 皇龍寺丈六은 철저히 외면하고 있는 셈이다. 십분 양해하더라도 阿育王과 眞興王을 같은 시간대에 병렬시키고 황룡사가 석가불과 가섭불이 강연했던 곳이라고 강조하는 것은 역사로 수긍하기 어렵다.

阿育王과 眞興王을 같은 시간적 위상에 놓은 것은 아무래도 두 제왕이 호불군주였다는 점과 무관치 않을 듯하다. 阿育王은 처음부터 호불군주가 아니었다. 그가 왕이 되기까지 무수한 인명의 희생이 따랐다. 왕위를 찬탈한 뒤에도 수많은 사람을 살육함으로써 백성들을 공포에서 헤어나지 못하게 만들었다. 그러나 불교에 귀의한 뒤로는 개과천선하여 절은 물론이요 8만 4천개의 탑을 전국에 건립하는 등 正法 진흥에 전력을 바쳤다. 皇龍寺丈六 條에서 阿育王을 불상조성의 주체로 그린 것 정도는 사실에 근접한

24) 상게서, 卷3, 塔像 第4, 皇龍寺丈六.

25) 한스 위르겐 괴르츠, 최대희 옮김, 『역사학이란 무엇인가』, 뿌리와 이파리, 2003, 177~178면.

다. 그렇지만 불상주조에 거듭 실패하자 왕자의 의견에 따라 인연처로 배를 출항시켰다거나 그 배가 온 천하를 유전하다가 마침내 당도한 곳이 신라라는 점은 新羅的 부연일 뿐이다. 불상주조에 대한 阿育王의 소망이 眞興王에 의해 실현되는 것으로 처리된 것은 시작, 중간, 종결의 전체적 구성을 의식한 구성의 산물이다. 인과적 계기성과 세상의 불국토화란 중심 주제가 뚜렷한 것도 역설적으로 이것이 역사와는 거리가 있음을 시사해주는 것이라 하겠다.

皇龍寺丈六은 기원전 인도와 6세기 신라를 불교 흥성의 시간대로 한데 수렴시키는 데만 관심을 쏟고 있다. 기억의 주체들에게 사건의 전·후는 조정해야할 선결 조건은 아니었던 성 싶다. 전승주체에게는 신라가 세상에 둘도 없는 불국토임을 천명하는 게 가장 큰 책무가 되었으므로 그에 부합한 과거를 찾아 현재 시간, 곧 신라란 현실표상과 대응시키는 일에 매달렸다. 기원전의 阿育王, 현재적 존재라 할 眞興王의 접속은 지향적 체험, 감각체험 속에서 이루어진 것이다.[26] 파격이라 할 정도로 시간이 과감하게 재조합된 것이기는 하나 연상과 내적 경험에서 홍법의 기운이 한껏 팽배했던 신라의 과거를 드러내는 데는 이바지했음이 틀림없다.

皇龍寺丈六은 과거, 미래에 대한 분절의식이 없이 진행된 이야기이다. 다양한 시간적 국면을 함께 묶고 연결하는 시간적 배열상,[27] 다시 말해 시간을 순서 서열로 받아들이지 않고 과거와 현재가 동시에 현전하는 시간[28]으로 재배열이 이루어졌다. 皇龍寺丈六은 아울러 내적 시간 속에서 체험되고 지각된 것이며 또한 내적 시간 의식 속에서 구성된 결과이다. 역사적 시선으로는 시간적 질서가 뒤엉켜 버린 이 이야기가 『三國遺事』에 올랐음은 一然이 집단 전승의 과거 구성에 동의했다는 말로 풀이된다.

유사한 사례로 우리는 魚山佛影을 보탤 수 있다. 앞의 皇龍寺丈六처럼

26) 군터 아이글러, 백훈승 옮김, 상게서, 166면.
27) David Carr, 유화수 옮김, 『시간, 서사 그리고 역사』, 한국문화사, 2009, 100면.
28) 프리드리히 켐멜, 권의무 옮김, 『시간의 개념과 구조』, 계명대출판부, 1996, 36면.

여기서도 인도와 伽倻 양국을 배경으로 한 이야기인데 『觀佛三昧經』에서 그 근원담이 확인되는 만큼 인도설화의 伽倻的 전승에 속할 것이다.[29] 가야권역에 나찰녀와 독룡이 출몰하여 작란을 획책하는 것은 물론 날씨마저 궂게 만드는 바람에 백성들이 도탄에 빠져든다. 수로왕이 여러 방법을 동원했음에도 이들을 제압할 수 없게 되자 부처에게 도움을 청해 간신히 사태를 진정시킨다.[30] 부처의 권위에 눌려 수로왕의 위신이 추락한 것으로 읽을 수도 있으나 무엇보다 부처의 가야 출현을 강조하는 데 무게가 실리는 이야기이다. 제 힘으로 악당을 대적하지 못한 것이 수로왕을 왜소하게 만들지만 그의 청원에 부처가 응하여 악당을 퇴치해줌으로써 부처의 권능은 물론, 신라에 앞선 가야의 심원한 불교역사를 내외에 천명할 수 있었다.

그렇지만 B.C. 6~4세기에 활동한 것으로 전해지는 부처가 기원후 42년에 탄생했다는 수로왕과 조우하고 있어 과거 복원이란 역사서술의 몫을 거의 기대하기 어렵게 되었다. 그렇다면 역사 시간을 위배하면서 설화 시간을 앞세우게 된 연유는 무엇일까. 이와 관련해서는 12세기 萬魚寺 창건 때 普林이 상부에 올린 글을 살펴보는 것이 도움이 될 것이다. 즉 보림은 "이 산중의 기이한 자취가 북천축국 가라국의 부처의 영상에 관한 일과 3가지 면에서 흡사하다."고 말하고 있다. '부처-수로왕, 가라국-가야'의 대등한 병렬은 시간으로부터의 초탈을 염두에 둔 과거의 조합이라는 생각을 해보게 된다. 가야의 시간에 축을 두었는지 불경내의 시간에 축을 두었는지 분간하기 어렵지만 통속적 시간을 초월한 영원의 시간을 드러내고자 한 것으로 파악하는 데는 어려움이 없다.

부처는 여기서 과거와 현재 속에 여전히 현현하는 존재로 수로왕이 풀지 못하는 난제를 순식간에 해결해줄뿐더러 악당으로 날뛰던 나찰녀와 독룡를 위해 미래세까지 현응할 것을 약속한다. 설화적 흔적을 양보하더라도

29) 김승호, 「한중간 불경설화의 수용방식과 변이양상」, 『국제어문』 48집, 국제어문학회, 2010, 38면.

30) 상게서, 卷3, 第4 塔像, 魚山佛影.

魚山佛影은 가야가 불교의 전래에서는 신라보다 앞선다는 맥락이 확인되는 셈인데 이 땅 전체가 선험적으로 불교와 인연을 맺고 있었다고 보는 一然의 의중에 썩 부합된다. 영원 속에 자리한 부처와 세속적 시간 속에 놓인 수로왕은 각기 누리는 시간의 속성이 다르지만 서로 조우하는 접점의 시간을 마련하고 있다. 역사시간의 전복을 통해 구성된 허구적 과거라는 점을 별개로 하더라도 이 땅의 불국토화란 주제 살리기에 매달렸던 사람이 一然이었던 만큼 어산불영의 삽입은 충분히 예측할 수 있는 일이라 할 것이다.

4. 중첩된 시간과 像의 분열

통속적인 시간관 아래에서 시간은 부단히 전개되면서 동시에 지나가고 다가오는 지금의 연속으로 드러난다.[31] 엘리아데에 따르면 통속적 시간은 역사적 시간과 다를 바 없는 것으로 근대적 경험에 부합되는 시간이다. 시간은 일종의 벡터로서 일정한 방향으로 나아가고 있으며 직선적인 것이어서 시간의 경과를 뒤집어 놓는다는 것은 불가능하다.[32] 시간 순서의 배열은 일정한 시간의 점으로 사건과 상황이 선택되어지고 표시되어 이전과 이후 시간 간의 경계가 뒤섞이는 법이 없다. 이는 사실/허구와 상관없이 서사에 폭넓게 받아들여지는 시간적 조건이다.

하지만 『三國遺事』에서는 시간이 거꾸로 흐르는가 하면 겹치는 현상도 어렵지 않게 목도하게 된다. 二惠同塵 條를 보자. 惠宿, 惠空이 죽음을 맞는 대목에서는 위에서 말한 계기적으로 연속하는 시간의 線分으로서의 前과 後의 순서가 분별되지 않는다. 켐벨이 말한 대로 "계기적으로 연속하는 시간 선분으로서의 미래와 과거는 자연스럽게 연결되지 않는데 미래와 과

31) 마르틴 하이데거, 소광희 옮김, 『존재와 시간』, 경문사, 1995, 591면.
32) 한스 위르겐 괴르츠, 최대희 옮김, 상게서, 317면.

거의 근원적인 연관이 상실되어 前後 본질적인 차이가 은폐되어진 경우"[33]를 이들 이야기에서도 발견하게 된다.

惠宿의 경우, 眞平王이 그의 고명함을 전해 듣고 사자를 보냈을 때 여자의 침상에서 잠을 자고 있는 중이었다. 승려의 행동으로 있을 수 없는 일이라 여긴 사자는 즉시 발길을 돌리고 만다. 그렇게 사자가 7~8리쯤 갔을 때 방금 전에 본 惠宿과 마주친다. 사자가 어이된 일이냐고 묻자 惠宿은 시주 댁에서 7일간의 재를 마치고 돌아가는 중이라고 말했다. 여기서 惠宿을 목격하고 있는 주체는 사자이다. 같은 시간 안에서 두 명의 惠宿과 마주치는 황당한 경험을 하고 있는데 사자가 착각한 것으로 받아들이지 않는 한 惠宿은 같은 시간에 두 가지 상을 현시한 것이 된다. 통속적 시간으로 이해하기 어려운 일은 이후에도 그치지 않는다. 惠宿이 갑자기 죽게 되어 마을 사람들이 그를 耳峴에 묻었는데 바로 그 시간에 길을 가고 있는 惠宿이 눈에 띈 것이다. 영문을 몰라 하는 마을 사람에게 惠宿은 "그곳에서 너무 오래 살았으므로 다른 지방으로 유람을 떠나는 중"이라고 대답했다.[34] 같은 시간상에 죽은 惠宿과 산 惠宿으로 像이 분열되어 있어 사람들로서는 갈피를 잡을 수가 없다. 시간은 직선으로 흐르며 점으로 표상되는 시간은 중첩될 수가 없다는 통념을 무색하게 만들어 버리는 상황제시가 아닐 수 없다.

시간의 중첩에 이어 像이 분열되어 나타나는 예는 惠空에게서도 찾아볼 수 있겠다. 구감공이 산에 올랐다가 이미 죽어있는 惠空을 발견한다. 시체가 부패한데다 구더기가 난 것을 본 구감공은 슬픔을 참지 못하다가 성안으로 들어왔는데 그곳에서는 惠空이 술에 취한 채 노래하며 춤을 추고 있었다.[35] 惠宿이나 惠空의 언행은 하나같이 시간의 본질이 무엇인지 의문을 던지는 듯하다. 우리는 그들의 겹친 像을 통해 시간의 본질을 궁리해

---

33) 프리드리히 켐멜, 권의무 옮김, 『시간의 개념과 구조』, 계명대출판부, 1996, 17면.
34) 상게서, 義解 第5, 二惠同塵.
35) 상게서, 義解 第5, 二惠同塵.

보지 않을 수 없다. 동일한 시간에 한 사람이 두 가지 모습으로 분열된다는 것은 시간은 중복될 수 없다는 상식은 물론이고 시간은 절대적이라는 믿음을 일거에 허물어뜨린다. 시간이란 주관적 인식 안에서의 일어난 관념에 불과한 것이다.[36]

二惠同塵은 시간이란 기억과 의식의 흐름이 뒤얽혀서 생겨난 인식이라는 점을 문제로 삼아 불교적 시간관을 환기하는 것으로 파악된다. 중첩된 시간과 분열된 像은 본질적인 시간은 어느 것이며 어느 상이 진실된 것인지를 알아챌 수 없게 한다. 하지만 이는 불교적 자각으로 이끌어내기 위한 방편적 형상으로 이해할 수 있다. 그렇게 본다면 惠宿과 惠空은 독자적으로 존재하는 실재라는 사고를 뒤엎는 존재들이라 해야겠다. 우리가 자신만의 동일성을 담지하고 있다고 여기는 自我라는 것도 사실은 감수, 표상, 의지, 식별 등 제 요소들이 인연에 따라 일시적으로 假合[37]된 것이듯 두 僧의 모습을 어느 하나로 짚어낼 수가 없는 것이다. 시간과 상을 겹쳐놓아 二惠同塵은 역사 시간의 조건을 구비하지 못한 셈이 되었는데 대신에 불교적 시공관을 역설적으로 환기시키는 계기를 마련해준다.

5. 生의 순환과 초극

『三國遺事』에서 사료 수용의 특징은 기록물 못지않게 설화 전승 자료를 적극 수용하고 있다는 점이다. 수록된 이야기들이 신화적 시간[38]의 특성을 강하게 드러내는 까닭은 여기서 찾아야 할 것이다. 그러나 승려인 一然이 『三國遺事』의 찬자로 나선 만큼 원시적 시간관에 의거하여 설화를 분

36) 조용길 편역, 『불교의 존재론』, 해조음, 2007, 205면.

37) 김종욱 외, 『하이데거의 무와 불교의 공사상』, 철학과 현실사, 2001, 41면.

38) "신화적 시간관은 순환적 혹은 주기적 시간관으로 바꾸어 말해도 무리가 없을 터인데 까마득한 옛날부터 수 천 년 동안 사람들을 지배해왔던 시간관이다."(한스 위르겐 괴르츠, 최대희 옮김, 상게서, 317면)

석하기보다는 불교 윤회적 시간관에 따라 그 특성을 파악하는 것이 보다 적합하다고 생각된다.39) 불교적 시간과 신화적 시간 간에는 공통점이 많다. 하지만 원시적 사고를 바탕으로 한 신화적 시간은 "현재에 일어나는 사건은 이미 이전에 항상 있었던 것의 반복에 불과한 것"으로 파악한다.40) 그에 비해 불교적 시간관은 시간의 개별성, 일회성 대신 전후 시간의 인과성을 주목하며 시간순환의 질서원리를 밝히는데 초점이 놓여진다. 『三國遺事』 내에서 순환적 시간을 두드러지게 반영한 예로는 金庾信, 大城孝二世父母, 郁面婢念佛西昇, 廣德嚴莊, 孝昭王代竹旨郎條 등을 꼽을 수 있다.

金庾信의 인물전승은 다양한 갈래로 전해오는데 다른 전승과 달리 『三國遺事』에서는 현생에서의 활약상보다는 전생과 후생의 이야기에 치중하고 있는 편이다. 전생에서 金庾信은 고구려 점쟁이 추남이란 인물이었다. 용한 점쟁이로 이름이 높았으나 왕비의 음행을 폭로한 것을 계기로 미움을 사는 처지로 바뀐다. 그리고 상자속의 쥐가 몇 마리인지 알아맞히지 못했다는 죄로 죽임을 당한다. 다음 생에서 그는 신라의 명장 金庾信으로 환생하는 데 추남이 저주했던 대로 신라의 대장이 되어 고구려를 멸망시키는 선봉에 선다. 사후에 그는 신라호국의 영령으로 환생한다. 그러나 후세 왕이 그의 후손을 죽이거나 마구 대하는 상황에 이르자 능에서 폭풍을 일으키며 크게 반발하기도 한다.41)

大城孝二世父母에서는 대성이 빈한한 태생으로 남의 일을 해서 간신히 살아가는 청년으로 나온다. 고달프고 궁핍하게 지내면서도 윤회를 믿고 시주로서 불사공덕에 성의를 다하다 그는 홀연 세상을 떠난다. 그러나 다음 생에서 재상 김문량의 아들로 환생하게 되니42) 전생에 닦은 선업의 보응

39) 김승호, 『한국승전문학의 연구』, 민족사, 1992, 79면.
40) 한스 위르겐 괴르츠, 최대희 옮김, 상게서, 316면.
41) 상게서, 卷1, 王曆 第1, 金庾信.
42) 상게서, 卷5, 孝善 第9, 大城孝二世父母 神文王代.

이었다.

郁面妃念佛西昇에서도 위의 사례에 못지않게 순환적인 생을 생생하게 전해주고 있다. 郁面은 대가집 주인 귀진의 여종으로 염불을 드리고 싶어도 시간이 모자랐다. 잠을 줄이고 일을 서둘러 끝내는 것으로 미타사의 불공에 참여하기 위해 안간힘을 다했다. 그러다 염불중에 몸이 천장을 뚫고 하늘로 솟구치며 서방정토로 날아가는 일이 벌어진다. 그런데 郁面이 여종이 되기 전까지는 더 곡절한 사연이 숨어있었다. 원래 그는 八珍 아래에서 수행중인 스님이었으나 持戒가 부족하여 부석사의 일소가 되었다가 불경의 힘으로 축생도에서 벗어나 귀진의 여종 郁面이 된 터였다. 결국 그녀의 생은 '수행승-부석사의 소-귀진의 여종-부처'로 유전을 거듭한 것으로 판명된다.[43] 마지막으로 서방정토로 비등한 것은 전혀 다른 시간대로 편입되었음을 알린다. 즉 더 이상 變轉의 苦에 시달릴 일이 없는 시간의 세계로 들어섰음을 의미한다.

살아가는 존재에게 죽음은 끝이 아니다. 위 이야기는 생사의 유사한 과정을 거치며 끊임없이 삶이 반복되는 것[44]이므로 순환하는 시간관에 의거하여 세 인물들의 생을 주의 깊게 들여다보라 주문하고 있다. 삶이 苦海임을 구체적으로 전하는 윤회 전생담은 어느 면에서는 생의 의지를 꺾고 절망감을 심어줄 수도 있으나 이야기가 거기에만 머무는 것은 아니다. 郁面婢念佛西昇은 윤회의 고리를 끊고 열락의 세계에 들어갈 수 있다는 가능성을 시사해준다는 점에서 더 주목할 만하다. 郁面이 서방으로 비등하여 정토에 들었다는 것은 더 이상 고통스런 생의 전변을 겪지 않고 초시간의 세계에 들어갔음을 말해주는 것이다.

『三國遺事』에서 반영된 시간관념 가운데 가장 폭넓게 그리고 일관적으로 주입되고 있는 것이 바로 순환적 시간관이다. 이 사고는 원시사상에서 벌써 발견되지만 『三國遺事』의 그것은 因果應報사상, 業觀과 연결되는 순

43) 상게서, 卷5, 感通 第7, 郁面妃念佛西昇.

44) 다카쿠스 준지로, 정승석 옮김, 『불교철학의 정수』, 대원정사, 1989, 12면.

환적 시간관이라는 점이 다르다. 서사성이 높은 이야기만을 거론했으나 이외에도 『三國遺事』는 여러 인물의 전생을 구체적으로 지목하고 있다. 가령 八珍은 관음보살로, 惠空은 진의스님 僧肇로, 廣德은 관음보살의 19應身으로 각각의 전생을 구체적으로 적시하고 있는 것이다. 삼생관, 순환적 시간관을 반영함으로써 『三國遺事』 소재 설화는 전생과 미래도 현생에 못지않은 서사적 비중과 의미를 지니게 되었다고 할 것이다.

6. 맺음말

『三國遺事』 소재 이야기들은 총체적, 계기적으로 사실을 체계화해나가는 기존의 관행을 벗어나고 있다. 주관적이고 심리적인 시간관을 보여주고 있는 이야기들을 오히려 선호했다고 할 정도로 설화적 서사가 『三國遺事』의 전편을 아우르고 있다. 그런데 적지 않은 이야기들이 가역적 시간, 중복적 시간, 순환적 시간을 포괄하고 있는 것으로 나타났다.

세부적으로 말해 味鄒王竹葉軍, 皇龍寺丈六, 武王, 魚山佛影 등은 과거, 현재, 미래의 분절의식이 드러나지 않을 뿐더러 前後가 한데 어우러진 구조를 보이는 경우이다. 二惠同塵에서는 惠宿과 惠空이 동일시간 위에서 2가지의 상을 현현함으로써 시간과 상이 분열되는 현상이 나타난다. 金庾信, 郁面, 金大城의 경우에는 불교적 인과응보의 사고에 기초하여 순환하는 생의 궤적을 폭넓게 포착하고 있는 것으로 보인다.

역사의 서술에 반하는 사건의 조합과 시간관의 적용은 『三國遺事』가 사실을 방기한 채 서사문학 쪽에 들어가 버렸다는 비판에서 헤어 나오기 어렵게 했다. 그러나 一然은 史料와 年代記的 고찰이 곧 역사의 본질이라는 기존 인식을 버리고 나름의 관점에서 역사와 시간의 본질, 나아가 역사주체들의 의식까지 되돌아보고 있는 것으로 드러난다. 『三國遺事』 소재 일부 각 편은 자연적 시간에 매여 상상과 허구를 용인하지 않는 기존 관행을 버리고 상상에서나 가능한 세계, 혹은 사실과 반하는 기억마저 적극적으로 수렴시켜 역사를 재구성해 나간 서사에 해당한다.

참고문헌

군터 아이글러, 백훈승 옮김, 『시간과 시간의식』, 간디서원, 2006, 214~215면.
김동욱, 「三國遺事이야기와 시간인식의 세 양상」, 『도남학보』 7, 8집.
김승호, 「한중간 불경설화의 수용방식과 변이양상」, 『국제어문』 48집, 2010, 38면.
김열규, 「삼국유사와 신화」, 『三國遺事연구논선집』, 백산자료원, 1986, 404면.
김종욱 외, 『하이데거의 무와 불교의 공사상』, 철학과 현실사, 2001, 41면.
김종진, 「무왕설화의 형성과 서동요의 비평적 해석」, 『한국문학연구』 27집, 2004.
김태영, 「三國遺事에 보이는 一然의 역사인식에 대하여, 『한국의 역사인식』 상, 창작과 비평사, 1976, 142면.
나경수, 「서동설화와 백제 무왕의 미륵사」, 『한국사학보』 36집, 2009.
노중국, 「삼국유사 무왕조의 재검토」, 『한국전통문화연구』 2, 1986.
다키쿠스 준지로, 정승석 옮김, 『불교철학의 정수』, 대원정사, 1989, 12면.
마르윈 하이데거, 소광희 옮김, 『존재와 시간』, 경문사, 1995, 591면.
사재동, 「서동설화연구」, 『장암지헌영선생화갑기념논총』, 1971.
서철원, 「서동요전승의 형성과 사상적 배경」, 『한국고전문학의 방법론적 탐색과 소묘』, 역락, 2009.
알라이다 아스만, 변학수 외 옮김, 『기억의 공간』, 경북대출판부, 2003, 166면.
윌리스 마틴, 김문현 옮김, 『소설이론의 역사』, 현대소설사, 1991, 271면.
전규태, 『한국신화와 원초의식』, 반도출판사, 1985, 59면.
정병삼, 「一然」, 『한국의 역사가와 역사』 상, 창작과 비평사, 1994, 86면.
조용길 편역, 『불교의 존재론』, 해조음, 2007, 205면.
조유영, 「삼국유사 소재 미추왕 설화의 형성배경과 그 의미」, 『어문학』 98집, 2007.
차하순 외, 『역사와 문학』, 서강대출판부, 1981, 36~37면.
프리드리히 켐멜, 권의무 옮김, 『시간의 개념과 구조』, 계명대출판부, 1996, 36면.
한스 마이어호프, 이종철 옮김, 『문학과 시간의 만남』, 자유사상사, 1994, 41면.
한스 위르겐 괴르츠, 최대희 옮김, 『역사학이란 무엇인가』. 뿌리와 이파리, 2003, 177~

178면.
David Carr, 유화수 옮김, 『시간, 서사 그리고 역사』, 한국문화사, 2009, 97면.
Mircea Eliade, *Kosmos und Geschichte*, Frankfurt/M, 1994, 214면.

출처 졸고, 「三國遺事에 보이는 시간관과 과거구성」, 『東아시아고대학』 29집, 동아시아고대학회, 2012, 37~60면.

해양공간의 설화적 수용과 의미
-三國遺事를 중심으로

1. 머리말

역사, 지리적 조건상 일찍부터 우리는 해양관련의 서사에 익숙한 편이다. 삼국시대 설화의 보고라 할 『三國遺事』는 중세기부터 바다와 관련한 설화가 얼마나 풍성했었는지를 엿보기에 적절한 자료이다. 『삼국유사』의 경우, 해양의 공간적 개입이 상대적으로 높은 비중을 차지할뿐더러 단순히 현실적 반영에 그치지 않고 다양한 상징성을 함의하는 대상으로 해양을 형상화하고 있다는 점에서 특히 이목이 집중되는 것이다.

『삼국유사』 소재 海洋說話들은 내용면에서 불교의 전래, 구법유학, 불교문화 수입 등을 밝히는 부위에 몰려 있는 것을 보게 되는데 역사적 사실을 건조하게 전하는 것이 아니라 역사를 굴절, 투영시키는 설화의 특성에 따라 현실적 공간으로서의 해양을 넘어 특유의 상징과 의미를 포괄하는 공간으로 表徵된다. 일반적으로 해양이 육지와 구별되는 지점에서 인간에게 공포, 모험을 불러일으키는 것으로 받아들여졌던 것과 달리 『삼국유사』에서는 매개, 교화, 상생 등 긍정적인 의미역에서 해양의 의미를 포착, 확장해 나가고 있음을 살펴볼 수 있는 것이다. 『삼국유사』의 空間觀을 총체적으로 수렴하지 못하고 있음은 본고의 한계라 할 수 있겠다. 하지만 해양서사의 중세적 전개 양상을 조망하는 지평을 확보해주는 한편 『삼국유사』 내 해양 공간이 지닌 상징성을 엿보는 데 나름의 의미가 있을 것으로 생각한다.

2. 전통적 공간관과 空間의 주입양상

『삼국유사』에 나타나는 해양공간의 특성을 타진하기 위해서는 우선 해양문학의 범주설정이 전제되어야 할 것이다. 하지만 해양문학에 대해 공감된 이론은 아직 마련되지 않은 것 같다. 아쉬운 대로 필자는 '해양문학이란 바다를 주요대상과 배경으로 하는 문학'[1)]이며 해양설화는 해양문학의 하위갈래 12개중에 하나에 속한다는 견해[2)]를 수용해 논의를 펼쳐나가려 한

1) 윤치부는 "해양문학의 개념은 첫째, 작품 중에서 바다를 주제로 한 문학이고, 둘째, 바다를 주요 대상과 배경으로 하는 문학이고 셋째, 바다에서 직접 취재한 문학이고, 넷째, 바다 그 자체의 자연미가 대상이 되는 문학이고 다섯째, 인간이 바다에 대한 동경이나 모험적 본능이 나타나는 작품"이라고 정의 내렸다(윤치부, 『한국해양문학연구』, 학문사, 1994, 13면). 이 가운데 『삼국유사』 소재 바다 이야기와 가장 연관성이 깊은 것은 둘째 항목일 것이다.

2) 최영호는 해양문학의 영역을 해양번역문학, 해양수필문학, 해양소설문학, 해양시문학, 해양가요문학, 해양전기문학, 해양기행문학, 해양민요, 해양설화문학, 해양희곡문학, 해양전쟁문학, 해양아동문학으로 가르고 있으며 해양설화문학에는 해양설화, 해양신화, 해양전설, 해양민담이 있다고 했다(최영호, 「한국문학 속에서 애 해양문학이 갖는 위상」, 『해양문학을 찾아서』, 집문당, 1994, 13면).
현재적 시각을 앞세운다면 『삼국유사』를 해양문학의 대상으로 삼는 것은 무리일 수도 있다. 바다를 배경으로 자연에 대한 인간의 대응과 체험을 형상화하는 것이야말로 해양문학의 본질이 되어야 한다는 시각을 앞세우는 한 『삼국유사』 소재 설화를 해양문학으로 보는 것은 적절치 않다. 하지만 바다이야기이자 동시에 소박하게나마 중세인

다. 이들 견해에 의하면 『삼국유사』 속의 바다 설화는 해양설화로 테두리 지어진다. 물론 이 정의역에 따른다면 주제, 소재적 경계를 불문하고 바다와 연관된 설화는 온통 해양설화로 포괄될 수 있어 하위 장르적 설정이 모호해질 수 있으나 『삼국유사』 소재 해양관련 설화의 귀속처를 마련할 수 있다는 점에서는 그런대로 가름의 효용성이 인정된다.

『삼국유사』가 불교설화를 총체화한 문헌의 성격을 띠고 있음을 인정한다하더라도 그에 삽입된 해양공간을 불교 상상적 산물로만 구획해 보려는 것은 지나치게 도식화된 시각일 수 있다. 보통 인간의 사고구조에 따라 수직 혹은 수평적 사고에 기초하여 공간의 층위가 나타나는 것처럼 『삼국유사』에서도 지상을 기준으로 그 위에는 하늘이 존재하고 그 아래에는 지하, 수중, 지옥 같은 별도의 세계가 존재한다는 관념 하에 공간배치가 이루어진다. 사람들의 공간관념은 일반적으로 수직적 혹은 수평적 공간관념의 테두리를 벗어나지 않는다. 지상을 제외한 하늘, 지하, 수중 같은 곳은 인간의 주거처가 아닌 만큼 이인, 신, 용 등 인간과 구별되는 존재가 머물고 있다는 생각을 낳았고 설화에도 그대로 투영되기에 이른다.

한데 天上을 비롯한 諸 세계, 존재의 설정을 두고 돌발적 주입이나 천진한 발상의 차원으로 이해할 것만은 아니다. 가령 천상 공간의 경우, 그것은 인간이 도달할 수 없는 상위를 가리키는 것으로, 높은 곳 바로 그 자체가 탁월한 위치에 해당된다는 생각이 근본적으로 사람들을 지배하고 있었다.[3] 황복사 설화는 그런 점을 살피기에 적절한 각 편[4]인데 여기서 의상

들의 삶과 체험, 사고, 희원을 함장하고 있다는 점에서 해양설화로 수용할 수 있으며 그에 대한 본격적인 조명이 절실하다고 하겠다.

3) 멀치아 엘리아데, 이동하 역, 『성과 속』, 학민사, 1988, 98면.

4) 『三國遺事』 卷4, 義湘傳敎.
"의상이 皇福寺에 있을 때 제자들과 함께 탑을 돌았는데 항상 허공을 밟고 올라가 층계는 밟지 않았으므로 그 탑에는 사다리를 설치하지 않았다. 무리들도 층계에서 삼척이나 허공을 밟고 놀았기 때문에 의상은 그들을 돌아다보면서 말했다. "세상 사람들이 이것을 보면 반드시 괴이하다 할 것이다. 그러니 세상에 가르치지 못한다."고 말했다(湘住皇福寺時 與徒衆繞塔 每步虛而上 不以階升 故其塔不設梯磴 其徒離階三尺

은 제자들 앞에서 천상으로 비등하는 이적을 행한다. 의상을 천상비등의 주인공으로 형상화하는 이면에서 우리는 하늘을 신성시했던 원초적 사고를 새겨볼 수가 있다. 의상은 제자들에게 그런 능력을 현시함으로써 단숨에 지상인으로서의 한계를 극복한 초월자로 각인된다.[5] 속세에서 범상한 인물에서 벗어나지 못한다 할지라도 登天의 능력을 드러내 보이는 순간 그에 대한 사람들의 인식은 한 순간에 바꾸어질 수 있겠는데 惠空도 같은 예가 된다. 元曉, 明朗 같은 고승들과 격의없이 지낼 만큼 높은 경지에 올라서 있었음에도 초라한 행색, 기이한 행동거지 때문에 대중들은 그의 진면목을 외면하고 있었다. 그러나 허공에 떠서 세상을 뜨는 이적을 연출하는 순간 사람들의 인식이 달라지고 진정한 고승으로 부상한다. 天上 浮揚이나 飛空의 능력현시는 『삼국유사』에서 주로 불교적 성숙을 암시하는 하나의 징표에 속하며 단순히 신성성을 부여하는데 그치지 않고 불교적 인간으로서의 온전한 완성을 담보하는 상징으로 자리잡고 있음을 살펴볼 수 있는 것이다.

天上이 神의 세계를 표징한다면 地下는 死者들의 세계와 연결될 개연성이 높은데[6] 이는 불교설화에서 말하는 지옥과 상통한다. "죽은 자가 나아갈 나라는 이미 하늘세계에는 없으므로 지하에 옮겨질 수밖에 없다. 아귀의 세계로 옮겨진 死者의 나라는 낙토이기는커녕 대부분의 사자가 괴로움을 받는 음산하고 스산한 장소가 되어버린다."[7] 불교적 해석이 아니라도

履空而旋 湘乃顧謂曰 世人見此 必以爲怪 不可以訓世)."

5) 의상이야기는 불교에서 말하는 천의 지향성을 반영했다고 보기 힘들다. 단적으로 불교에서는 하늘을 물리적 공간으로서 텅빈 곳을 가리키지 않는다. 불교는 이 세계에 대하여 어딘가에 공간적으로 존재하는 天을 생각한 것이 아니고 절대의 경지를 天이란 말을 빌려 표현했을 뿐이다(『불교용어사전』, 경인문화사, 1999, 1613면). 의상설화에 등장하는 天은 불교적 해석에 따른 추상적 의미로서 공간이 아니라 대중이 응시할 수 있는 물리적 공간으로서의 天에 해당되며 그 점에서 설화에서 일반적으로 제기하는 현시적 공간으로서 天을 가리키는 것으로 보아야 할 것이다.

6) 뤽보느와, 유정선 역, 『징표, 상징, 신화』, 탐구당, 1984, 119면.
"땅의 하부요, 내부인 지옥으로 들어가면서 우리는 밤의 상징들과 더불어 현기와 번뇌를 자아내는, 죽은 자들이 사는 곳 低地와 심연들의 상징들을 만나게 된다."

문학에서도 지하공간은 천상과 대척적 심상을 지닌 채 죽음이나 불길함을 예감케 하는 공간으로 받아들여져 왔다.[8] 하지만 전통적 상징에 구애받지 않고 개별적 차원에서 상징의 변이가 일어나는 경우도 역시 적지 않다는 것을 인정해야 할 것 같다. 蛇福不言 條는 부정적 공간으로만 인식된 지하세계가 이상적 공간으로 탈바꿈하는 사례이다.

蛇福의 어머니는 원래 원효와 사복에 이끌려 經을 싣고 다니던 암소였다가 이생에서는 위치가 바뀌어 사복의 어머니가 되었다. 사복은 다 자랐을 때까지 말도 제대로 못할 정도였다가 한 순간 말문이 트이는가 하면 졸지에 見性의 경지를 드러냄으로서 사람들을 놀라게 했다. 어머니가 세상을 뜨자 그는 지혜 있는 '범이 죽었다.' 말하는가 하면 어머니가 無常의 세계에 태어났음을 깨달았던 사람이라며 칭양을 아끼지 않음으로써 듣는 이들을 종잡을 수 없게 했다. 그의 말을 귀담아 듣는 이가 없는 가운데서도 원효만은 그 大器的 자질을 알아챈 사람이었다. 사복의 모친이 숨지자 장례를 돕기 위해 원효만이 그를 문상했다는 점이 그런 사정을 말해준다.

그런데 설화는 元曉조차도 사복의 보조역할에서 크게 벗어나지 못하고 우회적으로 밝혀준다. 사복이 원래 가난한데다 변변치 못한 혈통으로 사람들의 이목을 끈 적이 없었으나 원효의 입을 빌려 "죽는 것도 사는 것도 모두 괴로운 것"이라며 촌철살인한 말로 무상성을 갈파해 순식간에 사람들의 선입견을 뒤엎는다. 여기다 그는 생사를 초극한 인물임을 母親의 葬事 현장에서 극적으로 부각시킨다. 사복이 모친의 시신을 묻기 위해 띠 풀의 줄기를 뽑자마자 그 아래로 명랑하고 淸虛한 세계가 열렸던 것이다.[9] 칠

7) 定方晟, 동봉 옮김, 『불교의 우주관』, 관음출판사, 1993, 166면.

8) 이승훈, 『문화상징사전』, 푸른사상, 2009, 193면.

9) 상게서, 卷4, 蛇福不語.
"言訖拔茅莖 下有世界 晃朗淸虛 七寶欄楯 樓閣莊嚴 殆非人間世"
연화장세계에 대해서는 『화엄경』, 『범망경』등에서 구체적으로 형상화해 놓고 있다. 사복불언에서는 칠보로 장식한 난간에다 화려한 누각이 있는 곳으로 다소 애매하게 그리고 있어 땅속세계가 연화장인지 아닌지 확신하기 어려운데 사복은 게를 통해 그곳이 연화장임을 스스로 밝히고 있다.

보로 장식한 난간에다 화려하기 이를 데 없는 누각들로 미루어 사복이 열어 보인 지하는 연화장 세계[10]임이 틀림없었다. 一然은 이를 허탄한 이야기일 뿐이라며 신빙성에 회의감을 거두지 못하지만 極樂淨土가 지하 공간 어디쯤에는 분명히 존재한다는 대중의 기대에 즉한 세계가 존재함을 전하고 있다.

대중들이 그토록 왕생하기를 갈구하는 연화장이 발밑에 있음에도 누구도 존재를 알지 못하고 있을 때 사복만은 별 어려움이 없이 출구를 짚어낼 수 있었다는 것은 무슨 말인가. 사복은 어머니가 귀속할 蓮華藏을 直指해 보였을 뿐더러 자발적으로 그 세계를 열어 보인 유일한 인물이다. 속인의 눈으로 보면 기꺼이 택한 죽음으로 비칠 수도 있으나 기실 그의 행동은 열반을 고스란히 증거한 것이 아닐 수 없다. 사복은 원효를 증인으로 연화장으로의 편입을 實演하고 있는 셈인데 특히 원효 앞에서 母子가 涅槃에 들어섬으로써 더 큰 상징성을 지닌다.[11]

『삼국유사』의 서사공간은 전통적 공간관과 불교적 공간관이 동시에 작용하여 형상화된 것으로 믿어진다. 불교에서 말하는 우주는 三千大千 세

---

10) 연화장세계는 원래 바라문교에서 신의 배꼽 안에서 천개의 꽃잎이 있는 금색 연화를 낳고 그 안에 범천왕이 출현하고 세상의 모든 생물을 낳았다는 견해를 받아들여 발전시킨 것으로 지하가 아닌 이상적인 수중공간을 가리킨다(『雜譬喩經』 4권). 하지만 사복이 어머니와 같이 들어간 지하가 극락정토와 다를 바 없다고 했으니 땅 속의 연화장으로 받아들여도 될 것이다.

11) 상게서, 卷4, 蛇福不語.
"京師萬善北里有寡女 不夫而孕 旣産 年至十二歲 不語亦不起 因號虫也童 下或作虫也卜又巴又伏等 皆言童也 一日其母死 時元曉住高仙寺 曉見之迎禮 福不答拜而曰 君我昔日馱經牸牛 今已亡矣 偕葬何如 曉曰諾 遂與到家 令曉布薩授戒 臨尸祝曰 莫生兮其死也苦 莫死兮其生也苦 福曰詞煩 更之曰 死生苦兮 二公轝歸活里山東麓 曉曰 葬智惠虎於智惠林中 不亦宜乎 福乃作偈曰 往昔釋迦牟尼佛 娑羅樹間入涅槃 于今亦有如彼者 欲入蓮花藏界寬 言訖拔茅莖 下有世界 晃朗淸虛 七寶欄楯 樓閣莊嚴 殆非人間世 福負尸共入 其地奄然而合 曉乃還 後人爲創寺於金剛山東南 額曰道場寺 每年三月十四日 行占察會爲恒規 福之應世 唯示此爾 俚諺多以荒唐之說託焉可笑 讚曰 淵默龍眠豈等閑 臨行一曲沒多般 苦兮生死元非苦 華藏浮休世界寬"

계로 표상된다. 그곳은 百億의 日月, 百億의 山, 百億의 大海水, 百億의 鐵圍山, 百億의 四大洲로 이루어져 있으며 그 밖에는 철위가 둘려 있으며 바닷물이 그 안을 채우고 있다. 수미산은 물론 그 안에 위치하며 그 가운데에 역시 四洲가 벌려있고 위에는 日月이 빛난다.[12] 이렇게 우주의 윤곽을 제시해 놓고 있으나 불교에서 말하는 하늘부터가 일반적인 인식과 별개로 처리되고 있음을 잊지 말아야 한다. 불교에서 하늘이라고 할 때 주의하지 않으면 안 되는 것이 하늘(sky)이나 天國(heaven)같이 장소를 나타내는 말이 아니라 살아있는 존재로서의 神(god)을 의미한다는 것이다. 하지만 『삼국유사』에서는 일반 설화와 다를 바 없이 현실 공간에 해당되는 天, 地下, 水中 등을 배경으로 채택하고 있다. 또한 과거 이야기에서 보여준 상징으로서의 해양과 일치하는 부분이 적지 않다. 몇 개의 예화를 살폈으나 민간전승의 수용, 경전내용의 영향으로 『삼국유사』 소재 이야기들은 서사 공간을 다양하게 현시하고 있다고 말할 수 있겠다. 하지만 그중에서도 해양은 각별히 주목된다. 빈도수에서 다른 공간이야기를 압도하고 있을 뿐만 아니라 어떤 공간보다 다채로운 의미, 상징을 수반하고 있는 것으로 여겨지기 때문이다.

불교가 인도에서 발원하여 중국을 거쳐 우리나라에 들어온 외래종교이기는 하나 신라시대 이미 월등한 종교로 자리를 잡았으며 고려시대 역시 유일무이한 종교가 되었음은 주지하는 바이다. 불교가 흥성하기까지는 승려와 寺衆들의 수행과 발원이 뒷받침되었다고 보아야 하는데 佛學의 토대가 허약하다고 판단한 승려들 가운데는 험한 여로와 신변의 위해를 감수하며 중국, 인도로의 求法 길에 올랐는가 하면 귀국한 후에도 전교에 열정을 바친 이가 적지 않았다. 이외 승단의 기틀을 잡고 미비한 사찰의 건립에 진력을 다 한 승려도 부지기수였는데 외래문화의 이입통로로서 해상을 빼

---

12) 郭子章, 『通論地輿』, 「阿育主山寺志」. “論涯涘者 約一佛化境也 何以言之 蓋一佛化境謂之 三千大川世界有 百億日月 百億須受山 百億大海水 百億鐵圍山 百億四大洲 鐵圍繞其外 海水聚其內 須彌嶼 其中四洲羅 其中日月照臨也”

놓고 불교흥성의 역사를 말하기는 어려울 듯하다.

그러나 『삼국유사』에 의지하여 삼국시기 불교문화를 융성하게 한 통로로서 뱃길을 실증적으로 복원해내는 일은 결코 쉬운 일이 아니다.13) 더욱이 각 승려들의 이동궤적을 일일이 체증해내기란 퍽이나 힘들다. 『삼국유사』에 들어있는 해양설화는 당대 현실에 기초한 기록이라기보다는 현실을 투영, 굴절시키고 있는 측면이 강하다. 『삼국유사』는 현실적 공간으로서 해양에 관련된 역사 현실적 사료로서의 의미보다는 신화적, 원형적 공간으로서 해양에 대한 해석을 이끌어내는 서사담론으로서 보다 큰 의미를 지니고 있다 할 것이다.

3. 해양공간과 불교적 사유

현실적 시각을 앞세운다면 바다는 긍정적 배경으로 형상화되기 어렵다. 평온하던 바다가 일순간 풍랑으로 일그러져 사람들을 공포와 비탄 속에 몰아 넘는가 하면 방향을 잃고 엉뚱한 곳으로 표박하거나 끝내 익사하는 일도 비일비재했기 때문이었다. 實記的 목적을 앞세울수록 해양이 부정적 공간으로 처리될 개연성은 그만큼 높아진다.14)

---

13) 신라의 경우는 내륙을 통해 중국이나 인도와 소통하는 것이 어려웠던 탓에 해양을 통해 이국과의 교류를 확대해 나갔다. 특히 나당 양국간의 교통불편을 해소하는 방편으로 육로보다 편한 해로와 수송면에서 월등히 나은 선편이 자연스럽게 선호될 수밖에 없었다(김문경, 「나당항로와 의상, 의천의 당송길」, 『불교춘추』 14호, 1999, 194면). 하지만 당대 해상교류의 실상을 『삼국유사』에서 구체적으로 접하기란 매우 어려운 것이 사실이다.

14) 佛家의 기록 가운데는 海難체험을 실감나게 증언하는 자료가 한둘이 아니다. 여기서는 崔致遠의 『朗慧和尙白月葆光塔碑銘』과 慧皎의 『梁高僧傳』 중에서 각각 하나씩 발췌해본다.
"때마침 國使가 瑞節을 갖고 천자를 뵐 일이 있어 배를 이용하게 되었다. 배가 큰 바다의 복판에 이르러 풍랑이 갑작스럽게 일어나 성난 듯이 뒤집히니 큰 배가 무너지고 사람들은 어찌할 바를 몰랐다. 대사는 심우 도량과 함께 외쪽 널조각을 걸터타고 업보

『삼국유사』 소재 이야기도 현실적 층위의 현상에 따라 부정적으로 그려지는 경우가 없지는 않다. 하지만 여타 문헌의 이야기들에 비해 긍정적인 시선으로 바다를 대하고 있다는 점만은 부정하기가 어렵다. 다양한 사건과 상황이 전개된다고 하더라도 해양을 서사공간으로 채택하고 있는 이야기들은 결국 해원과 화합의 공간으로 선회되는 바, 해양의 수용과 관련해 3가지 정도로 그 내용적 갈래를 드러낸다. 우선 佛國土 사상을 전파하기 위한 경우를 들 수 있다. 이들 이야기는 천축에서 불상, 불구, 종 따위를 실은 배가 봉안처를 찾아 여러 나라를 수소문하고 다녔으나 인연이 숙성한 터를 찾지 못하다가 신라 땅에 정박하고서야 佛具 안치에 성공한다는 줄거리를 담고 있다. 둘째 중국, 인도 등 불교 선진국을 찾아 佛學에 매진하는 고승들의 역정, 혹은 귀환 중 용궁에 초청되어 그곳에서 겪은 신비 체험을 다채롭게 담고 있는 이야기가 있다. 셋째로 해중 異物들의 발원 및 적극적인 보시로 말미암아 지상에 사찰이 지어지는 과정을 전하는 이야기를 꼽을 수가 있다.

바다를 배경으로 삼는 이야기라 할지라도 어떤 관념과 심상으로 바라보는가에 따라 서사성격에 큰 변화가 생겨날 것은 자명한 이치이다. 불교전래 이전의 상징을 토대로 하는 해양설화와 불교적 상징을 바탕으로 한 해양설화 사이에는 변별적 층위가 나타나는데 경전적 취의를 반영해서인지 『삼국유사』는 해양을 親佛, 護佛의 공간으로 수용하려는 경향이 역력하다.

의 바람에 모든 것을 맡겼다. 밤낮없이 반달 남짓 그러다가 검산도에 이르렀다. 무릎걸음으로 굽이진 해안 꼭대기에 올라 한참 실의에 빠져 한탄하다가… (會國使歸瑞節象魏下 托足而西及大洋中 風濤顛怒 巨艑散 人不可不振 大師與心友道亮 跨隻板恣業風 通星半月餘 飄至劒山島 膝行之碕上 悵然甚久…)"(崔致遠, 『四山碑銘』, 「朗慧和尙白月葆光塔碑銘」)

"이윽고 상인들의 큰 배를 타고 해로를 따라 돌아왔다. 배에는 2백여 명의 사람들이 타고 있었는데 폭풍우를 만나 배에 물이 들자 사람들은 모두 두려워하며 즉시 하찮은 여러 물건들을 가져다 던져 버렸다. … 이미 식수도 떨어지고 양식도 다 없어져 오직 바람에만 맡기고 바다를 떠내려갔다. 뜻밖에 언덕에 이르렀는데 여기에서 명아주 풀을 발견하고는 의연히 이곳이 바로 중국 땅인 줄을 알았으나 다만 아직 어느 곳인지를 헤아릴 수가 없었다."(慧皎, 『高僧傳』 第3卷 譯經, 釋法顯傳)

다시 말해 해양공간의 부정적 측면대신 화합과 융화를 도모하는 공간으로 규정함으로써 세상의 불국토화라는 담론적 목적이 선명하다는 것이다. 일연에게 바다는 지상과 다를 바 없이 부처의 자비나 가르침에 목말라하고 있는 또 다른 세계이자 물 밖 人世와의 소통에 적극성을 보이는 공간으로 비쳐지고 있다고 해도 지나친 말이 아니다.

이야기들은 대체로 다음과 같은 줄거리로 동반한다. 중국에 유학을 마치고 귀국중인 승려가 근처를 지나가게 되자 용궁의 사신이 해상으로 올라와 강설을 부탁하게 한다. 미물의 정성에 감복한 고승은 강설을 응낙하고 그의 인도에 따라 潛水하여 불법의 요체를 전한다. 그에 대한 대가로 용궁에서는 떠나는 고승에게 적지 않은 금은보화를 챙겨준다. 고국에 돌아온 고승은 용궁에서 받은 보화를 재원으로 삼아 佛具를 장만하는가 하면 사찰 건립의 숙원도 이룰 수 있게 된다.

현실적으로 해양은 부정적 형상이나 심상으로 굴절될 여지가 높아짐에도 불구하고 위에서 보듯, 『삼국유사』에서 해양은 긍정적 공간으로 나타나는 경우가 대부분이다. 이같은 서사적 특성을 두고 우선 불교적 우주관에 제 공간을 공평무사하게 바라보는 汎愛的 시선과 무관하지 않다고 생각할 수 있다. 육지와 전혀 다른 세계로 비쳐질지라도 해양 또한 불타의 가르침이 절대적으로 요구되는 곳이며 他界 못지않게 佛音을 갈구하는 공간, 나아가 佛事공덕을 베푸는 매개적 기능을 수행하는 공간으로까지 의미가 확대되어 나간다. 이것이 바로 해양공간을 대하는 『삼국유사』의 독특함이라 말할 수 있다.

3.1. 해양의 媒介的 표징

『삼국유사』에서 해양공간은 불교의 전래, 歸國僧의 용궁체험과 설법, 사찰건립의 자초지종과 관련된 이야기와 밀접하게 연관된다. 어떻게든 시간을 소원하여 신라야말로 원래 부처가 머물던 터라는 점을 밝히되, 해양공간에 의외로 큰 몫을 부여하게 된다. 여타 異界나 超越界가 설화의 여기저기에 수용되지만 해양만큼 빈번히 삽입되는 경우란 찾아보기 어렵다. 이제 해양이 서사적으로 어떤 의미를 지니는지 예화를 통해 살펴보기로 한다.

> 阿育王은 인도 大香華國에서 부처가 세상을 떠난 후 1백 년 만에 출생했으므로 부처에게 공양하지 못한 것을 한스럽게 여겨 금과 철 몇 근씩을 거두어 세 번이나 불상을 주조하였으나 성공하지 못했다. 그때 왕의 태자가 홀로 그 일에 참여하지 않으므로 왕이 그 까닭을 물으니 태자가 아뢰었다. "그것은 혼자 힘으로는 성공하지 못할 것입니다. 벌써 안 될 줄 알고 있었습니다." 왕은 이를 옳게 여겨 그것을 배에 실어 바다에 띄워 보냈다. 그 배는 남염부제 16대국, 5백 중국, 10천 소국, 8만 촌락을 두루 돌아다니지 않은 곳이 없었으나 모두 불상을 주조하는데 실패했다. 마지막에 신라에 이르자 진흥왕이 文仍林에서 그것을 주조하여 불상을 완성하니 모습이 다 갖추어졌다. 아육왕은 이에 근심이 없게 되었다.[15]

好佛 군주인 阿育王이 온갖 방도를 동원, 불상 주조에 나섰으나 실패만 거듭되자 태자의 권고를 경청하여 나라 밖에서 인연처를 구하기로 한다. 그런 연후에 주조의 재료를 가득 실은 배를 무작정 大洋에 흘려보내게 된다. 그러다 결국 신라에 도달함으로써 애초의 목적을 성취하게 된다.

신라가 원래 불국토라는 점은 또 다른 설화를 통해서도 확인이 가능하다. 중국에 유학 중이던 慈藏이 중국에서 체험한 다음 사건도 신라 땅이 불국토임을 다시 확인시켜준 것이다. 對唐 유학중이었던 慈藏이 오대산에 이르렀을 때의 일이었다. 갑자기 그의 앞에 문수보살이 나타나 "신라 황룡

15) 상게서, 卷4, 皇龍寺 丈六尊像.
"阿育王在西竺大香華國 生佛後一百年間 恨不得供養眞身 歛化金鐵若干斤 三度鑄成無功 時王之太子獨不預斯事 王使詰之 太子奏云 獨力非功 曾知不就 王然之 乃載舡泛海 南閻浮提十六大國 五百中國 十千小國 八萬聚落 靡不周旋 皆鑄不成 最後到新羅國 眞興王鑄之於文仍林 像成 相好畢備 阿育此翻無憂"

사는 바로 석가와 가섭불이 강연하던 곳이며 아직도 宴坐席이 있는 곳이므로 불상 봉안처로 그곳을 택한 것"이라며 봉안의 전말을 상세히 전해주는 것이었다. 황룡사 터는 과거 부처가 머물렀던 터로서 유일무이한 聖所였던 셈인데 문수보살의 말처럼 범종이 한순간에 완성되는 것으로 그 터의 영험성이 입증된다.

중국에서도 阿育王이 세웠다고 전하는 8만 4천개 탑을 두고 다양한 전설이 전해져 왔다.[16] 하지만 아육왕탑 설화 가운데 해양을 배경으로 한 것은 찾기 어려울뿐더러 천축에서 축조한 보탑이 어떤 계기로 중국에 건너오게 되었는지에 대해서 설득력있는 내력을 제시하지 못한다.[17] 반면 『삼국유사』는 아육왕이 발원했음에도 불상주조가 여의치 못했던 天竺 내 사연과 더불어 세계를 두루 편력한 배가 신라에 이르러 마침내 불상주조에 성공하기까지의 과정을 인과적으로 상세히 밝히고 있다.

丈六像을 주조해서 봉안하길 염원하던 아육왕의 나라 大香華國과 신라는 결연을 기대하기 어려울 정도로 각각 먼 거리에 위치했다. 하지만 인연의 영이함은 그토록 격절된 공간을 무색하게 만든다. 처음에 아육왕은 "부디 인연이 있는 국토로 가서 장육존상을 이루기를 바란다."는 말과 함께 불상이 실린 배를 바다에 띄웠다. 이후 배는 『화엄경』의 선재동자가 소를 찾아나서는 것처럼 온 세상을 누비며 불상의 안주처를 찾아 곳곳을 탐방한다. 그러다 신라포구에 정박할 수 있었고 더 이상의 역정을 겪지 않고 선적

16) 『阿育王山寺志』 上, 中國佛寺志叢刊 89, 江蘇廣陵古籍刻印社.

17) 한 예로 慧達의 전기에 삽입된 다음 이야기가 그런 점을 잘 보여준다. 속세에서 사냥하며 살던 인물로 병으로 죽을 찰나에 범승이 나타나 '너는 지옥에 갈만큼 죄가 크지만 딱하게 여긴 터이다. 단양 회계에 가서 아육왕이 조성한 탑을 찾아 예배하고 허물을 뉘우친다면 죽음을 면하게 될 것이다.'라 했다. 한날 밤 지하로부터 종소리를 듣고는 3일간 기도로 정성을 다 바치자 땅속에서 보탑이 솟아나왔다.(西晉大康中 幷州 劉薩訶 弋獵爲生 病至死 見梵僧語曰 汝罪重應入地獄 吾愍汝故 宜往洛下齊城 丹陽 會稽 阿育王寶塔處 頂禮懺悔 得免 旣蘇出家名慧達 徧求 會稽海畔山澤莫識基緖 夜聞地下鐘聲 精誠懇切三日 寶塔從地湧出) (郭子章, 「瑞應難思」, 『明州阿育王山志』 卷第6)

물을 봉안하는 데 성공한다. 갈등구조도 없이 인도에서부터 신라에 이르는 과정을 제시하는 것이 이야기의 전부이다. 서사의 핵심을 최종 안착지인 신라에 두고 있는 것으로 보아 인도, 중국에서 흥기한 불교가 해양통로의 발달에 힘입어 동아시아 제국으로 전파되어간 역사적 사실이나 불교문화에 갈증에서 벗어나지 못한 신라 당대의 상황을 바탕에 두고 퍼진 이야기로 보면 어색하지 않을 것이다.

하지만 채록의 주체는 어디까지나 신라가 지상에서 어느 곳보다 깊게 불연을 맺은 터임을 예증하는데 목적을 두었음을 놓치지 말아야 한다. 아무리 격절된 兩國일지라도 소통을 가능케 하는 해양공간을 배경으로 삼아 이 땅에 불교적 인연이 어떻게 싹을 틔워나갔는지를 보여주면서 동시에 해양의 매개적 성격을 부각시키는데 초점을 맞췄다고 보는 것이다. 그것은 부처가 탄생하고 성불을 이룬 지점에서 출항한 배가 여러 나라를 거쳐 佛緣이 농축된 지점에 안착하는 전개를 통해 세계 내 불국토가 얼마든지 확장될 수 있음을 시사해주고 있는 것이다.

바다는 불상을 실은 배가 인연의 터를 찾게 하는 연결 공간으로서의 의미를 내포하며 이후에 등장하는 설화들도 이같이 해양이 갖는 매개적 기능과 의미를 추종한 것으로 여겨도 좋을 것 같다. 왜냐하면 『金剛山楡岾寺事蹟記』(閔漬撰), 『兜率山大懺寺故事』(玄益大師撰), 『太白山淨巖寺事跡』(翠巖性愚撰) 등 『삼국유사』 이후에 등장한 불교설화들도 서두를 보면 皇龍寺丈六尊像 전설과 같이 천축에서 출발한 無人船이 신라에 이르는 대역정을 고스란히 안치시키고 있는 것을 볼 수 있기 때문이다.

3.2. 해양의 敎化的 표징

설화에서 해중은 龍들의 住在 공간으로 그려지는 것이 대부분이다. 용이 泉, 井, 池, 沼 등을 배경으로 출몰하기도 하지만 역시 용에게 어울리는 공간은 역시 해양이다. 용들의 住處는 용궁이며 그 세계는 龍王에 의해 통치된다. 그 점에서 용궁은 인간세계와 다를 바 없는 것처럼 보이기도 하는데 다른 점이 있다면 다음 예가 보여주듯, 지상의 세계보다 훨씬 풍요롭고 안락한 세계로 미화되고 있다는 점이다.

> 왕이 바다에 들어갔던 일을 묻자 부인은 "칠보궁전에 음식은 맛있고 향기로우며 깨끗해서 인간들이 먹던 음식이 아니었습니다." 했는데 부인의 옷에서 나는 향기는 세상의 것이 아니었다.[18]

> 신인이 나타난 설법을 청하고 궁궐을 변화해내니 마치 도솔천 같았는데…[19]

> 몇 걸음 가지 않아 특별히 번잡하고 평평한 길이 곧게 나 있는데 양편에 꽃이 가득했고 … 갖가지 찬란한 빛의 보석들이 마음과 눈을 빼앗는 것 같았다.[20]

용궁은 부귀영화와 무병장수를 누릴 수 있다는 점에서 극락과 다를 바 없는, 모든 것이 충족된 공간으로 관념되어 온 것이 분명하다. 하지만 無所不爲의 존재로 여겨지는 용왕도 玉皇上帝의 명령을 받들어야 하는 한계성을 지니고 있으며 경우에 따라서는 인간계의 도움을 받지 않으면 안 되는 의존적 면모를 드러내기도 한다.[21] 거기다 용왕을 비롯한 수중 내 인간들이 불법을 갈구하고 있음에도 아직 그 시혜를 누리지 못하고 있다는 점도 발견된다. 이런 상황에서 근처를 지나가는 고승은 용궁 인물들에게 더 없이 반가운 소식으로 받아들여질 수밖에 없다. 특히 求法여행을 끝내고 이제 고일한 경지에 오른 고승은 누구보다 앞서 초청의 대상으로 떠올랐다고

18) 상게서, 記異 第2, 水路婦人.
19) 『祖堂集』 卷20, 順之傳.
20) 『弘贊法華傳』 卷3, 釋緣光傳.
21) 조희웅, 『설화학강요』, 새문사, 1989, 100면.

보거니와 서해를 통해 고국으로 돌아오던 明朗과 智識은 아주 낯선 일을 경험한 장본인들로 꼽힌다.[22)]

> 金光寺 本紀에 의하면 (그에) 이르길, '師는 신라에 태어나서 唐에 건너가 道를 배우고 돌아올 때에 해룡의 청에 의하여 용궁에 들어가서 비법을 전하고 황금 100냥의 보시를 받고 땅 밑으로 몰래 와서 자기 집의 우물 밑으로 솟아나왔다. 이에 집을 희사하여 절을 세우고 용왕이 보시한 황금으로 탑과 불상을 장식하였는데 광채가 유난히 빛났다.' 이로 인하여 금광사(僧傳에는 金羽寺라 하였으나 잘못임)라고 하였다.[23)]

> 祖師 知識(윗 글에는 寶壤이라 했다.)이 중국에서 佛法을 전해 받아 가지고 오는 길에 서해 가운데에 이르니 龍이 그를 용궁으로 맞아들여 불경을 외게 하더니 금빛 비단의 가사 한 벌을 주고 겸하여 아들을 주면서 祖師를 모시고 가게 하였다.[24)]

明朗과 知識이 對唐유학을 끝낸 후 귀국선에 올랐음을 앞서 감지한 쪽은 용궁의 사람들이라고 할 것이다. 귀국선이 서해 어디쯤 이르렀을 때 고승 앞에 나타난 것은 신라의 환영객들이 아니라 용궁의 使者들이었기 때문이다. 용왕의 명으로 파견된 사자들이 고승에게 자초지종을 밝히자 고승은 별다른 거부없이 이들을 따라 용궁세계로 잠입한다. 용들의 청원에 기꺼이 응한 것이다. 고승이 용궁에 머물며 미물들을 대상으로 강설을 베푼 기간

---

22) 김승호, 「구법여행과 그 부대설화의 일고찰」, 『한국문학연구』 14집, 1992, 229~252면.

23) 상게서, 卷第5, 神呪, 明朗信印.
"按金光寺本記云 師挺生新羅 入唐學道 將還 因海龍之請 入龍宮傳秘法 施黃金千兩(一云千斤) 潛行地下 湧出本宅井底 乃捨爲寺 以龍王所施黃金飾塔像 光曜殊特 因名金光焉(僧傳作金羽寺誤)"

24) 상게서, 卷第4, 義解, 普壤梨木
"祖師知識 上文云寶壤 大國傳法來還 次西海中 龍邀入宮中念經 施金羅袈裟一領 兼施一子璃目 爲侍奉而追之"

은 일주일 정도가 보통이다. 그동안 귀국선에 동승했던 일행은 해상에 배를 정박시킨 채 스승의 강설이 끝나기만을 기다린다. 이윽고 용궁강설이 끝나자 그들은 과분할 정도로 고마움을 표시하게 되는데 재화가 넘쳐나는 곳답게 떠나는 고승에게 금은보화로 답례한다. 여태껏 佛音이 미치지 못한 결핍된 공간으로 남아있는 것이 의아할 정도로 용궁 사람들은 불교세계에 대해 속속들이 꿰뚫고 있더란 것이 용궁체험자들의 전언이다. 명랑, 지식은 용궁을 체험한 대표적 승려들이다.

이같이 용궁은 어떤 방법을 동원해서라도 부처의 말씀을 듣고자하는 열의로 가득 차 있는 곳이었다. 그런데 용궁내 사람들의 불법에 대한 갈급함을 외면하지 않고 흔쾌히 그들의 청에 응한 귀국승의 利他行도 눈여겨 볼 필요가 있는 바, 수중 내 미물들에게 講說을 베푸는 행위야말로 下化衆生이란 명제에 걸맞는 일로 받아들이고는 이를 실천으로 옮김으로써 고승들은 한결같이 각자로서의 면모를 보여주고 있다.[25)]

용궁이 아니라도 수중에 머무는 존재들이 불법에 목말라하고 있음을 전하는 이야기들은 『삼국유사』 여기저기에 산재해 있다. 眞表律師가 거동할 때마다 그 곁에 지상의 짐승뿐 아니라 바다 속 물고기 등속이 따라붙어 강설을 청하거나 혹은 戒를 받으려 안간힘을 다 했다. 불법에 관한 사람보

---

25) "海中의 미물들이 얼마나 부처의 가르침과 경전세계를 알고자 했는지는 眞表律師의 일화에서도 찾을 수 있다."
"그들은 가다가 속리산 골짜기에 이르러 길상초가 나는 곳을 보고 거기를 표시해 두었다. 명주 해변으로 돌아와 천천히 가는 도중에 물고기와 자라 등이 바다에서 나와 율사 앞으로 와서 몸뚱이를 이어 육지처럼 만드니 율사는 그것을 밟고 바다에 들어가서 계법을 염송하고 되돌아 왔다.(行至俗離山洞裏 見吉祥草所生處而識之 還向溟州海邊 徐行次 有魚鼈黿鼉等類 出海向師前 綴身如陸 師踏而入海 唱念戒法還出)" (상게서, 卷4, 關東楓岳鉢淵藪石記)
다만 緣光이나 明朗의 경우와 달리 여기에는 화려함을 극한 용궁이나 인도자로서 使者가 등장하지 않으며 물고기 등속이 스스로 몸을 연결하여 다리를 만들어 바다 밑으로 진표를 인도하는 장면으로 바뀌고 있다. 강설이후 특별한 대가도 없이 가난하고 힘없는 미물들에게 기꺼이 강설과 계를 내리는 眞表의 자취는 민중불교에 앞장선 그의 면모를 여실히 밝혀준다.

다 오히려 훨씬 갈급함을 드러낸다는 점을 읽을 수 있겠는데 해중의 微物들이지만 불법시혜의 바람이 너무 진지했기에 고승들로서는 측은지심을 거둘 수 없었을 것이다. 수중 강설을 청하는 용궁사자와 海中잠입의 위험을 감수하면서까지 강설과 수계를 베풀어 주는 고승은 일종의 사제지간을 형성했다고 보겠다.

고승들이 강설에 응한 까닭을 헤아려 본다면, 세계 내 존재는 모두 불성을 지니고 있는 만큼 지상 혹은 해중이란 공간의 구분은 부질없는 것이며 교화의 대상으로서 각 공간에 존재하는 생물들 역시 교화에 차별이 있을 수 없다고 여겼던 것을 알 수 있다. 고국에 들어서기에 앞서 해중에 佛說을 전하는 고승들의 행동은 분명 覺者에 어울리는 것이라 하겠다. 용궁강설은 傳敎에 관한한 공간과 대상에 대한 차별이란 있을 수 없음을 직접 실천한 것이 아닐 수 없다.

3.3. 해양의 相生的 표징

육지와 해양은 흙과 물로 각각 이루어져 있다. 흙은 고정체인 반면 물은 유동체이다. 그 때문에 물로 가득 채워진 해양이 종잡을 수 없는 공간으로 인식되는 것은 당연하며 일찍부터 그곳은 괴물이 사는 곳으로 공포감을 조성하는가 하면 죽음의 장으로 인식되기도 하였다. 하지만『삼국유사』는 앞에서 본 것처럼, 해양을 부정적 공간으로 파악하기 보다 긍정적이고 융화적인 공간으로 형상화하는 일이 훨씬 많다. 아울러 해양을 육지와 별개의 공간으로 인식하려 들지도 않았다. 오히려 水陸의 경계를 구획 짓지 않은 채 두 공간을 수평적으로 보려는 태도를 취했다.『삼국유사』에서 용이 사람들과 격의없이 정을 나누고 상호 협조하는 단계로까지 거침없이 확장될 수 있었던 것은 해양을 主從의 배경으로 삼지 않았을 뿐더러 각각의 공간을 엄격하게 구획하지 않고 상호 자유로운 통행이 허여되는 쪽으로 이해했기 때문에 가능한 일이었다. 공간을 보는 경직된 사고를 탈피함으로써 사람, 龍, 神衆

등은 수평적 관계를 유지하면서 친연성을 확보할 수 있었던 것이다.

寶壤의 체험을 예로 인간과 용의 상생적 관계를 보자. 당에서 귀국하던 중 용궁에 초청된 보양은 불경강설을 통해 용궁 내 미물들의 소원을 일거에 해소시켜주기에 이른다. 감동한 용왕은 보양에게 금빛가사를 전하는가 하면 아들인 이목을 딸려 보양이 신라에 돌아갈 때까지 심부름을 하도록 배려한다. 뿐만 아니라 그는 외적의 공격으로 급박한 상황에 처한 신라를 위해 나름의 처방을 내려주기까지 했다. 당시 외침으로 혼란에 빠져 있던 신라는 그가 내린 비방대로 작갑에 절을 지음으로써 적병을 퇴치하는데 성공한다. 이는 훗날 불법을 좋아하는 군주가 나타나 삼국을 통일할 수 있는 기틀이 된다.

居陀知 설화도 인간과 용의 相生的 관계를 주지로 한다는 점에서는 보양의 이야기와 맥락이 일치한다. 대강은 이렇다. 진성여왕 때 弓師였던 거타는 왕자가 당나라로 가는 도중 백제의 해적들이 진도에서 왕래할 것을 염려하여 다른 弓師와 더불어 그 섬에 도착하게 된다. 그러다 선암 神池에 제사를 올린 효험으로 순풍을 얻어 일행이 다시 출발할 수 있었다. 그러나 명궁 하나를 남겨놓으라는 夢現에 따라서 궁사를 뽑았는데 이에 거타가 뽑혀 홀로 섬에 남는 처지가 되었다. 그가 근심스럽게 근처를 배회하는데 섬 안 신지에서 海神이라는 노인이 나타나 안타까운 사정을 전하는 것이었다. 즉 해가 뜰 때면 하늘에서 승이 내려와 주문을 외우고 그때마다 물위에 떠오르는 자손들의 간장을 빼어먹는 바람에 다 죽고 두 내외와 딸 하나만 남았다는 현재의 처지를 털어놓더니 그 중을 활로 쏘아달라는 부탁을 하는 것이었다. 거타는 중의 청에 따라 활로 중을 쏘아 죽이는데 알고 보니 한 마리의 늙은 여우에 불과했다.

거타 때문에 위기에서 벗어난 노인은 자신의 딸을 아내로 삼게 했으며 아예 꽃으로 變身시켜 거타의 품에 넣어주는 호의를 베풀었다. 아울러 2마리의 용을 시켜 양 옆에서 배를 호위하며 唐나라까지 안내하도록 했다. 거타의 전후 사정을 파악한 唐의 황제는 그를 비상한 인물이라 확신하고는

금과 비단을 후하게 내렸다.[26)]

그런데 서두로 돌아가 보면 이 설화에 나타난 용은 위엄과 기세를 갖춘 존재하고는 너무나 거리가 멀다. 무소불위의 존재로 그려지기 일쑤인 용이 이 대목에서는 천상의 여우조차 제압하지 못한 채 일방적으로 당하기만 하는 존재로 비하되는 것이다. 중으로 변신한 여우가 다라니 문을 외울 때면 의지와 상관없이 수면위로 머리를 내밀지 않을 수 없는 용은 죽음을 목전에 둔 것과 같았다. 이같이 위급한 상황 중에 등장한 이가 거타였던 것이다.

거타나 노인(龍) 모두가 바라는 방향으로 사태가 매듭되는 종결부에 이르면 결국 서사의 主旨는 인간과 용의 상생관계를 드러내는 데 있었던 것이 아닌가 생각된다. 거타가 일행과 떨어져 섬에 남게 된 것은 큰 위기임에 틀림없으나 특등의 弓師를 고대하던 노인으로서는 더없는 조력자를 만나는 계기로 바뀐다. 거타 역시 여우를 퇴치해준 대가로 용녀와 결혼할 수 있게 되었으며 최종의 목적지로 당에 안착할 수 있었다. 거타는 용의 호위를 받으며 당당하게 바다를 건널 수 있었을 뿐더러 자신이 얼마나 비상한 인물인지 위의를 과시하는 기회로 삼을 수 있었다. 거타가 황제로부터 총애와 호의를 얻어낼 수 있었던 것은 거타 자신의 능력보다는 용을 거느리고 다녔다는 바로 그 점에 있었다.

民俗信仰的 대상으로 용은 인격을 지닌 존재, 인간의 길흉화복을 재단하는 존재, 혹은 가뭄이나 風水를 관장하는 권능자[27)]로서 굳건히 자리를 지켜왔다고 말할 수 있다. 민중들에게 용은 존숭과 경외의 대상이 될지언정 허물없이 교유하고 막역하게 어울릴만한 대상으로 여겨지기가 어려웠

---

26) 상게서, 卷第2, 眞聖女大王居陁知.

27) 農耕위주의 삶을 이어온 우리 민족으로서는 고대시기부터 水神으로 보는 시각이 보편화되어 있었다. 용이 雲雨를 관장했으므로 그에 대한 치성은 한발 시에 정점을 이루었다. 가령 “夏大旱移市畵龍祈雨”(『三國史記』 卷4 新羅本紀4, 眞平王)나 “五月庚申造土龍於南省庭中集巫覡禱雨”(高麗史世家, 顯宗121년 4月)는 물을 관장하는 존재인 용에게 의지하여 가뭄에서 벗어나고자 하는 생각이 잘 드러나 있다. 이 경우 해중을 지배하는 용의 면모보다는 풍흉을 결정짓는 농신으로의 기능쪽에 무게를 싣고 있다.

다. 하지만 神格으로서 부족함이 없었던 용이 『삼국유사』 설화에서는 인간과 수직관계를 보이기보다는 친연적, 수평적 관계로 발전하는 예를 어렵지 않게 볼 수 있다.

이는 일반설화와 『삼국유사』 소재 설화간의 큰 차이점으로 지적할 만한데 불교적 관념아래에서 세상의 모든 존재는 부처의 가르침을 추종하는 무리라는 시각에서 나온 것이라 보아야 타당할 듯하다. 뭍과 물로 설사 거처가 상이하다고 할지라도 다 같이 佛性을 내재한 佛弟子라는 인식을 공유한다면 용과 인간은 상호 인식적 범위를 넓힐 여지가 넓어지고 상대의 처지와 욕망을 읽어낼 수 있는 관계로 발전하는 것조차도 어렵지 않을 것이다. 『삼국유사』는 이런 인식을 바탕을 두고 인간과 용의 친연성을 부각시키는데 적극성을 보였던 것으로 여겨진다. 예를 보태면 이렇다.

> 普曜대사가 南越에서 대장경을 구해오던 중 해풍이 크게 일어 조각배가 곧 뒤집힐 것 같은 위기에 봉착하였다. 이에 대사는 "神龍이 대장경을 용궁에 두고 싶어 일부러 그런 행동을 보이는 것"이라면 정성을 다해 주문을 외우고 축원한 뒤 용과 동행하니 바람도 잦아들고 물결도 잠잠해졌다.[28]

용을 護法의 존재로 파악한 것이 종적 위계를 허물고 친연성을 강화시켜주는 단초가 된다는 점만은 분명하다하겠는데 어느 단계에 이르면 인간과 용의 구분마저 희미해지기도 한다. 문무왕이 감은사를 짓던 중 숨진 후 해룡이 되었다는 것[29]이나 元聖王 11년 河西 사람들이 자기 나라로 돌아

28) 상게서, 卷第3 塔像, 前後所將舍利.
"有跋云 昔普耀禪師始求大藏於南越 洎旋返次 海風忽起 扁舟出沒於波間 師卽言曰 意者神龍欲留經耶 遂呪願乃誠 兼奉龍歸焉 於是風靜波息 旣得還國 遍賞山川求可以安邈處 至此山 忽見瑞雲起於山上 乃與高第弘慶經營蓮社 然則像敎之東漸實始乎此"

29) 상게서, 卷第2, 萬波息笛.
"聖考今爲海龍 鎭護三韓 …王御感恩寺宿 明日午時 竹合爲一 天地震動 風雨晦暗七日 至其月十六日風盡波平 王泛海入其山 有龍奉黑玉帶來獻"

가면서 護國龍 2마리와 분황사 용 1마리를 저주하여 물고기로 변신시켜 납치해 가려다 龍妻들의 신고를 접한 왕의 배려로 위기를 넘겼다는 이야기[30]는 이전에 상념하고 있던 인간과 용의 관계를 아주 무색하게 만들어 버린다.

元聖大王 條는 왕의 위기대처 능력을 보여주는 외에 용과 인간 간에 존재한다고 믿는 거리감을 철저히 허물어뜨린다. 즉 東池와 靑池에 살던 두 용녀가 남편들이 갑자기 물고기로 변해 唐 사신에게 납치 되어간 사정을 왕에게 전한다. 두 용녀의 남편은 호국룡이었으나 당나라 사신이 何西國의 주술사를 동원해 작은 물고기로 변신시킨 뒤 납치해 가려던 참이었다. 다행히 왕이 기지와 설득력을 발휘하여 나라를 떠나기 전에 이들을 구해내 원래대로 호국룡으로 돌려보낼 수 있었다. 여기서 남편을 구하기 위해 왕에게 달려가 읍소하는 용녀나 당 사신에게서 풀려나자 환호작약하는 3 용에게서 위엄있는 면모를 찾기는 힘들다. 피지배자 혹은 왜소한 인간, 혹은 스스로 주체성을 발휘하지 못하고 누군가에 의존해야 하는 인간군상의 나약함만이 고스란히 포착될 따름이다.

불법과 불경을 중히 여기고 지성으로 받드는 것은 지상이나 해양이나 다를 바가 없음을 예화를 통해 알 수 있거니와 불사공덕에 관한한 특히 상호협조가 잘 이루어진다는 특징도 밝혀진다. 이런 점은 處容郎望海寺 條에서도 확인된다. 헌강왕이 어느 날 개운포에 놀러갔다가 귀가하던 중에 갑자기 몰려든 구름에 길을 잃고 허둥지둥하는 처지에 빠진다. 일관은 이에 대해 "동해 용왕의 장난이므로 마땅히 좋은 일을 하여 화를 풀어주어야 한다."며 상황진단과 더불어 위기해결을 위한 처방을 권한다. 그에 따라 왕은 관원에게 용을 위하여 근처에 절을 세우라는 명을 내렸고 그와 함께 자

30) 상게서, 卷第2, 元聖大王.
"王卽位十一年乙亥 唐使來京 留一朔而還 後一日 有二女 進內庭 奏曰 妾等乃東池靑池 二龍之妻也 唐使將河西國二人而來呪 我夫二龍及芬皇寺井等三龍 變爲小魚 筒貯而歸 願陛下勅二人 留我夫等護國龍也"

욱하게 끼었던 구름과 안개가 비로소 걷혔다.31)

『삼국유사』는 龍이 사람들보다 오히려 불법을 더 갈구하고 있으며 불사봉행에 한층 더 헌신적이었음을 여러 사례를 통해 보여주고 있다. 處容郎望海寺 條는 好佛龍의 시혜에 힘입어 사찰이 건립되는 과정을 단계적으로 보여주고 있는 예이다. 망해사 근처에 머물고 있던 용은 일찍부터 해변가에 절이 건립되기를 희구하고 있었다. 그래야만 신라가 명실상부한 불국토가 된다고 믿은 나머지 일종의 거사를 벌인 것이었다. 사찰건립의 가장 든든한 후원자는 왕일 수밖에 없다고 판단하고는 주도면밀한 각본을 짜고 기다린 끝에 동해용은 근접거리에 왕이 출현한 것을 발견한다. 이때를 놓치지 않고 그는 고의로 안개를 일으켜 일행을 미로에 빠뜨리게 된다. 왕에 대한 불경으로 보이지만 왕이 寺刹創主로 나서달라는 청을 그는 그렇게밖에 표출할 수 없었던 것이다. 일국의 국왕에 대한 作亂으로서 치죄대상에서 벗어날 수 없었으나 수행원들은 다행스럽게도 용의 속마음을 꿰뚫고 있었다.

---

31) 상게서, 卷第2, 處容郎望海寺.
"第四十九憲康大王之代 自京師至於海內 比屋連墻無一 草屋 笙歌不絶道路 風雨調於四時 於是大王遊開雲浦 (在鶴城西南今蔚州) 王將還駕 晝歇於汀邊 忽雲霧冥曀 迷失道路 怪問左右 日官奏云 此東海龍所變也 宜行勝事以解之 於是勅有司爲龍刱佛寺近境 施令已出 雲開霧散 因名開雲浦 東海龍喜 乃率七子現於駕前 讚德獻舞奏樂 其一子隨駕入京 輔佐王政 名曰處容 王以美女妻之 欲留其意 又賜級干職 其妻甚美 疫神欽慕之 變爲人 夜至其家 竊與之宿 處容自外至其家 見寢有二人 乃唱歌作舞而退 歌曰 東京明期月良夜入伊遊行如可入良沙寢矣見昆脚烏伊四是良羅二肹隱吾下於叱古二肹隱誰支下焉古本矣吾下是如馬於隱奪叱良乙何如爲理古 時神現形 跪於前曰 吾羨公之妻 今犯之矣 公不見怒 感而美之 誓今已後 見畫公之形容 不入其門矣 因此國人門帖處容之形 以僻邪進慶 王旣還 乃卜靈鷲山東麓勝地置寺 曰望海寺 亦名新房寺 乃爲龍而置也 又幸鮑石亭 南山神現舞於御前 左右不見 王獨見之 有人現舞於前 王自作舞 以像示之 神之名或曰祥審 故至今國人傳此舞 曰御舞祥審 或曰御舞山神 或云 旣神出舞 審象其貌 命工摹刻 以示後代 故云象審 或云霜髥舞 此乃以其形稱之 又幸於金剛嶺時 北岳神呈舞 名玉刀鈴 又同禮殿宴時 地神出舞 名地伯級干 語法集云 于時山神獻舞 唱歌云 智理多都波都波等者 盖言以智理國者 知而多逃 都邑將破云謂也 乃地神山神知國將亡 故作舞以警之 國人不悟 謂爲現瑞 耽樂滋甚 故國終亡"

따지고 보면 용이야말로 사찰건립의 주연이라해도 과언이 아니었는데 용의 발원만으로 사찰이 건립될 수는 없었다. 용의 호불적 심성과 내심을 직각적으로 간파한 수행원과 재원을 적극 후원한 왕이 있어 비로소 사찰이 들어설 수 있었다. 상대의 내심을 이해하는 信佛者로서의 인간과 용의 유대감을 확인시켜주는 이 각 편은 해양의 相生的 공간으로서의 의미를 다시금 환기시키고 있다.

4. 맺음말

『삼국유사』는 중세시기 해양서사의 구조와 내용상 특징을 고스란히 포괄하고 있는 대표적 작품이다. 이를 통해 과거 해양설화의 편폭을 가늠해 볼 수 있을뿐더러 해양이 지닌 표징성을 파악할 수 있다. 무엇보다 해중이 천상, 지하, 지옥보다도 배경으로서 비중 있게 처리되며 다양한 상징성을 함축시키고 있다는 점에서 주목된다. 본고는 서사성이 높은 해양설화를 중심으로 살펴본 바, 『삼국유사』 소재 해양설화들은 해양과 지상을 별개의 영역으로 보기보다는 언제라도 소통이 가능하며 同居를 상상하기 어려운 사람과 용이 본래의 차별성을 벗어나 스스럼없이 섞이고 상호 부조하는 단계로까지 내용을 거리낌없이 확장하는 것을 알 수 있었다. 이처럼 전개될 수 있었던 이면에는 불교적 종지로서 佛性 앞에서는 세계 내 어떤 차별도 있을 수 없다는 불교적 사유가 자리한 것으로 보인다. 공간의 혼란상으로 느낄 만큼 『삼국유사』 소재 이야기들은 부처의 가르침이나 경전적 훈계를 직설적으로 전하기보다 타자와 구별짓고 我相을 내세우는데 익숙한 존재들의 편협성을 지워버리듯 설화 담론을 통해 공간적 경계에 대해 은근한 비판을 가하고 있었다. 특히 『삼국유사』는 해양을 지상의 확장이라고 해도 무방할 만큼 인간과 용과의 관계를 맺는 역동적인 場으로 설정하는 한편 인간과 용 간의 매개, 교화, 상생의 상징성을 수렴시키는 데 무엇보다 유효한 공간으로 지목하고 있음을 알 수 있었다.

참고문헌

강원도, 『강원도향교서원사찰지』, 강원출판사, 1992.
郭子章, 「瑞應難思」, 『明州阿育王山志』 卷第6.
閔漬, 『金剛山楡岾寺事蹟記』
崔致遠, 『四山碑銘』, 「朗慧和尙白月葆光塔碑銘」
翠巖性愚, 『太白山淨巖寺事跡』
玄益大師, 『兜率山大懺寺故事』
慧皎, 『高僧傳』 第3卷 譯經, 釋法顯傳.
『불교용어사전』, 경인문화사, 1999, 1613면.
『三國史記』 卷第4, 新羅本紀4, 眞平王.
『三國遺事』 卷第2~4.
『阿育王山寺志』 上, 中國佛寺志叢刊 89, 江蘇廣陵古籍刻印社.
『雜譬喩經』 卷4.
『祖堂集』 卷20, 順之傳.
『弘贊法華傳』 권3, 釋緣光傳.

김문경, 「羅唐항로와 의상, 의천의 唐宋길」, 『불교춘추』 14호, 1999, 194면.
김승호, 「구법여행과 그 부대설화의 일고찰」, 『한국문학연구』 14집, 1992, 229~252면.
뒤프레, 권수경 옮김, 『종교에서의 상징과 신화』, 서광사, 1996.
뤽보느와, 유정선 역, 『징표, 상징, 신화』, 탐구당, 1984, 119면.
멀치아 엘리아데, 이동하 역, 『성과 속』, 학민사, 1988, 98면.
멀치아 엘리아데, 이은봉 역, 『신화와 현실』, 성균관대출판부, 1985.
윤치부, 『한국해양문학연구』, 학문사, 1994, 13면.
이승훈, 『문화상징사전』, 푸른사상, 2009, 193면.
이은봉, 『한국고대종교사상』, 집문당, 1984.
定方晟, 동봉 옮김, 『불교의 우주관』, 관음출판사, 1993, 166면.
조희웅, 『설화학강요』, 새문사, 1989, 100면.

질베르 뒤랑, 진형준 역, 『상상적 상상력』, 문학과 지성사, 1990.
최영호, 「한국문학 속에서 해양문학이 갖는 위상」, 『해양문학을 찾아서』, 집문당, 1994, 13면.

출처 졸고, 「해양공간의 설화적 수용과 의미-三國遺事를 중심으로-」, 『한국문학연구』 37집, 한국문학연구소, 2009, 41~68면.

僧傳에 나타난 꿈의 기능
–고려이전의 僧傳類를 중심으로

1. 머리말

僧傳은 일반적인 열전이 서술대상을 폭넓게 수렴하는 것과는 달리 僧만으로 전기의 대상으로 한정시키는 것은 물론 그들의 자취를 밝히되 주로 聖的인 면모를 선별, 제시하고자하는 목적성을 앞세우는 경향이 있다.

이것은 문학적 측면에서 볼 때 서사문학 요소가 크게 진작되지 못했다는 의미로도 풀이가 가능할 터이다. 그렇다고 해도 종교적 목적성이 서사적 특성을 지배한다고 볼 것은 아니다. 불교에서의 전기란 전도적 목적을 외면하기 어려운 측면이 있으며 동시에 역사 사실을 전한다는 역사물로서의 책무를 망각해서도 안 되기에 그 두 가지 경계 위에서 찬술되는 것이 승전이라고 보는 것이 오히려 타당할 것이다.

승전이 서사문학적 요소를 강하게 의식하는 까닭은 寺衆 등 특정 독자들을 염두에 두고 있는 탓이 크다 할 터인데 독자를 흡인력있게 끌어들이기 위해서 호기심을 유발하는 나름의 서사 장치나 제재, 형식적 조건이 마련되어야 할 것이다. 승전은 승려의 일생을 재구하는 데 머물지 않는 서사이다. 무엇보다 계세적 교훈성과 불교적 종지를 함의하는 방향에서 대상의 생이 해석되고 서사화될 필요가 있으며 이점 때문에 撰者들은 각별한 서사의식과 서사 담론적 이해가 요구된다.

상호 충돌의 여지가 조차 있는 종교, 문학, 역사라는 세 가지 요소를 하나의 전체구조물로 교직하기 위해 찬자들이 채택하고 있는 서사방식과 제재, 구조는 어떤 것일까. 이 논고는 이러한 물음을 내세우고 그 방법상 하나의 장치로 채택한 하는 것이 꿈이라는 전제적 추론을 던지며 논의를 시작하려고 한다.

주지하다시피 꿈은 현실의 재현, 재구성은 물론이고 전혀 추측 불가능한 세계로의 현시까지 가능하다고 믿어지는 상상의 소산으로 이야기한다. 현실과 맞닿아 있을 때가 있기도 하지만 현실과 무관하게 펼쳐져 픽션에 다름 아닌 것으로 정의되기도 한다. 고래로 문학에는 꿈이 자주 수용되었으며 현재에 이르러서도 꿈의 개입이 지속되는 데는 그것이 갖는 현실의 계시, 투사기능 때문일 것이다. 하지만 몽중 서사를 금기시하는 시각도 물론 있을 수 있는데 이념에 반하는 내용을 동반하는 경우가 이에 해당된다. 하지만 내용이 아무리 불손하다해도 생리현상으로 꿈을 이야기한 것이므로 그 내용을 문제 삼는다거나 그에 따른 의무와 책임을 논하기란 궁색한 일이 된다. 꿈이 과거부터 서사에 끊임없이 삽입된 이유 중의 하나는 그것을 의식의 소산이 아니라 무의식적 소산으로 치부하는 관행 때문이 아닐까 생각되기도 한다.

이 글에서는 僧談 소재 몽을 논의대상으로 삼아 꿈의 기능, 유형 아울러 꿈의 상징성을 유교열전 내 인물담과 비교하는 방식으로 살펴나가기로 한다. 고대 이후 승전류에서도 꿈이 수시로 삽입되는 것을 보는 바, 한국 문학사상 승전이 주로 신라 고려시대의 산물이었다는 점을 들어 주로 羅末, 고려의 자료를 주목하고자 하며 조선 이후의 자료는 거론하지 않겠다. 논의 대상들은 傳, 行狀, 墓碑銘, 墓誌銘 등으로 세분될 수 있으며 여기에 史書 소재 승담도 일부 포함될 것이다. 승전을 벗어나 영역을 이처럼 넓히는 까닭은 승전 자료의 희귀함 때문이기도 하지만 소위 승전적 서사구조를 일반화시키기 위해서는 관찰의 대상을 보다 포괄적으로 잡는 게 낫다는 판단이 서기 때문이다.

2. 釋迦的 生의 강조

2.1. 誕生

전기는 비범한 인간의 발굴과 천양에 주력하는 서사물이므로 탄생 또한 이러한 의도에 부합되도록 서사 방향을 모색하는 것이 일반적이다. 탄생이 인간의 의지적 산물이 아니듯, 年, 月, 日, 時, 場所 등 탄생에 관한 구체적 정보인자를 현시하는 꿈 역시 인간의 의지와 상관없이 불현듯 나타난다는 특성을 갖는다. 꿈을 소유하는 정보의 소지자, 즉 수신자는 물론이거니와 이를 청취하는 자까지 꿈을 경시할 수 없게 만드는 것은 이런 선험적이고도 불가항력적 요소에 기인한다고 하겠다. 그러나 시각을 달리하여 문학 쪽으로 보자면 태몽은 장차 전개될 생애에 대한 단면적 복선에 해당된다고 하더라도 크게 무리가 따를 것 같지 않다.

꿈의 주체가 母로 설정되는 것이 보통이라고 하지만 父가 꿈의 주체로 나타나는 경우도 드물지 않다.[1] 승전을 살피는 출발점에서 우선 드러나는 일반적 전제라면 대개는 현몽을 얻는 자가 불교를 돈독하게 신앙하는 자로 설정된다는 것이다. 당연한 일이라고 생각은 되지만 일반의 전기와 크게 달라지는 요소가 여기에 있는 셈이다. 근본적으로 사상의 차이가 그런 인

1) 金富軾,『三國史記』列傳, 金庾信. "舒玄庚辰之夜 夢熒惑鎭二星 降於己 萬明亦以辛丑之夜 夢見童子衣 金用乘 雲入堂中 尋而有娠 十二月 而生庾信"

물적 형상으로 이어졌다고 할 것이다.

반드시 승전에서 언급하는 꿈이 아니더라도 꿈은 대체로 어떤 정보에 해당하는 것을 예비해두게 마련이다. 꿈을 가운데 놓고 소위 송신자, 수신자의 구별이 생긴다는 점도 특징이다. 그런데 문제는 정보에 대한 반응에 따라 꿈의 성격이 달라질 수 있다는 점이다. 가령, 두 가지 경우를 생각할 수가 있겠는데 첫째는 정보가 매우 구체적이어서 그것을 수신하는 자가 해석상 전혀 혼란을 겪지 않는 경우, 둘째는 정보자체가 매우 애매모호하게 전송되었고 이를 수용하는 측 역시 정보해득의 단계에 이르지 못해 끝내 정보제공의 효험을 누리지 못하는 경우가 있을 것이다.

전자를 직접계시형, 후자를 암시형이라고 일단 용어를 갖추어 보겠다. 적합한 용어인지를 논의하기보다 전체 꿈의 문학적 소용도를 살피는 게 시급하므로 우선 胎夢을 통해 승전의 서술적 특징을 짚어보기로 한다.

2.1.1. 直接 啓示型

가. 朗慧和尙 胎夢

> 母는 華氏니 잠이 들었는데 수비천(修臂天)이 연꽃을 주는 것을 보고 인하여 잉태하여 달을 넘긴 뒤 두 번째 꿈에 호도인이 자칭 법장이라 하면서 십호충태교를 주었다. 열 석 달 만에 대사가 태어났다. 대사는 아이 적에 걷거나 앉을 때는 반드시 두손을 합치거나[2]

나. 眞鑑禪師 胎夢

> 아버지는 창원인인데 스스로 출가하지 않았으나 출가자의 행동이 있었

---

2) 崔致遠, 金達鎭 역, 『四山碑銘』(한국의 사상대전집3), 동화출판공사, 1972, 36면. "母華氏 魂交 觀需臂天 垂授敲花 因有娠 幾踰時申夢 胡道人 自稱法藏 授十護 充胎敎 遇朞而誕 大師兒孩時 行坐必合掌對"

다. 어머니 고씨가 일찍이 낮잠이 들었는데 꿈결에 한 중이 말하기를 "내가 어머니의 아들이 되고자 합니다." 하고 유리 항아리를 주고 가더니 얼마 후에 선사를 잉태하였다.[3)]

다. 智證大師 胎夢

처음에 어머니의 꿈에 한 거인이 아뢰기를 "나는 옛날에 승견불의 계세에 상문이 되었는데 성낸 까닭으로 오랫동안 용보에 떨어졌으나 과보가 끝났으니 마땅히 법손이 되어야 하는 까닭으로 그대에게 의탁하여 자비스러운 교화를 홍보하기를 바란다."고 했다. 이에 임신하여 거의 사백일이 지나서 관불회의 아침에 탄생하였다.[4)]

라. 眞覺國師 胎夢

李判書 부인 최씨가 꿈에 큰 배에 많은 승려들이 타고 범패를 하면서 물결을 헤치고 문전에 이르는 꿈을 꾸고 인하여 아이를 가졌고, 한달 남짓하여 또 꿈을 꾸니 흰 학이 그 배를 쪼으니 청색천으로 만든 가사를 입은 승려 하나가 뛰어나왔다. 대덕은 정미년 5월 12일에 태어나셨고[5)]

미래에 대한 의문을 사람들은 해몽을 통해 풀어보려고 애썼다. 인간에 결부되어 나타나는 꿈이 聽者들에게는 정보의 한가지로 파악된다면 그 정보에 대한 해석은, 특히 꿈의 소유자에게 더할 나위없는 큰 의미로 다가오게 될

3) 崔致遠, 상게서, 48면. "父曰昌元 在家有出家之行 母顧氏 嘗晝假寐 夢一梵僧謂之曰 吾願爲阿彌嫠之子 因以琉璃甖爲奇未幾禪師焉"

4) 李奎報, 김달진 역, 『眞覺國師碑銘』(한국의 사상대전집2), 동화출판공사, 1972, 488면. "初母夢一巨人告曰 僕昔勝見佛 季世 爲桑門 以譴恚故 久墮龍報 旣矣 當爲法孫故佗妙緣 願弘慈化 因有娠 幾四百日灌佛之旦誕焉"

5) 文明大 역, 「彰聖寺眞覺國師大覺圓照塔碑」, 『京畿金石大觀』, 경기도, 1982, 77면. "理判書妣崔氏 夢見大艦群僧梵唄水漲至門 因而有娠 彌月又夢白鶴喙其腹青帖袈裟一僧躍出 以大德丁未五月 二十一日生"

터이다. 거기다 탄생과 그 인물의 장래를 암시하는 꿈으로 여겨지는 때는 정보해독의 욕구가 더욱 강렬해질 것으로 보인다.

가, 나, 다, 라에서는 來者가 언급되어 있다는 공통점이 발견된다. 가에서는 정보를 전달하는 전달자로서의 역할에 머무는 데 반해 나, 다, 라에서는 來者가 곧 탄생할 인물이 미래에 지니게 될 자질을 강하게 암시하고 있다. 문학외적인 특징으로 가, 나, 다 모두 崔致遠의 작품이라는 점이 퍽 흥미롭다. 來者를 단순한 영험성의 강조 장치로 채택한 것이겠으나 독자를 문학수용적 위치로 인식하는 경우, 그들에 대한 예비적 지식의 부여는 흥미를 증폭시키는데도 퍽 유효하다. 라에서는 최치원 시대에서 훨씬 아래로 내려와 있으면서도 여전히 탄생할 자의 장래를 가늠하는 정보를 구체적으로 제시하고 여타의 억측을 배제시킨다는 점에서 앞선 예와 같은 기능에 놓인다.

가, 라에서는 예외적으로 두 가지의 꿈을 언급하여 태어난 사람의 불교적 인연을 강하게 부각시킨다. 나에서는 막연히 한 중이, 다에서는 來者로서 자기의 전생을 확인시키는 桑門이 각각 등장하여 장차 불교와 인연을 맺게 될 인물, 곧 스님으로서의 상징을 드러내주고 있다. 이 외에도 불교와의 관련성을 보이는 구체적 상징지표로 가의 修臂天, 연꽃, 法藏, 十護充胎教를 비롯하여 다의 灌佛會, 라의 梵唄, 袈裟 등을 열거할 수 있다.

2.1.2. 暗示型

가. 均如의 胎夢

어머니의 이름은 점명으로 일찍이 천우 13년 (917) 4월 초 7일 밤 꿈에 암수의 두 봉황이 모두 누런데 하늘로부터 내려와서 자기의 품으로 들어오는 것을 보았고 20년 (923)에 이르니 점명의 나이가 이미 60이었지만 능히 임신기가 있어서 21순이 차서야 이해 8월 8일에 스승을 황주 형악

남쪽 기슭 집에서 낳았으니[6]

나. 慈藏의 胎夢

그 어머니의 꿈에 별이 떨어져 품안에 들어오더니 이로부터 태기가 있어 아기를 낳았는데 석가모니와 생일이 같았으므로 선종랑이라고 이름을 지었다.[7]

다. 元曉의 胎夢

처음에 그 어머니 꿈에 유성이 들어오는 것을 보고 이내 태기가 있더니 해산하려 할 때 오색구름이 하늘을 덮었다. 이때는 진평왕 39년 대업 13년 정축(617)년이었다.[8]

라. 普愚의 胎夢

부인은 해가 품에 드는 꿈을 꾸고 이내 임신하여 대덕 오년 신축 구월 이십이일에 스승을 낳았다.[9]

마. 眞覺國師의 胎夢

---

6) 赫連挺, 李丙疇 역, 『均如傳』, 降誕靈驗分者, 이우출판사, 1980, 70면.
"母曰 占命 嘗於天祐十四年四月初七日夜 夢見雄雌雙鳳皆黃色 自天而下 竝入己懷 至二十載 占命年旣六十 而能有娠 懷滿二十一旬 以此年八月八日 誕師于黃州之北荊岳南麓之私邸"

7) 『三國遺事』 권4, 慈藏定律. "母忽夢聖墜入悔因有娠 及誕如釋尊同日 名善宗郞"

8) 상게서, 元曉不羈. "初母有夢流星入懷 因而有娠 及産 有五色雲覆地 眞平王 19年 大業十三年 丁丑歲也"

9) 維昌, 김달진 역, 『한국의 사상대전집4』, 동화출판공사, 1972, 290면.
"夫人夢日輪貫懷 因而有娠 以大德五年辛丑 九月二十一日生師"

> 어머니 배씨는 하늘 문이 열리는 꿈을 꾸고 또 세 번이나 벼락을 맞은 꿈을 꾼 뒤에 곧 임신하여 열두 달 만에 아기집이 겹으로 쌌고 또 가사를 멘 것 같았다. 아이는 나자 두 눈을 모두 감았다가 이레를 지나 후에야 눈을 떴으며 어머니 젖을 먹고 나면 번번이 몸을 돌려 어머니를 등지고 누웠으므로 부모들은 모두 이상하게 생각하였다.10)

가를 제외한 나머지 상징물들이 별, 해, 하늘 등 천체를 통해 나타나고 있다는 점은 우선 태몽의 한 특징을 그대로 이어받고 있다는 점을 일러준다. 이런 상징물이 등장하는 이면에는 천상으로부터 선험적 계시에 따른 태생으로 인간의 의지와는 별개의 일이라는 점을 부각시키고 호기심을 끌어내는데 일조하는 것이 사실이다. 하지만 이런 상징물만으로 탄생할 자가 佛緣性을 그대로 품수하게 될 것이라고 단정짓는 데는 역시 무리가 따른다. 일반열전의 경우에서도 곧잘 출중한 인물의 탄생에는 천체가 출현하여 출생자의 출중함과 선험성을 드러내기 때문이다.

탄생시의 태몽만으로 불연적 자질을 드러낼 수 없을 경우에는 성장중의 일화로 대신하는 것도 승려이야기에서의 특징으로 이해된다. 불가열전에서는 가령 마의 예와 같이, 강력한 불연적 징조가 태몽의 부실함을 보완해 주는 것으로 나타난다. 마에서는 "어머니를 등졌다."는 것으로 출가를 우회적으로 암시하고 있으며, 나에서처럼 석가모니와 동일한 생일임을 내세워 그 미래를 암시하기도 한다. 그 외 천체에 의지하지 않고, 가에서처럼 봉황을 내세워 영험성을 말하는 경우가 보이는데, 아래 懶翁화상의 태몽도 이런 류에 속한다.

> 정씨는 꿈에 황금빛 새매가 날아와 그 머리를 쪼으며 갑자기 오색 빛이 찬란한 알을 떨어뜨려 그 문안에 들어오는 것을 보고 이내 아기를 배어

---

10) 李奎報, 김달진 역, 『한국의 사상대전집4』, 동화출판공사, 1972, 369면.
"母裵氏夢天門闢開 又夢被震者三 因而有娠 月十有二月乃生焉 其胞重纏 又如荷袈裟 狀及折兩目俱矉 經七日 乃開 每飮乳後輒轉身背母而臥 父母甚怪之"

> 연우 경신(1310) 일월 오일에 스승을 낳았다. 스승은 20세에 이르러 이웃 친구가 죽는 것을 보고 여러 어른들에게 "죽으면 어디로 갑니까." 하고 물었으나 모두들 모른다고 했다. 슬픈 생각을 품고 공덕산에 들어가 了然화상 아래서 중이 되었다.[11)]

고려 초 고승인 균여가 태어나기 전 어머니의 꿈에 앞서 봉황이 출현했다는 것이다. 이후에도 조류가 僧의 탄생을 알리는 중요한 징표로 받아들여졌다고 보는데 고려 말 懶翁화상의 탄생도 새를 통해 계시되는 것을 보게 된다. 이는 천체 출현몽과 대조될 뿐더러 來者 출현형에서 보여준 직접 전달형의 꿈과도 뚜렷한 차이를 보인다.

2.2. 出家

승려의 전기에서 대상의 궤적을 추적하는데 어느 부위보다 힘주어 강조되어지는 부분이라고 생각되는 것이 바로 출가담이다. 찬술 대상의 일생이 승려로 이어지는 데 결정적 빌미를 제공한다는 의미에서도 이런 점은 분명히 파악된다. 물론 고승의 생이니만큼 개체의 의지에 큰 비중을 두어야 하겠으나 의외로 꿈을 적극적으로 차용함으로써 출가를 돌발적 사건, 혹은 필연적 계기로 자유롭게 변용하여 출가 동기에 의미를 크게 부여하는 것이다. 다음은 그런 예로 삼아도 무방한 것들이다.

> 가: 그런데 밤에 꿈을 꾸니 백호의 빛이 서쪽에서 오더니 빛 속에서 금빛의 팔이 내려와서 두 사람의 이마를 어루만져 주었다. 꿈에서 깨어나 이야기를 하니 두 사람의 말이 똑 같으므로 모두 오랫동안 감탄하다가 백월

11) 李穡, 김달진 역, 상게서, 235면.
"鄭氏夢見 金色集飛來啄其顯 忽墜卵五彩爛然入懷中 因而有娠 以延祐庚申正月十五日生 年甫冠隣友之問諸父老 曰死何之 皆曰 所不知也 中心痛悼走 入功德山投了然"

산 무등곡으로 들어갔다.[12]

나: 욱면이 어느 날 일이 있어 하가산에 갔다가 이상한 꿈을 꾼 뒤에 감동하여 불도를 닦을 마음이 생겼다. 아간의 집은 혜숙법사가 세운 미타사에서 멀지 않았는데 아간은 항상 그 절에 가서 염불을 하였으므로 계집종도 따라가서 뜰에서 염불했다고 한다.[13]

철저하게 테마적 구성에 의지한 일연의 이야기방식에서 실상 태몽이나 성장담 등의 계기적 사건을 통해 전체 맥락을 이해하려는 태도는, 위의 글에서 보듯 사건의 부각 때문에 독자를 당황하게 만들기도 한다. 일연은 태몽과 같은 꿈을 의례적으로 차용하지는 않으나 꿈이 삶의 축을 핵심적으로 드러내는 요긴한 장치라는 점은 분명히 알아채고 있었던 인물이다.

가에서 특기할 점은 소위 출가몽이 한 사람에 머무르지 않고 여러 사람에게 동시에 부과되고 있다는 점이다. 몽중에서 주어진 정보가 즉각적으로 해독될지는 알 수 없으나 두 사람에게 동시에 현응한 것이어서 일단 범상한 계시가 아님은 명백해진다. 이 경우는 상황으로 보아 출가를 강력하게 권면하는 응현이라는 결론에 쉽게 이를 수 있다.

나에는 꿈에 대한 내용이 언급되지 않은데 반해 출가를 야기했을 뿐 아니라 그로 해서 결국 郁面婢가 서방으로 승천했다는 신이한 결과담을 제시하고 있다. 일연이 출가의 동기를 통애 생을 전체적으로 조망시키려 한 수법과 달리 태몽에 출가동기를 깔아 충격적 사건임을 약화시키는 예도 여럿 보인다. 여기서는 崔致遠이 찬술한 「四山碑銘」을 보기로 하자

---

12) 상게서, 卷3, 南白月二聖 努肹不得 怛怛朴朴.
"夜夢白毫光 自西而至 光中垂金色臂 摩二人頂 及覺說夢 與之符同 皆感歎久之 遂入白月山無等谷"

13) 상게서, 卷3, 南白月二聖 努肹不得 怛怛朴朴.
"名郁面 因事至下柯山 感夢遂發道心 阿干家距惠宿法師所創彌陀寺不遠 阿干母至其寺念佛 婢遂往在庭念佛"

> 12년 동안 경과하던 중 九流의 고부를 군속케 여겨서 부도에 들어가게 되었다. 먼저 모친께 이를 여쭈었다. 모친은 그전의 꿈을 생각하고 울면서 허가하였고 다음에 부친을 뵈었는데 부친은 자기의 늦은 깨우침을 후회하고 즐거워하여 말하기를 잘한 일이라 하였다.[14)]

> 여러 점치는 사람들에게 물었더니 사람들이 말하길 "마땅히 이름을 대신 어머니께 예속시켜야 할 것입니다." 한다. 그전의 꿈을 생각하여 시험적으로 방포로써 몸을 덮고 울면서 맹세해 말하기를 "이 병이 나아 다시 일어난다면 부처님에게 원하여 아들이 되겠습니다." 하였더니 이틀을 자고 난 후에 과연 아주 나았다.[15)]

앞의 예는 朗慧화상의 출가에 얽힌 삽화이고 후자의 것은 智證大師가 출가 전 겪은 갈등의 한 단면이라고 할 수 있다. 우연히 이 두 이야기 토막에 해결의 열쇠로 채택되어지고 있는 것이 태몽에 대한 기억이다. 보다 구체적으로 말한다면 출가의 성숙을 가능케 하는 모든 조건이 적절히 갖추어진 상황이라 할지라도 인간적 정리, 모정 때문에 출가를 주저하는 경우가 있는데 예와 같이 꿈이 출가를 가능하게 하는 매개역할을 하고 있음을 보게 된다.

이처럼 꿈에 큰 비중을 두었던 점으로 보아서도 꿈의 현실적 문학적 중요성은 굳이 더 이상 열거하지 않더라도 금방 드러나는 것이다. 이쯤해서 꿈은 아주 강력한 사건, 전개의 예시적 기능태로서 위상을 유감없이 발휘했다는 결론에 이를 수 있다.

---

14) 崔致遠, 상게서, 36면.
"大師十二歲 出家卽宣德王五年 有隘九流意入道 先白母 母念已前夢 泣曰許 後謁父 父悔已晩悟 喜曰 善遂零"

15) 崔致遠, 상게서, 69면.
"效枚卜之僉曰 宣名隷大神母 追惟囊夢試覆以方袍而泣誓言 斯疾若起 乞佛爲子信宿 果大瘉"

2.3. 覺醒

탄생 및 성장담만 가지고 우리가 흔히 접해온 영웅담과 그리 큰 차이가 없음을 간파할 수가 있는 것도 새삼 주목된다. 범인의 출생에서와 달리 반드시 정보로서 신이한 태몽을 수반할뿐더러 성장과정에서부터 이미 출중한 과인적 자질을 나타냄으로써 예사로운 인물이 아니란 점을 부각시키기에 전념한다는 것이다. 다만 그것이 일반 열전이 지향하는 현실에서의 출발이 아니라 현실로부터의 탈피를 지향하는 것이며, 그 가운데 이른바 고승이 될 자질을 허구이든 사실이든 끊임없이 주입시킨다는 점만은 분명하게 드러난다.

고승의 생이라도 꿈에서 부여받은 대로 곧장 고일한 경지에 다다를 수 없는 게 허구와 구별되는 승전류만의 변별점이라고 할 터이다. 승려의 전기라 하더라도 인간사의 기록에서 벗어나기 어려운 것은 물론이므로 주인공에게 인간성을 부여하기 위해서라도 고승대덕에 이르기 위해서는 주인공이 겪는 갖가지 시련, 고행을 이야기의 필수적 화소로 삼을 필요가 있다. 물론 불교적 사상이 그 기저를 형성하는 테두리 내에서의 화소위주로 나열되는 것이 일반적이다. 그 과정에서 출가와 함께 가장 불교적 이야기의 특징을 잘 반영하고 있는 부분이 바로 覺醒의 삽화라고 하겠다. 승의 생애를 그 대상으로 하고 있느니만큼 悟道체험이 빠질 수 없거니와 각성의 계기를 어떻게든 삽입하려는 열의를 읽기내기란 어려운 일이 아니다. 그런 중에서도 깨달음을 꿈의 세계에서 비롯된 것으로 처리한 몇 가지의 예를 살펴보려고 한다.

> 가: 다시 결심하고는 단정히 앉은 지 이레 되는 날 저녁 어렴풋한 잠 속에 푸른 옷을 입은 두 아이가 나타나 하나는 병을 들고 하나는 잔을 받들어 더운 물을 따라 권하였다. 스승은 이를 받아 마셨는데 감로수 맛이었다. 그리하여 갑자기 깨친 바 있어 게송 여덟 구를 지었다.[16]

나: 좌우를 마치고 장차 다른 곳으로 가려하는데 저녁 가매 중의 꿈에 遍吉보살이 이마를 어루만지고 귀를 쥐면서 말하기를 "옛날의 행실은 행하기 어렵지만은 이를 행하면 반드시 성공할 것이라." 했다. 꿈을 깨니 오한증이 든 것처럼 된 중에 고골에 새겨졌으니 이로부터는 다시 명주옷과 솜옷을 입지 않았으며 노끈과 가는 실의 사용도 반드시 삼과 닥을 이용하고[17]

다: 자장이 이 塑像 앞에서 기도하고 명상하니 꿈에 소상이 그의 이마를 만지면서 범어로 된 戒를 주었는데 깨어 생각하니 알 수가 없었다. 이튿날 아침 이상한 중이 오더니 이것을 해석해주고 또 말하기를 "비록 만가지 가르침을 배운다 해도 아직 이보다 나은 글은 없다." 하고 가사와 사리를 주고 어디론가 사라졌다.[18]

3가지 꿈 이야기에서는 태몽에서와 같이 來者를 설정하여 이들로부터 이제까지 무지했던 부분을 깨닫게 된다는 공통점이 있다. 가는 普愚대사, 나는 智證대사, 다는 慈藏율사가 경험한 각성의 순간을 기술하고 있는 것이다. 가에서는 정보가 몽자를 구체적인 정보를 유도하는 중에 깨닫게 하질 않고 다분히 상징적으로 처리한 것으로, 감로수를 마시는 행위가 각성으로 이어지게 한 원동력이 된 것으로 풀이하고 있다. 모든 일은 결과적으로 돌발적 진행 상태 속에서 이루어지며 몽자는 꿈을 깨면서 곧 偈 8구를 짓는 경지로 올라선다. 이에 비해, 다는 보다 현실에 가깝게 형상화되었다.

---

16) 維昌, 상게서, 210면.
"改頭方畢 及端生坐七日之夕 假寐 有青衣二童 或携瓶 或擎杯 細斟白湯 以勸 師接飮 則甘露味旣 以忍然有省 作頌八句"

17) 崔致遠, 상게서, 69면.
"坐雨竟 將他適 夜夢遍吉 菩薩撫頂提耳曰 昔行難行行之必成 形開痙然 默篆肥骨 自是 不復服繪絮焉 條線之順 必用麻楮"

18) 상게서, 권4, 慈藏定律.
"藏於像前禱祈冥感 夢像摩頂授梵偈 覺而未解 及旦有異僧來釋云 又曰雖學萬教未有過此 又以袈裟舍利等付之而滅"

來者가 건네준 것은 梵語로 된 게였다는 것인데 자장이 이를 해득할 수 없어 난처한 지경이 된다. 한데 이런 해득 불가능함도 따지고 보면 온전한 장애 극복담으로 이해되지는 않는다. 다만 암시성이 강하게 반영된 이야기라고 할 수 있을 듯하다. 이미 각인된 자장의 비범함조차도 우회적으로 비하됨은 물론 또 다른 현실 속의 내자가 참여하도록 꾸밈으로써 해득의 기쁨을 맛보게 만들었다.

꿈을 하나의 정보라 규정한다 해도 늘 쉽게 해독이 되는 것은 아니다. 하지만 해몽에 곤란함을 겪더라도 결국은 꿈이 몽자에게 있어 각성의 한 계기로 작용한다는 점을 승의 몽담들은 공통적으로 보여주고 있다.

2.4. 入寂

위대함의 현시를 위해 한 생의 궤적을 어떻게 보여주어야 할 것인가. 거기다 불교 사상적 종지까지 포함시킨 구성이란 어떤 것을 말함인가.

이러한 두 가지 물음과 관련, 해법을 승려의 전기에서 찾아내는 일은 퍽 흥미롭기까지 하다. 그러나 撰에 임하는 당사자에게는 늘 강박관념으로 작용했을 법하다. 대상의 생 대신 석가모니의 생이 강조된 예는 특히 이런 중압감과 무관하지 않다고 생각한다. 이제껏 살펴본 꿈의 차용도 전제된 목적을 염두에 둔 결과임은 말할 필요조차 없다. 그러니 소위 석가적인 삶, 곧 탄생, 출가, 각몽 등은 각각 예사롭지 않은 국면들을 의식적으로 조장하여 끝내는 위대한 생이었음을 흔들림 없는 사실로 믿게 하지 않으면 안 될 터이다. 같은 이치로 죽음에 있어서도 앞에 보인 생의 다른 마디 이상으로 영험성을 부여해야 해야 마땅한 일이다. 여기서는 입적에 한정시켜 그 양상을 살피려고 한다.

가: 그때에 고을 사람들은 모두 산 위에서 환히 빛나는 신광을 보았고

그 절의 중 達如는 꿈에 신룡이 소분대에 서려 있다가 강으로 들어가는 것을 보았는데 그 형상은 말과 같았다. 뭇 사람들이 영골 사리를 모시고 배로 檜巖寺로 돌아가려 할 때에는 오랜 가뭄으로 물이 얕음을 걱정하였는데 비는 오지 않고 갑자기 물이 불어 오랫동안 묶여 있던 배들이 한꺼번에 물을 따라내려 갔으니 신룡의 도움임을 알 수 있었다.[19)]

나: 그런지 3년 후에 어머니의 부음이 왔다. 眞定은 가부좌하고 선정에 들어가 7일 만에 일어났다. 그는 선정을 하고 난 후에 이 사실을 의상에게 고하니 의상은 제자를 거느리고 소백산 추동에 가서 초가집을 짓고 무려 3천명을 뽑아 약 90일간 『화엄대전』을 강했다. 문인 지통이 이 講에 따라서 그 요지를 뽑아 책 두 권을 만들어 『錐洞記』라고 하여 세상에 널리 폈다. 강이 끝난 뒤 그 어머니가 꿈에 나타나서 "나는 이미 하늘에 환생했다."고 했다.[20)]

위대한 승려들은 출생 시에 한결같이 신이한 몽을 수반하고 현세에 이르러서도 그대로 이를 실현하는 인물이 된다. 그러므로 그들의 행위마다에는 그 위대함을 증험해주는 삽화 및 꿈이 개재되기 마련이다. 마찬가지로 이제 죽음에 임해서도 다시 강렬한 영험몽이 결부되기에 이른다.

가는 나옹화상의 입적 후에 나타나는 신이한 현상, 나는 진정의 어머니에 대한 죽음이 꿈에 어떻게 응현되는가를 보여주고 있다. 승전류에서는 가가 오히려 전형적인 예라고 할 것이다. 꿈보다는 자연의 변화현상이 극

---

19) 覺宏, 『懶翁和尙行狀』(한국의 사상대전집4), 250면.
"時群人 咸見山上神光 瑩瑩徹 寺僧達如見神龍 盤繞焚臺 還入雨江 其狀如馬 門人陪靈界骨舍利 將舟還檜巖 患旱久水淺 忽無雨而水張 與久滯衆般 一時順流而下 則神龍之助可知也"

20) 상게서, 권5, 眞定師孝善雙美.
"去三年 母之計音至 定跏趺入定 七日及起 說者曰 追復哀毁之至 殆不能堪 故以定 … 旣出定 以後事告於義湘 湘率門徒歸于小伯山之錐洞 結草爲廬會徒三千 約九十日 講華嚴大典 門人智通隨講 撮共樞要 成兩卷 名錐洞記 流通於世 講畢 其母現於夢曰 我已生天矣"

히 불길한 국면으로 바뀌는 것이 승전들에 나타나는 일반적인 예이지만 주위 사람들에게 고승의 죽음을 부각시키며 그에 따른 슬픔을 더욱 증폭시키고 있는 것이다.

가에서는 자연현상의 여러 양상을 보이고 있다. 산 위에 보이는 신광, 신룡의 출현, 큰 가뭄 끝에 갑자기 내리는 비가 나옹의 입적과 동시에 나타나는데 곧 고승의 죽음으로 인해 천지자연에 큰 변화가 초래된 것을 보여준다. 이는 그가 얼마나 큰 인물이었던가를 충분히 대변한다. 더군다나 시멸몽이 평소 대상의 주위를 지키거나 주인공의 가르침을 이어나갈 제자들에게 공통적으로 나타나고 있어 몽의 영험성을 한층 높여주고 있는 사례이다.

나의 경우는 승려의 죽음이 아니라 승려의 꿈이 현시한 어머니의 이야기이다. 죽음이란 영겁의 세계로 들어선 자가 산 사람에게 자신의 뜻이나 처지를 전하는 데 있어 꿈만큼 적절한 매개적 수단도 없음을 잘 보여준다.

꿈이 발단이 되어 비극적 생애로 그려진 경우가 있음을 눈여겨 볼 필요가 있겠다. 인용이 길어져 원문을 옮기지 못하겠으나 가령 자장은 꿈에서 문수보살을 친견하고자 다짐 끝에 대송정에 가서 보살과 조우하는 데는 성공했으나 이후 태백산에 들어가서는 문수보살의 친견에 실패하고 고작 거지 하나를 만나는 데 그친다. 이를 심히 낭패스럽게 여기다가 비분을 참지 못하고 낭떠러지에 몸을 던져 죽는다.

我相에 사로잡혀 끝내 실상을 헤아리지 못한 자가 현실에서는 고승으로 숭앙된다는 점을 우회적으로 조소하고 있다는 생각도 없지 않다. 꿈이 비참한 말로를 견인하는 장치로 쓰인, 예외적인 경우가 아닌가 싶은데 일반적으로 대하던 승전과 비교해 파격적인 전개라 하지 않을 수 없다. 다른 승전과 달리 이처럼 이질성을 내포하고 있는 『三國遺事』는 장을 달리해서 보다 심도 있게 살펴보려고 한다.

3. 障碍克服의 양상

삶을 구성하는 방식을 물리적 시간단위로 처리할 경우에는 쉽게 그 단락을 잡고 문학적 형상화도 그에 맞추어 나갈 여지가 생긴다. 특히 허구를 될 수 있으면 배제하는 입장에서는 傳의 특성과 대응시켜서는 순차적으로 삶을 보여주는 방법을 쉽게 택한다. 하지만 교훈, 감동이란 두 지향점을 같이 고려해야 한다는 것이 큰 과제로 떠오른다.

하지만 찬자들은 이점을 잘 헤아리고 있었던 듯하다. 생의 여러 마디를 설정한 후 최대한 정보를 수습하여 총체화시키는 작업, 나아가 감각적으로 생을 표출하겠다는 의지를 분명히 하고 있는 것도 그런 점과 무관할 수 없을 것이다.

이런 시각은 가장 현대적인 문학이론과도 결코 무관한 것만은 아니다. 단면적 제시로 전체를 드러낸다는 사고가 팽배하다 보면 상징적 사건을 테마적으로 구성하고 극적 긴장감의 조장까지 내포하게 마련이다. 예컨대, 『三國遺事』 중 승려이야기는 이런 류의 적절한 보기가 된다. 여기서 보면 사건을 구성하되, 특징적으로 무난한 흐름을 저해하는 話素, 즉 장애 이야기를 번번이 개입시키고 있다는 점을 놓치지 말아야 한다. 장애의 극복으로 꿈을 대응시킴으로써 해결의 실마리를 이로부터 제공받는다는 점이 그것이다.

앞에서 계기적으로 생의 큰 가름을 통해 꿈의 유형을 관찰한 바 있음에도 불구하고 다시 장애담에 얽힌 꿈을 주목하는 것은 왜 그토록 꿈의 대응이 빈번하며 승전류에서 위기가 어떻게 극복되는지를 좀 더 구체적으로 적시하기 위해서이다. 앞의 작업과 마찬가지로 꿈의 수용 행태, 정보해득에 따라 직접제시형, 암시형, 협박보복형으로 나누어 꿈을 통한 갈등해소의 갈래를 살펴보기로 한다.

3.1. 直接啓示型

몽담에서 꿈의 주체에게 주어지는 정보가 상당히 구체성을 띠고 있는 까닭에 수신이나 풀이에 하등의 혼선이 나타나지 않는 경우가 여기에 들 것이다.

가: 三所觀音衆生寺

난관이 닥치더라도 개인의 힘으로 쉽게 해결할 수 있다거나 주변인의 힘을 빌려 해결을 전망할 수 있다면 굳이 몽을 통해 위기를 극복하는 내용으로 줄거리가 설정되지는 않을 것이다. 꿈이 개입될 수밖에 없다는 것은 그만큼 사태극복에서 인간의 능력범위를 넘어서고 있다거나 불가항력적 상황에 빠져있다는 뜻이 될 것이다. 중생사의 창사설화는 그런 위기담의 한 유형이다.

> 중국 천자에게 끔찍이 사랑하는 미인이 있었는데 화공을 시켜 그 여인의 모습을 그리도록 했다. 천자의 명인만큼 지성으로 그림에 몰두했다. 그러나 실수로 붓을 떨어뜨려 미인의 배꼽 밑에 점을 만들어 놓고 말았다. 급히 지우려 했으나 무슨 까닭인지 생각처럼 고쳐지지가 않았다. 필연의 연고가 있겠다 싶어 이를 포기하고 그대로 왕에게 이를 바쳤다. 그러나 미인의 은밀한 곳에 점이 있는 줄을 혼자만 알고 있는 임금은 그림을 보자 대로하여 화공을 문책하게 된다. 위기의 순간에 임금은 화공에게 자신이 어제 꿈에서 본 사람의 모습을 그려 바치라 한다. 그 결과 그림이 꿈속의 사람과 틀림이 없다면 용서해 주겠다는 약조를 얻는다. 화공은 다음날 十二觀音菩薩의 모습을 그려 바쳤는데 왕이 꿈에 본 모습과 매우 흡사하였다. 왕은 그제야 노여움을 풀고 화공을 풀어준다.[21)]

---

21) 상게서, 권3, 三所觀音衆生寺.

이 이야기에 결부되어 있는 꿈은 어떤 계시로서 해결을 도모하기 위한 방법으로 나타나기는커녕 문제 악화의 결정적 계기로 등장한다는 점이 주목된다. 무고한 죽음에서 벗어나기 위해서는 몽자가 상대방의 꿈을 직관하는 통찰력이 필수적인데 그 능력은 범인으로서는 상상하기 힘든 것이므로 결국 화공은 죽음과 마주 할 수밖에 없게 된 것이다. 한데 뜻밖에 상황은 화공이 황제의 꿈을 제대로 짚어내 면책이 되었다는 것으로 반전된다.

우리가 흥미를 느끼는 데는 이 이야기의 해결방식이 구체적으로 어떻게 진행되었느냐 하는 문제이다. 분명하게 전후사정을 밝히지 않았으나 추측하건대, 앞에서 꿈이 문제를 제기하는 매개로 작용했다면 반대로 문제를 해결해주는 수단으로도 꿈을 떠올릴 수 있다. 위 이야기는 꿈의 두 기능을 비추어 준다. 화공이 왕의 꿈을 스스로의 통찰력을 동원해 알았챘다는 것은 적어도 동일한 꿈을 꾸었다는 전제를 가능하게 한다.

꿈이 일연의 서사의식을 형성하는 요긴한 장치로 이용되었다는 점을 감안할 경우, 이야기에서 생략된 부분을 추론해보는 것도 의미가 있다고 본다. 그런 유추라면 화공 편에서의 훔쳐보기 꿈은 직접 제시형에 편입해도 무방할 터이다. 같은 중생사 창사담으로서 화공의 이야기에 나타나는 性泰의 위기도 꿈이 해결의 매개로 작용하고 있어 화공의 이야기와 동궤에 놓인다. 여기서는 꿈을 보이되 생략되지 않아서 화공의 이야기보다 면밀히 조망할 수 있다는 장점이 있다.

이야기는 말사의 주지로 있는 성태가 신도가 줄어들고 경제력이 상실되어 가면서 사찰을 유지하기 어렵게 된 사정을 앞서 전한다. 상황이 심각해지자 성태 자신도 모든 것을 포기하고 다른 곳으로 떠나려는 순간에 예상하지 못한 일이 일어난다. 한낮 성태가 낮잠이 들었는데 관음보살이 말하기를 "법사는 아직 여기 머물러 있고 다른 곳으로 가지 말라." 하였다. 꿈만 가지고 말하면 모르되 몽자 쪽에서 보면 직접적 정보라 하기에는 무리라 여겨지는 바, 여기까지는 막연한 암시에 그칠 뿐이다. 보다 직접적인 정보가 요청되는 때에 "내가 시주를 해서 제사에 쓸 비용을 넉넉하게 마련해 줄 터이다."라는 보다 구체적인 조언이 이어진다. 꿈에 의한 위기의 극복이라기보다는 꿈을 통해 예언을 전하는 데 초점이 맞추어졌다. 위기의 해결 장치로 상투적으로 꿈을 앞세우는 상투성을 지적하지 않을 수 없으나 예시적 기능을 보다 강화하는 한편 적중도를 증명하는 부연담이 뒷받침됨으로써 성태의 불심과 관음보살에 대한 신심을 선명하게 밝힐 수가 있었다. 그 점에서 꿈의 문학적 수용에 대한 의미가 잘 드러내는 예가 될 터이다.

나: 仙挑聖母隨喜佛事

승은 그 누구보다 성불을 최종의 목표로 삼는 존재라 하겠다. 하지만 성직자로서 현실에서 맡아야 할 가장 기본적인 임무는 부처를 모시는 일이다. 그 소명이 저해받는다는 것은 따라서 사소한 일일 수 없거니와, 크나큰 위기로까지 인식된다.

> 진평왕 때 지혜라는 한 비구니가 있었는데 어진 행동이 많았다. 그는 안흥사에 살면서 새로 불사를 수리하려 했으나 힘이 모자랐다. 꿈에 한 선녀가 예쁜 모습으로 구슬로 머리를 장식하고 와서 위로해 말하기를 "나는 선도산 신모인데 네가 불전을 수리하려는 것을 기쁘게 여겨 금 10근을 시주하여 돕고자 하니 그 내 자리 밑에서 금을 꺼내 주존 삼상을 장식하고 벽위에 53불과 육존상 및 그 밖의 여러 천신과 오악의 신군을, 그리고 해마다 봄, 가을의 10일마다 남녀 신도들이 모든 중생을 위하여 점찰법회를 여는 것으로 일정한 규정을 삼도록 하라."고 했다. 지혜가 꿈에서 깨어 무리들을 이끌고 진사 자리 밑으로 가서 황금 160냥을 찾아 불사하는 일을 마쳤는데 이는 모두 신모가 시키는 대로 따른 것이다.[22)]

22) 상게서, 권5, 仙桃聖母隨喜佛事.

몽자에게 주어진 꿈의 내용이 무척이나 구체적으로 묘사, 제시되고 있다. 막연히 뭉뚱그려 처리하지 않고 실제 도움될 수 있게끔 금 10개를 주는 등 부처의 구체적 행위를 제시해주는 것은 물론 부처가 따로 날을 정해 점찰법회를 열도록 지시했다는 별개담을 부연시키고 있다. 꿈을 차용한다는 것이 단순한 돌발적 사건으로의 전환이라는 점도 특이하고 대단히 차분하게 여러 면에서 꿈을 활용하고 있다는 점도 색다르다. 거기다 뒤에서는 다시 꿈을 통하여 위기를 떨쳐 나가게 이끌어준 신모의 이타행을 환기시키고 있다.

몽자인 지혜보다도 오히려 꿈을 통해 神母에 관심을 집중하도록 서술한 것으로 보아 꿈이란 몽자의 무의식적 산물, 그 이상의 것임을 주지시키고자 했던 것으로 보인다. 어떤 면에서 서술적 의도를 가늠하도록 꿈의 이야기를 요령껏 편입시켜 전개해 나갔다고도 할 수 있다. 위에서 이야기를 感通이란 큰 제목 안에 삽입시킨 것은 이해가 가지만 굳이 이 條의 제목을 仙桃聖母隨喜佛事라고 붙인 것만 보더라도 꿈을 통한 서사적 의미의 확장이란 의도를 읽게 된다.

한편 꿈속의 來者를 상징적인 인물로 남겨두지 않고 현실적인 면을 될 수 있는 대로 부각시키려 했던 점 또한 문제 해결방식에 보이는 공통점이다. 위에서 본 중생사 설화, 관음보살의 덕행담, 선도 성모담은 한결같이 꿈을 삽입하고 있으나 단순하게 영험의 산물로 받아들이기보다 과거 因에 따른 현재적 조응물이라는 느낌이 강한데 난감했던 현실을 타개하는데 결정적 매개가 된다는 점에서 상당한 흥미와 함께 구성의 묘까지 확보했다고 볼 수 있다. 황당무계한 전개로 보이지만 점차 이야기가 천상적 의지에 따른 영험한 서사로 수용되는 것은 이 때문이다. 중세인의 사고가 전제되었음을 우선해야겠으나 불교적 사유, 관념으로 출발한 것이기에 몽담은 신비함과 신성함을 유지할 수 있었다고 본다.

3.2. 間接啓示型

꿈이 출현하기까지는 夢者, 혹은 주위 사람에게 유용한 정보로 직접 여겨지지 않는 경우를 이르고자 이 용어를 불가피하게나마 취택한다. 이 유형은 두 가지로 대별된다. 첫째는 꿈의 受信者인 몽자가 정보를 제대로 수신하지 못하는 경우, 예컨대, 감지능력이 부족하다거나, 나이가 어리다거나, 혹은 무관심해서 의미를 제대로 파악하지 못할 때가 있다. 또 다른 예로는 수신자의 능력에 상반될 만큼 정보자체가 극히 난해, 추상적이어서 해석에 혼란을 경험하는 경우가 있을 수 있다. 그러나 꿈을 이야기의 한 기능물로 다루는 승전류의 이야기에서 문제가 되는 것은 오히려 후자가 대부분이다. 꿈에서는 받은 쪽보다 정보를 주는 사람의 입장이 일방적으로 강조되기 때문에 빚어지는 현상이라고 보아도 좋을 것이다. 아무튼 전달과 수신이 부조화한 때에 나타나는 예인데 『三國遺事』 彌勒仙花未尸郎眞慈師조에는 다음과 같은 이야기가 소개되고 있다.

> 진지왕 때에 이르러 흥수사의 중 진자가 항상 불당의 주인인 미륵상 앞에 나가 발원하고 맹세하여 말하기를 "우리 대성께서는 화랑이 되시어 이 세상에 나타나 내가 항상 그 높은 모습을 가까이 뵙고 받들어 시중을 들게 해주십시오." 했는데 그 정성스럽고 간절하게 기원하는 모습이 날로 두터워졌다. 어느날 밤 꿈에 중 하나가 말하기를 "네가 웅천 수원사에 가면 미륵선화를 볼 수 있을 것이다." 했다. 진자는 꿈에서 깨자 놀라고 기뻐하여 그 절을 찾아 열흘 동안 가는데 한 발자국씩 떼 놓을 때마다 절을 하면서 그 절에 이르렀다. 절 문밖에 한 소년이 있다가 예쁜 모습으로 진자를 찾아 작은 문으로 이끌고 들어가더니 객실에 안내했다. 진자는 객실로 올라가자 읍하면서 말하기를 "그대는 나를 모르는 터에 어찌해서 이렇게 은근하게 대접하는가." 하니 소년은 말하기를 "나도 역시 서울 사람이온데 스님이 먼 곳에서 오시는 것을 보고 위로하려 왔을 뿐입니다." 하더니 이윽고 문밖으로 나가 어디로 갔는지 알 수가 없다. 진자는 대수롭지 않은 일

> 로 생각하여 조금도 이상하게 여기지 않고 그저 그절 중과 지난 날 꿈 이야기와 자기가 여기 온 뜻을 이야기할 뿐이다.
>
> 진자는 또 말하기를 "잠시 저 아래에 가서 미륵선화를 기다리고자 하는데 어떻겠는가." 하니 중들은 그의 마음이 태연한 것에 속았지만 그 충실한 모습을 보고 말하기를 "여기서 남쪽으로 가면 천산이 있는데 옛날부터 현철한 이들이 여기에 살고 있어서 冥感이 많다고 하는데 그곳에 가서 사는 게 좋을 것이오." 했다. 진자가 그 말을 좇아 산 밑에 이르자 산신령이 노인으로 변해서 나와 맞으면서 "무엇하러 여기에 왔는가." 하니 진자는 대답하기를 "미륵 선화를 보러 왔습니다." 했다. 노인이 또 "전에 수원사 문밖에서 이미 미륵선화를 봤는데 다시 무엇을 보려 하는가." 하니 진자는 그 말을 듣고 놀라서 급히 본사로 돌아왔다.[23)]

득도하기 위한 몸부림은 여러 가지 행동을 통해 드러나고 그 경지에 도달했음을 암시하는 삽화는 오도송으로 대변되지 않더라도 갖가지 사건과 행동을 통해 간접적으로 제시되는 것이 승려의 전기물에서의 일반적 특징이다. 진자의 이야기도 물론 그런 테두리에 들 수 있을 터이다. 이른바 거칠 것이 없으며, 막힐 것도 없는 무애자재한 경지로 들어서는 것은 어떠한 것인지를 꿈을 빌미로 우회적으로 말하려 하였다. 이야기 중에 등장하는 미륵선화는 곧 득도한 자만이 이를 수 있는 어떤 지고한 세계라 해도 좋을 것이다. 미륵선화를 친견하기가 쉬운 일이 아니었으나 진자는 지성으로 발원하는 것은 물론 사방으로 수소문하다가 마침내 꿈을 통해 그 계시를 얻는데 이른다.

그런 꿈은 누구나 쉽게 접할 수 있는 것이 아니다. 그것은 일상적 사고나 관념을 넘어서는 일이다. 위 일화는 진자나 보통 사람들이 주어진 조언을 어떻게 수용하는 지를 구체적인 사건, 상황제시를 통해 보여주고 있다. 던져진 암시를 푸는 자는 고일한 경지로의 편입이 가능할 것이라는 기대를

---

23) 상게서, 권3, 彌勒仙花未尸郞眞慈師.

갖게 한다. 일방적, 피상적 소문에 쏠린 나머지 진자는 미륵선화의 존재를 생각할 겨를도 없이 멋대로 생각하고, 제 견해를 앞세워 신중함을 잃은 채 내달렸다. 그러던 중 수원사 문밖에서 낯선 이로부터 뜻밖의 호의를 받는데 데 바로 미륵선화였다. 하지만 그는 그것을 전혀 눈치 채지 못하고 다시 엉뚱한 곳을 향해 시선을 돌리고 만다. 유물적 사고 안에 갇힌 진자가 산신령을 만나서야 선후 사건을 가름하게 되었다는 전개는 꿈의 이야기가 갖는 통쾌한 반전과는 다소 거리가 있다. 꿈의 전형성, 곧 해결을 위한 수월한 정보의 몫을 거부했다고나 할까.

무엇보다 이 이야기에서는 꿈이 사태해결을 위한 긴요한 열쇠가 되지 못하고 오히려 갈등만 보태주는 역기능적 요소로 부각되고 있다는 느낌도 받는다. 몽자에게 정보가 더 이상 유용한 가치로서 적용되지 못함으로써 타자에 의한 해득을 요청할 수가 없게 되고 결국 산신령이 나타나 정보를 풀이한다는 것은 한 개체의 꿈이 개체의 한계에서만 머무르지 않는다는 것을 시사해준다. 꿈이 진자의 주위를 떠나 현실세계-신라 화랑제도-와 연결되는 것도 꿈의 범사회적, 국가적 의미로까지 확대되고 있다는 점에서 퍽 주목된다.

꿈이 돈독한 믿음과 지성으로 발원하는 자에게만 선택적으로 주어지고 그 정보가 반드시 난해하게 처리되는 것만은 아니다. 전혀 우발적으로 꿈을 얻게 되는 경우도 물론 적지 않다는 것을 알아야 한다.

> 이보다 앞서 먼저 이 절에는 늙은 중 하나가 있었는데 어느 날 꿈에 진인이 석탑 동남쪽 언덕 위에 앉아서 서쪽을 향해 대중을 위해서 설법하는 것을 보고 '이 곳은 반드시 불법이 머무는 곳이 될 터이다.'라 생각하고 이것을 맘 속에만 숨겨두고 남에게 말하지 않았다. … 그러나 터를 닦을 때에는 평탄한 곳을 골라 집을 세울 만하여 확실히 신령스러운 터와 같으니 보는 사람들이 깜짝 놀라고 좋다하지 않는 이가 없었다.[24]

24) 상게서, 권3, 鍪藏寺彌陀殿.

아무리 우발적으로 처리된 꿈이라도 정보를 얻어내는데 몽자가 능력을 어떻게 발휘하느냐에 따라 이야기가 사뭇 달라지는 예를 앞에서 여러 번 보았다. 고승대덕들에게 오히려 그 비속성을 한껏 부여하고 상대적으로 무명승에게 더 많은 영험성을 부여하고 있는 일연식의 인물 형상화 방식이 나타나고 있어 흥미를 끈다. 꿈속의 내자가 의도적으로 정보를 현시해 주는 경우가 아닌데도 이 늙은 중은 스스로 그 정보를 응용하고 있음도 색다른 전개이다. 요컨대 꿈 자체가 문제가 아니라 그것을 어떻게 활용하는가에 초점을 맞추고 있으며 비천함 속에서 숭고함을 구현시키는데 꿈이 무엇보다 적절히 활용되고 있음이 밝혀진다.

서사적 장치로 꿈의 차용이 필요하다는 것을 인정하더라도 특히 승전에서는 〈몽자 = 대상〉이라는 등식을 좇는 것이 아닌가 하는 의문이 여러 전기물을 접할수록 강하게 제기된다. 이쯤해서 이를 궁리해볼 필요가 있겠는데 주체에 구심점을 주는 것은 분명하나 대상의 몫 이외 주인공 주변인의 꿈마저도 주인공의 면모를 돌출시키는 매개로 작용한다는 결론에 이르게 된다. 서사의 초점이 주인공 일인에게 맞춰지면서 나타난 현상인 것이다.

> 승안 6년 신유(1201)에 진사시험에 합격하였다. 그해에 태학에 들어갔다가 어머니가 병이란 소식을 듣고 고향에 돌아와 족형인 裵光漢의 집에서 시병할 때에 생각을 거두어 관불삼매에 들었는데 그 어머니는 꿈에 여러 부처님과 보살님들이 사방에 두루 나타나는 것을 보고 꿈을 깨자 병이 나았다. 배씨부부도 꼭 같은 꿈을 꾸었다. 그 이듬해에 어머니가 세상을 떠났다.[25]

"先是寺有一老僧 忽夢眞人坐於石塔東南岡上 向西爲大衆說法 意謂此地必佛法所住也 必秘之而不向人說 … 及乎避地 及得平坦之地 可容堂宇 宛似神基 見者莫不愕然稱善"

25) 상게서, 권3, 鍪藏寺彌陀殿.
"承安六年辛酉 擧司馬試中之 是年入太學 聞母病 遂還鄉侍疾於族兄裵光漢家 斂念 入觀佛三昧 母夢諸佛菩薩遍現四方 覺而 病癒 裵氏夫婦亦同此夢 明年母卽世"

진각국사의 母는 國師가 유교에 입문하여 현세에서 영달하기를 염원하였다는 이야기가 이 꿈 이야기 앞에 놓여 있다. 어머니의 소원을 좇아 진사시험에 합격하고 그 원을 들어 드리려는 즈음에 갑자기 모가 병을 얻었다는 것과 그 상황에서 어머니에게 출가를 증험하는 불연성 짙은 꿈이 나타났음은 무엇을 알리려는 징험이 분명하다. 더구나 이때에 治病夢이 나타난 것은 매우 상징적인 체험이다. 돌이킬 수 없는 국면이지만 사실 이 꿈은 진각의 생을 바꾸어 놓지 않을 수 없는 계기로 작용한다. 또 주목할 것은 당사자인 진각을 빼놓고 어머니와 배씨 부부에게만 꿈이 나타났다는 점이다. 결과적으로 사건이 순조롭게 전개되었다는 점에서 꿈의 처리가 주인공에게 일방적으로 부여되지 않고도 그의 불교적 덕성을 현현하는 데는 아무 지장이 없음을 잘 말해주고 있다. 다만 여기에는 정보를 기꺼이 받아들여 올바로 수용하려는 몽유자들의 협조가 전제되어야만 가능하다는 단서가 붙는다. 같은 예를 하나 더 보기로 한다. 의상의 인물됨을 상징시켜준 지엄의 꿈 이야기이다.

> 永徽 초년에 마침 자기 나라로 돌아가는 당나라 사신의 배를 타고 중국에 들어가서 처음에 양주에 머물렀을 때, 州將 유지인이 의상을 청해다가 관청에 머무르게 하고 성대하게 대접했다. 그후 얼마 안되어 終南山 지상사에 가서 智儼을 뵈었는데 지엄이 그 전날 밤 꿈을 꾸니 큰 나무 하나가 해동에서 나서 가지와 잎이 번성하여 중국에까지 와서 덮었고 그 위에 봉황새의 집이 있었다. 올라가 보니 한 개의 摩尼寶珠가 있는데 그 빛이 먼 데까지 비치었다. 꿈을 깬후 놀라고 이상하게 여겨 절안을 깨끗이 청소하고 기다리는 데 의상이 왔다.[26]

26) 상게서, 권4, 義湘傳教.
"永徽初 會唐使舡有西還者 寓載入中國 初止楊洲 州將劉至仁 請留衙內 供養豐贍 尋住終南山至相寺 謁智儼 儼前夕夢一大樹生海東 枝葉薄布 來陰神州 上有鳳巢 登視之 有一摩尼寶珠光明屬遠 覺而驚異 灑掃而待 湘乃至"

몽자를 주인공과 대등한, 혹은 명성이 더 높은 인물을 등장시킬 때 주인공의 인물 기능적 역할이 약화될 수도 있으나 오히려 이 경우는 그 반대의 현상이 일어난다. 智儼은 알다시피 唐代 화엄종의 대가로 자국내 명성이 무척이나 높았던 고승이다. 그런 그가 꿈속에서 해동에 뿌리를 두고 있는 거목이 중국으로 가지를 드리우는, 즉 의상의 거인됨을 상징하는 징험을 얻게 되는 것이다. 이 상징몽은 의상 개인의 대기적 면모를 넘어 신라 불교문화가 차지하는 위상을 중국 쪽에 과시한다는 의미도 있거니와 의상을 비범함을 확인해주는 주체로 지엄을 등장시킴으로써 의상의 존재감을 한층 높이는 결과가 되었다.

해동에서 자란 나무가 중국을 덮었다고 부언하기를 잊지 않고 있는 것은, 민족적 주체성이나 자긍심의 한 표출로 이해할 여지가 크다 하겠다. 승전류에서 간접 계시몽은 해몽의 난해함을 동반하지만 직설적으로 표출하기 곤란한 주제, 다시 말해 對中的 자존감을 부담없이 표출할 수 있는 통로구실을 하기도 한다.

3.3. 脅迫, 報復型

꿈은 이야기가 현실적으로는 더 이상 진척되기 어려운 고비에 이르렀을 때의 출현하여 악화된 상황을 벗어나 호종의 국면으로 진입케 하는 촉매의 구실을 한다. 뿐더러 흥미를 부여하면서 영험적 해결로 이어지게끔 해결책을 제시한다. 그러나 꿈이 늘 바람직한 상황을 유도하는 매개가 된다고 보는 것은 단견이다.

몽자의 입장과 달리 몽중에 적대자가 나타나 해코지 한다거나 몽자를 협박하거나 보복하려 드는 내용의 꿈도 얼마든지 예거할 수 있는 것이다. 대체로 이런 상황의 몽 제시는 애초부터 사태해결의 기대감을 가질 수 없게 만들고 각몽 이후에도 미래에 대한 불길함이나 공포감을 벗어날 수 없도록 한다. 꿈속에서 이미 호종의 결과를 맞게하는 길몽과 달리 악몽은 난제가 해결되기는커녕 앞으로 해결해야 과제, 그리고 그것을 실행하지 않았을 때의 보복 등이 제시됨으로써 각몽 이후에도 불안감과 부담감을 떨칠 수 없게 하는 것이다. 아래의 예가 바로 여기에 해당한다.

> 大城은 장성하면서 사냥을 좋아했다. 어느날 吐含山에 올라가 곰을 잡아가지고 내려와 산 밑에 있는 마을에서 자는 데 꿈에 곰이 귀신으로 변해 시비를 걸어 말하기를 "네가 어찌해서 나를 죽였느냐. 내가 환생해서 너를 잡아 먹으리라." 했다. 대성이 두려워 용서를 비니 귀신은 다시 "네가 나를 위하여 절을 세워 주겠느냐." 하므로 대성은 그렇게 하겠다고 맹세하고 꿈에서 깨니 땀이 흘러 자리를 적시었다. 이렇게 하여 그로부터 그는 들에서 사냥을 하지 않고 그 곰을 위하여 그 자리에 장수사를 세우고 그 일로 인하여 마음에 감동이 생겨 자비스러운 소원이 더해졌다.[27]

위 이야기는 꿈이 개입되어 있다고는 하지만 여러 면에서 앞의 꿈들과 대조되는 바가 많다. 승려의 전기에서 등장하는 꿈이 주로 현실적 위기를 극복하기 위한 계시적 정보의 수신처로 여겨졌던데 비해 대성의 꿈은 흉몽이라 할 정도로 화해롭게 진행되던 현실이 갑작스럽게 변해 주인공을 위기로 빠뜨리고 있다. 한데 다행스러운 것은 보조적 성격의 전환이기는 하나 위기를 피할 수 있는 단초가 순식간에 전제되어진다는 사실이다. 처음부터 몽중의 來者는 대성의 인물됨을 간파하고 그 변화 가능성을 굳게 믿고 꿈을 통해 확인을 타진했다고나 할까. 그런 탐색이 없이 난데없이 접근했다면 꿈에서의 정보란 기껏 죽음의 원인을 알리는, 그리고 죽음으로 인도하는 장치로서만 그 역할이 한정되었을 터이다. 결과적으로 꿈이 대성으로 하여금 a) 곰을 위하여 장수사를 건립. b) 사냥을 금지케 함(살생금지).

27) 상게서, 권5, 大城孝二代父母.
"旣將好遊獵 一日登吐含山 捕一熊 宿山下村 夢熊變爲鬼 訟曰 汝何殺我 我還敓汝 城怖懅請客赦 鬼曰 能爲我創佛寺乎 城誓之 曰諾 旣覺 汗流被蓐 自後禁園野爲熊創長壽寺於其捕地 因情有所感 悲願增篤"

c) 이승부모를 위하여 석불사를 건립. d) 저승부모를 위한 불사공양 등의 바람직한 행위를 이끌어내고 있어 곰 출현 꿈은 흉몽이라기보다 길몽으로 그 의미가 전도되는 것을 보게 된다. 특히 대성이 과거의 생을 넘어 이승에서 재생하는 이야기가 앞에 언급되고 있다는 점에서 이렇게 진단할 수가 있다. 다음의 예도 이와 흡사하다 하겠는데, 몽자를 임금으로 내세우고 있어 흥미를 더한다.

> 아홉째 感應降魔分이란 것은 開寶중에 귀법사 僧 正秀가 법관에 나아가 참소하여 무고하기를 "均如는 수상한 뜻이 있어 행을 닦고 있다." 하므로 관원이 그 사단을 아뢰니 광종께서 듣고 노하여 급히 師를 불러 죽이려 하니 사가 대궐에 나아가서 황공하여 땅에 엎드렸다. 왕이 그 정상을 보시고 "바르다." 하고 도리어 의원 2인에게 조치하여 호송을 보내고 마침내 僧官인 薛光을 보내어 절에 나가서 위무하게 했다. 이날 밤 대왕의 꿈에 신인이 뵈었는데 키는 한길이나 되고 침전을 누르고 … 왕이 꿈에서 깨니 진작 땀이 흘러 몸에 흥건하였다. 옆에 신하를 불러 꿈을 이야기하고 다음 날 밝자 송악산 북쪽 소나무가 바람이 없이 저절로 쓰러진 것이 몇 천 그루가 되는지 몰랐다. 임금께서 이변을 들으시고 명하여 점치게 하니 이르기를 "법왕을 욕보인 때문에 난 것이다." 하므로 왕이 이에 뉘우치고 두려워하여 문득 대문에다 특별히 消災道場을 설치하여 法官으로 하여금 정수를 저자에서 목베이게 하고 인하여 정수의 僧房은 못을 파게하고 속형 浪이 글월을 지어 아우로 하여금 무고케 했다 해서 정수와 같은 날에 베임을 입었다. … 그 뒤로는 괴변이 이내 없어졌다.[28]

몽중에 거인이 나타나 협박한 것을 보면 大城의 몽과 흡사한 내용인데 이후에 어떻게 해야 한다는 구체적 해결방안이 제시되어 있지 않아 도리어 불길한 생각을 떨치지 못하게 한다. 무엇인가 심각한 사태로 진행되고 있다는 점은 알아챘으나 왕이 몽중의 암시를 제대로 해석하지 못하는 사이에

28) 赫連挺 찬, 李丙疇 역, 『均如傳』, 이우출판사, 1981, 18면.

송악산의 소나무 수천 그루가 쓰러지는 이변이 사람들을 불안에 떨게 만든다. 사실 구체적인 정보가 주어졌음에도 이를 반신반의한 임금에게도 책임의 일단은 있다고 보아야 할 터이다. 늦게나마 주위 신하와 점치는 이에게 정보의 구체적 까닭을 자문하고 이에 대처한 것은 그나마 다행스러운 일이다.

균여 제거음모 사건을 꿈과 결부시킨 『均如傳』의 구성은 매우 견실한 구조 위에 자리 잡아있다고 하겠는데 事必歸正이란 주제를 살피는데 꿈이 큰 몫을 담당하도록 장치하고 몽의 주체를 정수나 균여로 삼지 않고 권력 집행자인 왕으로 설정한 것도 극적 반전을 가능케 한 자연스러운 설정이란 판단이 가능해진다.

金大城의 꿈이나 『均如傳』에서의 꿈은 공통적으로 협박과 보복의 형태라는 속성에 포함시킬 수 있다. 이 점은 꿈이 위기해결, 장애의 극복수단으로서 현응하는 吉夢과는 대조된다. 그만큼 꿈이 지닌 다양한 통로를 활용하고 시험해 보였다 하겠다. 그렇지만 그런 凶夢으로서의 처리도 대상에 따른 깨우침의 또 다른 예에 불과할 뿐 사건의 진행을 돕는 쪽으로 작용한다고 보면 진정한 의미의 협박·보복형은 승전에서 찾기 어렵다고 해야 할 것이다. 승전류에서의 꿈은 주인공을 정점으로 화해로운 세계의 구축을 확보하기 위한 요긴한 장치임이 다시금 확인되는 셈이다.

3. 맺음말

승려의 전기류가 일반적으로 지니게 마련인 두 가지 속성, 종교물과 전기문학으로서의 기능 중 이 글이 주로 주목한 것은 후자의 문제였다. 특히 본고에서는 꿈이 서사장치로서 어떤 기능을 가지고 있느냐에 주목하기로 하고 그것의 다양한 활용도를 점검하기 위해 여러 자료에 나타나는 꿈을 섭렵해 나갔다. 그 결과, 고려 시기 이전의 탄생담에 몇 가지 몽중 서사유형이 도출된다는 점을 알 수가 있었고 그에 대한 부산물로서 꿈이 지닌 기능 성격, 한계 등도 대략적이나마 추스리는 성과를 얻었다.

승려라는 특정한 신분의 탄생담으로 대상을 한정했기에, 우선은 戒世的 목적과 담론의 지향성이 일치한다는 점을 고려하지 않으면 안 되었다. 그리고 그것이 석가의 가르침을 현실에서 매개하는 위치에 있다는 점을 인식함으로써 전기의 전개가 석가적 생애와 여러 모로 대응된다는 점도 밝힐 수 있었다.

꿈이 서사적 장치로 적극 수용된 이야기일수록 소위 불연적으로 생을 예단하는 일에 심혈을 기울이게 마련이었다. 신이적, 선험적 기능의 강화가 두드러진다는 것인데, 이것은 일반열전이나 유가열전에서의 나타나는 현실 지향적 시각과는 애초부터 큰 거리감을 갖는 것이었다. 승전류에서 꿈은 몽자가 누구나에 상관없이 주인공을 구심적으로 그와 관련된 꿈만을 의미 있게 받아들이는 특징을 보인다. 물론 찬자의 문학적 수준에 따라 전형적인 꿈의 대입방식이 달라지는 예가 있기는 하다. 가령 태몽의 주체를 父로 처리하는 것에서부터 꿈과 꿈의 대결, 생애의 몽중적 대체, 다중에게 현시된 동일한 꿈, 협박 보복으로의 기능 등 다양한 사건과 더불어 꿈도 갖가지로 대응, 현시된다는 것을 알 수가 있었던 것이다. 꿈 자체도 영험성의 상징이라고 하겠으나 사건 진행과정과 결부시켜 고려한다면, 꿈에서 수신한 정보의 해독에 따라 여러 유형화가 가능해진다. 그렇지만 내용적으로 보면 꿈이란 항상 길몽으로 작용한다는 것이 승려들의 전기가 보여주는 공통점일 것이다.

장애극복의 여러 유형에 주의를 기울인 것은 위기극복의 수단으로 꿈을 어떻게 활용했는지를 살펴보기 위한 의도였다. 위대한 생을 주체적 의지에 따라 부각시키기보다는 운명론적, 상상적 산물인 꿈에 지나치게 의존한다는 것 자체가 전기문학으로서의 취약점으로 비칠 여지가 크지만, 돌발적이며 극적인 반전을 가능케 하는 장치로서, 혹은 서사적 기교로서 꿈의 소용도는 단순하게 볼 일이 아니었다.

승전류에서 꿈에 대한 논의는 거듭되어야 한다고 생각한다. 승전류의 서사적 특성으로 우리는 사건과 유리된 상투적 차용, 정보의 유사성, 의도적인 佛緣性, 고답적 세계의 지향 등을 지적할 수 있거니와 이들은 몽담과 직간접으로 관련되는 특성으로서 보다 진지한 검토를 필요로 하는 것이다. 이번 작업은 예비적으로 살펴본 것에 불과할 뿐 승전류에 나타난 꿈의 의미를 종합적으로 포착해 냈다고 자부하기에는 미흡한 것이 많다. 더 철저한 자료 점검과 수습, 그리고 보다 세부적인 분석을 포함한 종합적 고찰이 요청된다고 할 것이다.

참고문헌

『新修大藏經』, v50, 史傳部.
劉勰, 『文心雕龍』 권4, 史傳 제16.
徐師曾, 『文體明辯』, 대북, 장안출판사.
章學成, 『文史通義』, 대북, 화세출판사.

赫連挺, 李丙疇 번역, 『均如傳』, 이우출판사, 1981.
一然, 『三國遺事』
金富軾, 『三國史記』
覺訓, 『海東高僧傳』
崔致遠, 『四山碑銘』

경일남, 「고전소설의 태몽 수용양상과 활용기법」, 『고전소설의 창작기법연구』, 아세아문화사, 2007.
김동화, 『한국역대고승전』, 삼성문화문고, 1983.
김승호, 「중세 금석문소재 불교설화의 통시적 연구」, 『불교학연구』 32호, 2012.
김영태, 『한국불교사개설』, 경서원, 1986.
김용기, 「고승비문 출생담에 나타난 서사관습과 그 불교적 성격」, 『동아시아고대학』 28집, 2012.
김진영, 「불교담론의 시대문학적 수용양상」, 『불교담론과 고전서사』, 보고사, 2012.

김태준, 「한국고전전기문학의 전개」, 『숭례어문학』 창간호, 1984.
박상란, 「비극적 태몽담과 죄의식의 문제」, 『한국어문학연구』 55집, 2010.
알렌, 셀스톤, 이경식 역, 『전기문학』, 서울대출판부, 1979.
양광석, 「최고운의 사상과 문학」, 우리문학연구회편, 『한국문학론』, 일월서각, 1981.
웨인 c 부스, 최상규 번역, 『소설의 수사학』, 새문사, 1985.

출처 졸고, 「僧傳에 나타난 꿈의 기능」, 『東國大 연구논집』 18집, 東國大大學院, 1988, 62~85면.

佛教的 英雄考

1. 머리말

시대에 상관없이 문학이 현실을 반영한다는 점에 이의를 제기할 사람은 그리 많지 않을 듯하다. 이는 문학이 역사기록과 같이 엄정한 事實의 점검에 충실하지는 않더라도 형상화 대상은 직간접으로 당대적 삶인 조건과 무관하지 않기 때문일 것이다. 온전히 현대적 문학관에 익숙해진 사람들에게는 고전 문학이 간직한 의식은 오히려 史·哲의 속성을 중시하는 것으로 나타나고 특히 傳文學에 있어서는, 작가의 개성·주관성·친연성 등을 경계하며 가능한 한 몰개성화한 기록을 바람직한 서사로 여기고 있는 것처럼 보인다.

그러하나 객관적 사실만 취합하고 시비선악을 엄격하게 가리고자 하는 의식을 앞세우는 傳에서조차 사실적 서술만을 기대하기란 쉬운 일이 아니다. 傳이라 하더라도 허구·과장·윤색이 개입될 수밖에 없음을 고금의 자료들은 분명히 일러주고 있는 것이다.

유교열전에서는 그래도 지나친 수식·허구적 윤색이 미미하나 불교 쪽에 오면 現生못지 않게 來世·前生 등 비현실적인 세계의 자의적 구성이 가세할뿐더러 신화, 전설 등 구비문학이 인물 전승의 단위로 수용되고 있어 傳을 표방하고 있다 하더라도 그것이 사실에 기초한 형상화인지 장담하기가 어려워진다.

모두에서 이처럼 儒·佛의 문학적 특징을 전제로 하는 까닭은 필자가 보기에는 僧의 傳記에서 추출되는 불교문학적 인물그리기 방식은 유교열전과 비교하여 문학성이 한결 농후할 뿐 만 아니라 나름의 傳記文學的 구조를 갖추고 있다는 생각 때문이다. 논의의 테두리를 보다 좁혀 말하자면, 승전류를 중심으로 해서 각 작품의 형상화과정에서 주인공에게 부여되는 영웅적 치장, 그 문학적 구조 및 서사구조에 대한 傳記문학 고유의 패턴은 특별히 주목할 만한 요소들이라는 점이다.

물론 승전이 지닐 수 있는 문학·종교·역사로서의 복합적 성격은 쉽게 이해되겠으나 주인공을 초점으로 한 형상화는 여러 점에서 의문을 남긴다. 예컨대 불교 쪽의 傳記에서 주인공이 지녀야 할 자질, 능력은 왜 정형화된 것으로만 나타나고 있는가. 이른바 개별성의 추구를 목표로 한 傳記가 도리어 개별성 대신 보편적 상으로 희석되는 까닭은 무엇에 기인하나, 대상은 한결같이 왜 바람직한 인간상만을 제시하며 경우에 따라서는 사람의 모습보다는 神에 가깝게 처리함으로써 半神半人의 像을 낳고 生의 구현화를 퇴색시키는 가 등등 僧의 전기에서 풀어야 할 과제는 한 둘이 아니다. 이것을 일단 필자는 英雄化 과정에서 벌어진 이야기방식에서 결과한 것으로 예단해 본다.

불교 인물전승에 형상화된 고승은 그 기능에 있어서는 여타 구비문학에서 흔히 보는 이인, 신, 진인, 산신 등과 다를 바 없이 이른바 초월적 기능을 간직하고 있다고 할 것이다. 따라서 서사 내적 존재감을 드러내는 데는 영웅이라 호칭하는 것이 더 적절할 수 있다. 초월적 존재로서의 그 상을 전범화 시키고자 하는 본고의 논지에 비추어도 이 '영웅'은 부합된다고 믿는 것이다.

또한 다음과 같은 점을 덧붙여 고승과 영웅을 동궤에 놓고자 하는 바, 설사 僧들의 생애에서는 현실적 목표가 모호하며 정신적 세계, 혹은 내면으로의 침잠이 고작이어서 일반 영웅들에게서 흔히 보이는 위대한 승리, 화려한 귀향과 무관한 것처럼 보일지라도 그들에게는 정신적으로 成道를 추구하고 있으며 그에 도달하기까지 누구 못지않은 가혹한 시련과 고난이 필연적으로 부과된다는 점에서 고승을 영웅적 범주에 넣을 수 있다는 것이다. 그렇다면 일반 영웅을 무사적, 전투적 영웅으로, 불교적 영웅은 정신적 세계를 바탕으로 그 내면의 세계에 이르는 '도덕적, 종교적 영웅'으로 일러 무방할 것이다. 이는 필자 나름으로 명명한 것이 아니라 일찍이 영웅의 유형을 상세히 분석해 놓아 불교적 영웅상으로의 특징적 면모를 캘 수 있도록 한 조셉 캠벨의 안목에 상당부분 의존한 것이다.[1)]

간추려 말한다면 이글에서는 僧傳 類에 보이는 불교적 사유와 문학적 구조, 불교적 영웅의 변별적 기능, 그리고 영웅의 역설적 면모와 그 문학적 의미가 논의의 핵심으로 자리 잡게 될 것이다.

---

1) 조셉 캠벨, 이윤기 역, 『세계의 영웅신화』, 대원사, 1989, 345면에서는 성자 · 고행자 · 출가자로서의 영웅을 설정하고 그의 성격을 이렇게 말했다.
"순수하게 있는 그대로를 보고 엄격하게 「자아」를 통제하고 소리와 배과 맛같은 색에 집착하지 말고 애증을 버리고 고독안에서 살고 小食하고 말과 몸과 마음을 삼가고 명성과 정신집중에 전념하고 욕망으로부터 자유로워지는 데 힘쓰고 이기심과 권세, 자만심과 색욕, 분노와 편견을 떨치고 마음 안에서 정일을 얻고 자기로부터 자유로워지는 사람이야말로 불멸의 존재에 값하는 사람이라 일러 무방하다." 이러한 실천적 영웅의 완성된 대상이 석가모니라 할 수 있겠으나 그의 숱한 高僧의 일대기가 드러내는 자취를 점검한다면 그들 역시 종교적 영웅이라는 테두리에 한정시킬 수 있다고 보며, 이 글은 결국 그들의 영웅적 면모를 점검하는 것으로 방향이 잡혀진다.

2. 불교적 思惟와 英雄像의 모색

2.1. 生의 循環的 인식과 英雄의 一生

傳이 한 인간의 一生을 서술단위로 삼아 거기에서 드러나는 행위를 수습한 뒤 이를 바탕에 두고 생의 진경을 추출해 낸다는 점은 주지하는 바이다. 출생에서 시작하여 죽음으로 이야기를 맺는 서사시간은 생의 시간과 대응되고 地上的인 삶만을 드러낸 뒤 評決을 통해 褒와 貶으로 판단을 내리는 게 일반적이다. 한데 이는 어디까지나 유교적 안목에서의 사람 그리기 방식을 택할 경우에 드러나는 형식적 관행일 뿐이다. 불교 쪽에서는 교의와 관련시켜 생을 해석하는데 익숙하며 불교적 사유에 근거해서 서술의 구조를 마련하고 있음을 염두에 두어야 한다. 승전에서 유교열전류와 시각 차이를 크게 벌리는 핵심적 요소는 무엇보다 불교 나름의 生死觀이다.

불교전기에서 곧잘 보이는 地上的 삶만이 주목의 대상이 아니라는 생각은 유교적 인식으로는 납득하기 어렵다. 불교 특유의 輪迴轉生的 사고는 生이란 일회성으로 끝날 수 없거니와 특정한 시간 안에서만 생을 바라보지 않는다. 사람들은 흔히 시간을 무한의 과거에서 현재를 거쳐 무한의 미래를 향해 직선적으로 흘러가는 것이라고 생각한다. 그러나 불교 쪽에서는 시간은 끝도 없는 원이라고 간주한다. 시간은 상대적이다. 살아가는 존재에 있어서 죽음은 끝이 아니다. 또 다른 삶이 출생과 죽음의 유사한 과정을 거치면서 시작되며 끊임없이 반복되는 것이 삶이다.[2] 時空과 관련하여 불교에서는 인간을 원형적 시간의 흐름에 놓인 존재로 파악하기를 주저하지 않는다. 地上的 삶이 전부라는 생각에도 동의하지 않으며 현재가 하나의 온전한 삶인 것처럼 과거와 미래도 각각의 또 다른 온전한 삶으로 여긴다. 그래서 사실상 과거의 맹목과 삶을 향한 의지(行), 그리고 미래의 출생과

---

2) 다카쿠스 준지로, 정승석 역, 『불교철학의 정수』, 대원정사, 1983, 41~42면.

축음은 현재와 동일한 구성단계를 지닌다.[3]

緣起法은 이처럼 모든 존재의 역동적인 相依相關位로 설명하여 이것 때문에 저것이 존재하고 저것 때문에 그 외의 다른 모든 것들이 존재하게 된다고 말한다. 이렇게 윤회 전생관을 앞세운 傳記방식에서 영웅의 生을 점검하다보면, 서사의식은 물론 그들만이 지니고 있는 구성 및 인물 그리기 방식의 한 변별성을 기대할 수 있게 된다. 불교적 이데올로기가 월등하게 발휘되던 시기의 산물인 「四山碑銘」에서 승의 출생을 어떻게 이해하고 있는지 살펴보자.

① 華氏가 꿈속에서 긴팔을 지닌 天人이 연꽃을 내려주는 것을 보고 이내 임신하였다. 또 다른 꿈에 胡道人이 나타나 法藏이라고 지칭하면서 十戒를 주므로 胎敎로 행하였는데 열 석달이 되어서야 태어났다.[4]

② 어머니 顧氏가 일찍이 낮에 假宿을 하는데 꿈에 한 梵僧이 나타나 "나는 阿彌(어머니)의 아들이 되기를 원합니다."라 이르며 유리항아리를 징표로 주더니 얼마 후 선사를 임신하게 되었다.[5]

③ 처음 어머니의 꿈에 한 거인이 나타나 말하기를 "나는 과거 毘婆尸佛로서 末法의 세상에 桑門이 되었는데 성을 낸 까닭으로 오랫동안 龍報에 떨어져 있다가 업보가 다 끝났으니 마땅히 法孫이 되어야 할 것입니다. 그러므로 묘한 인연에 의지하여 자비로운 교화를 널리 펴기를 원합니다." 하였다. 이후 임신하여 4백일을 지나 灌佛會의 아침에 탄생하였는데…[6]

---

3) 다카쿠스 준지로, 상게서, 45면.

4) 母華氏魂交 都修臂天 垂授 花藪因有娠 幾踰時申夢 胡道人自稱法藏 授十護 充胎敎 過朞而誕(『崔文昌侯全集』, 成大大東文化硏究院, 1972, 96면).

5) 母顧氏 嘗晝假寐 夢一梵僧謂之曰 "吾願爲阿彌之子" 因以瑠璃甖爲寄 未幾娠禪師焉(상게서, 126면)

6) 初母夢一巨人告曰 "僕昔勝見佛 季世爲桑門 以瞋恚故 久隨龍報 報旣旣矣 當爲法孫 故侂妙緣 願弘慈化" 因有娠 幾四百日 灌佛之旦誕焉(상게서, 178~179면)

①②③은 각각 崔致遠이 撰한 郎慧和尙, 眞鑑禪師, 智證大師의 비명이다. 이중 前生을 가장 구체적으로 기술하고 있는 것은 ③인데 과거에 毘婆尸佛이었다가 스님이 되는 행운을 누렸으나 성낸 까닭으로 龍報에 떨어졌다가 이제 업보가 끝나 法孫으로 다시 태어났음을 밝히고 있다. 순환적 生을 통해 現生에 못지않게 전생에도 관심을 표명하고 있음을 알 수 있다. 다른 인물들에도 마찬가지로 내자를 설정, 前生을 상징화하고 있다. 신라 이후의 전기물에도 전생에 대한 전제적 제시가 적지 않다.

指空大師 碑文의 첫 구절에서는 '이미 가섭으로부터 百八代를 전한 提納薄陀尊者는 禪賢이라 번역하니 호는 지공이다.'[7]라 전제한 후 서술대상인 指空의 입을 빌리는 수법으로 전생을 말하고 순례적 여행담으로 生을 피력하고 있어 그 내면의 상징성에 주의하고 있음을 알 수 있다. 뿐만 아니라 "나의 증조부의 諱는 獅子脇이요 조부의 휘는 斛飯이니 모두 伽毘羅國의 王이었다. 나의 아버지의 휘는 滿이니 摩竭提國의 王이었고 나의 어머니는 香志國의 공주였다. 나의 두 형이 있었는데 悉利迦羅婆와 悉利摩尼였고 나는 부모께서 東方大成德에게 빌어서 낳으셨다."[8]했다. 이렇게 혈통에 대해서 특이할 정도로 구체성을 적시하고 있는 탓에 유교주의자가 갖는 조상숭배사상의 잔재마저 느껴질 정도이다. 그러나 불교에서 前生에 대한 관심을 표명한다고 해서 그것은 유가적 혈통의식의 영향이라고 보기는 어렵다. 오히려 전생으로의 소원이라는 의식과 관련된다. 여기서 한 번 더 生을 파악하는데 思想의 차이가 사람의 일생 그리기에서 얼마나 큰 격차를 벌리는지 金庾信 이야기를 토대로 살펴보자.

『三國史記』 열전 卷三에 나타난 金庾信의 탄생 전후담은 가야 김수로왕의 12대라는 것과 父 舒玄, 母 萬明 사이의 野合과 혼사장애, 그 후 결

---

7) 迦葉百八傳 提納薄陀尊者 禪賢號指空(朝鮮總督府編, 『朝鮮金石總覽』, 亞細亞文化社, 1976, 1284면)

8) 吾曾祖諱獅子脇 吾祖諱斛飯 階王伽毘羅 吾父諱滿 王摩竭提國 吾母香志國公主 吾二兄悉利迦羅婆 悉利摩尼 五父母禱于東放大威德神而生吾(상게서, 1284면)

혼까지의 우여곡절, 그리고 탄생에 얽힌 태몽 등의 내용으로 이루어졌다. 성장과정 중 하늘로부터 계시를 받는 영험한 이야기가 삽입되어있기는 하나 김유신의 전생을 구체적으로 전하는 이야기는 어디에도 눈에 띄지 않는다. 원인이야 撰者인 金富軾의 서사인식-가능한 한 비현실적 국면대신에 유교적 이상형을 기반으로 한 出將入相으로의 면모, 花郎時의 용맹, 전쟁에서의 승리, 민심의 수습능력과 국왕의 보필 등 업적중심의 글쓰기-에서 찾아진다. 그렇다고 시종일관 현실에서의 生에만 주목하느냐 하면 그것은 아니다. 전반부의 기술태도와 달리 김유신의 사후에 대해서 각별한 관심을 보이는 것이다. 김유신의 후생담을 보면 사후에 일반의 존경심이 쇠퇴해지자 한스럽게 여긴 나머지 무덤에서 폭풍을 일으키고 대성통곡하는 지경에까지 이르는데 임금이 사신을 보내 제사를 올리고 鷲仙寺에 땅을 바치는 등 설득에 나서게 된다.[9] 주목할 점은 현실적 시각이 사후로까지 연장되고 있음인데 이는 곧 내세관에 대한 유교주의자의 예외적 시각이며 어떤 면에서는 불교 쪽에서의 서술태도와도 방불하다고 하겠다.

인물의 전생담을 기대할 수 없는 『三國史記』와 달리 『三國遺事』에서는 김유신의 前生에까지 관심이 확장된다. 자칫 현생에서의 위업을 흐려놓을 여지가 없지 않으나 대상의 존재론적 의미를 환기시킬 수 있다는 점에서 전생담은 눈길을 사로잡는다. 『三國遺事』은 고구려 점장이 楸南이 죽은 후 환생한 인물이 金庾信이었음을 고구려 첩자 白石의 입을 통해 자세히 밝히고 있다.[10] 여기서 일연과 김부식의 서사 관점이 얼마나 크게 벌어지는 지를 살필 수 있거니와 一然에게 있어서 生의 기술 단위가 현실의 生과는 대응되지 않는다는 점 또한 확인된다. 현생은 미미하게 처리하는 대신 前生에 더 비중을 높이는 서사 경향은 八珍, 郁面, 惠空 등이 실은 관음보살,[11] 浮石寺의 소,[12] 秦의 스님 僧肇[13]였다고 밝히고 있는 것으로도

9) 『三國史記』, 別傳 卷3 참조.

10) 『三國遺事』 卷1, 金庾信.

11) 상게서, 卷5, 郁面婢念佛西昇.

선명하게 확인이 된다.

다음에는 예를 달리하여 내세에 대한 관심이 어떻게 표출되는가에 주목해보자. 죽음으로 매듭되는 生이라면 굳이 내세에 대한 설명이나 관심이 필요 없겠으나 미래 역시 온전한 삶이라 파악할 때, 그것은 前生의 환기 못지않게 주시해야할 시간대로 여겨질 수밖에 없게 될 것이다.

『均如傳』「第十 變易生死分者」에서는 均如가 다름 아닌 오백 겁 전에 우연히 우리나라를 지나가던 毘婆尸보살이었다고 스스로 밝히는가 하면 김해부사에게 "오래된 인연을 갚을까 해서 잠시 송악산 아래에 이르러 '如'자로 불법을 폈는데 이제는 일본으로 갈까한다."며 생의 자초지종을 털어놓기도 했다 한다.[14] 이 짤막한 전언은 죽음이 단지 외형적 육체의 소멸에 한정될 뿐, 다음 세계로의 접점으로 이해하는 게 오히려 합당하다는 점을 말해준다. 계속되는 해설적 대목─"오호라 교화에는 인연이 있는지라 인연이 다하면 이곳에서 죽고 저곳에서 나는 것이 보살의 일이라."-의 탄사를 통해서는 다른 곳을 향해가다가 잠깐 머물렀던 시간이 현생이었음이 밝혀진다. 죽음을 또 다른 生의 시작으로 생각하게 하거나 죽음을 목전에 두고 바쁘게 일을 챙기거나 병도 없이 먼 길을 서둘러 떠나는 나그네의 모습처럼 형상화되는 까닭도 위와 같은 시각에서 보면 이상할 것이 없다.[15]

---

12) 상게서, 卷5, 郁面婢念佛西昇.

13) 상게서, 卷4, 二惠同塵.

14) 開寶六年中 金海府使奏云 今年月日 有異僧頂戴 棕笠子到海邊 門其名居 自稱毗婆尸 曰 曾於五百劫前 會經此國 締緣焉 今見三韓一統 而佛敎未興 故爲酬宿因 暫至松岳之下 如字弘法 今欲指日本 言訖卽隱 上奇之 命推其日 是師順世之日也 變易分竟(『韓國古典叢書』, 「說話文學類」, 大提閣, 1975, 216~217면)
이러한 死生觀은 高僧大德의 入寂과 관련하여 흔히 나타나는 것으로 가령 "갑자기 하루는 제자를 불러 말하기를 '나는 장차 갈 것이다. 대저 인연을 탁한 이 세상에 왔다가 인연이 다 되면 가는 것은 이치의 떳떳한 것이니 어찌 싫어 하겠는가.' 하고 말을 마치자…"(『국역 東文選』, 「先覺國師 비명」, 민족문화추진회, 경인문화사, 1975, 1903면) 등에서 쉽게 찾아볼 수가 있다.

15) "갑오년 6월 26일에 제자들을 불러 뒷일을 부탁하고 麻谷에게 말하기를 '늙은 내가 오늘 몹시 바쁘다.' 하니 마곡이 … 사는 말하기를 '늙은 내가 오늘 몹시 바쁘다.' 하고 있으니 사가 미소 지으면서 가부좌하고 죽었다."(상게서, 「眞覺國師 비명」, 125면)

요컨대「四山碑銘」등에서는 전생으로부터 현생을 접속시키는 촉매자로 來者를 세워 탄생을 전하고 있으며 죽음도 다른 공간으로의 移行에 불과한 것임을 보여줌으로써 전체적으로 생이란 '歸還 → 머무름 → 出發'을 반복하는 시간적 구조에 속하는 것으로 처리한다. 이점은 '誕生 → 在世 → 죽음'의 서사시간에서 벗어나지 못하는 유교적 시각과는 판이한 구성이다. 그렇다고 僧傳類에서 地上의 삶을 부정하고 현실의 가치와 이상까지 소홀히 한다고 볼 수는 없다. 僧의 삶을 말하되 現生은 전생이 불행했던 인간에게조차 불교적 덕성과 성자적 품격을 회복하여 보다 고양된 세계로의 비상을 가능하게 하는 시간으로 여겨지며 죄의 정화[16]는 물론 시련과 역경을 딛고 완벽한 영웅으로 재생하여 來世의 편입을 수월하게 만드는 시간으로 파악한다.[17]

2.2. 釋迦牟尼와 불교적 英雄像

조셉 캠벨은 영웅의 일생이 웅장한 서사시로 표현되든, 아니면 성스런 성서의 이야기로 표현되든 그 모험은 여러 핵 단위의 유형, 가령 세계로부터의 분리, 힘의 원천에 대한 통찰, 그리고 황홀한 귀향의 형식으로 이루어진다고 보았다.[18] 그러나 석가모니에게서는 이러한 영웅의 보편적 자취가 쉽게 잡히지 않는다. 그는 자기, 세계, 악마와의 대결에서 승리를 거두고

16) 郁面의 再生談은 그 대표적인 예가 된다. 처음 그는 八珍의 무리에서 일을 하였으나 道를 깨치지 못해 畜生道에 떨어져 소가 되었다가 신령한 힘을 얻어 貴珍의 집 계집종으로 태어난다. 그러나 貴珍을 따라 지성으로 佛道에 정진하여 天上으로 비상하게 된다(상게서, 卷5, 郁面婢念佛西昇).

17) 죽음이 도리어 이상적 세계로의 편입으로 그려지는 대표적인 예로는 廣德과 嚴莊의 극락세계 이행담(상게서, 卷5, 廣德嚴莊)과 布川山五比丘가 아미타불을 외우면서 극락세계를 몇 십 년 구한 끝에 聖衆이 서쪽으로부터 와서 그를 맞아갔다는 이야기(상게서, 卷5, 布川山 五比丘 景德王代)가 있는데 공히 地上의 삶이 서방정토에 돌아가기 위한 예비기간으로 잡혀있다.

18) 조셉 캠벨, 상게서, 39면.

완전한 正覺狀態에 들어가기는 했으나 현시적 쟁취와 더불어 화려한 전과가 드러나지 않기 때문이다. 그럼에도 자신이 속한 문화권에서의 승리 뿐 아니라 신화적 영웅이상으로 세계사적, 대우주적 승리를 획득한 그를 실패한 영웅이라 경솔히 평가할 수는 없는 노릇이다. 적어도 불교세계에서 그는 영웅상을 완벽하게 갖춘 인물로 굳어져있다. 이러한 인식에 중요한 몫을 갖는 게 그의 苦行記이다. 시련과 갖은 위기를 따져보면 새삼 그의 위대함에 경외심을 품게 되고 인간으로서, 神이 된 자로서, 그 나름의 상을 구축했음을 보여준다.

석가모니는 공포와 전율을 제압하고 그 자신이 고백했듯이 "실로 고행자였다 가장 격렬한 고행자였다. …실로 때에 절인 비참한 사람이었다."[19] 고 전제한 뒤 "하루에 한 끼씩 먹었으며 마침내는 보름에 한 끼 밖에 먹지 않았다."[20] 고 말한다. 혹은 "그 육체적인 고통이 나의 마음을 사로잡는 일이 없었다."[21] 고 말하기도 하는데 인간이 아닌 무생물적 존재로까지 자신을 다그쳤던 것이다. 이 고행자가 뒷날 우주만물 가운데서 최고의 지경에 올라있었음을 자부하게[22] 된 것은 이전의 고행 체험을 전제로 한 것이다. 하지만 한량없는 고행을 이겨냈음에도 成道로 이어지지 않았을 뿐더러 여전히 그는 악마의 달콤한 유혹과 번민을 떨치지 못한다.

그렇다고 이전의 고행과 수행이 온통 부질없는 짓이었다고 말할 수는 없다. 불전이 석가의 고행을 허망하게 흘려보낸 시간으로 치부하고 있는 것 같지는 않다. 오히려 고통을 자처하며 성도의 일념으로 자신을 다그쳐 가는 궤적이야말로 영웅의 탄생에 필수적 요소로 처리하고 있는 듯하다. 고

19) 大韓佛敎振興院, 『佛敎聖典』, 邦文社, 1988, 21면.

20) 상게서, 22면.

21) 상게서, 23면.

22) 과거의 시대에 아무리 격렬한 괴로움을 맛본 사문・바라문이 있었다 하더라도 내가 맛본 괴로움은 최고이며 그 이상의 것은 없었을 것이다. 미래에 어떠한 격렬한 괴로움을 맛볼 사문・바라문이 있다하더라도 내가 맛본 괴로움이 최고이며 그 이상의 것은 없다(상게서, 24면).

행과 성도부분을 제외하고서 석가의 生을 이야기할 수 없다. 고행의 역정은 佛傳에서뿐 아니라 僧傳의 기술에 있어서도 불교적 生을 확장, 제시하는데 가장 핵심적 단락으로 차용될 뿐만 아니라 이후 승전 구성에 전범으로 작용한다.

일반적으로 僧傳은 석가의 '前生-誕生-出家-苦行-成道-敎化-涅槃' 등의 대표적인 화소를 중심으로 구성되어 있다. 그것은 그대로 傳이나 보살들의 傳記의 서사의식, 구성에 전범으로 여겨지며 이후에 나타나는 傳記物에 크나큰 영향을 끼쳤다고 볼 수 있다.[23] 삶의 계기성에도 불구하고 전범으로서 작용할 수 있었던 까닭은 그것이 문학성만이 아니라 도덕적 영웅을 발굴・현창하고자하는 한편 전교・홍법의 목적까지 두루 아우르는 것이어야 한다는 강박관념에서 비롯됐는지도 모른다. 그들이 내세우는 영웅들은 심리적・정신적 승리에 대한 무한한 갈망을 가지고 있으며 일단 그들이 목표로 한 세계에 도달하면 "삶은 더 이상 도처에 도사린 재앙의 가혹한 단죄와 시간에 의한 磨損이나 막막한 공간의 두려움 앞에서 무방비 상태로 고통받는 일이 없게 된다."[24] 내면적 세계가 승리의 목표점이 되는 만큼 그의 갈등과 시련의 근원역시 개별화된 각각의 내면에 두고 있음은 이들 영웅에게 두루 통하는 공통점이다. 세계로부터의 분리는 그래서 주변의 像에 비친 삶의 해석에 골몰하다가 무한의 生을 찾고자 현실의 안온한 세계를 일방적으로 벗어나는 것으로 나타나는데 그것은 석가모니의 경우에서 볼 수 있는 것과 같이 他意에 의한 入門이 아니라 철저하게 자율적 결심에 의거한 행위가 된다.

그런데 실천의 단계에서는 두 가지 경우가 발생한다. 개별적 의지가 석가처럼 매우 강력하기 때문에 한 순간에 주변적 관계를 청산하고 無故의 세계로 편입하는 경우[25]와 주변의 의지가 주체의 의지를 견제하는 바람에

23) 大韓佛敎振興院, 상게서, 1988, 21면.

24) 조셉 캠벨, 상게서, 33면.

25) * 열두살을 넘기고 九流를 비속하게 여기고 佛道에 入門하고자 뜻을 두었다. 먼저 어

쉽게 세계와의 분리를 감행하지 못하는 경우로 나뉜다.[26] 개인적 의지가 아니고서도 분리(出家)를 결정하게 하는 계기의 빈번한 개입들, 예컨대 胎夢에 의한 상징적 암시,[27] 성장시에 찾아드는 異人의 충고,[28] 治病을 위한 헌신적 봉사 등으로[29] 다양하게 出家의 外的動因을 열거할 수 있다. 이

머니에게 말씀드리니 당신께서는 전의 꿈을 염두하고 울면서 그렇게 해라 하였으며(跨日星終 有隘九流 意入道 光白母 母念已前夢泣 曰詻) (成大 大東文化硏究院, 「郞慧和尙碑銘」, 상게서, 97면)

* 길러주신 은혜는 애오라지 갚았으나 심오한 뜻은 어찌 마음에 구하지 않으랴. 내 어찌 덩굴에 매달린 박처럼 한창 나이에 걸어온 자취에만 머무를 것인가.)(鞠育之恩 聊將力報 希微之旨 盍以心求 吾豈匏瓜 壯齡滯跡) (「眞鑑禪師碑銘」, 상게서, 127면)
* 문성왕 8년에는 20세였다. 갑자기 생각하기를 '대장부가 마땅히 법을 떠나서 고요히 살아야할 것인데 어찌 문자에만 종사할까보냐.' 했다.(至文聖王八年 年二十矣 忽自念曰 大丈夫當離法自靜 安能兀兀守文字間耶) (민족문화추진회, 「先覺國師碑銘」, 상게서, 582면)
* 延祐 경술 5月 15일에 나이가 겨우 약관에 이웃의 벗이 죽었는데 父老들에게 묻기를 "죽으면 어디로 갑니까." 하니 모두가 말하기를 "모르는 일이다." 하니 마음이 아파서 공덕산으로 달려가 三然先師에게 머리를 깎았다(延祐庚戌五月十五日生年甫冠 隣友亡問諸父老曰 死何之 皆曰 所不知也 中心痛悼 走入功德山 投了然師祝髮) (文明大, 『京畿金石大觀』, 경기도, 1982, 57면).

26) * 아버지가 일찍 죽었으므로 어머니에게 중이 되기를 빌었으나 어머니는 허락하지 아니하고 힘써 유학을 배우도록 하였다.(父早薨 從母乞出家母不許 勉令業儒) (민족문화추진회, 상게서, 589면)
* 어머니께 佛道에 돌아갈 것을 청하였는데 어머니는 그의 어린 것을 가엾게 여기고 다시금 집안을 보전할 주인이 없음을 염려하여 허락하지 않았다.(白所生 請歸道 母慈其幼 復念保家無主 確不許) (成大 大東文化硏究院, 상게서, 「智證大師碑銘」, 상게서, 180면)

27) 졸고, 「僧傳에 나타난 꿈의 기능」, 『東國大 연구논집』 18집, 東國大大學院, 1988, 62~65면.

28) 이것은 胎夢의 來者와 구별되는 인물의 출현이다. 진각국사가 성장시 홀연히 나타난 고승에게 "이 아이는 티끌 세상에서는 정착할 곳이 없다."는 말을 들었다거나 智證大師가 유아 시 자주 보채고 울 때 어떤 도인이 "아이가 울지 않도록 하려면 훈채 및 육류를 끊고 지내시오."라 말한 것 등은 강력한 출가의 상징 단위에 해당한다.

29) * 모친은 趙氏인데 개흥군 부인이다. 나면서부터 병이 많아 치료하여도 효험이 없자 그의 부친이 부처님께 기도하고는 중이 되기를 맹세한 즉, 병이 곧 나았다.(妣趙氏開興郡夫人 生而多病 醫治不孝 考乃禱佛 誓以出家病辱愈)
* 어머니의 꿈에 여러 부처와 보살이 두루 상방에 나타나보였다. 깨니 병이 나았다.(侍

모든 出家화소는 필연적 · 당위론적으로 주인공에게 현세계로부터의 이별을 요구하고 있는 것처럼 보인다. 하지만 이야기는 세계로부터의 이탈이 퍽 자연스럽게 진행되는 것으로 처리된다.

入門, 즉 出家전후 화소를 일별할 때에 대체로 生은 의지적이기 보다 영험적, 선험적 상황에 종속되며 상상외로 주위사람들의 의지에 순응하는 것으로 비쳐진다. 유교주의자들이 갖고 있는 修身齊家와 治國平天下의 과제가 완전히 가셨다고 볼 수 없는 대목도 적지 않게 발견되기도 한다. 그렇지만 불교적 영웅의 상을 여하히 마련할 것인지에 대한 고민은 위의 예들에서 보듯, 현실과의 엄청난 사고 체계적 간격과 그로인한 충격을 줄여야한다는 생각에서 신중하게 삶의 여러 모습을 대입시키고 있다. 이는 석가모니적 生의 발굴과 현창에만 눈을 돌리지 않고 현실과의 타협을 생각함으로써 결국에 영웅은 당대의 산물 그 이상일 수 없다는 인식에서 출발하고 있음을 증명하는 것이 된다.

眞覺國師가 出家를 두고 겪게 되는 갈등은 당대 이데올로기로 굳어진 유교적 사고가 어머니의 생각을 어떻게 제한하는지를 잘 보이는 바, 한때 그는 어머니의 뜻을 거역하지 못하고 立身揚名을 위해 과거에 응하고 出仕를 목표로 삼을 수밖에 없었다. 眞表는 僧이 된 후에도 절에 아버지를 모시고 道業을 깊이하면서도 봉양하기를 게을리 하지 않았다.[30] 이러한 현실에 대한 이들의 순응의식은 다른 한편으로 소위 귀족적 영웅의 성격을

病於族兄裵光漢家 斂念入觀佛三昧 母夢諸佛菩薩 遍現四方 覺而病愈) (민족문화추진회, 상게서, 589면)

* 아버지가 병이 들었는데 의약이 효험이 없었다. 점치는 자가 말하기를 "적자가 중이 되면 임금의 병이 완쾌 될 수 있습니다." 했다 … 마침내 아쉬움을 갖고 중으로 내주기를 원하게 되어서 아버지의 병이 금방 나았다.(父病醫莫效 筮者曰嫡子出家之王病可痊 … 初甚難之 割愛願舍 父病立愈) (민족문화추진회, 상게서, 607면)

* 얼마있지 않아서 대사에게 병이 전염되어 의원에게 보여도 효험이 없는지라 여러 사람에게 점을 쳤더니 말하기를 "마땅히 부처에게 이름을 예속시켜야 할 것이다."하였다. … 이틀 밤을 자고 난 뒤에 과연 아주 병이 나았다(居無何 染沈病 謁醫無效 枚卜之 僉曰 宜名隸大神 … 信宿果大瘳) (대동문화연구원, 상게서, 180~181면)

30) 상게서, 卷5, 眞表傳簡.

강하게 부각시키는 것이라 단정 짓게 하는데 권력층 가운데서도 왕과의 접촉은 대표적인 것이라 하겠다.

佛教的 덕성을 중시하는 승의 자취에서 王과의 접촉을 일부러 강조하려는 태도는 언뜻 이해되지 않는다. 분명 정신적 세계의 고양된 부분을 염원하고 他人까지 그 세계로 인도하는 것을 임무로 삼은 그들에게 궁궐주변의 일화가 행적을 대표하는 적합한 이야기인지에 대해서는 얼른 판단이 서지 않는다. 그러나 이러한 현실 순응적 내용을 포함시킨 까닭은 앞서 말한 당대적 이데올로기에 의거한 위대성의 현시 곧, 현실주의 시각을 동반한 영웅상을 일거에 외면할 수 없었던 데서 기인했다고 보는 것이 타당할 것이다.[31] 석가와 같은 전형적인 영웅상을 좇기 위해 구성과 서사의식을 전형적으로 잡는 경우가 우세하지만 승과 당대의 이데올로기, 세계관, 역사의식을 의식한 모티브의 개입도 한편으로는 신중하게 모색되었음을 살필 수 있다.

3. 英雄의 자질과 활약

3.1. 入社儀禮

방쥬네의 通過儀禮에는 入社儀禮를 제 인종간의 사춘기로 나누어 구체적 양태를 열거하고 있는데 그 가운데 여기서 다루려는 불교적 영웅상과

---

31) 유자들이 승전류의 찬자로 나서는 경우, 자신들의 이념에 따라 유교적 시각으로 승의 자취를 해석하고자 하는 경향을 드러낼 수도 있을 것이다. 불교담론의 찬자로 나섰음을 잊지는 않겠으나 체득한 관습과 태도에 따라 현실적이고 세속적인 시각이 돌출될 수도 있다고 본다. 하지만 현실세계에 대한 관심을 피력했다고 해서 불교적 영웅으로서의 상을 부정하거나 왜곡시키는 일은 흔하지 않다.
가령 『四山碑銘』과 『均如傳』을 예로 들 수 있을 것이다. 두 작품은 유자인 崔致遠과 赫連挺이 찬한 것으로 文中에 왕에 대한 언급이 빈번히 등장한다. 최상 권력인 왕이 불교 성장의 견인차가 되어준 역사적 맥락을 여기서 읽을 수 있는데 왕이 승전류에 등장한다고 해서 승에 대한 영웅화가 소극적으로 이루어지지는 않는다.

관련해 가장 주목되는 말은 “구체적인 변이형이 많다하더라도 통과의례의 일반적인 유형에 맞는 것들은 언제나 찾아낼 수 있다.”[32]는 확신에 찬 귀납론적 단정이다.

범세계적인 문화패턴을 보여주는 入社는 흔히 부활로 인식되는데 入社를 전후로 세계와의 큰 단절이 따른다. 육체적인 고통, 슬픔, 격리, 모험, 위기를 수반하는 入社儀禮가 分離・轉移・統合의 계기성을 동반한다고 보면,[33] 불교의 세계에서 탄생하는 영웅도 결코 쉽지 않은 입사의례가 뒤따를 것이다. 僧의 생애 중 일반의 영웅화과정에서 말하는 分離의 형태는 出家라는 공식적 사건으로 대응할 수 있을 듯하다. 出家는 대체로 화평하던 세계의 분위기를 깨면서 주인공에게 고통과 괴로움을 함께 부여하는 단절된 세계로 비추어질 수 있다. 그 점에서 苦行의 한 핵심소로 기능하기도 한다.

이와 정반대로 승전 등에서 그리고 있는 出家 단위는 고통과 절망의 시간대로 형상화되기보다 선험적・영험적인 체험 안에서 이루어지는 당위적 절차로 여겨지며 따라서 감동을 자아내는 단위로 바뀐다. 그러나 여전히 현실 안에서는 유교주의적 세계관을 부정한다는 비판을 피해갈 수는 없다. 忠과 孝를 감당할 여지가 별로 없는 僧으로서는 당대적 질서를 허무는 불량한 인물로 지목될 법도 하다. 세계와의 단절을 뜻하는 出家는 그 점에서 주위 사람에게도 충격을 안기는 入社儀禮였다고 하겠다.

入社화소로서 핵심이 되는 또 하나의 화소를 들라면 覺醒화소가 아닌가 싶다. 설사 출가에 대한 구구한 상황이 배제된 경우라 하더라도 깨달음의 전후 시간에 대한 관심은 다른 것에 비해 유난히 강조되는 것이 불교적 生의 기술에서 나타나는 공통적 특징이다. 깨달음은 그러나 쉽게 오지 않는 법, 따라서 절차의 하나로 우선 ‘스승찾기’ 과정을 포함시키게 된다. 均如는 출가와 동시에 득도의 안내자로서 먼저 識賢和尙을 만난다. 그러나 그

32) A. 방쥬네 全京秀 역, 『통과의례』, 乙酉文化社, 1985, 123면.
33) A. 방쥬네, 상게서, 132면.

의 그릇됨이 자기를 견인하기에는 부족하다고 여기고는 靈通寺 義順公을 찾아 배움을 청하기에 이른다.[34) 이외에 眞明國師의 청익과정을 보면, 雲孫禪師에게 계를 받고 青年 無依大師라는 또 다른 스승의 도움을 받아 高逸한 경지에 오른 것으로 되어있다.[35)

請益말고도 道에 이르기 위해서 수행자가 거쳐야만 하는 고난과 시련은 다양하며 깨우침의 계기 또한 다양하게 주입되는 것을 보게 된다. 경우에 따라 청익 단계가 없이도 스스로 침잠해 마침내 궁구하던 물음에 홀연히 답을 얻는 예도 있는데 이런 예는 『祖堂集』에서의 覺醒모티브와 방불하다. 하지만 入社의례로서 成道의 길은 대체로 멀고도 험하다. 『宋高僧傳』에서는 無相의 苦行談을 이렇게 전한다.

> 그는 한번 좌선을 하기로 하면 5일을 기한으로 했으며 눈이 쏟아지는 겨울에 바위에 앉아 선정에 들면 밤중에 조차도 움직이지 않아 어떤 때에는 지나가던 맹수가 코를 대고 냄새를 맡았으며 옷이 낡고 머리가 산발이 되어 사냥꾼이 짐승으로 오해한 적도 빈번했다.[36)

비슷한 이야기는 眞覺大師에도 있는데 그가 지리산에 들어간 이후의 수

---

34) 赫連挺, 『均如傳』, 『韓國古典叢書』, 大提閣, 1975.
師少而孤 及志學之歲 隨堂兄僧善均 往詣復興寺 謁識賢和尙 事之隸業 其乃能訓五器 劣於所訓之機 雖簣塵不讓於成高 而盃水豈益蜀於大渴 于時 靈通寺義順云量如洪鍾 善待問者 是以 四方義學 聚成 霧市 師相求之心 若塊噎之於於菟 每日黃昏之後 俟識賢和尙假寐之夕 潛詣靈通寺 請益 方曉而返 親自奉粥奉供 識賢密認其意 乃理不能遮 尋許投于順公 師去彼就此 事與願契(第二 出家請益分者)

35) 『東文選』, 眞明國師碑銘, 상게서, 557면.
初謁雙峯辯青牛 服勤數載 因得閫奧 次詣曹溪 無衣堂下 大爲器許 又嘗師事淸眞國師 所至相從 稟受曲折 盡得其骨髓 故於古人公案 洞曉其指歸 游刃玄關 得樂說變才

36) 贊寧, 『宋高僧傳』, 大正藏 第50卷, 823~833면.
中夜授與磨納衣 如定入深溪谷岩下坐禪…… 每入定多是五日爲度 忽雪深有二猛獸來 相自洗拭裸臥其前 願以身施其食 二獸從頭至足嗅匝而去 往往夜間坐床下搦虎鬚毛 旣而山居稍久衣破髮長 獵者疑是異獸 將射之復止

행과정은 아래에 잘 나타난다.

> 금대 앞의 연화위에서 좌선하던 중 눈이 머리까지 쌓였으나 나무처럼 움직일 줄 몰랐으며 사람들이 죽은 줄 알고 흔들었지만 대답조차 하지 않았고 계속 읊는 소리가 10여리까지 미쳤고 조금도 때를 어기지 않아 듣는 이가 아침인 것을 짐작했다.[37)]

뿐만이 아니라, 석가와 생일이 같다고 해서 일찍부터 善宗郎이라 불린 慈藏의 고행담을 수습하고 있는 一然은 그가 처자를 버리고 용맹정진하는 모습을 다음과 같이 전하고 있다.

> 홀로 깊숙하고 험한 곳에 있으면서 이리나 범을 피하지 않았다. 枯骨觀을 닦았는데 조금 피곤함이 있으면 작은 집을 지어 가시덤불로 둘러막고 그 속에 알몸으로 앉아 움직이면 곧 가시에 찔리도록 하고 머리는 들보에 매달아 昏迷한 정신을 없앴다.[38)]

몇 가지 예를 보더라도 僧이 통과해야할 과정으로서 출가는 물론 그 후의 스승 찾기나 용맹정진은 불교적 영웅으로 탄생하기 위해서 당연히 거쳐야할 제의와 다를 바 없다고 해야겠다. 이것이 곧 英雄化 절차이며 僧의 生涯를 일별할 때 가장 의미 있는 핵심적 화소로 판단한 것으로 보여진다. 탄생을 歸還으로 보고 出家를 入門의 단계로 대응시키는 데에서부터 일반 열전에서의 영웅탄생과는 큰 차이를 보이는데 무엇보다도 세계에 대한 승리가 현실적 행위로 나타나지 않고 내면적 깨달음으로 처리한다는 데서 일

---

37) 『東文選』, 상게서, 590면.
晝夜常習定 每至五更唱偈甚 聲聞十許里 略不失時聞者以此候旦 又居智異 山金臺庵 宴坐臺上 雪積沒頂 猶兀坐如枯株不動 衆疑其死 撼之不膺 其刻苦如此

38) 상게서, 卷4, 慈臟定律.
乃獨處幽險 不避狼虎 修枯骨觀 微或倦幣 乃作小室 周障荊棘 裸坐其中 動輒箴刺 頭懸在梁 以祛昏暝

반영웅과의 구별점이 확연히 드러나는 것이다. 현실의 관심거리가 하잘 것 없는 의미로 처리되고 민담이나 설화·유교열전에서 상투적으로 나열되는 갈등구조까지도 별로 중시하지 않는다.

따라서 "불교적 영웅들이 갈구하고 누리는 공간은 세계의 드러나는 측면이기보다는 드러나지 않는 후면이다. 이곳으로 들어갈 때 영웅은 보살이 버린 세계로 발을 들여놓는 것이다. … 이곳은 이원적인 시각의 모순이 아니라 불가사의한 존재의 궁극적인 요구가 도사리고 있다."[39] 그러한 세계는 구체적으로 어떻게 묘사되며 영웅에게 있어 어떤 의미를 지닐 수 있는가. 이 과제를 수행하기 위해서 먼저 떠올린 것이 入社과정으로서 出家와 覺醒의 의미에 비중이 실리도록 이야기를 구조화하는 것이었다고 생각할 수 있겠다.

3.2. 非凡화소의 설정과 영웅의 활약

3.2.1. 時空의 초월성

이 부분에서는 일반인과 영웅간의 거리의 확인 작업, 다시 말해 영웅만이 지니고 있는 특별한 변별적 기능을 주목하는 데 뜻을 둔다. 영웅을 확정하는 제 장치는 무엇이며 그것이 보통사람에게 어떤 의미로 받아들여지는지도 눈여겨보아야 할 것이다. 영웅자체도 관심거리이기는 하나, 영웅이 지닌 시간관념은 눈여겨 볼 요소에 해당한다. 영웅이 주재하는 시간은 세속의 인간들이 지닌 자연적 시간관념을 앞세워서는 이해되지 않는 경우가 빈번하다.

國仙으로 있던 夫禮郎이 말갈족에게 납치된 사건이 일어났으며 게다가 나라의 보물인 玄琴과 神笛까지 도난당하는 사건이 있었다. 한데 夫禮郎

39) 조셉 캠벨, 상게서, 345면.

의 부모가 佛心으로 지성을 다하자 나라의 보물은 물론 夫禮郞과 安常이 홀연 그들 앞에 나타난다. 그들이 그간의 자초지종을 말하게 하는데, "제가 잡혀간 뒤로 적국 大都仇羅의 집에서 말치는 일을 돌보았는데… 갑자기 나타난 중 하나가 피리를 들고 와 사정을 듣고는 자기는 거문고를 타고 우리들은 피리 반쪽씩의 힘에 의지하여 금세 고향으로 오게 되었다."고 밝힌다.[40)]

또 한 동안 행방불명되었다가 7일만에 갑자기 나타난 寶開의 아들 長春이 이상한 스님에 의해 吳나라 바닷가에서 신라로 돌아오는데 한나절도 채 걸리지 않았다는 異蹟談[41)]이나 구름을 타고 중국 청량산에 가서 여러 사람을 따라 강의를 듣고 난 후에 순식간에 본국으로 돌아오곤 했다.[42)]는 智通의 자취도 호기심과 경외감마저 불러일으킨다. 범인의 눈에 비친 신비체험은 玄光의 경우에도 예외가 아닌데 玄光대사가 중국에서 유학을 마치고 돌아오던 중 天帝의 청으로 용궁에 인도되어 7일간 머물면서 法門을 說해 주었다. 하지만 귀환하던 일행들이 대사를 기다린 시간은 고작 반나절에 불과한 것이어서 지상과 수부의 시간이 별개로 흐르고 있음을 감지하게 된다.[43)]

한편 무한의 시간대 위에서 生을 파악하려는 사고도 엿보이는데, 智通과 朗智는 "法興王 정미(527)에 처음으로 여기에 와서 살았는데 지금 얼마나 되었는지 모르겠다."고 말했다. 一然은 실증적 벽을 억누르지 못하고 智通이 산에 처음 온 것을 기준으로 그의 나이가 135세를 훨씬 넘었다는 계산 결과까지 밝혀놓고 있다.[44)]

대체로 위에 든 신비체험들을 통해서 보면 영웅들이 누리는 시간은 상대

---

40) 상게서, 卷3, 百栗寺.
41) 상게서, 卷3, 敏藏寺.
42) 상게서, 卷5, 朗智乘雲 普賢樹.
43) 『宋高僧傳』, 상게서, 820~821면.
44) 상게서, 卷5, 朗智乘雲 普賢樹.

적일 수 있다는 것이 확인되며 그 상대적 시간의 누림이 불교적 세계와 세속, 異界와 현세, 범인과 영웅의 2원적 가름을 명확하게 드러내주는 중요한 요소로 새겨지고 있음이 드러난다. 따라서 멀치아 엘리아데가 「거룩한 시간과 신화」의 章에서 말한 바, "종교적 인간은 두 종류의 시간 속에서 살게 되는데 그 중에서 더 큰 중요성을 갖는 거룩한 시간은 순환적이며 可逆的이며 회복 가능한 시간이라는 역설적 양상 아래서 나타난다."는 주장이 설득력 있게 다가온다. 세계를 구성하는 다양한 실재들을 창조함으로써 신들은 또한 거룩한 시간을 창조하는 것이다. 왜냐하면, 창조행위와 동시에 놓이는 시간은 필연적으로 신들의 현존과 활동에 의해 성화되기 때문이다."[45] 그는 이처럼 영웅만의 시간이 존재한다고 보았다. 특히 후자의 말은 불교적 영웅과 긴밀한 관련을 맺는다 하겠는데, 聖的인 자장력이 작용함으로써 현실관점이 퇴색되어버리는 것은 물론 영웅이 관장하는 특유의 시간이 존재한다는 점을 깨우쳐 준다.

시간과 떼려야 뗄 수 없는 인식체는 공간이다. 시간과 마찬가지로 영웅에서 주어지는 異界체험은 우선 일상인과의 차이를 드러내는 주요한 요소가 되는 것은 물론이려니와, 현실과의 결별, 불안한 귀환 등으로 해서 모험에 다름 아닌 것으로도 표상된다. 『三國遺事』를 비롯, 승이 체험하는 이계로서 가장 빈번하게 나타나는 세계는 용궁이다. 그곳은 하향의 공간으로 고승의 法力에 의지하고자 하는 발원을 모아 적극적으로 고승들을 초청하기에 이른다.

물론 元曉가 龍의 인도로 노상에서 「三昧經疏」를 지을 수 있었다거나,[46] 明朗이 용궁에 들어가 神印을 얻어 적병을 물리치는 신통력을 발했다[47]는 등의 예외적인 경우도 있기는 하나 그것도 일방적인 도움이 아니라 교류의 차원에서 생각할 일로 보인다.

---

45) 멀치아 엘리아데, 李東夏 역, 『성과 속』, 학민사, 1983, 54면.

46) 상게서, 卷4, 元曉不羈.

47) 상게서, 卷5, 明朗神印.

아무튼 고승들의 용궁 체험은 '地上 → 水府 → 地上'의 순환으로 구조를 이루게 된다. 물에 잠기는 것은 무형태로의 회귀, 존재이전의 미분화된 상태로의 복귀를 의미하는 것이고 물속에서 다시 지상으로 오르는 것은 우주 창조를 반복하는 상징성을 내포한다고 볼 수 있겠다. 그러므로 용궁은 聖顯의 다양한 의미를 평가하는 의미로서, 상징체계로서, 단순한 유희적 공간이나 이물과의 접촉을 강조하려는 데서 나온 산물로만 규정할 수는 없게 된다.[48)]

용궁이 수계로서 하향 공간에 놓인다면, 天界 혹은 공중은 상승의 세계로서 상향 의지를 대변하게 된다. 하늘을 불교에서는 아주 세분화시켜 도솔천을 비롯해 33천으로 나누기도 하지만 원시관념과 다를 바 없이 신성함을 표상하는 상향공간으로 수용해온 터이다. 이제 몇 가지 예화를 통해 불교적 天관념을 훑어본다.

表訓은 일찍이 佛國寺에 살면서 天宮을 자유롭게 드나드는 재주가 있었으며[49)] 영웅적 자질을 먼저 헤아린 천궁에서 金大城에게 천신을 파견해서 佛事에 일조하도록 명했다는[50)] 점 등은 敬天사상을 바탕삼아 주인공들의 非凡함을 강조하는 예가 될 것이며 미륵보살이 도솔천에서 강림하여 眞表에게 계법을 주었다거나[51)] 하늘로부터 공양을 받고 재를 올릴 때 마다 하늘 주방에서 먹을 것을 보내왔다는 宣律師 주변인의 증언[52)]도 上向·上昇의 욕구의 한 징표로 받아들일 만하다. 아울러 惠空이 말년에 공중에 떠서 入寂했다[53)]거나 正秀가 얼어 죽게 된 여자 거지를 살려주자 하늘이 그 선행을 가상히 여긴 나머지 계시를 통해 왕에게 알려지게 했다는 것, 郁面이 죽음과 동시에 육신이 하늘로 비상했다는 점 등을 새길 때, 얼마나 天上의

48) 멀치아 엘리아데, 상게서, 100면.
49) 상게서, 卷4, 蛇福不言.
50) 상게서, 卷5, 大城孝二世父母 神文王代.
51) 상게서, 卷4, 關東楓岳鉢鉢淵藥石記.
52) 상게서, 卷3, 前後所將舍利.
53) 상게서, 卷4, 二惠同塵.

신비체험에 연연했는지를 알 수 있다. 왜 이렇게 하늘에 대한 지향성이 강한 것인가. 그 까닭을 엘리아데는 "하늘은 그 자체를 무한하고 초월적인 존재로 보여주며 탁월한 의미에서 전적으로 다르다. 무한한 높이를 단순히 지각하는 것만으로도 초월성이 계시되며 가장 높은 것은 저절로 神性의 속성이 된다."[54]고 풀이하고 있다. 아울러 그는 "영원의 무게를 획득한 거기에는 신들이 살고 소수의 특권을 지닌 인간들은 上昇祭儀에 의해 그곳으로 갈 수 있다."[55]고 풀이하고 있다. 결국 天上의 공간은 불교적 영웅에게 世界의 질서를 체득하게 하는 곳이었으며 그 세계와의 여행·교류의 능력을 지닌 자에게 神性化·英雄化를 가능케 해주는 곳이다.

『三國遺事』에서 상대적으로 드물게 취급되는 공간은 地下의 세계가 아닌가 싶다. 그러나 드문 예에도 불구하고 그 상징성을 짚어보는 데는 소중한 공간이라 할 것이다. 알다시피 大地는 어머니를 상징한다고 정신분석자들은 풀이했다. 대지는 진정한 어머니로서 생명의 탄생은 물론 은혜와 기도를 베푼다고 여긴다. 蛇福이 죽음에 앞서 원효에게 보여준 세계는 地下였다. 지상의 특별한 장소가 아닌 하찮은 돌 뿌리 밑에 놀랍게도 명랑하고 淸虛한 세계가 있었다고 했다.[56] 보통 사람으로는 체험할 수 없는 성스런 세계를 죽음에 결부시킨 까닭을 어떻게 이해할 것인지. 대지는 진정한 어머니로서 蛇福의 죽음을 받아들임과 동시에 다시 태어날 것을 약속하는 희망의 공간으로 처리한 것이라 하겠다. 따라서 蛇福이 찾는 地下는 물속으로 잠김, 혹은 세례와 동일한 마술적·종교적 가치를 지닌 세계가 된다.[57] 地上에서 地下로의 이행은 죽음의 의미보다는 새로운 영웅으로서의 재생으로 주목되어야 한다.

上(天宮)·中(地下)·下(龍宮) 제공간의 수직적 변이형태에도 불구하고

---

54) 멀치아 엘리아데, 상게서, 90면.
55) 멀치아 엘리아데, 상게서, 90면.
56) 상게서, 卷4, 蛇福不言.
57) 멀치아 엘리아데, 상게서, 110~111면.

영웅이라 불릴 존재들이 경험하는 세계는 인간으로서는 범접하기 어려운 神的·聖顯的 공간임이 확실해진다. 이런 공간의 차용으로해서 이야기는 더욱 호기심을 불러일으키고 영웅은 더욱 초월적 존재로 부각되는 것이다.

3.2.2. 衆生구원의 제 양상

일반 열전·민담·설화에서의 영웅은 그 영웅화로의 역정에 주의력을 집중한다. 여기에 비해서 불교적 영웅은 그 활약상에 더욱 비중을 두고 그가 베푸는 利他的 행위를 조명하기에 힘씀으로써 도덕적 영웅의 면모가 두드러지도록 한다. 成道의 의미는 개인적인 의미로 끝나지 않고 汎우주적인 끈을 형성해 깨달은 자의 마땅한 몫을 찾아 나선다. 神的 위치에 이른 그들이 다시 내려와 인간의 고통·위협·공포·기아 등을 쫓아주는 것을 통해 영웅상은 이루어진다고 믿는다. 공간을 주재할 수 있게 된 영웅들이 天體에 관심을 보이는 것은 그런 보시의 정신에서 시작된다.

가뭄을 만났을 때 高僧의 法力으로 비를 내리게 했다는 설화만큼 흔한 것도 없다. 景德王 天寶 12년 여름에 가뭄이 심했는데 太賢이 『金光經』 강론을 통해 降雨의 신통력을 발휘하는가 하면[58] 균여는 祈晴의 주재자로 나서 억수 같이 내리던 비를 한 순간에 그치게 만들기도 한다.[59]

나아가 旱雨가 아닌, 더 큰 변괴라 할 수 있는 雙星出現을 다스리는 일도 있는데, 갑자기 태양이 둘이나 떠올라 사람들이 두려움에 떨고 있을 때 月明師를 초청하여 도솔가를 부르게 하자 사라졌는가 하면,[60] 혜성이 心大星을 범하는 사건과 함께 왜구의 침입이 닥쳐 나라가 불길한 징조·위

58) 상게서, 卷4, 賢瑜珈海華嚴.
비슷한 降雨 이적은 眞明國師(『東文選』 117卷), 靜覺國師(『東文選』 118卷), 圓光(『海東高僧傳』, 流通一之二) 등에도 나타나 있다.

59) 『均如傳』 第七, 歌行化世分者.

60) 상게서, 卷5, 月明師 兜率歌.

기에 빠졌을 때 융천사가 노래를 지어 부르자 금세 사라졌다는 이야기[61] 속에서 공히 高僧이면서 天上의 천체까지 주재하는 영웅상을 떠올리기란 어렵지 않다. 이런 사례는 어떤 것보다 찬술대상의 지닌 초월성을 분명히 드러내 주지만 이적행위 그 자체만 눈여겨보아서는 곤란하다. 이들에게 그러한 자질을 가져다준 계기를 지극한 神心의 결과 즉, 부처 등 보다 큰 우주적 주재자를 감동시킨 것으로 여겨 이 고승들에게 당연히 주어지는 응보를 진지하게 헤아려 보자는 뜻으로 새겨야 마땅하다.[62]

다음으로 法力의 징험이 잘 나타나는 것으로 병의 치료를 들 수 있다. 인간의 희원중 하나가 치병인 만큼 그 능력은 어느 것보다 다중의 우러름을 이끌어내는 매개가 된다.

> ① 본국의 임금이 병이 나서 의사가 치료해도 차도가 없으므로 圓光을 청해다가 궁중으로 모셔 … 이로부터 왕은 더욱 勝心을 내서 圓光을 청해다가 오래지 않아 왕의 병이 나았다.(本國王染患 醫治不損, 請光入宮……由是重發勝心 克留病所 不久遂差)(『三國遺事』 卷3, 圓光西學)

> ② … 이때 憂助는 7세였는데 그의 어머니는 "주인어른의 병환이 위독하신데 어찌 너는 모르느냐." 한다. … 憂助를 부르자 그는 와서 공의

61) 상게서, 卷5, 融天師 彗星歌 眞平王代.

62) 상게서, 卷5, 月明師 兜率歌條에 다음과 같은 상황설명이 보인다. "이와 같이 月明의 지극한 덕과 지성이 미륵보살을 감동시켰던 것이니 이 일을 조정이나 민간에서는 모르는 이가 없었다. 왕은 더욱 그를 공경하여 다시 비단 1백 필을 주어 큰 정성을 표하였다.(知明之至德與至誠 能昭假于至聖也如此朝野莫不聞知 王益敬之 更賵絹一百疋 以表鴻誠)." 그런데 흥미로운 것은 天上과의 소통 혹은 異跡시에 항상 聖具가 언급된다는 사실이다. 鄕歌를 주문의 일종으로 새기려는 태도도 그렇지만, 月明師가 笛을 불자 달이 움직이지 않았다는 것에서 笛의 신통력을 새길만하고 百栗寺條에서의 피리, 거문고 등도 같은 맥락에서 神力의 상징물로 보인다. 불교적 영웅들에게 있어 신통력의 현시에는 錫杖, 佛舍利, 佛牙, 聖衣, 袈裟, 佛鉢, 念珠 등의 聖具가 다양하게 등장한다. 聖具의 상징성과 내재적 의미와 영웅성 문제는 흥미있는 과제이나 여기서는 생략한다.

침상아래 앉아 한 마디 말도 하지 않았는데 조금 후에 종기가 터졌다.(憂助年七歲 謂其母曰 家有何事……家公發患病將死矣 爾何不知……公使喚來 至來床下 無一語 須臾瘡潰)(『三國遺事』 卷3, 二惠同塵)

③ … 密本은 밖에서 藥師經을 읽었다. 經을 다 읽고 나자 가졌던 六環杖이 침실 안으로 날아들어 가서 늙은 여우 한 마리와 중 法惕을 찔러 뜰 아래에 거꾸로 박히게 하자 왕의 병은 이내 나았다.(本在宸仗外讀藥師經 卷軸纔周 所持六環 飛入寢內 刺一老狐與法惕 倒擲庭下 王疾乃瘳)(『三國遺事』 卷4, 密本摧邪)

④ 삼장이 소리를 듣고 와 보더니 화로를 치우고 손가락으로 정수리 터진 곳을 만져주면서 神呪를 외우니 상처가 아물어서 보통 때와 같았다.(藏聞來視之 撤火盆 以指按裂處 誦神呪 瘡合如平日)(『三國遺事』 卷4, 惠通降龍)

⑤ 이 때 왕의 따님이 갑자기 병이 있어 왕은 혜통을 불러 치료하게 했더니 병이 금시에 나았다.(王女忽有疾 詔通治之 疾愈)(『三國遺事』 卷4, 惠通降龍)

⑥ 城國公主가 병들어 누워 낫지 않았으므로 사람을 사방으로 보내어 병 고칠 자를 찾았다. 스승은 그 구함에 응하여 대궐에 들어가 그 병환을 치료하여 낫게 했다.(城國公主疾病 不愈 追使西方求能治者 師應募赴闕 爲療其患)(『海東高僧傳』, 流通一之一)

⑦ 大成大王 광종의 비 大穆皇后의 옥문에 부스럼이 났는데 … 이에 대사께서 향로를 받들고 呪願하였더니 부스럼이 절로 괴나무로 옮겨갔으니 … (大成大王二大穆皇后二玉門生瘡 … 師奉香爐況願 瘡自移著槐樹…)(『均如傳』 第六, 感通神異分者)

보현보살의 보시를 연상시키는 고승들의 치병설화는 법력현시를 핵심내용으로 삼는다. 초능력자로서의 치병 능력을 아무리 나열한다고 치더라도 그것이 불교적 영웅으로서의 경외심과 숭앙심으로 곧바로 이어질 것인지 확신하기는 어렵지만 건국담이나 열전에 등장하는 무사적 영웅과 또 다른 측면에서 고통 받는 하부 대중을 구원하는 구원적 행위가 불교적 영웅과 먼 거리에 있지 않음을 말해준다.

이러한 민중지향적인 영웅의 모습이 자칫 천상적 주재자로서의 신적 위엄을 퇴색시키지 않느냐하는 의문이 생길 수도 있겠지만 半神半人的 행동을 보여줌으로써 공상에 머무는 것을 막아준다. 뿐만 아니라 보시행위는 인간은 물론 龍・물고기 등 畜生에까지 두루 미쳐[63] 大乘的 차원의 僧像을 완벽하게 구현해 보이고 있다. 고승들은 法力을 지니고 계를 지키며 보시를 앞세우는 삶을 지향하는 바, 치병, 이계 교류 등도 그런 자비 실천의 예들에 속한다. 이외 영웅의 단계에 올라선 승들은 飛空・逐邪・禳災・獲福・還生・神人眞身現形 등 범인이 감당하기 어려운 갖가지 능력을 펼쳐 보임으로써 대중과 다른 위치에 서 있음을 분명히 밝혀준다. 하지만 그 같은 능력현시는 성도와 대중구원이라는 승들의 지향점 안에서 펼쳐진다는 점을 환기할 필요가 있다.

---

63) * 상게서, 卷4, 眞表傳簡.
阿毖羅州에 이르니 섬사이에 물고기와 자라가 자리를 만들어 놓고 그를 물속으로 맞아들이므로 여기에서 眞表가 불법을 강의하니 물고기와 자라들이 戒를 받았다.(遊涉到毖羅州 島嶼間魚鼈成橋 迎入水中 講法受戒)
* 상게서, 卷4, 關東楓岳鉢淵藪石記.
명주 해변으로 천천히 가니 물고기와 자라가 바다에서 물위로 나와 율사의 앞에 오더니 저희끼리 몸을 맞대어 육지처럼 만들어 주어 율사는 그것을 밟고 바다에 들어가서 戒法을 외어주고……(還向溟州海邊 徐行次有魚鼈黿等類 出海向師前 綴身如陸師踏而入海唱念戒法遠出)
* 張德順, 『國文學通論』, 新丘文化社, 1963, 445~445면.

4. 영웅과 여성

불교적 영웅은 대개가 정형화된 서사 형식 안에서 그 상을 나타낸다. 개별의 생애가 있음에도 여러모로 석가모니적 생을 의식하여 이야기를 전개해 나감으로써 눈길을 모은다. 불교적 덕성의 현시, 불연적 자질의 빈번한 개입, 인간적 측면보다 神性의 확인과정 등을 통해 영험성과 신통력을 앞세우는 바람에 전체적으로 엄결성・고일성만이 드러날 뿐 상대적으로 그를 에워싸고 있던 본래 공간으로서의 地上的 삶이 부실하게 반영되는 것은 피할 수 없게된다. 聖스런 세계에 대한 동경의식이 지상에서의 이야기를 보조적인 것으로 그려지게 만든 셈이다. 따라서 인간적 측면이 약화되는 결과로 이어지고 前生의 그 영험성을 그대로 반복하는 전개양상을 보이기도 한다. 애초부터 聖과 俗의 이원론적 가름을 분명히 앞세워 비속한 세계로 이해해가는 것을 거부하는 것처럼 보이기도 한다.

한 예로 영웅은 살아가면서 가능한 한 여성을 곁에 두려하지 않는다. 찬자들은 僧을 부각시키고자 하면 으레 여성과 관련된 화제는 배제하려고 무척 애썼다는 것이다. 확실히 여성이란 道를 얻고자 하는 남성에게 장애의 대상으로 여겨질 수 있다. 수행승이라면 더 말할 나위없을 것이다. 불교의 계율은 일반인이라면 누구라도 익혀야할 五戒(妄語・兩舌・綺語・惡口・不飮酒), 八齋戒, 十戒 등이 있고 출가한 僧에게는 보다 강제성을 띤 四重戒(婬・盜・殺・妄語)와 기타 輕戒로 구성된 250戒(比丘), 348戒(比丘尼) 등이 마련되어 있었던 점을 보면, 여성을 얼마나 위험천만한 대상으로 보았는지 한 눈에 읽혀진다.

그러나 단순히 禁色의 가르침을 따르는 것만이 적극적 善行이며 지계의 전부라는 생각은 옳지 않다.[64] 그보다 먼저 새겨야 할 것이 利他정신, 혹은 보시의 진정한 개념이다. 布施는 일체중생을 그 대상으로 한다. 빈궁자,

64) 고익진, 『한국의 불교사상』, 동국대출판부, 1987, 248~249면.

질병자, 심지어는 축생에 이르기까지 복전의 개념이 확대된다.[65] 여성도 당연히 보시의 대상으로 이해할 수 있는데 불교인물 전승에서도 이점을 거론하고 있다.

불교인물의 행적을 살필 때 撰者들이 생의 강조점을 어디에 두어 형상화하고 어떤 식으로 화소를 수습·배열하며 계율적 의미를 어떻게 끌어내는가 하는 문제는 흥미롭고도 까다로운 과제가 되었을 것이다. 특히 여성과의 인연을 전하는 일은 퍽 조심스러운 작업이었을 터인데 여기서는 『續高僧傳』과 『三國遺事』에서 고승/여성 인연담을 살펴보기로 한다.

의상이 永徽 초년에 당나라로 불교수업을 떠나는 사건을 중심으로 해서 義湘傳敎條는 "당나라 사신의 배를 타고 중국에 들어가서 처음에 楊州에 머물렀을 때 州將 劉至仁이 의상을 청해서 관청에 머무르게 하고 성대하게 대접했다."[66]는 당시 일을 밝힌 뒤 곧바로 終南山 至相寺의 智儼과의 사제 관계에 초점을 맞춘다. 다른 자료와 달리 출발 시 동행했다던 元曉에 대해서는 어떤 언급도 없다. 이에 비하여 『宋高僧傳』에서는 義湘이 唐州界에서 폭우를 만나 토막으로 피신한 일화에 비중을 두고 있다. 무덤에서 밤을 새우던 중 원효가 해골에 괸 물을 마시게 된 계기로 깨달음을 얻어 굳이 유학을 포기했다는 그 유명한 이야기를 맨 먼저 전하는 것이 『宋高僧傳』이다. 아울러 우리의 이목을 집중시키는 것이 이국 여인 선묘와의 인연이다.

總章2년 登州에 머물러있는 동안 아침저녁 탁발을 나선 의상을 보고는 선묘가 흠모의 정에 빠진다. 그녀는 홀로 연모의 정을 품은 채 의상과의 인연이 닿기를 고대하게 된다. 그러나 젊은 사문의 道心을 움직일 수 없었고 끝내 선묘는 의상 앞에 무릎을 꿇고 生生世世 불법에 귀의할 것을 눈물

---

65) 『梵綱經』 卷下 第9 經垢罪, 大正 42.1005.에는 "見一切 疾病人 常應供養如佛異八福田中 看病福田第一福田"이라 했으며 『佛說福田經』(大正 16,777,a)에는 五淨德을 갖춘 僧福田과 七福田이 설해져 있다.

66) 상게서, 卷4, 義湘傳敎. "會居使紅有西還者, 寓載入中國 初止楊州 州將劉至仁請留御內 供養豊瞻"

로 맹세하기에 이른다.[67] 유학을 마치고 다시 귀국길에 오르는 시점에서 의상과 선묘는 해후의 기회가 있었으나 입당시의 다짐했던 대로 의상은 구법과 수행이외 다른 것에는 조금도 신경을 쓰려들지 않았다. 신라로 돌아가는 길에 의상은 선묘가 佛前에 경배하는 등 돈독한 불자로서의 모습을 지켜보는데 그칠 뿐 그녀와의 대면은 일부러 피했음이 분명했다. 선묘가 부두에 섰을 때 의상을 태운 배는 바다 멀리 떠나간 뒤였다. 선묘는 망연자실하다가 대사를 위해 마련한 옷함을 바다에 던지고 이어 자신도 바다에 몸을 던진다. 그러나 그녀는 죽지 않았다. 투신 전에 발원한대로 의상의 보호 龍으로 화한 그녀는 신라에 당도할 때까지 귀국선을 호위하게 된다.

현실적 안목으로 보면 비극적 연애담에 속한다하겠다. 그렇지만 고승의 면모답게 결코 흔들림이 없이 오히려 이국의 여인을 佛門으로 이끌고 나서는 義湘의 持節이나 의상과의 인연을 소중하고 아름답게 끌어가는 善妙의 丹心은 애정전기와 방불한 낭만적 처리에 해당한다. 무엇보다도 선묘의 그 모성애적 인물상의 구현은 고답적 세계를 지향하는 僧傳에서는 예외적으로 높은 문학성을 지닐 수 있게 했다. 一然이 보다 엄결성을 내세워 이 대목을 삭제한 이유야 헤아릴만하지만 『宋高僧傳』에서 영웅의 인간적 체취가 한결 부각되고 그와 더불어 흥미 또한 배가되고 있음은 부정할 수 없다.

고승과 여성의 관계를 줄거리로 삼는 작품으로는 『浮雪傳』과 『三國遺事』의 南白月二聖 努肹夫得 怛怛朴朴條를 또한 지목할 만하다. 義湘의 이야기에서도 그랬지만, 이 두 이야기에서도 애태우며 조바심치는 쪽은 여성들이다. 한데 義湘의 경우와 달리 이 두 이야기에서는 여성의 求愛에 남성들이 굴복하는 것으로 그려지고 있다. 수행자로 자처한 그들이 愛慾에 침몰된 것은 아닌가싶지만 전개되는 상황을 헤아려보면 예사롭지가 않다. 주인

---

67) 『宋高僧傳』 卷第4, 義解 第二之二.
"總章二年附商船達登州岸 分衛到一信士家 見湘容色挺拔留 連門下旣久 有少女麗服靚粧 名曰善妙 巧媚誨之湘之心石不可轉也 女調不見答 頓發道心 於前矢大願言 生生世世歸命和尙"

공인 남성들에 있어 여성의 접촉, 더욱이 그들이 일단 수행 중에 여성과 맺은 불가피한 인연은 人間事의 평범한 婚事儀禮가 갖는 그 단순한 의미보다 한결 강한 상징을 내포하고 있다고 봐야할 것이다.

먼저 부설대사의 경우를 살피자. 靈照·靈熙와 더불어 圓滿의 경지에 이른 浮雪大師가 文殊道場인 오대산으로 가던 중 仇無寃의 집에 머물게 된다. 큰비가 계속 이어진 것이 유숙 기간을 늘리게 했는데 그 사이 아름답기 그지없는 주인의 딸 妙花와의 만남이 이루어진다. 이미 성인의 경지에 올라있는 大師로서는 흔들림이 없었으나 묘화의 애모심이 끓어오르면서 부설은 아주 난감한 처지에 빠진다. 거기다 선묘의 부까지도 딸과 혼인할 것을 간청하고 나섬으로써 대사는 어쩔수 없이 居家修道의 길을 택한다. 몸은 비록 塵世에 처했을 지라도 修行에 모든 것을 바치자는 생각에서 나온 결정이었는데 과연 초지일관의 자세로 그 발심을 이어 나간 끝에 그는 圓覺의 경지에 올라선다.[68]

간추려 볼 때, 妙花와의 만남은 通過祭儀 시점과 맞물려 있다. 學과 行이 원만의 경지에 올라있으나 다시 용맹정진에 나가고자하는 때에 이루어진 일이기 때문이다. 속세에 머물며 여자와 결혼하게 되고 자식까지 얻게 된 재가 생활은 그의 의지와 무관한 것이었다. 그러므로 부설의 帶妻는 여인에 대한 布施에서 출발했다고 볼 수 있으며 타자에 대한 적극적 선행으로 이해하더라도 어색하지 않다. 결혼이후에도 수행정진에 전념하는 그에게 얼마나 많은 유혹과 고난이 따라 왔을지는 누구라도 쉽게 짐작할 일이다. 하지만 그는 옛 도반들에 앞서 해탈의 경지에 들어선다. 그는 재가불자의 표본으로 주변인들을 佛門에 귀의케 함으로써 성인적 면모를 내외에 널리 알리게 된다. 그는 애초 독자들이 가졌던 파계의 우려감을 불식시킨 것은 물론이려니와 삶의 방식, 혹은 불교적 영웅의 또 다른 모습을 역설적으로 제시해 보이는데 성공하고 있다.

---

68) 黃浿江, 『新羅佛教說話硏究』, 一志社, 1975, 370~371면.

『浮雪傳』이 상당히 소설적인 전개를 취하고 있으며 부설의 이야기로만 한정되지 않고 있는데 반해 努肹夫得 怛怛朴朴이야기는 짧은 奇事를 바탕으로 상징성을 최대로 발현시킨 예이다. 현세에 염증을 느끼던 夫得과 朴朴은 속세의 삶을 다시 정리하기로 하고 白月山 無等谷으로 들어간다. 그곳에서 3년간 수행을 계속하던 어느 저물녘 갑자기 20세 전후의 여인이 등장한다. 용모가 뛰어날 뿐만 아니라 난초・사향내를 풍기면서 두 승에게 접근했으니 몹시 당혹스런 국면이 펼쳐진 것이다. 더구나 그녀는 각각 2僧을 찾아 하룻밤 머물 수 있는지 여부를 간곡하게 물었다. 朴朴은 이에 수행중임을 이유로 들어 매몰차게 거절했으나 夫得은 그 가엾은 처지를 생각하여 머물게 허락했다. 그런데 갑자기 産苦를 호소하며 도와줄 것을 청하더니 마침내 해산을 하고는 이번에는 목욕을 시켜줄 것을 요구했다. 하지만 夫得은 여전히 측은한 마음이 앞서 그녀의 청대로 다 따르고 끝내는 그녀가 목욕한 물에 같이 몸을 씻으라는 별난 요구에도 응하게 되는 데, 기실 그것은 大菩薩로 인도하기 위한 관음의 배려였다. 도반의 해탈현장을 목도한 朴朴은 그제야 성불에 눈이 가려져 여인의 청을 묵살했던 과오를 뉘우치지 않을 수 없게 되었으며 이후 정진을 늦추지 않은 결과, 그 역시 無量壽佛로 화할 수 있었다.[69]

『浮雪傳』과 努肹夫得 怛怛朴朴이야기에서 공통적으로 떠오르는 주제는 "世間에 있으면서 세간에 물들지 않는다."[70]는 석가의 가르침이라 할 만하다. 일체중생을 진정한 친우로 보고 그와 함께 사랑스러운 말을 하고(愛語), 이익을 주고(利行), 함께 일하는(同事) 행동[71]을 이어가자 그들은 부지불식간에 불교적 인간의 최종 귀착점인 열반에 이르게 되었다. 홍미와

---

69) 상게서, 卷3, 南白月山二聖 努肹夫得 怛怛朴朴.

70) 『佛教聖典』, 대한불교진흥원, 1988, 169면. "비구들아, 비유하면 청련화 혹은 홍련화, 혹은 백련화가 물속에서 생겨 물속에서 성장하고 물위로 나타나면서도 물에 오염되지 않고 서 있다. 마치 그와 같이 여래는 세간 안에서 성장하고 세간을 이겨내고 있지만 그러면서도 세간에 오염되지 않고 세간 속에 머물러 있는 것이다."

71) 고익진, 상게서, 250면.

아울러 대자대비한 사랑이 무엇인지를 우회적으로 깨우쳐 주는 데 여성의 출현은 결정적 역할을 한다. 수행자들은 세속적 유혹에 해당하는 것을 무조건 외면할 수 있는 자라는 식의 일원론적 처리가 승담에서의 전형적인 전개임을 우리는 알고 있다.[72] 하지만 위 두 사례는 상식적 구도에 매어있지 않다. 그런 인물설정과 사건 전개야말로 문학적으로 한결 세련되었다고 말해도 좋을 터인데 서사성의 확장뿐만이 아니라 佛教的 宗旨를 구현하는 목적에도 잘 부응한다는 것이다.

5. 영웅과 민중

중세시기 불교가 어느 종교보다 월등한 위치에 서 있었다는 사회문화적 배경아래서 창작된 승전류들에는 자연스럽게 승려가 이상적 존재로 형상화된다. 다중이 우러르는 이상적인 모델을 제시한다는 의식이 앞서 찬술자들을 지배하고 있었겠지만 형상화된 고승들을 보면 이른바 귀족적 영웅과 상당히 닮은 것으로 나타난다.

주인공은 지체 있는 집안에서 출생했을 뿐더러 동류의 아이들과는 전혀 다른 자질과 기품을 지닌 인물로 부각되는 것이다. 또 父가 일찍부터 출가를 생각한 인물로, 어머니 역시 불심이 돈독한 신자로서, 그리고 주변인들조차 주인공의 출가를 선험적 경험을 통해 은연중 인지하도록 하는 구성을

72) 대표적인 예로 西山大師설화(손진태, 『한국민족설화』, 을유문화사, 1974, 185면)를 들 수 있겠다. "서산대사가 어떤 날 장안에서 숙소를 구하다 못하여 어떤 妓家에 투숙하게 되었다. 기녀는 대사를 하루 모시고자 백반의 교미를 다하였으나 대사는 조금도 본척하지 아니하였다. 기녀는 한밤에 두 자리를 펴고 대사의 옆에서 자게 되었다. 기녀는 몸부림을 하는 척하면서 초야에는 하반신을 내어 대사의 마음을 끌고자 하였으나 효과를 얻지 못하였다. 밤중에 이르러서는 전연 나체를 지어 손을 대사의 가슴에 얹고 발을 대사의 허리에 올려보았으나 대사는 숨을 깊이 쉬면서 자기만 하였다. 새벽이 되자 기녀는 손으로 대사의 秘部를 만지기까지 하였으나 大師는 조금도 동치 아니하였다고 한다."

갖추고 있다. 그러므로 소위 귀족적 영웅담에서 발견되는 계기적 핵심 화소 중 고귀한 혈통, 비정상적인 잉태나 出生 등으로 엮어지는 서사적 전형성을 여기서도 발견할 수 있다.[73] 僧의 개별적 꾸밈새에 따라 生의 기술양식에서 모티브의 변형과 화소의 굴절이 없는 것은 아니나, 천박한 언행이라든가 미천한 혈통 등 주인공의 상을 비속하게 만드는 것은 가능한 생략, 절제하려는 태도가 역력하였다.

그렇지만 이야기의 서술태도, 이야기 수법 등에 대한 전통적 시각을 온전히 채택하지 않는 대신 이제까지 다루려하지 않았을 뿐더러 실제 있었던 일까지 숨기려 했던 묵계에서 벗어나 귀족적인 상에서 민중적인 상으로 바뀌어지는 경우도 나타난다. 승의 삶을 고귀함과 숭고함만으로 미화하는데 따른 회의감이 싹트게 된 것으로 보인다. 이미 趙東一에 의해 소위 '민중적 영웅'이란 정의로 나타났고 그 특징적인 생애가 규정되었지만 여기서는 특히 불교적 영웅들에게 있어서의 그 민중적 요소, 또는 비속성을 점검하는데 주목하고자 한다.[74] 불교의 인물상, 다시 말해 僧傳類에서 거의 정형화되다시피 하는 유형과 달리 미천한 집안출신에다 선험적 자질조차 타고나지 못하고 오로지 스스로의 힘만으로 각자의 반열에 오른 인물들도 눈에 띈다는 사실을 주목하고자 한다.

蛇福·郁面·智通의 출생과 그 성장 시의 이야기는 평상인의 삶에 비해서도 상당히 비천하게 그려지고 있다. 蛇福은 과부아들로 태어난 데다 다 크도록 말도 못하는 딱한 불구자로 그려져 있다. 적어도 12세 이전까지 그의 삶은 상당히 참담하여 동정심을 불러일으킬 정도임에 틀림없었다. 한데

73) 趙東一, 『한국설화와 민중의식』, 정음사, 1985, 118면에서는 귀족 영웅이야기의 단락을, (가) 고귀한 혈통을 타고 태어났다. (나) 비정상적으로 잉태하거나 출생했다. (다) 범인과는 다른 탁월한 능력을 타고났다. (라) 어려서 기아가 되어 죽을 고비에 이르렀다. (마) 구출·양육자를 만나서 죽을 고비에서 벗어났다. (바) 자라서 다시 위기에 부딪혔다. (사) 위기를 투쟁으로 극복해서 승리자가 되었다. 등으로 요약하고 있는데 불교적 영웅담에서는 특히 (가)(나)(다) 등이 강조되고 있다.

74) 趙東一, 상게서, 108~132면.

어머니가 세상을 떠나면서 그는 비천한 면모를 일시에 떨구고 비상한 행위를 거듭 드러낸다. 갑자기 말문이 터지는 것은 물론 고승으로 이미 이름 높았던 원효를 무안하게 만들 정도의 깨우침을 지니고 있다는 게 밝혀진다.

그의 존재적 의미는 죽음, 곧 지하의 세계에 돌아가는 과정에서 극적으로 표출된다.75) 매우 단편적인 이야기를 끄집어내 천함과 대비되는 至高한 측면을 강렬하게 부각시켰다. 郁面의 얘기도 그런 부류에 속할 듯하다. 阿于 貴珍의 계집종으로 현세에 살고 있는 것만 해도 불우한 터인데, 그 前身은 浮石寺에서 절 일이나 하는 한낱 소에 불과할 만큼 비천한 과거를 지니고 있었다. 하지만 전심전력으로 절을 내왕하며 염불하고 발원한 끝에 서방정토로 비상하는 경지에 도달한다.76) 撰者의 의도야 굳이 그의 비속한 前生에 눈을 돌리고자 했던 것은 아닐 것이다. 대단원에 보이는 서방정토로의 비등을 통해 중생이면 누구나 成佛할 수 있다는 확신을 주입시키는 데 뜻을 두었겠다. 그 외 智通의 얘기도 있다. 그는 처음에 伊亮公의 종이었는데 갑자기 나타난 까마귀가 朗智의 제자가 되라는 말을 하자 그대로 좇은 결과, 결국엔 至高한 세계에 도달하였다.77)고 전한다.

위 세 이야기 속의 인물들은 한결같이 前生 혹은 현생에서의 삶이 비천하게 그려져 있다. 혈통이라 내세울 만한 면은 고사하고 평민들의 生보다 불우하게 처리하고 있으니, 자부심으로 해석할 만한 여지가 없다. 따라서 그들이 영웅으로 변한다는 것은 기대하기 어렵다. 무엇보다 그들은 과거 영웅들에서 보이는데 타고난 출중함을 발견할 수가 없다. 아울러 혈통과 주위 사람에 대한 신성의 확인과정을 거치지 못하고 있다. 이는 영웅화의 전형적인 단계와 퍽 다른 양상이라 할 것이다.

하지만 경위야 어떠하든 그들은 위대한 영웅으로 化해 서방정토에 이르

75) 상게서, 卷4, 蛇福不言.

76) 상게서, 卷5, 郁面婢念佛西昇.

77) 상게서, 卷5, 朗智乘雲 普賢樹.

게 되었다고 전한다. 그렇게 최종의 목표에 도달할 수 있었던 것은 말할 것도 없이 佛敎的 德性을 원래부터 내재하고 있었으며 이 땅에 머무는 동안 불성이란 씨앗을 발아시킨 데서 찾아야 한다. 그들이 천한 태생에 아랑곳하지 않고 불교에 전심전력하게 되지만 이야기를 보면 그건 자의적 실천의식일 수도 있고 필연적·당위적 과정으로 보이기도 한다.

다가오는 來世는 현세의 반영이라는 사고에서 생각하자면 더 이상 이 비속한 삶을 來世로까지 연장시켜서는 畜生의 삶에서 헤어날 길이 없어진다고 주인공들은 믿었던 것이고 그 믿음의 실천이 영웅화로 이어졌다. 과거의 業을 여하히 善하게 바꾸어 쌓아 가느냐 그 과정에 골몰하다보면 자연 위대한 면은 현시되고 세상에서 말한 영웅으로서의 像으로 바뀐다. 승전 일반이 來者를 설정한다든지,[78] 태몽의 영험성을 강조한다든지, 유년시절의 佛緣性과 덕성을 굳이 열거하는 것을 흔히 목도하는데[79] 한 걸음 나아가면 前生의 고귀한 신분을 예거하여 이후 영웅화의 복선적 장치를 예외 없이 삽입시키게 된다. 이는 특정 화소를 통해 주인공을 비천함으로부터 고귀함으로 끌어 올리려는 의도가 아닌가 싶은데 입체적 인물그리기 방식에 독특한 시각을 마련했다고 할 만하다.

다음으로 高僧이면서 그 허명에 개의치 않으면서 진토 속에서 몸소 행을 보이며 타인을 교화한 사례들을 통하여 그에 드러난 民衆 영웅적 면모를 더듬어 보자. 憂助라는 스님이 있었다. 작은 절에 살면서 항상 미치광이 처럼 술에 취한 채 삼태기를 지고 거리를 헤집고 다니면서 춤추며 노래했다. 보통 사람도 욕먹을 짓인데 하물며 수도자의 언행이 그러하니 타인의 비판을 면하기가 어려웠다. 하지만 일반의 추측과 달리 龍이 그를 곁에서 보호해 주는가 하면 어떤 때는 우물 속으로 들어가 두 어 달씩 머무르

---

78) 김승호, 「僧傳에 나타난 꿈의 機能-고려이전의 자료를 중심으로」, 『東國大硏究論集』 18집, 東國大大學院, 1988, 64~65면.

79) 김승호, 「初期 僧傳의 敍事構造 樣相-賢首傳과 均如傳을 중심으로」, 『韓國文學硏究』 제11집, 東國大 韓國文學硏究所, 1988, 279면.

는 신통력을 보임으로써 평소 그를 보는 사람들의 선입견을 깼다.[80]

원효와 절친했던 惠空스님은 산길에서 시체를 우연히 본 후 몹시 취하여 노래하고 춤을 추는 등 엉뚱한 짓을 곧잘 했다. 비가 내려도 그는 젖지 않았을 뿐더러 신에는 흙도 묻지 않는 신통력도 보여주었다. 아무래도 신통력의 극치는 공중에 떠서 入寂했다는 것이다.[81]

잘 알려진 원효의 이야기도 앞선 이야기와 견줄 만하다. 그는 스님의 신분으로 요석궁의 과부공주와 관계를 맺고 설총이란 뛰어난 인물을 낳는다. 그 후 속인으로 자처한 채 小姓居士로 이름짓고 사방으로 유랑에 나선다. 어리석은 백성들의 틈에 끼여 그들을 교화하되, 노래와 춤을 통해 자연스럽게 깨우침으로 이끌어 갔다. 어떤 때는 惠空스님과 서로 농도하고 어느 날에는 시내에서 물고기와 새우를 잡아먹다가 바위 위에서 대변을 보고는 "그대가 눈 똥은 내가 잡은 물고기일 것이오."라 하면서 희담조차 아랑곳 없이 주고 받았다.[82]

憂助·惠空·元曉의 이야기에는 聖과 俗이 얽혀져 있어 무엇이 옳은 것이며 撰者가 무엇을 보여주려고 했는지 다시 물을 만큼 話素와 주제가 혼란스럽게 뒤섞였다는 느낌이다. 하지만 貴/賤, 美/醜, 聖/俗 등의 2원론적 가름을 부정하는 스님들이야말로 한결 성숙한 사고의 영웅들이라 여길 수 밖에 없게 된다.

한편 여기서 撰者의 그 독특한 서사 의식을 지나칠 수 없는바, 특히 『三國遺事』에서 민중 지향적 영웅상이 뚜렷하게 반영되고 있어 一然이야말로 불교적 영웅상을 색다른 시각에서 마련한 대표적 인물이라는 결론에 이른다. 一然에게 있어서 영웅은 일원론적 像에서 벗어나 입체적 상을 간직한, 인간이면서 동시에 神이 될 수 있는 생동감 있는 다원적 성격의 대상으로 해석된다.

---

80) 상게서, 卷4, 二惠同塵.

81) 상게서, 卷4, 二惠同塵.

82) 상게서, 卷4, 元曉不覊.

6. 맺음말

이야기 전개에 있어서 철저하게 현실의 물리적 시간에 대응시켜 나간다는 사실이 傳의 文學的 역할을 위축시키는 결과를 가져올 것은 뻔한 이치다. 그러나 生을 직선적·일회적 흐름으로 파악하길 거부하는 불교적 사유방식이 개입되면서, 生은 순환적 시간에 귀속되고 시작과 끝이 없는 영원한 흐름에 따라 규정되기에 이른다. 사상에 따라서 生死觀이 벌어졌고 그로 말미암아 生의 기술에도 상이한 구조의 변화를 초래한다고 보겠다. 불교적 생사관으로 보면 現生도 중요하나 前生·後生도 그에 못지않게 살펴야하는 시간대로 수렴된다.

인물에 따른 개별성의 강조를 통해 다양한 영웅을 부각시켜야 할 당위적 바람에도 불구하고 승전의 주인공들이 영웅적 상을 얻기까지는 석가란 전래의 영웅이 여러모로 영향을 끼쳤다고 해야겠다. 여기에 서사문학이면서 동시에 종교적 임무까지 수행해야만 하는 승전의 서술 지향성이 영웅적 인물 그리기의 전통으로 이어졌다고 생각된다.

소위 불교적 영웅들의 태반은 선험적인 자질을 갖추고 이승에 왔으나 入社의례를 거치지 않고는 영웅으로 탈바꿈할 수 없는 것으로 나타난다. 이 경우 영웅화에서 빠뜨릴 수 없는 것이 出家와 覺醒단락이라고 보았다. 그것은 영웅의 길에 들어서기 위한 入社儀禮의 의미를 갖는다. 물론 俗으로부터의 일탈에 해당하는 출가가 불교적 인간으로 재탄생하기 위한 외적 선언이라면 각성은 그것의 완성을 의미하는 단계로 상징된다. 무엇보다 출가도 그러하지만 각성의 전후에는 치열한 갈등, 시련, 고난의 모티브를 삽입하여 깨우침이란 극점이 얼마나 도달하기 힘든 것인지를 다양한 경우를 들어 제시한다.

다음으로는 영웅이 된 이후에 초점을 맞혀 영웅적 자질의 현시적 장치, 그 영웅화의 구체적 실천과정을 점검하였다. 인간의 한계를 벗어나 자재, 무애한 경지로 들어선 승들은 중생의 시선으로는 불가해한 時空觀念을 곳곳에서 표출해 보인다. 天上·地下·水界 등 상상으로 설정한 세계라 할지라도 자유롭게 유영하고 他界를 중재하는 능력을 과시함으로 地上의 한계에 갇힌 인간들로부터 우러름과 존경의 대상으로 떠오르게 된다. 거기다 그들은 人間이 인식하는 地上의 시간관념에 지배되지 않고 그들만의 또 다른, 흐르지 않는 정지의 시간이나 매우 빠른 찰나의 시간에서 生을 영위한다. 불교적 영웅들에게서 나타나는 것만은 아니라 하더라도 時空의 자의적 변용은 영웅과 인간을 구별하는 핵심적 접점으로 등장한다.

불교 쪽에서 설정한 영웅은 宗旨가 함의하듯 매우 도덕적이며 구원자적 영웅상을 잃지 않는다. 일단 영웅으로서 출중한 자질에 이르면 우주적 주재자로서 활약-가뭄·홍수·怪星퇴치 등을 비롯한 超人的 異蹟행위를 통한 중생의 구원-하여 원만한 지상적 삶의 조건을 마련하는데 발분할뿐더러 인간에게 가장 고통스러운 病을 치료하는 일을 통해 그 존재적 의미를 각인시킨다. 말하자면 출중한 영웅으로의 탄생과정보다도 撰者의 시점이 教化·衆生구원 등 영웅의 활동상에 주목한다는 점이 특징으로 지적된다.

끝으로 영웅상의 정형화·전형성에 대한 반발적 태도가 승의 또 다른 형상으로 이어지고 있음을 주목하였다. 특히 『三國遺事』에 전하는 고승들은 하층민으로서의 비속함이 그대로 투영된다 해도 후반에 도달하는 불교적 인간으로서의 완성을 두드러져 보이도록 하는 역설적 구조의 측면을 간직하고 있다고 보았다.

본 논의가 주제적 초점이 제대로 잡혀있지 못했으며 영웅의 개념화가 치밀하게 뒷받침되지 못했다는 등의 지적에서 자유롭지 않음을 필자는 충분히 직감하는 터이다. 그럼에도 논의를 서둘렀던 것은 승전이란 세계는 아직 누구도 살피지 않은 전인미답의 세계이며 따라서 부족한대로 그 세계를 먼저 알리는 것이 급선무라는 조급함이 앞섰기 때문이다. 앞으로 승전문학이 간직한 서사적 특성을 보다 심도 있게 파헤치는 과제가 남아 있다.

참고문헌

『均如傳』, 第七 歌行化世分者.
『梵綱經』, 卷下 第9 經垢罪, 大正 42, 1005면.
『三國史記』, 別傳 卷3 참조.
『三國遺事』卷1 金庾信. 卷3, 南白月山二聖 努肹夫得 怛怛朴朴. 卷3, 百栗寺. 卷4, 慈臟定律. 卷4, 元曉不羈. 卷4, 蛇福不言. 卷4, 賢瑜珈海華嚴. 卷5, 朗智乘雲 普賢樹條. 卷5, 眞表傳簡. 卷5, 眞表傳簡.
『宋高僧傳』, 大正藏 第50卷, 823~833면.
『韓國古典叢書』, 「說話文學類」, 大提閣, 1975, 216~217면.
大韓佛敎振興院, 『佛敎聖典』, 邦文社, 1988, 21면.
文明大, 『京畿金石大觀』, 경기도, 1982, 57면.
崔文昌侯全集』, 成大大東文化硏究院, 1972, 96면.
『국역 東文選』, 「先覺國師碑銘」, 민족문화추진회, 경인문화사, 1975.

A. 방쥬네, 全京秀 역, 『통과의례』, 乙酉文化社, 1985, 123면.
고익진, 『한국의 불교사상』, 동국대출판부, 1987, 248~249면.
김승호, 「僧傳에 나타난 꿈의 機能-고려이전의 자료를 중심으로」, 『東國大硏究論集』 18집, 東國大大學院, 1988, 64~65면.
김승호, 「初期 僧傳의 敍事構造 樣相-賢首傳과 均如傳을 중심으로」, 『韓國文學硏究』 제11집, 東國大 韓國文學硏究所, 1988, 279면.
다카쿠스 준지로, 정승석 역, 『불교철학의 정수』, 대원정사, 1983, 41~42면.
손진태, 『한국민족설화』, 을유문화사, 1974, 185면.
이강옥, 「삼국유사 출가득도담 및 출가성불담의 초세속 지향 양상」, 『일연과 삼국유사』, 신서원, 2007.
張德順, 『國文學通論』, 新丘文化社, 1963, 445~445면.
趙東一, 『한국설화와 민중의식』, 정음사, 1985, 118면.
조셉 캠벨, 이윤기 역, 『세계의 영웅신화』, 대원사, 1989, 345면.
황미숙, 「삼국시대 불교 설화에 등장하는 승려상」, 『이화어문론집』 27집, 2009.
黃浿江, 『新羅佛敎說話硏究』, 一志社, 1975, 370~371면.

출처 졸고, 「佛教的 英雄攷」, 『한국문학연구』 12집, 한국문학연구소, 1989, 329~354면.

찾아보기

김승호

충남 洪城에서 출생했으며 동국대 국문과, 동대학원 석 · 박사를 수료하고 박사학위를 취득한 이래 여러 대학에 출강했으며 현재 동국대 국어교육과 교수로 재직 중이다. 그동안 한국불교어문학회, 한국불교문화학회, 한국어문학연구학회장을 역임했으며 현 국어국문학회 전공이사이다.

논저

단독저서로 『한국승전문학연구』, 『한국서사문학사론』, 『고전의 문학교육적 이해』, 『한국사찰연기설화의 연구』, 『敬一의 삶과 문학세계의 이해』 등이 있으며 논문으로는 「雁帝本紀의 연구」, 「변강쇠가에 나타난 반 열녀담론 성향」, 「姑婦奇談의 연구」, 「고려불가의 자전적 글쓰기와 그 양상」 등 다수가 있다.

삼국유사 서사담론 연구

초판 1쇄 인쇄 2013년 2월 21일 **초판 1쇄 발행** 2013년 2월 25일
지은이 김승호 **펴낸이** 박성복 **펴낸곳** 도서출판 월인
등록번호 제6-0364호 **등록일** 1998. 5. 4.
주소 142-879 서울시 강북구 노해로25길 61(수유2동 252-9)
대표전화 (02) 912-5000 **팩스** (02) 900-5036
e-mail worinnet@hanmail.net **homepage** http://www.worin.net

ISBN 978-89-8477-534-3 93810

값 21,000원